高等院校电子商务专业系列规划教材

Experimental Course of E-commerce and Supply Chain

电子商务与供应链实验教程

赵庚生　杨坚争 | 主　编　　张春前　杨立钒 | 副主编

電子工業出版社
Publishing House of Electronics Industry
北京 · BEIJING

内容简介

“电子商务与供应链实验”课程是电子商务发展到产业互联网阶段的一门重要实践课程，是学生理解电子商务理论、学习电子商务与技能的重要渠道。本书根据电子商务与供应链实际应用过程中的主要环节及上海理工大学与上海中鼎教育信息咨询有限公司提供的教学实验系统，从电子商务与供应链基础实验、电子商务运营实验、供应链实验、跨境电子商务实验四个方面模拟了电子商务与供应链的实际操作，主要培养学生基本电子商务网站建设与运营能力、供应链应用能力和跨境电子商务运营能力。

本书的实验是电子商务和供应链教学经验的浓缩和总结，具有鲜明的可操作性和理论联系实际的特点。本书可作为大专院校电子商务专业、计算机专业和管理专业的实验教材，也可作为广大企业营销人员、公司经理、消费者从事电子商务活动的工具书和参考书。

图书在版编目（CIP）数据

电子商务与供应链实验教程 / 赵庚生，杨坚争主编. —北京：电子工业出版社，2019.4
高等院校电子商务专业系列规划教材
ISBN 978-7-121-36190-6

Ⅰ. ①电… Ⅱ. ①赵… ②杨… Ⅲ. ①电子商务－供应链管理－高等学校－教材 Ⅳ. ①F713.36②F252.1

中国版本图书馆 CIP 数据核字（2019）第 054471 号

策划编辑：姜淑晶
责任编辑：张　京
印　　刷：三河市君旺印务有限公司
装　　订：三河市君旺印务有限公司
出版发行：电子工业出版社
　　　　　北京市海淀区万寿路 173 信箱　　邮编：100036
开　　本：787×1092　1/16　印张：19.75　字数：505 千字
版　　次：2019 年 4 月第 1 版
印　　次：2019 年 4 月第 1 次印刷
定　　价：49.00 元

凡所购买电子工业出版社图书有缺损问题，请向购买书店调换。若书店售缺，请与本社发行部联系，联系及邮购电话：（010）88254888，88258888。

质量投诉请发邮件至 zlts@phei.com.cn，盗版侵权举报请发邮件至 dbqq@phei.com.cn。

本书咨询联系方式：（010）88254199，sjb@phei.com.cn。

前言

电子商务与供应链的结合是电子商务近年来重要的发展方向。2017年11月27日国务院印发《关于深化“互联网+先进制造业”发展工业互联网的指导意见》，明确提出，当前，互联网创新发展与新工业革命正处于历史交汇期，各国参与工业互联网发展的国际竞争日趋激烈。开展工业电子商务、供应链、相关金融信息等创新型生产性服务已经成为推进“中国制造2025”与传统行业转型升级的迫切需求。

本书紧密结合电子商务未来的发展方向和工业电子商务的最新进展，从电子商务与供应链基础实验、电子商务运营实验、供应链实验、跨境电子商务实验四个方面模拟了电子商务与供应链的实际操作，内容包括电子商务与供应链实验概述、电子商务与供应链实验平台简介、网络商务信息检索与利用实验、域名申请与注册实验、企业门户网站（B2B）、网上商城（B2C）、电子商务安全与支付、供应链业务管理、供应链协同、跨境电商建站与运营、跨境电商供应链管理等。

教学实践证明，加深学生理解书本上的电子商务理论知识，需要培养学生实际的应用能力和开发能力，实验教学是这种能力培养的重要环节。它对调动学生的学习兴趣、实现教学目标具有非常重要的作用。本书是从上海理工大学的“电子商务实验教学平台”和上海中鼎教育信息咨询有限公司的“跨境电子商务实验教学平台”提炼出实验并结合东方钢铁电子商务有限公司的实践操作编写的。这些实验均是在教学实践中应用多年且有良好应用效果的实验。这些实验既满足了教学的要求，又考虑了学生毕业后从事电子商务业务活动的需要。在具体的实验平台建设程序上，采取层次化和模块化的思路，将整个实验中心分成若干模块，各模块在满足某些共同前提的条件下可以同时进行建设，以节省时间，充分利用现有人力和物质条件。

本书的主要作者均有多年的电子商务教学经验或电子商务实践经验，赵庚生、杨坚争担任主编，张春前、杨立钒担任副主编；杨坚争、赵庚生承担了全书的统稿任务。

本书是“上海张江国家自主创新示范区人才培养产学研联合实验室教材和实验室建设计划”中规划的一本教材，由上海理工大学与东方钢铁电子商务有限公司合作撰写。在出版过程中得到了上海市高峰高原学科建设项目、国家自然科学基金项目（70973079）、国家社科基金重大项目（13&ZD178）、上海理工大学电子商务发展研究院、香港杏范教育基金会的资助，得到了电子工业出版社姜淑晶编辑的大力协助，并参考了国内外大量参考文献。在此，谨向资料的提供者、本书的合作者和资助者表示真诚的感谢，并希望广大读者对本书提出宝贵意见。

编　者

2019 年 2 月 20 日

目录

第一模块　电子商务与供应链基础实验

第二模块　电子商务运营实验

第三模块　供应链实验

第四模块　跨境电子商务实验

第一模块

电子商务与供应链基础实验

第 1 章

电子商务与供应链实验概述

本章阐述了电子商务与供应链实验教学的意义和目标，介绍了本课程的体系结构和主要内容，要求学生在熟悉实验流程与步骤的基础上掌握实验报告的撰写规则。

1.1 电子商务与供应链实验教学的意义

随着信息技术的迅猛发展，电子商务作为一种新型、实用的商务运作模式，快速发展，影响广泛。越来越多的高校开办了电子商务专业，在电子商务教学方面积极探索。由于电子商务具有极强的实践性，这使得电子商务实验教学成为电子商务人才培养中一个不可或缺的重要环节。

电子商务实验教学直接关系到人才培养的结果。电子商务是信息现代化与商贸的有机结合，很显然，能够掌握并运用电子商务理论与技术的人必然是掌握现代信息技术、现代商贸理论与实务的复合型人才。无论是电子商务应用人才还是电子商务技术开发人才，实际应用能力都是不可缺少的。电子商务具有极强的实践性，因此电子商务人才培养应是基于实验的、面向应用的。只有通过实验教学，才能使学生深刻领会电子商务的概念模型和理论框架，认识电子商务给人类社会带来的变革，了解实施电子商务的技术手段、形式、贸易规则。实验课程的设计、内容选择与教学实施方式都将直接影响到人才培养质量和培养目标的实现。因此对电子商务实验课程的探讨将有利于电子商务学科的发展和教学水平的提高。

供应链包含供应商、制造商、运输商、零售商及客户等多个主体。供应链管理是对整个供应链系统进行计划、协调、操作、控制和优化的各种活动和过程，其目标是将顾客所需要的产品，在正确的时间，按照正确的数量、质量和状态送到正确的地点，并使这一过程所耗费的总成本最低。显然，供应链管理是一种体现着整合与协调思想的管理模式。它要求组成供应链系统的成员企业协同运作，共同应对外部市场复杂多变的形势。供应链实验可以有效地帮助学生更好地熟悉企业供应链业务中每个步骤的具体操作内容、操作要求及注意事项，同时了解企业各个业务部门协同操作的重要性。

通过电子商务与供应链实验的具体操作，学生不仅能学习到相关的电子商务和供应链知识，掌握具体的操作技巧，同时能增强实践业务能力，提升学生自身竞争优势和企业岗位胜任能力，也满足了广大企业对电子商务相关人才的能力要求。

1.2　电子商务与供应链实验教学的目标

“电子商务与供应链实验”是“电子商务理论”课程的有效互补实践课程，也是学校教学体系构建中重要的一环，学生在学习相关电子商务理论基础课程的基础上，进行电子商务与供应链实验上机操作，能够有效达成优化学校教学体系、推进教学向着教学与实践方向改革的重大目标。另外，希望通过实验教学增强学生对电子商务和供应链基础知识的理解，同时提高学生对电子商务与供应链相关技术的学习与操作能力、提高学生对各项业务的操作能力，掌握操作技巧，达到理论与实践相结合的目的。通过实验课程的教学，启发学生动手能力、协作能力和创新创业能力。

1.3　电子商务与供应链实验的体系结构

本实验课程主要包括四大模块：电子商务与供应链基础实验、电子商务运营实验、供应链实验、跨境电子商务实验。

第一模块：电子商务与供应链基础实验。阐述了实验教学的意义、目标、内容和体系结构；介绍实验操作的平台。

第二模块：电子商务运营实验。包括典型的电子商务平台（B2B 和 B2C）的运营管理，从网站设计、搭建，到广告制作与交换及各项业务运营管理。

第三模块：供应链实验。在学习供应链理论知识的基础上，进行供应链业务管理、供应链协同和跨境供应链实验介绍及操作。

第四模块：跨境电子商务实验。包含典型跨境电商实验平台的搭建与运营和跨境贸易进出口实务，从跨境的平台规划与设计到平台的建设，再到跨境贸易的各项业务运营管理。

1.4　电子商务与供应链实验的主要内容

电子商务与供应链实验包括 7 部分内容。

第一部分介绍了本实验平台的基本操作，主要包括实验平台的注册与登录、平台的各个页面设置和各项操作模块。

第二部分主要涉及企业门户网站（B2B）的操作，主要包括域名申请和注册、网站设计、网站管理、网络广告制作与交换等。

第三部分主要涉及网上商城（B2C）的操作，包括网上商城设计与搭建、网上商城运营管理、商品促销管理等。

第四部分主要涉及电子商务安全与支付的操作，包括加密与解密、网上银行申请与应用、电子合同与电子签名应用等。

第五部分主要涉及供应链业务管理，包括熟悉供应链业务系统，进行在线采购和销售管理，仓储与配送，企业财务管理和报表生成与分析。

第六部分主要涉及供应链协同管理，包括对供应链各环节的主体进行实验分析，如供应商管理、客户管理、业务协同管理等。

第七部分主要涉及跨境电子商务实验，包括国际贸易进口实务模拟仿真、国际贸易出口实务模拟仿真等。

1.5 实验报告的撰写

实验前需要自行制作电子商务实验报告（见表 1-5-1）。

表 1-5-1 电子商务与供应链实验报告

学院		年级、专业、班级		姓名		成绩	
课程名称		实验项目名称				指导教师	
实验目的							
实验原理							
实验使用仪器、材料							
实验步骤							
实验过程原始记录							
实验总结							
教师评语							

开始实验之前，首先在实验报告中注明自己的姓名、学院、课程名称、实验项目名称等。

实验内容分为如下几部分。

（1）实验目的。此部分主要填写实验目的，如熟练掌握 B2B 模式的运营方式等。

（2）实验原理。此部分主要描述实验的原理，包括实验流程图等。

（3）实验使用仪器、材料。此部分主要描述实验中所使用的仪器、虚拟环境等，主要包括计算机网络、虚拟商品信息等。

（4）实验步骤。此部分是整个实验中最重要的部分，主要记录实验的关键性步骤。至少撰写 5 条内容。

（5）实验过程原始记录。此部分记录实验过程中所涉及的数据、图表、计算等。包括银行账号、订单信息、安全证书信息、自己创建的采购与供应商、物流商信息，以及交易完成的信息与页面截图。

（6）实验总结。此部分是对整个实验的总结及心得。根据实验完成的实际情况，结合学生自身的学习情况来写。

（7）教师评语。

实验报告采用宋体、小四号字，使用 A4 纸张双面打印。除成绩和教师评语外，其他部分在上交之前必须如实填写。

【习题】

(1) 简述电子商务与供应链实验教学的意义和目标。

(2) 试述电子商务与供应链实验的体系结构和内容。

(3) 制作一个电子商务报告模板。

第 2 章

电子商务与供应链实验平台简介

2.1 实验平台注册与登录

本节简要介绍实验平台的注册与登录步骤。使用本系统的前提条件是注册成为本系统的交易会员，具体步骤如下。

步骤 1: 用户可以登录 http://cecmodel.usst.edu.cn/网站，打开电子商务示范平台首页（见图 2-1-1）。

图 2-1-1　电子商务示范平台首页

2.2 实验平台模板初始化与页面布局

2.2.1 一级页面布局设置

如图 2-2-1 所示，在登录实验平台之后可以找到“我的工作台”页面。在此页面的首页可以看到“我的服务”分类。具体可以分为：连锁通连锁版、网站宝高级版、网商通标准版、网店宝专业版、买卖提等功能模块。具体模块功能如下。

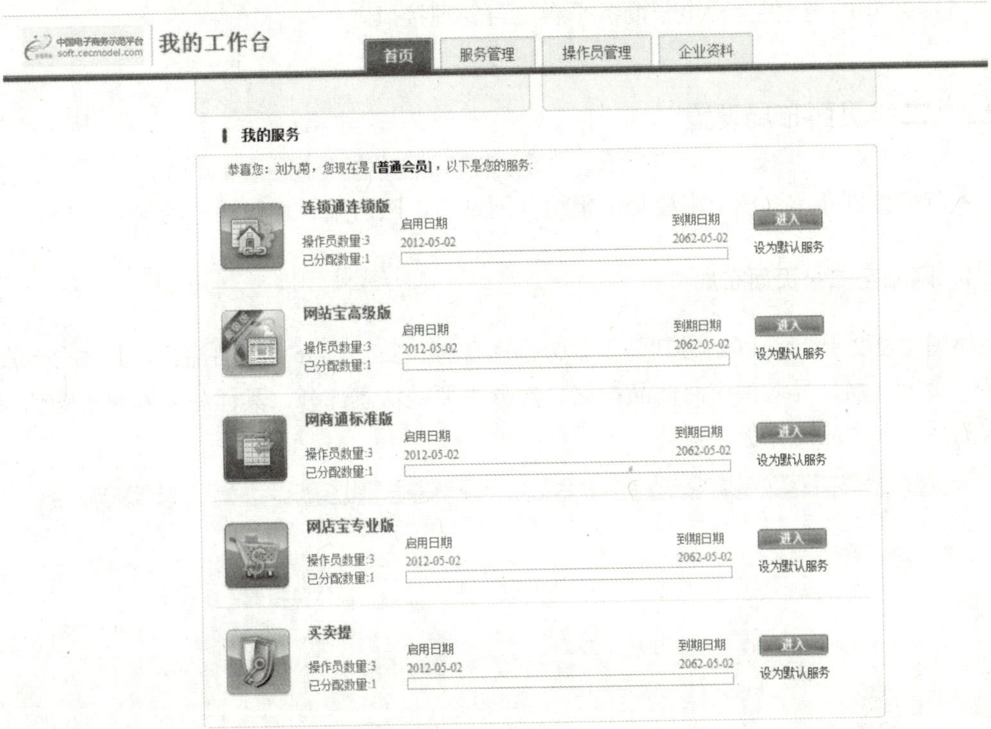

图 2-2-1　一级页面布局

（1）网站宝（B2B）：网站宝可为用户快速打造个性化的企业官网。它不仅能将用户的产品信息接入到电子商务平台，同时能将供应商、客户的网上交易与业务管理进行融合。用户还可通过手机登录网站宝，随时随地、第一时间了解业务状况。一站式的服务将优化用户的供应链结构，实现全程电子商务管理。

（2）网店宝（B2C）：网店宝为企业提供一个面向终端消费者的网上直销网站或商城，并能够与后台的 ERP（Enterprise Resource Planning）系统完全融合，形成从销售到管理的完整解决方案。企业可以快速建立一个行业领先的电子商务平台。

（3）网商通：网商通是基于软件服务化（Software as a Service，SaaS）模式，为企业提供在线采购、销售、库存、财务等管理服务的在线业务管理系统。该系统能与电子商务服务相融合，为企业提供从外部电子商务到内部业务的全程管理，适用于较复杂、与上下游商业伙伴有业务协同的业务管理。

（4）连锁通：连锁通是在网商通供应链模块基础上针对广大连锁企业开发的一套在线业务管理系统。连锁通以门店连锁管理为基础，以协同商务为核心，为企业提供新一代的全面的连锁经营解决方案。该方案适合连锁企业的统一管理要求，通过对门店经营（会员发展、销售、库存、要货、调拨等）的管理，达到连锁扩张的目标。该方案给连锁企业带来系统、科学、有效的管理方法，增强了企业的核心竞争力，协助企业规范、高效、持续地发展。

（5）买卖提：提供全程电子商务平台支付管理接口。

2.2.2 二级页面布局设置

本节将分别介绍系统中主要功能模块（网站宝、网店宝、连锁通）的页面布局。

1．网站宝二级页面布局

如图 2-2-2 所示，网站宝功能主要分为两部分：第一部分是商品部分，具体分为发布商品、卖出商品、导入供应商商品；第二部分主要是信息部分，具体分为发布求购信息、买入商品、向供应商订货。

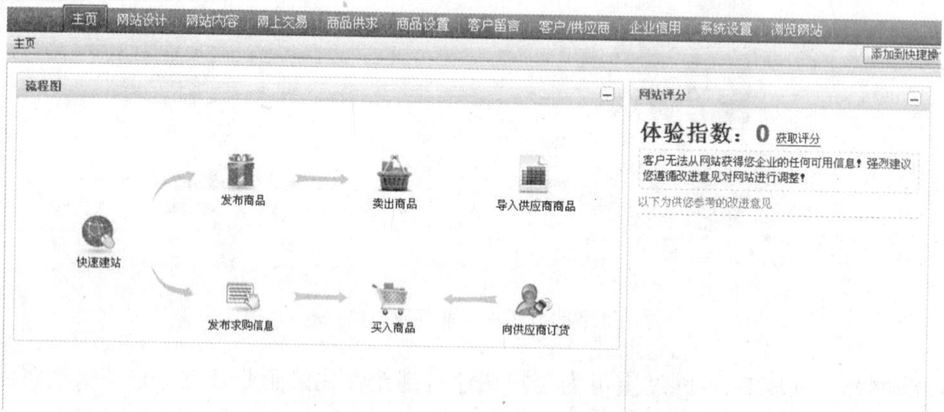

图 2-2-2 网站宝二级页面布局

2．网店宝二级页面布局

如图 2-2-3 所示，网店宝功能主要分为两部分：网店建设与网店运营。网店建设包含：模板设计、导航设计、内容管理、网店留言等功能模块。网店运营主要和商品及订单有关，与商品相关的包括商品上架、商品目录、套餐上架等，与订单相关的主要有在线订单、订单预收款等。

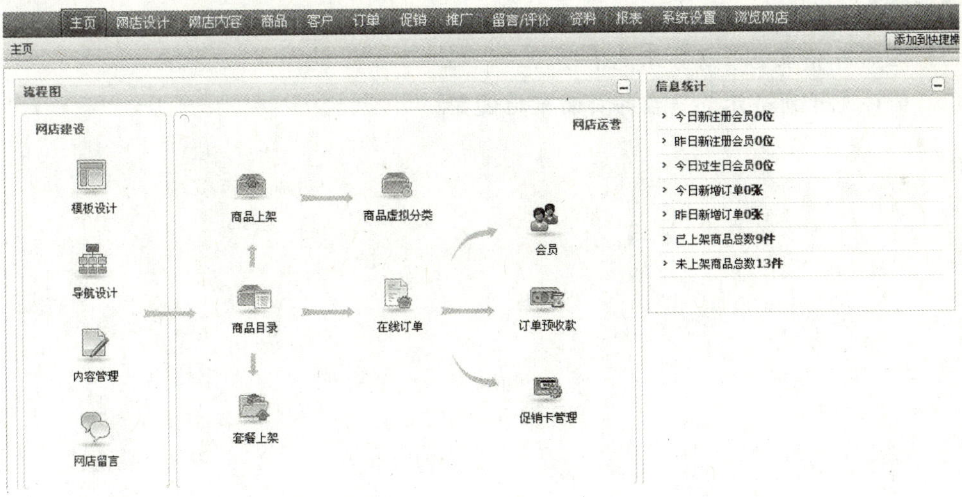

图 2-2-3　网店宝二级页面布局

3. 连锁通二级页面布局

如图 2-2-4 所示，连锁通按照参与者身份不同可以分为三类：直营店、加盟店与连锁总部。每个参与者都有自身的职责。此外还可以看到网页中有快捷操作及消息中心两个功能模块。此两类功能模块用来进行快捷操作及消息查看。

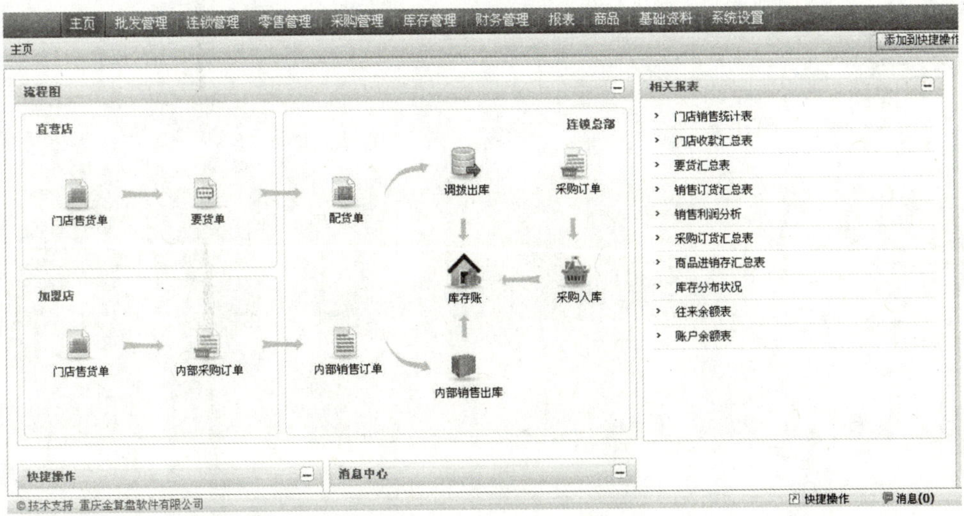

图 2-2-4　连锁通二级页面布局

上述部分主要阐述了网站宝、网店宝和连锁通的二级页面布局。其他模块主要页面设计与布局大同小异，不再详述。

【习题】

（1）注册并登录电子商务示范平台。

（2）简述电子商务示范平台的页面布局设置。

第3章

网络商务信息检索与利用实验

本章主要介绍网络信息检索的基本思路与方法，包括搜索引擎的使用、市场信息检索、货物运输信息检索等。

实验3-1 百度搜索引擎的使用

【实验目的与要求】

目的：通过学习百度搜索引擎，熟练掌握利用网络进行科研资料检索的基本思路，掌握利用网络进行科研资料检索的主要方法。

要求：熟悉百度检索的基本方法，包括关键词选择、分类检索等，提高检索的效率。

【实验说明】

某学者在进行人口研究时，希望了解中国人口普查的悠久历史、了解最早的中国人口普查数字。请帮助这位学者从互联网上找到有关文章和网站。

选择关键词时，可以选择多个词汇同时检索，如“中国 最早 人口普查”“中国 最早 人口 普查”“中国 最早 人口调查”等。本检索希望了解的人口普查数字是“中国”的，而且是“最早”的人口普查，所以结果网页中一定会有“中国”“最早”两个关键词，“人口普查”就不一定有了，可以有很多种说法，如人口、人数、普查、统计、调查。这时，需要利用尝试法。可以先试一试“人口普查”，若没有结果，可以试一试“人口统计”等关键词。实际上，我们在搜索精确信息的时候，必须考虑的一个要点是找到能够包含这一信息的文字，同时考虑可能出现的关键词，这样才能快速检索到目标。

本检索实验可以从搜索引擎入手。百度搜索引擎是目前功能最强大的中文搜索引擎之一。

【实验内容及步骤】

步骤 1：进入百度搜索引擎主页（http://www.baidu.com）（见图 3-1-1）。

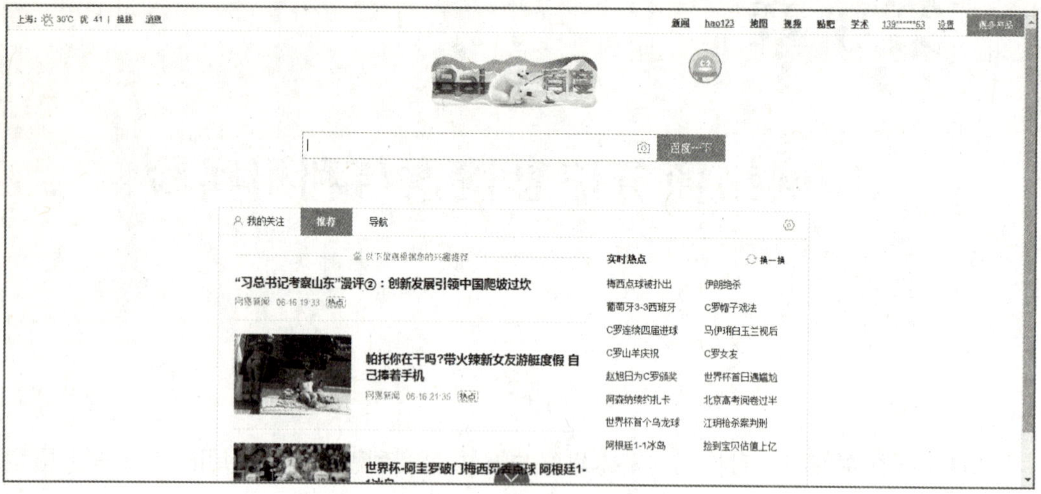

图 3-1-1　百度搜索引擎主页

步骤 2：在百度搜索引擎搜索栏中输入“中国 最早 人口普查”，得到多项相关检索结果（见图 3-1-2）。

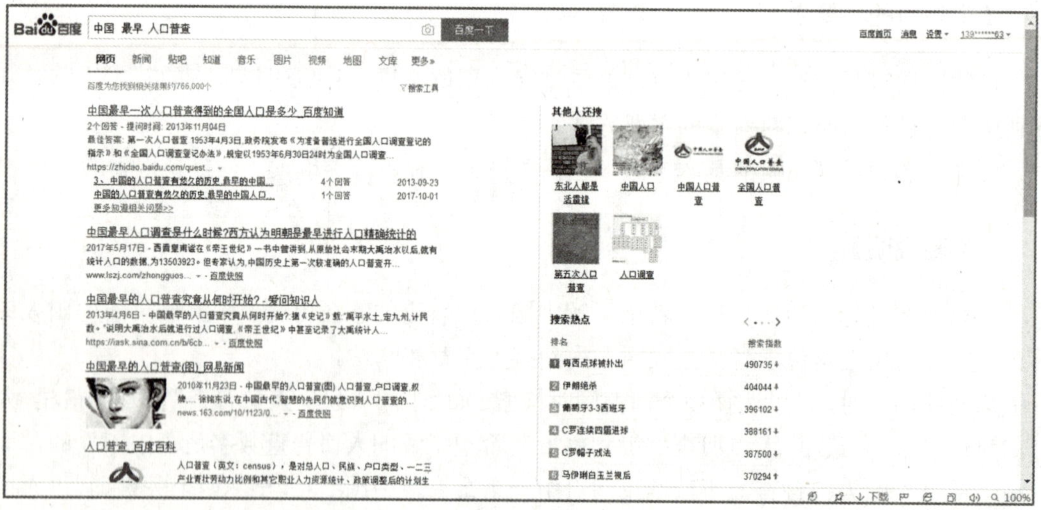

图 3-1-2　“中国 最早 人口普查”检索结果

步骤 3：在查询结果中寻找“中国古代的人口普查”一文（见图 3-1-3）。

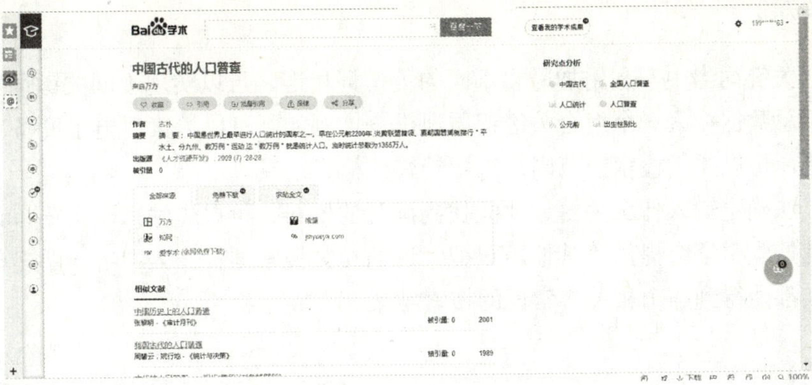

图 3-1-3　“中国古代的人口普查”一文

步骤 4：尝试使用“中国 最早 人口统计”检索，得到多项相关检索结果（见图 3-1-4）。注意，利用右边出现“相关年代”“相关词汇”“相关热点”，可以拓展或缩小检索范围。

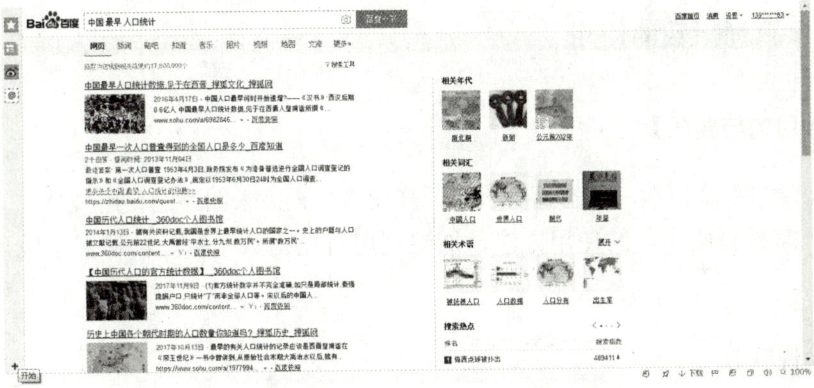

图 3-1-4　“中国 最早 人口统计”检索结果

步骤 5：在查询结果中寻找到“我国古代的人口普查”一文（见图 3-1-5）。

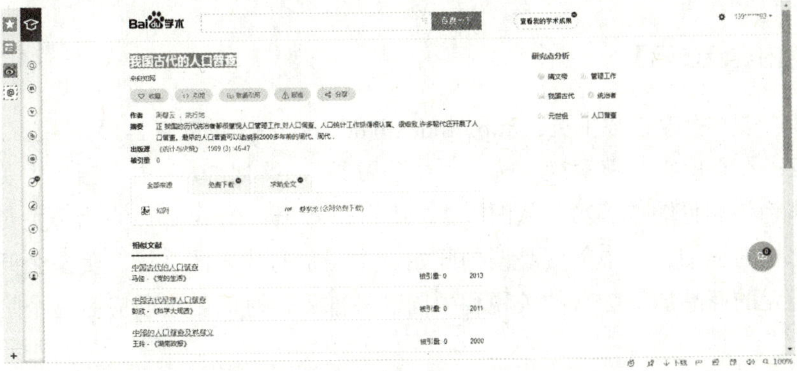

图 3-1-5　“我国古代的人口普查”一文

【相关知识】

在多个关键词当中，利用加号将不同的关键词相连，可以实现不同关键词数据相加。相加后的汇总数据作为一个组合关键词展现出来。例如，可以检索“电子商务+跨境”。利用这个功能，可以扩大检索的范围，得到较好的检索结果。

如果无法确定输入什么关键词才能找到满意的资料，可以先输入一个简单词语搜索，然后，百度搜索引擎会提供“其他用户搜索过的相关搜索词”作为参考。单击任意一个相关搜索词，都能得到那个相关搜索词的搜索结果。

【习题】

(1) 把“中国 最早 人口普查”搜索结果的页面填入实验报告。

(2) 把“我国古代的人口普查”全文的页面填入实验报告。

(3) 简述网络检索的基本要点。

实验 3-2　百度指数的使用

【实验目的与要求】

目的：学习百度指数，熟悉趋势研究、行业指数、需求图谱的使用技巧。

要求：掌握百度指数的使用方法，能够利用百度指数了解趋势研究，发现行业发展动向。

【实验说明】

百度指数是以百度海量网民行为数据为基础的数据分享平台。在这里，可以研究关键词搜索趋势、洞察网民兴趣和需求、监测舆情动向、定位受众特征；还可以从行业的角度分析市场特点。了解利用网络进行科研资料检索的基本思路。

【实验内容及步骤】

步骤 1：进入百度指数主页（http://index.baidu.com）（见图 3-2-1）。

步骤 2：在百度指数搜索栏中输入“中美贸易”，得到 30 天内全国“中美贸易”相关检索的整体趋势（见图 3-2-2）。从图 3-2-2 中可以看出，B、C、E 点为该关键词检索的高峰点，与此相对应的，是中美贸易谈判开始、中美贸易代表团互访、美国公开宣布对中国约 500 亿美元的商品加征 25%的关税和中国商务部第一时间做出回应等三个阶段。

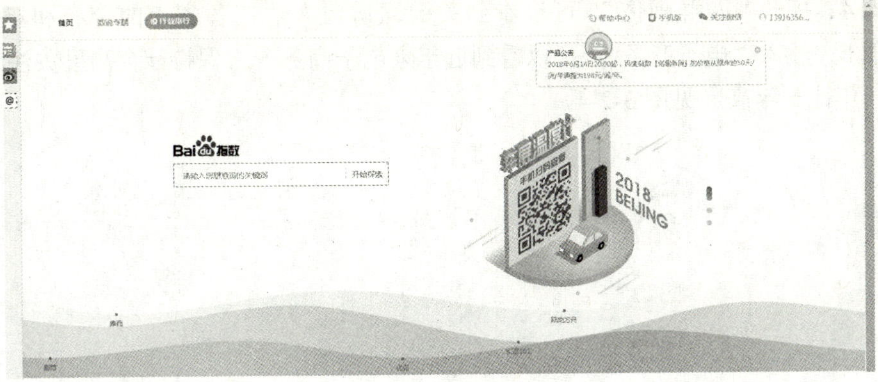

图 3-2-1　百度指数主页

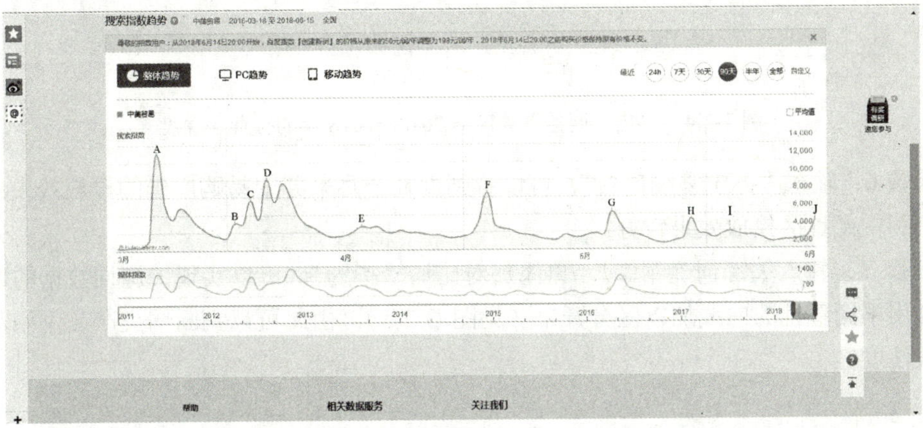

图 3-2-2　“中美贸易”30 天内的发展趋势

步骤 3：打开“需求图谱”，可以看到不同关键词检索的频率（见图 3-2-3）。

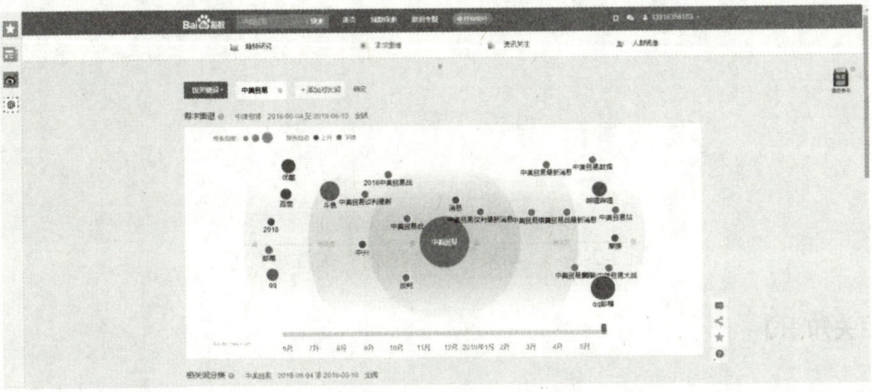

图 3-2-3　“中美贸易”关键词搜索的需求分布信息

步骤 4：打开“人群画像”，可以看到关键词访问人群在各省市的分布和年龄分布。

步骤 5：输入“电子商务”，可以看到近年来电子商务一直保持社会高度关注的趋势，且峰值一年比一年高（见图 3-2-4）。

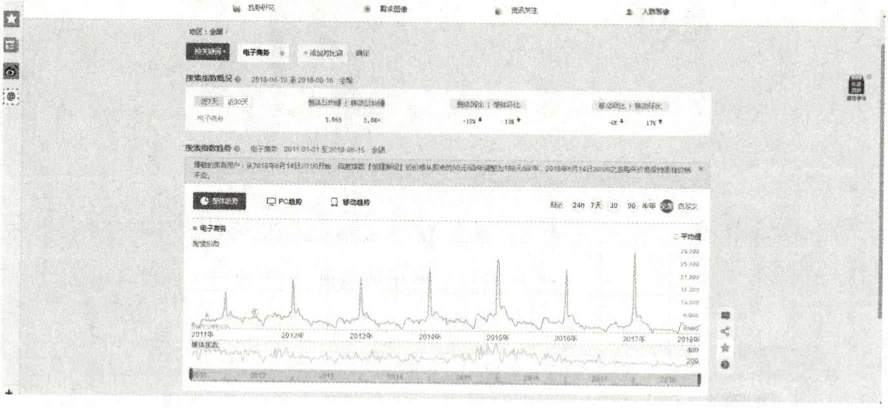

图 3-2-4 “电子商务”关键词 2011—2018 年的行业关注度

步骤 6：输入“苏宁易购广告”，可以看到近几个月来苏宁易购广告的投放效果：在沿海城市和中部地区投放效果较好。

步骤 7：输入关键词“苹果”，再添加对比词“华为”，可以实现关键词数据的比较查询，并用不同颜色的曲线加以区分开来（见图 3-2-5）。由此可以判断同类产品不同品牌的市场关注度。

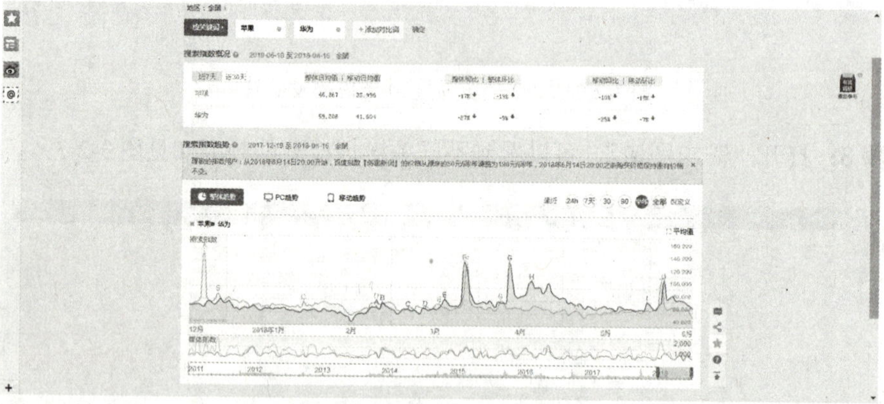

图 3-2-5 “苹果”和“华为”关注度比较

【相关知识】

1. 趋势研究

趋势研究提供关键词搜索指数在 7 天、30 天、90 天、半年、多年的平均值，以及其同比、环比变化趋势；可按搜索来源分别查看整体/移动端趋势。

点趋势：根据自定义时间段和自定义地域，查询关键词搜索指数和媒体指数；搜索指数可按搜索来源分别查看整体/移动端趋势，媒体指数不做来源区分。

2. 需求图谱

（1）需求分布：提供关键词搜索需求分布信息，帮助用户了解网民对信息的聚焦点，对产品服务的痛点。例如“美女”的热门需求词包括“图片”“写真”“性感”“丝袜”“美腿”“比基尼”等，这说明网民对美女的关注主要体现在这些方面。

（2）热门搜索：提供关键词最热门相关检索词，以及上升最快的相关检索词。帮助用户及时掌握网民搜索习惯，挖掘热门关键词。

3. 人群画像

（1）地域分布：提供关键词访问人群在各省市的分布。帮助用户了解关键词的地域分布，根据特定地域用户偏好可进行有针对性的运营和推广。

（2）人群属性：提供关键词访问人群的性别、年龄分布情况。

（3）兴趣分布：提供关键词访问人群的兴趣分布情况，每个关键词展现人群最关注的四个兴趣点。例如关键词“美股”在图表上对应四边形覆盖的兴趣分别为“影视 Fans”“理财精英”“健康医生”“文学宝贝”，这代表关注“美股”的网民平时对影视节目、理财知识、健康护理、网络文学等关注程度最高。图表中，兴趣人群连线距离越近表示差异度越小，反之越大。

【习题】

(1) 结合美国对中兴通讯处罚事件，检索分析我国芯片行业的发展趋势。

(2) 比较“苹果”“华为”“小米”手机的市场关注度。

实验 3-3　利用网络进行市场信息检索

【实验目的与要求】

目的：掌握利用网络进行市场资料信息检索的基本思路，熟悉各种关于市场资料的检索方法。

要求：结合实验案例，了解市场信息检索的主要内容，并能够举一反三，应用有关方法对其他产品进行市场信息分析。

【实验说明】

利用网络进行市场信息检索是一个相当复杂且难度很大的工作。本实验以安徽安特酒集团利用互联网开拓欧美市场的成功经验为例，详细介绍网络信息检索在商务活动中的实际操作，引导学生熟悉和掌握有关市场信息的网络检索方法。

【实验内容及步骤】

1. 信息收集方向

确定信息收集方向是利用网络进行信息检索的重要一步。方向明确，才有可能在浩瀚的网络信息海洋中找到自己需要的信息。

安徽安特酒集团是我国特级酒精行业的龙头企业之一，全套设备及技术全部从法国引进。其主要产品是伏特加（Vodka）酒及分析级无水乙醇。其中无水乙醇的销量占全国销量的 50%以上。伏特加酒通过边境贸易的方式向俄罗斯等国家出口 1 万余吨，总销售额超过 1 亿元。

伏特加酒作为高附加值的主打产品，是安特酒集团利润的主要来源。但是，随着俄罗斯等国经济形势的日趋恶化，出口量逐年减少，形势不容乐观。安特酒集团审时度势，决定通过 Internet 进行网络营销，开辟广阔的欧美市场。集团确定了以下三个方向。

（1）价格信息：生产商报价、批发商报价、零售商报价、进口商报价。

（2）关税、贸易政策及国际贸易数据：包括关税，进口配额、许可证等相关政策，进出口贸易数据，市场容量数据。

（3）贸易对象，即潜在客户的详细信息，包括贸易对象的历史、规模、实力、经营范围和品种、联系方法等。

2. 检索方法

主要利用网络搜索引擎，通过关键词和分类目录进行信息搜索。

筛选的关键词主要有伏特加公司、伏特加生产商、伏特加价格、酒精进口报价、伏特加销售商、酒精批发商、酒行协会等。

3. 价格信息的收集

价格信息的收集是至关重要的，是制定价格策略和营销策略的关键。通过对价格信息的分析，可以确定世界上各种 Vodka 酒的质量与价格之间的比例关系；可以摸清世界各国 Vodka 酒的总体消费水平；可以确定国际 Vodka 酒的贸易价格，其中最主要的作用还是为安特牌 Vodka 酒进行出口定位。

对价格信息的收集可以从生产商的报价、销售商的报价、酒类专卖机构等方面入手。

1）检索生产商的报价

通过生产商站点查找产品价格的关键是如何查找到生产商的 Internet 站点，找到了生产商的站点也就找到了报价。有的站点还提供最新的集装箱海运的运价信息，也有很高的参考价值。

搜寻生产商站点，常用的方法是利用搜索引擎，即利用关键字进行数据检索。一般来说，商业性的检索都需要利用搜索引擎的高级功能。在检索之前应仔细阅读关于检索的说明，真正掌握检索规律。另外，任何一个搜索引擎都有其局限性，应该把多个搜索引擎结合起来使用，才能达到事半功倍的效果。目前，常用的搜索引擎有百度、Infoseek、HotBot、Lycos、Altavisa 和 Webcrawler 等。

步骤 1：在 Yahoo 网站（www.yahoo.com）上，输入关键词“Vodka and Factory”，可以找到多个 Vodka 厂家（见图 3-3-1）。

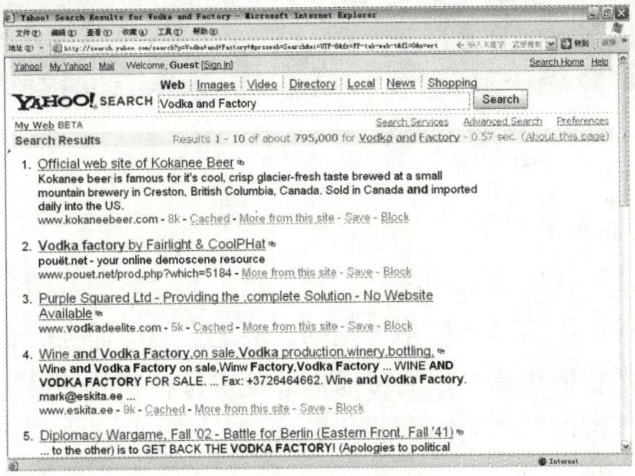
Yahoo! Search Results for Vodka and Factory - Microsoft Internet Explorer
Web Images Video Directory Local News Shopping
Vodka and Factory
Search
Search Results
Results 1 - 10 of about 795,000 for Vodka and Factory
1. Official web site of Kokanee Beer
Kokanee beer is famous for it's cool, crisp glacier-fresh taste brewed at a small mountain brewery in Creston, British Columbia, Canada. Sold in Canada and imported daily into the US.
www.kokaneebeer.com
2. Vodka factory by Fairlight & CoolPHat
pouët.net - your online demoscene resource
www.pouet.net/prod.php?which=5184
3. Purple Squared Ltd - Providing the .complete Solution - No Website Available
www.vodkadeelite.com
4. Wine and Vodka Factory,on sale,Vodka production,winery,bottling,
Wine and Vodka Factory on sale,Winw Factory,Vodka Factory ... WINE AND VODKA FACTORY FOR SALE. ... Fax: +3726464662. Wine and Vodka Factory.
mark@eskita.ee ...
www.eskita.ee
5. Diplomacy Wargame, Fall '02 - Battle for Berlin (Eastern Front, Fall '41)
... to the other) is to GET BACK THE VODKA FACTORY! (Apologies to political

图 3-3-1　检索结果 1

步骤 2：打开 Aurinko 酒厂的网站主页（见图 3-3-2）。

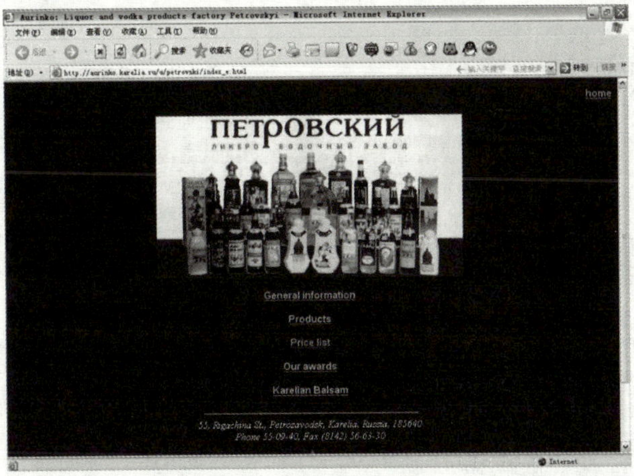
Aurinko: Liquor and vodka products factory Petrovskyi - Microsoft Internet Explorer
home
ПЕТРОВСКИЙ
General information
Products
Price list
Our awards
Karelian Balsam

图 3-3-2　Aurinko 酒厂的网站主页

步骤 3：单击 Price list，查看 Vodka 酒的报价（见图 3-3-3）。

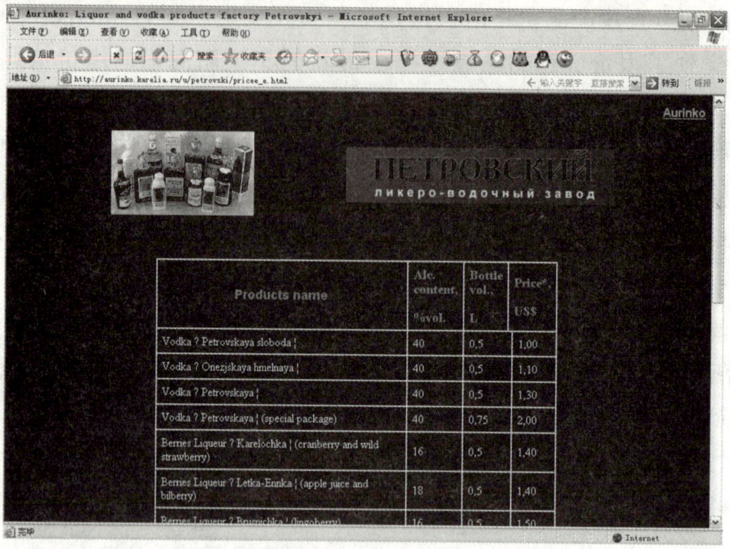

图 3-3-3　Aurinko 酒厂 Vodka 酒的报价

2）检索销售商的报价

销售商包括进口商、批发商和零售商。它们报出的价格都是国内价格，一般都含有进口关税。对于生产企业而言，可比性不是很强。但是它们所提供的十几甚至几十种产品都来自不同的国家，参考价值很高。厂商可以据此确定每种产品的档次，确定不同档次产品的价格水平。另外，还可以对不同国家的关税水平有一个大概的了解。

步骤 1：在 Yahoo 网站（http://www.yahoo.com）上，输入关键词“Vodka and Price”，可以得到多项检索结果（见图 3-3-4）。

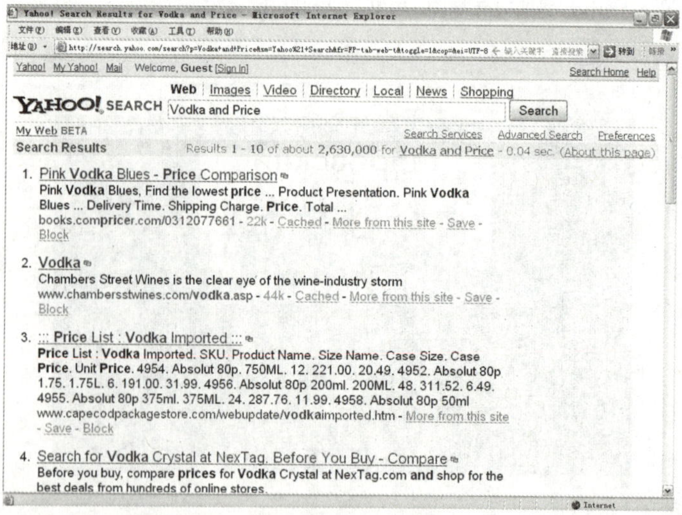

图 3-3-4　检索结果 2

步骤 2：通过筛选，找到 Vodka 酒的网上销售报价（见图 3-3-5）和 Vodka 酒的进口报价（见图 3-3-6）。

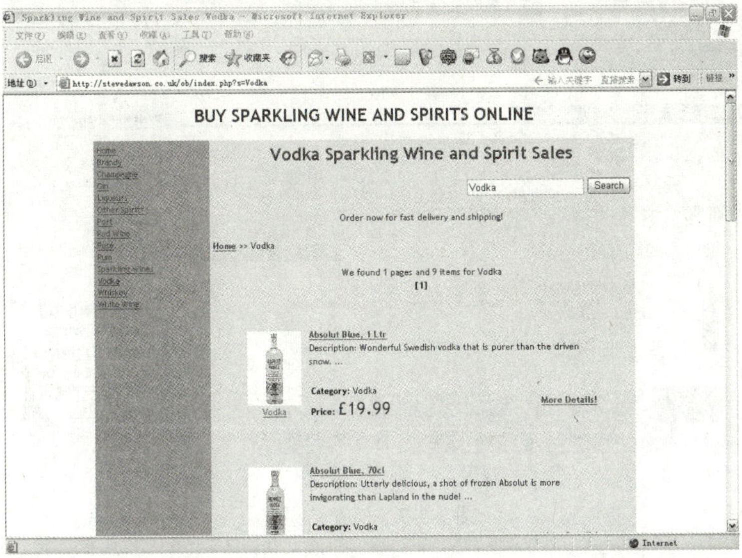

图 3-3-5　销售报价

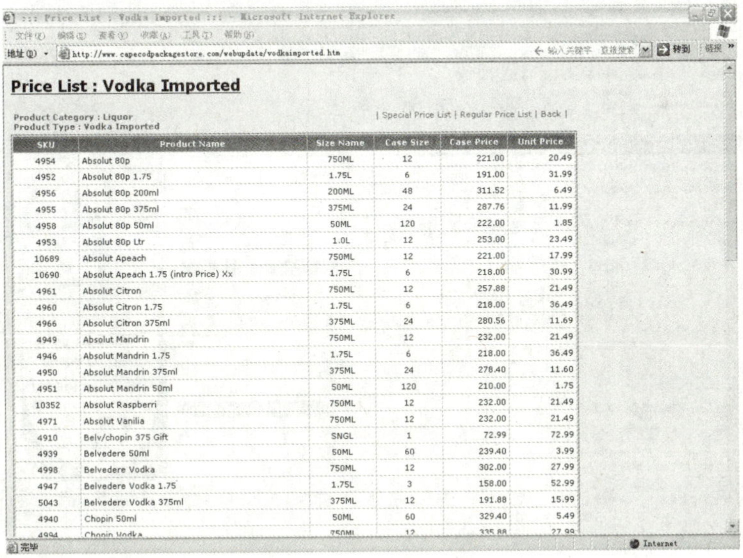

图 3-3-6　进口报价

3）通过电子商务交易中心检索价格

步骤 1：打开阿里巴巴（www.alibaba.com）网站，检索“Vodka”，得到多种有关结果（见图 3-3-7）。

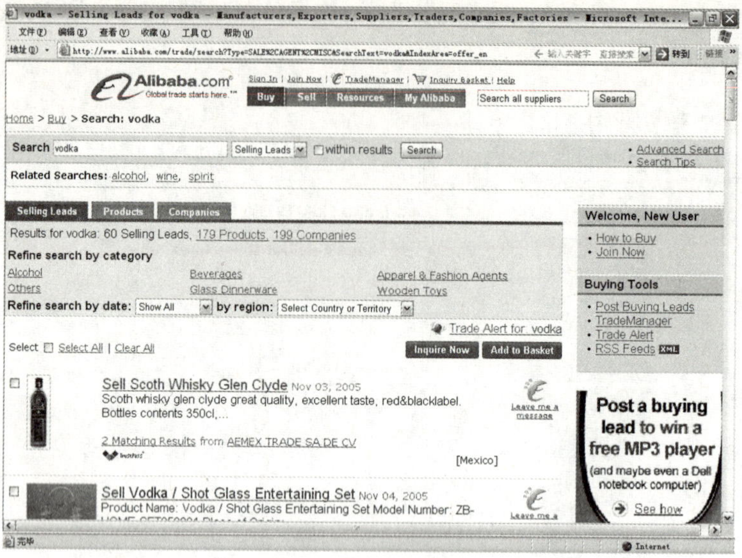

图 3-3-7　检索结果

步骤 2：寻找感兴趣的产品 Pshenichanya Vodka，查询详细信息（见图 3-3-8）。

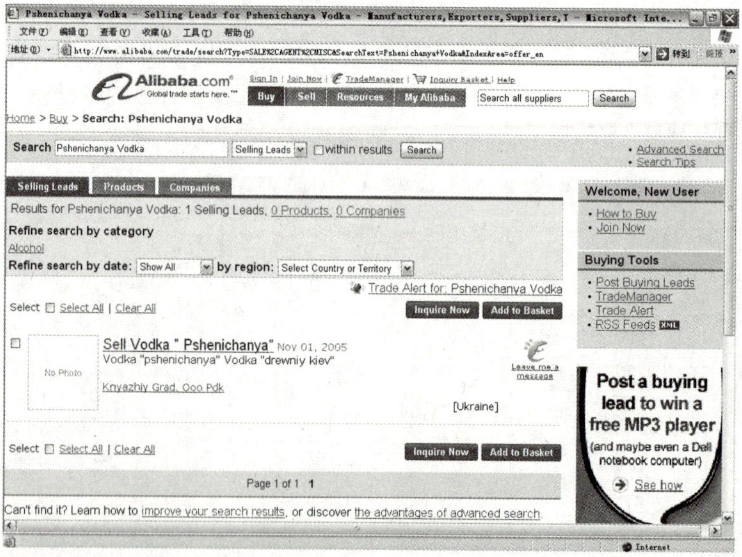

图 3-3-8　详细信息

4）利用 Trade-Lead 和专业的进出口网站检索价格信息

许多 Trade-Lead 和专业的进出口网站都提供有关产品贸易的信息，常用的站点有：

（1）http://www.iebb.com/;

（2）http://www.importers-exporters.com/alcohol_tobacco.htm;

（3）http://www.asiatrade.com/；

（4）http://www.tradingfloor.net/；

（5）http://www.ch-non-food.com；

（6）http://www.golden-trade.com/；

（7）http://www.tradezone.com。

从生产商、销售商、政府酒类专卖机构和 Trade-Lead 得到的价格信息，应该再加以整理、分析，才能确定它们之间的相互关系，最后得出完整的价格体系。

4．关税及相关政策和数据的收集

关税及相关政策信息在国际营销活动中占有举足轻重的地位。进口关税的高低影响着最终的消费价格，决定了进口产品的竞争力；有关进口配额和许可证的相关政策关系到向这个国家出口的难易程度；海关提供的进出口贸易数据能够说明这个国家每年的进口量，即进口市场空间的大小；人均消费量及其他相关数据则说明了某个国家总的市场容量。从世界上 160 多个国家中选择重点销售地区、确定重点突破目标，就必须依靠这些信息。这类信息的收集有以下几种方案。

1）通过大型数据库检索

互联网中包含大量的数据库，其中大型数据库有数百个，与国际贸易有关的数据库至少有几十个，其中有的是收费的，有的是免费的。收费的数据库其商业价值最高，一般来说，想要的信息都能从其中查到；免费的数据库通常都是某些大学的相关专业师生建立起来的，其使用价值也是很高的。

2）向已建立联系的各国进口商询问

这是一种非常实用、高效而且一举两得的方法，不但考察了进口商的业务水平，确认其身份，而且可以收集到最直接有效的信息。企业拟定一份商业公函，发一份 E-mail 给对方，其中详细列出询问的内容，请求对方在最短的时间内给予答复。但是，进行这种询问的前提是：双方已经彼此了解，建立起了相互信任的关系。如果没有这种关系，国外的进口商一般是不愿回答的，因为这种方式有恶意收集信息之嫌。

3）查询各国相关政府机构的站点

随着 Internet 的高速发展，很多政府机构都已经建立了独立的网站。用户可以针对不同的问题去访问不同机构的站点，许多问题都可以得到非常详尽的解答。对于没有查到的内容，还可以发 E-mail 请求相关的职能部门或咨询部门给予答复。安特酒集团发出去的此类信件，基本上都得到了较为详尽的答复。

例如，美国的酒类进口管理和税收制度是世界上最复杂的，有的州实行的是最严格的管制，只有政府机构才可以进口、批发甚至零售；有的州实行较宽松的管制，而有的州则完全放开了。

步骤 1：进入 Yahoo 网站（www.yahoo.com），选择关键词“alcohol and gov”，得到多项检索结果（见图 3-3-9）。

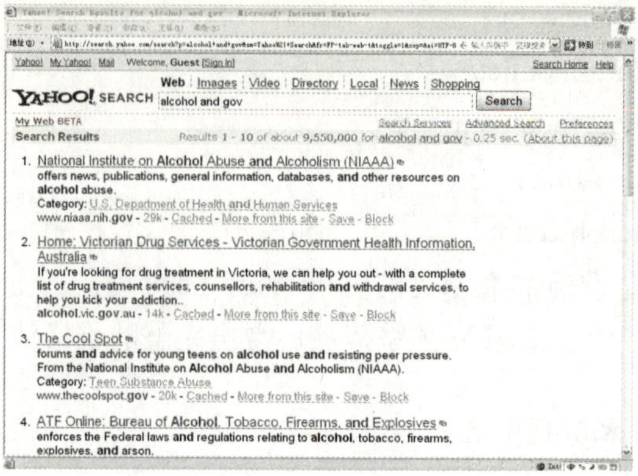
Web Images Video Directory Local News Shopping
YAHOO! SEARCH
alcohol and gov
Search
Search Results
1. National Institute on Alcohol Abuse and Alcoholism (NIAAA)
offers news, publications, general information, databases, and other resources on alcohol abuse.
Category: U.S. Department of Health and Human Services
www.niaaa.nih.gov - 29k - Cached - More from this site - Save - Block
2. Home: Victorian Drug Services - Victorian Government Health Information, Australia
If you're looking for drug treatment in Victoria, we can help you out - with a complete list of drug treatment services, counsellors, rehabilitation and withdrawal services, to help you kick your addiction..
alcohol.vic.gov.au - 14k - Cached - More from this site - Save - Block
3. The Cool Spot
forums and advice for young teens on alcohol use and resisting peer pressure. From the National Institute on Alcohol Abuse and Alcoholism (NIAAA).
Category: Teen Substance Abuse
www.thecoolspot.gov - 20k - Cached - More from this site - Save - Block
4. ATF Online: Bureau of Alcohol, Tobacco, Firearms, and Explosives
enforces the Federal laws and regulations relating to alcohol, tobacco, firearms, explosives, and arson.

图 3-3-9 检索结果

步骤 2：查询 http://www.atf.treas.gov，进入美国联邦政府烟、酒、武器管理局的网站（见图 3-3-10）。

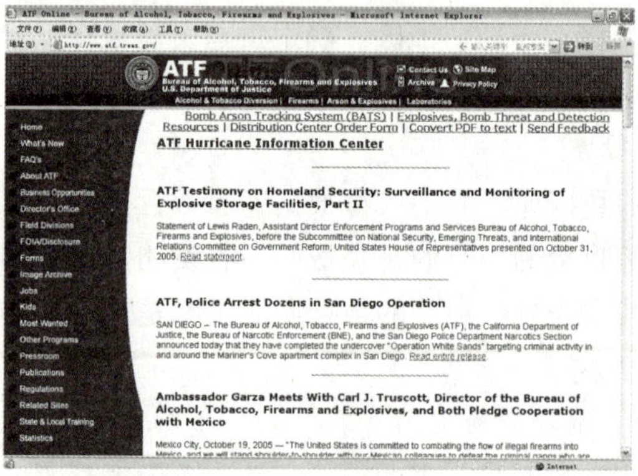
ATF
Bureau of Alcohol, Tobacco, Firearms and Explosives
U.S. Department of Justice
ATF Hurricane Information Center
ATF Testimony on Homeland Security: Surveillance and Monitoring of Explosive Storage Facilities, Part II
ATF, Police Arrest Dozens in San Diego Operation
Ambassador Garza Meets With Carl J. Truscott, Director of the Bureau of Alcohol, Tobacco, Firearms and Explosives, and Both Pledge Cooperation with Mexico

图 3-2-10 ATF Online

步骤 3：查找美国有关酒类管制的文件，得到多个检索结果（见图 3-3-11）。

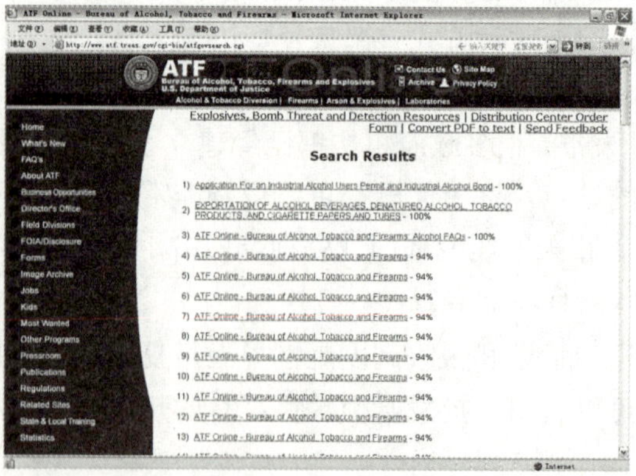
ATF
Bureau of Alcohol, Tobacco, Firearms and Explosives
U.S. Department of Justice
Search Results

图 3-3-11 检索结果

5. 各国进口商详细信息的收集

收集进口商的信息是网络营销的一个重要环节，其目的是建立一个潜在客户的数据库，从中选出真正的合作伙伴和代理商。需要收集的具体内容包括：进口商的历史、规模、实力、经营的范围和品种、联系方法（电话、传真、E-mail）。对于已经建立了网站的进口商，只要掌握其网址就掌握了以上信息。对于没有建立网站的进口商，可以先得到其联系方法，建立起联系后再询问。具体的方法有以下几种：

1）利用 Yahoo 等目录型搜索工具

Yahoo 的优势在于其分类目录，把信息按主题建立分类索引，按字母顺序列出了 14 个大类，可以按照类别分级向下查询。Yahoo 共汇集了 30 万个左右的分类 URL，信息丰富，准确率高。但由于其建立的主页数量有限，查询反馈的结果也较少。

2）通过地域性的搜索引擎

互联网上的 URL 浩如烟海，各大搜索引擎所能收列的毕竟是少数。这就要求检索者学会利用各种地域性的、规模较小的搜索引擎。例如，每个国家都有几个甚至十几个较知名的搜索引擎，可以搜索到当地的大部分 URL，如 http://www.solo.ru/、http://www.weblist.ru/、http://www.cesnet.cz/、http://www.eckorea.net/和 http://www.euronline.fr/等。

3）通过 YellowPage 等商业工具

商业机构信息在电话号码簿上是用黄色的纸张列出的，故而得名商业黄页（YellowPage）。比较著名的搜索引擎都提供商业黄页服务。一般来说，这些黄页服务都不是自成一体的，都链接着某一个专业的商业搜索引擎。目前，世界上比较著名的商业搜索引擎主要有 BigBook、BigYellow、SwitchBoard 和 WorldPages.com 等。

这类网站提供的进口商资料以电话、传真居多。这时就需要利用电话（为节省费用可使用 IP 电话）或传真来联系了。虽然这类公司可能规模比较小，没有独立网址，但是与它们谈成业务的可能性很大。因为它们正在发展壮大，很有可能正在计划利用新的品牌来拓展新的业务，所以应该特别重视这类公司。

4）通过专业的管理机构及行业协会

这是一种高效、快捷的查询手段，不但命中率相当高，而且信息的利用价值也相当高。作为网络营销检索的重要手段，应该得到高度重视。安特酒集团在收集美国生产商及进口商的信息时，这种方法就收到了奇效。

【习题】

（1）简述利用网络检索市场信息的基本思路。

（2）检索两个不同国家 Vodka 酒销售商、批发商或进出口公司的 Vodka 酒的价格，填入实验报告。

（3）查找常用的 Trade-Lead 和专业的进出口网站。进入一个 Trade-Lead 网站并查找有关 Vodka 酒的信息。

(4) 利用数据库查询欧洲各国人均烈酒（Spirits）消费量，比较北欧、中欧和英国的人均消费量，并将有关数据填入实验报告。

实验 3-4　利用网络进行货物运输信息检索

【实验目的与要求】

目的：了解利用网络进行货物运输信息检索的基本思路，掌握利用网络进行货物运输信息检索的主要方法，熟练地在实际生活中运用网络进行货物运输信息检索。

要求：熟练地运用网络进行货物运输信息的检索与分析。

【实验说明】

利用网络进行货物运输信息检索包含运输路线检索、运输价格检索、货运车辆检索和配载检索等内容。

本实验取自一个真实的实例。春节刚过，一位司机驾驶载重十吨的卡车运货到上海，因春节期间不方便而没有联系到回程运输的货物。我们了解到这一情况后，通过互联网帮助这位司机寻找到货源，解决回程拉货的问题。

【实验内容及步骤】

步骤 1：进入搜索引擎 Sohu（www.sohu.com）网站，输入关键词“货物运输”，得到涉及“货物运输”的检索结果（见图 3-4-1）。

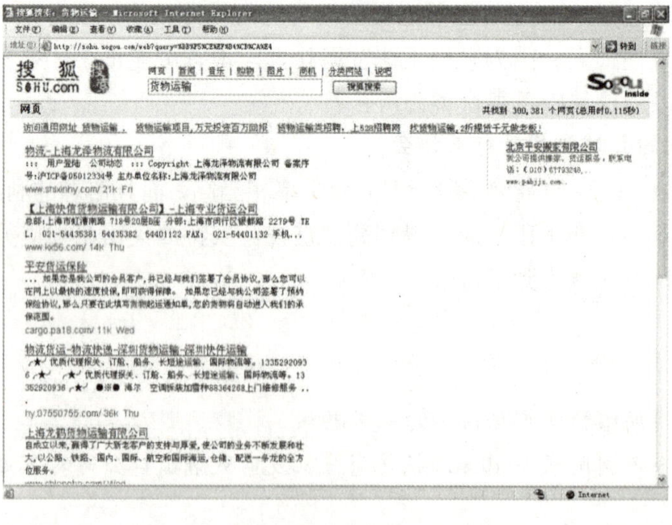

图 3-4-1　“货物运输”的检索结果

步骤 2：在检索结果中选择新的关键词，看到有“回程配载”，调整关键词为“回程配

载 上海”，二次检索，得到检索结果（见图 3-4-2）。

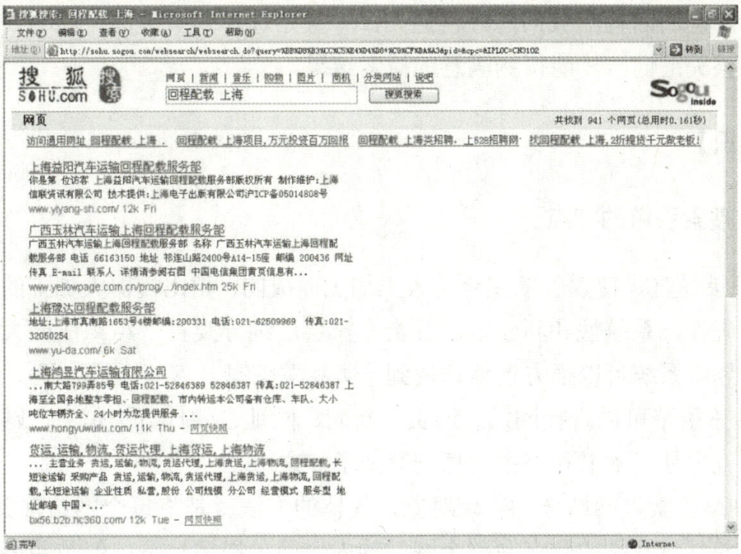

图 3-4-2　“回程配载 上海”检索结果

步骤 3：在检索结果中，逐个浏览货运代理公司，得到相关信息。查询“上海驰骋货运代理有限公司”页面和该公司国内公路运输报价表的页面（见图 3-4-3）。

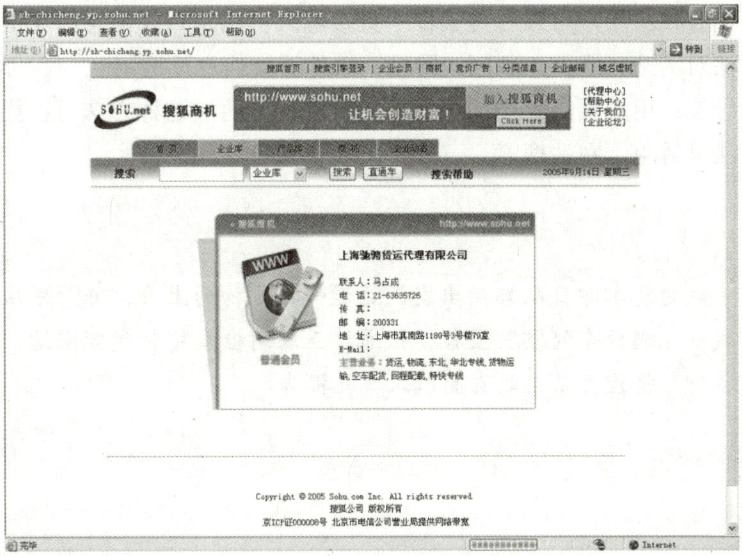

图 3-4-3　“上海驰骋货运代理有限公司”页面

步骤 4：通过电话与货运代理公司联系，最终解决了回程货运配载的问题。

【注意事项】

本实验所解决的回程配载问题经常遇到。一开始选择的关键词可能与要解决的问题不吻合，需要调整关键词，才能得到满意的检索结果。

【相关知识】

1. Sohu 搜索引擎的特点

Sohu 的目录导航式搜索引擎完全是人工加工而成的，相比机器人加工的搜索引擎来讲具有很高的精确性、系统性和科学性。分类专家层层细分类目，组织成庞大的树状类目体系。利用目录导航系统可以很方便地查找到一类相关信息。

Sohu 的搜索引擎可以查找网站、网页、新闻、网址、软件五类信息。网站和网页这两类信息的区别就像是一本书和书中的每一篇文章一样。

Sohu 的网站搜索以网站作为收录对象，具体的方法就是将每个网站首页的 URL 提供给搜索用户，并且将网站的题名和整个网站的内容简单描述一下，但是并不显示网站中每个网页的信息。网页搜索就是将每个网页作为收录对象，显示每个网页的信息，信息的显示比较具体。

2. Sohu 搜索引擎使用说明

（1）关键词查找：用户可以在搜索框中直接输入自己想查找信息的关键词，找到相关信息。这种方法对网站、网页、新闻、网址、软件五类信息都适用。

（2）目录导航：用户层层单击想查找信息的类目，通过这种方法可以找到相关的一类信息。这种方法只适用于网站搜索。

【习题】

一辆载重十吨的货车即日从郑州出发，运送一批货物到上海，并计划从上海拉一批货物回郑州。为减少这辆货车的空驶里程，试通过互联网检索货物代理网站，为其安排上海到郑州的货物运输。将检索结果的页面填入实验报告。

第 4 章

域名申请与注册实验

本章主要介绍了域名申请与注册的过程，包括中文域名、英文域名、通用网址等。

实验 4-1 英文域名申请与注册

【实验目的与要求】

目的：熟悉英文域名的申请与注册过程。

要求：掌握英文域名的申请与注册过程，掌握英文域名申请与注册的方法。

【实验说明】

通过此实验让学生了解整个域名申请与注册的过程，本实验选用中国网格网的域名申请与注册作为实例，详细地讲述一个完整的域名申请与注册过程。

【实验内容与步骤】

步骤 1：在浏览器地址栏里输入 http://www.cnwg.cn/，进入中国网格网的主页（见图 4-1-1）。

步骤 2：在客户登录栏，单击“注册”按钮，进入“欢迎您注册成为中国网格的会员”的页面（见图 4-1-2）。

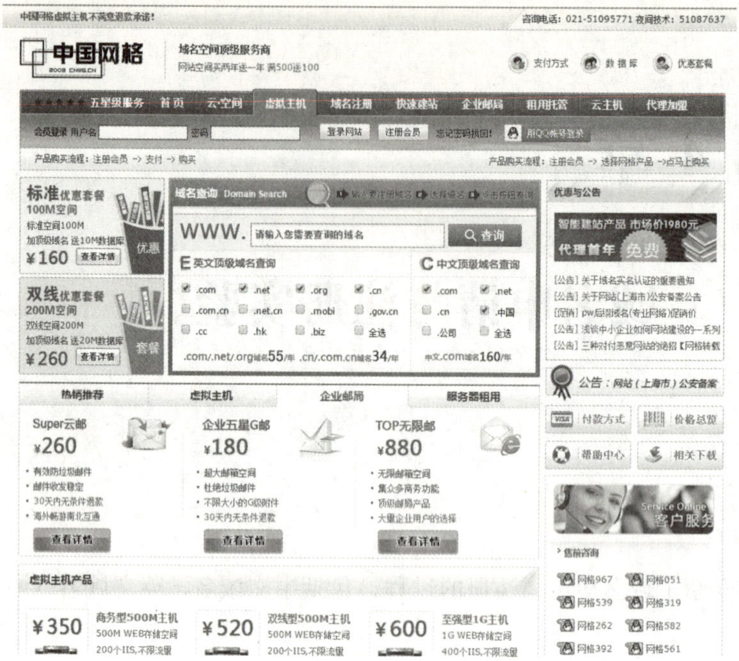

图 4-1-1　中国网格网的主页

图 4-1-2　会员注册页面

步骤 3：填写注册信息，注册成为中国网格网会员，回到主页 http://www.cnwg.cn/，在客户登录栏输入用户名和密码，单击“登录”按钮，进入“管理首页”的页面（见图 4-1-3）。

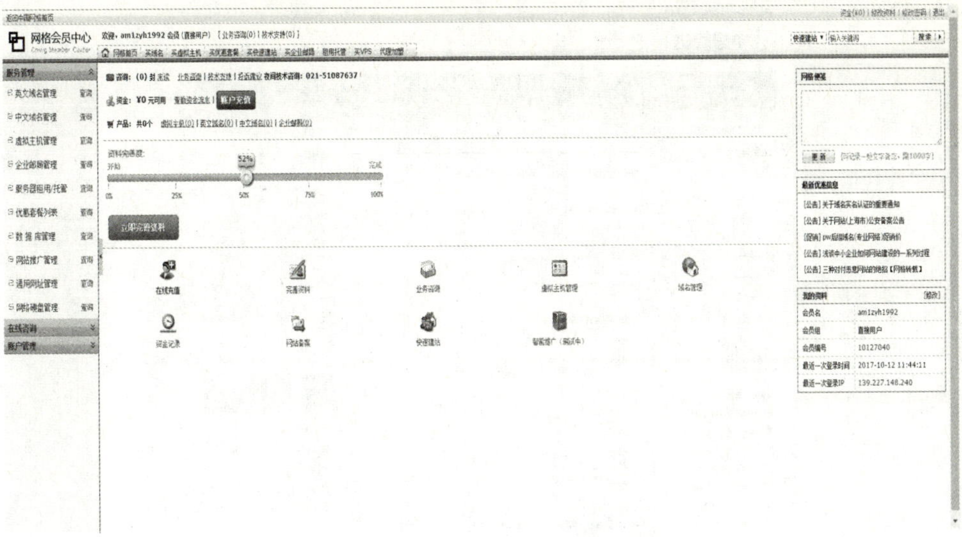

图 4-1-3　“管理首页”的页面

步骤 4：单击导航栏的“域名注册”按钮，进入“域名注册→英文顶级域名”页面（见图 4-1-4）。

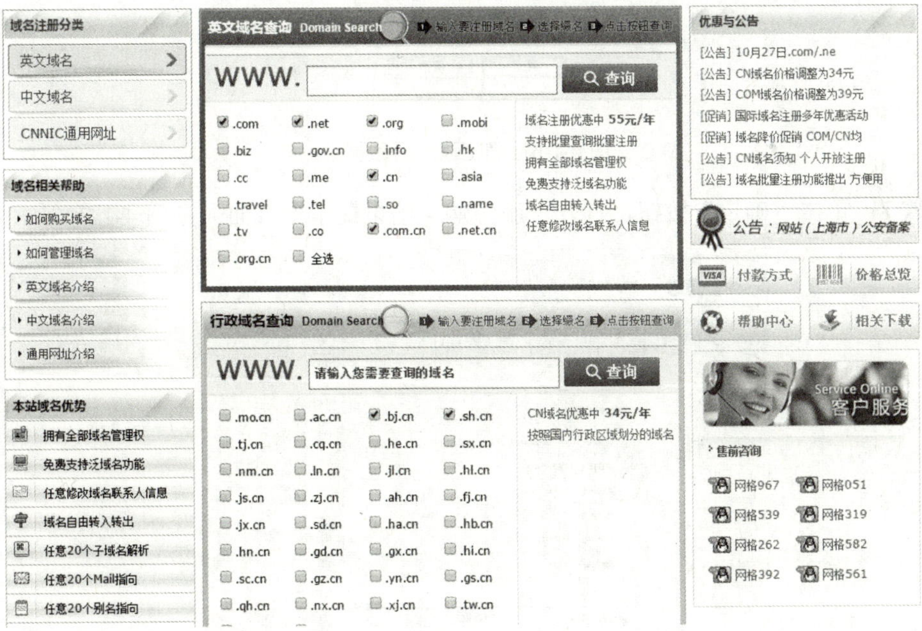

图 4-1-4　“域名注册→英文顶级域名”页面

步骤 5：输入想要注册的域名并选择域名的形式，然后单击“搜索”按钮，进入“域名查询结果”页面，如果所填的域名没有被注册，选择所填的域名，单击“注册”按钮，进入填写注册信息页面（见图 4-1-5）。

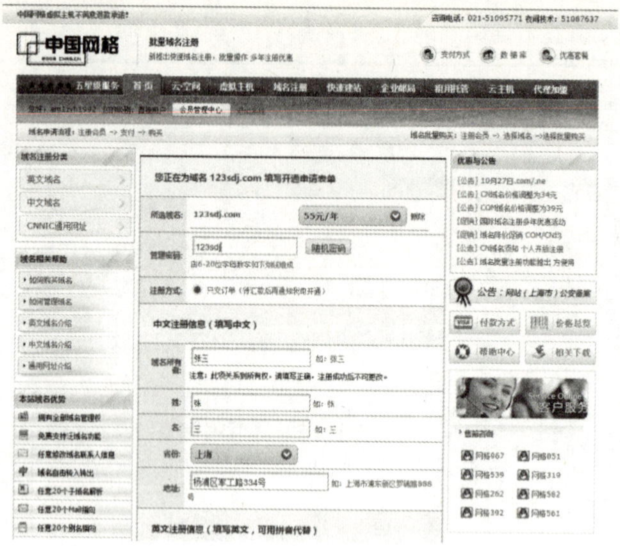

图 4-1-5 填写注册信息页面

步骤 6：填写注册信息，然后单击“确定注册”按钮，弹出如图 4-1-6 所示的对话框。

图 4-1-6 确定注册对话框

步骤 7：单击“确定”按钮，打开“服务购买结果提示”页面（见图 4-1-7）。

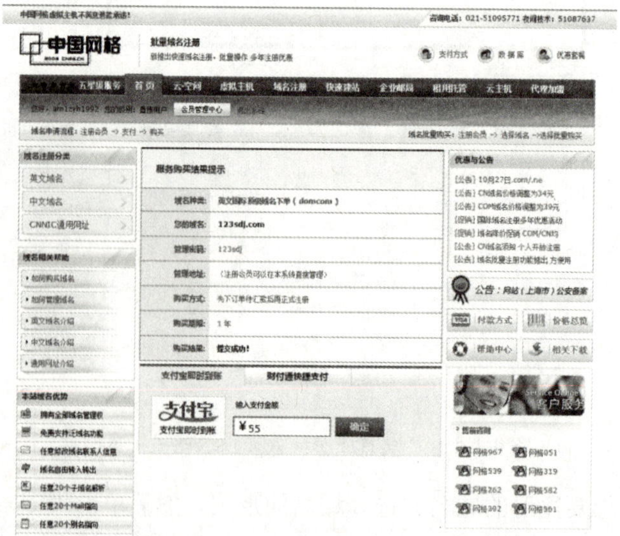

图 4-1-7 “服务购买结果提示”页面

步骤 8：单击“在线支付”按钮，弹出“网上支付平台”页面（见图 4-1-8）。

图 4-1-8　“网上支付平台”页面

步骤 9：选择登录账号付款，输入支付宝账户名、支付密码、验证码和支付金额，单击“下一步”按钮，完成支付。

【相关知识】

1. 域名的概念

域名类似于互联网上的门牌号码，是用来识别和定位互联网上计算机或计算机组的层次结构式的字符标识，与该计算机或计算机组的互联网协议（IP）地址相对应。但相对于 IP 地址而言，更便于使用者理解和记忆。域名属于互联网上的基础服务，基于域名可以提供 WWW、E-mail、FTP 等应用服务。

英文国际域名是由字母、数字及“-”、“.”符号构成的。英文域名注册含.com/.net/.org/.cn 等域名的申请。

中文域名是包含中文汉字的域名。中文域名表现更直观，互联网品牌保护更准确，可直接使用品牌、公司名称作为中文域名，更适合中国人记忆、使用。

2. DNS（Domain Name System）工作原理

域名服务软件一般包含两部分：实际的域名服务器和解析器。域名服务器通过提供主机到地址的转换来响应浏览器的请求。当它没查出来时，解析器会询问另一台域名服务器获取有关信息。

当输入一个网页地址后，浏览器就会向最近的域名服务器发出一个请求。如果找到了相同的主机名，就在缓冲区里调出信息返回给浏览器；如果这个域名服务器找不到，解析器就试图通过询问树的上一级的一个域名服务器来解决这个问题；如果还不行，第二个服务器会继续向上找，直到找到为止。（如果一个域名服务器无须询问别的服务器就能得到结果，它被称为授权服务器。）当信息找到后，它就返回给浏览器，打开对应的网页。一般来说这个过程很快，但有时也可能会花很长时间（如 15 秒），在最坏的情况下，可能会弹出一个对话框告诉用户那个域名不存在，即使域名是对的。这种情况在授权服务器缓慢或正在回答上一个请求时可能会发生，因为计算机超时退出（切断连接）了，如果再试一次，成功的机会很大，因为授权服务器有时间回应了，服务器也会把它保存在自己的缓冲区里。

3. 域名分类与功能

域名分类与功能如表 4-1-1 所示。

表 4-1-1　域名分类与功能

域名分类	功　能
.com	工、商、金融等企业
.net	互联网络、接入网络的信息中心和运行中心
.org	各种非营利性的组织
.edu	教育机构
.gov	政府部门
.mil	军事机构
.aero	航空运输业专用，由比利时国际航空通信技术协会（SITA）负责
.biz	可以替代.com 的通用域名，监督机构是 JVTeam
.coop	商业合作社专用，由位于华盛顿的美国全国合作商业协会（NCBA）负责管理
.info	可以替代.net 的通用域名，由 19 个互联网域名注册公司联合成立的 Afilias 负责
.museum	博物馆专用，由博物馆域名管理协会（MDMA）监督
.name	是个人网站的专用域名，由英国的“环球姓名注册”（Global Name Registry）负责
.pro	医生和律师等职业专用，监督机构是爱尔兰都柏林的一家网络域名公司“职业注册”（RegistryPro）

【习题】

注册一个英文域名（支付部分可以不做）。

实验 4-2　中文域名申请与注册

【实验目的与要求】

目的：熟悉中文域名的申请与注册过程。

要求：掌握中文域名的申请与注册过程，掌握中文域名申请与注册的方法。

【实验说明】

通过此实验让同学了解整个域名申请与注册的过程，本实验选用中国网格网的域名申请与注册为实例，详细讲述一个完整的中文域名申请与注册过程。

【实验内容与步骤】

步骤 1：在浏览器地址栏里输入 http://www.cnwg.cn/，进入中国网格网主页（见图 4-2-1）。

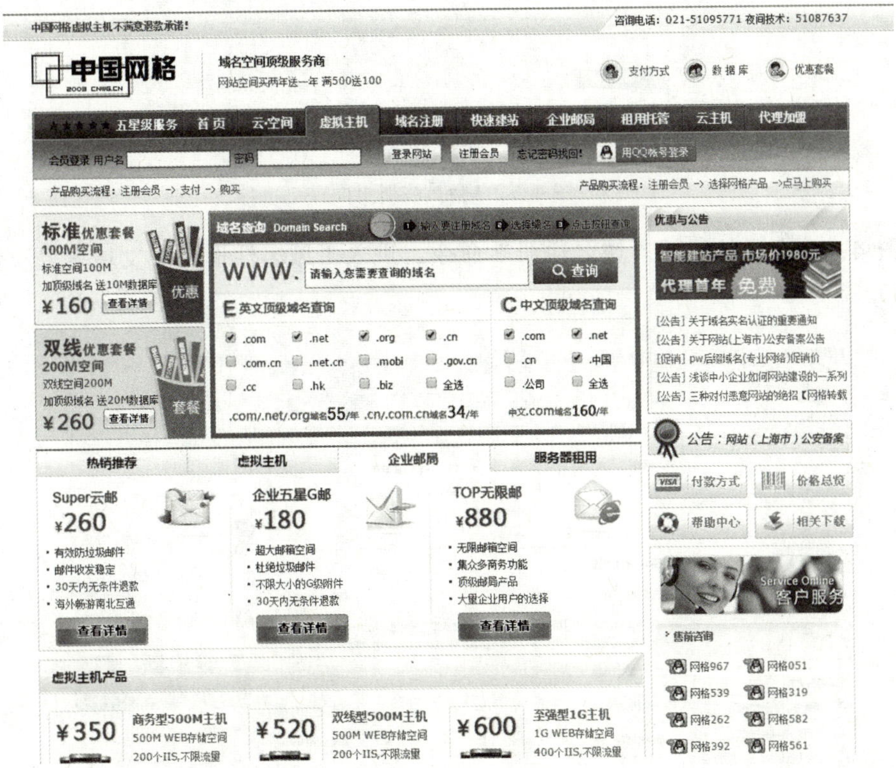

图 4-2-1　中国网格网主页

步骤 2：在客户登录栏单击“注册”按钮，进入“欢迎您注册成为中国网格的会员”的页面（见图 4-2-2）。

步骤 3：填写注册信息，注册成为中国网格网会员，回到主页 http://www.cnwg.cn/，在客户登录栏输入用户名和密码，单击“登录”按钮，进入“管理首页”页面。

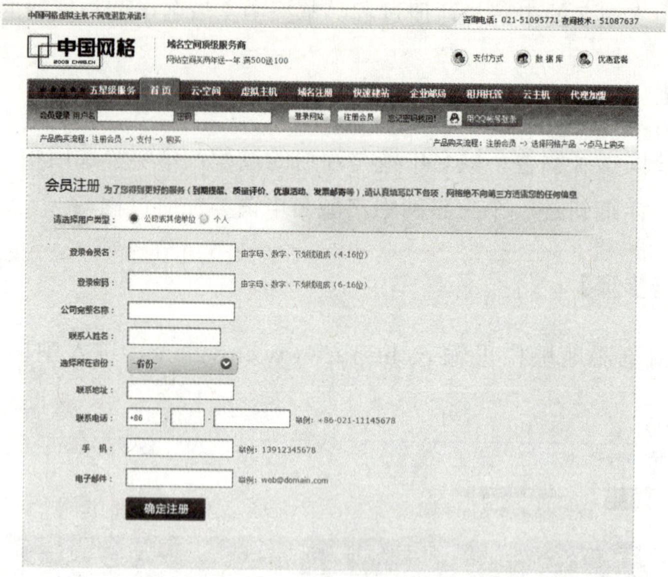

图 4-2-2　会员注册页面

步骤 4：单击导航栏的“域名注册”命令，进入“域名注册→中文域名”页面（见图 4-2-3）。

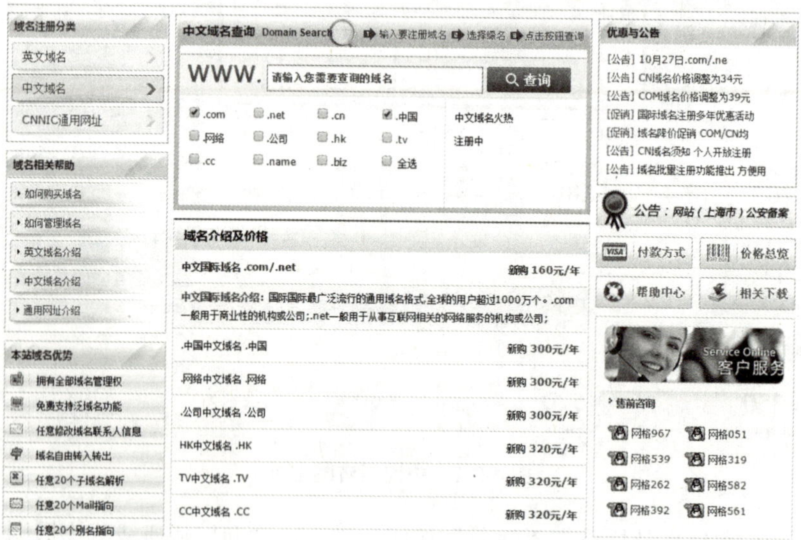

图 4-2-3　“域名注册→中文域名”页面

步骤 5：输入想要注册的域名并选择域名的形式，然后单击“搜索”按钮，进入“域名查询结果”页面，如果所填的域名没有被注册，则可以选择所填的域名，单击“注册”按钮，进入填写注册信息页面（见图 4-2-4）。

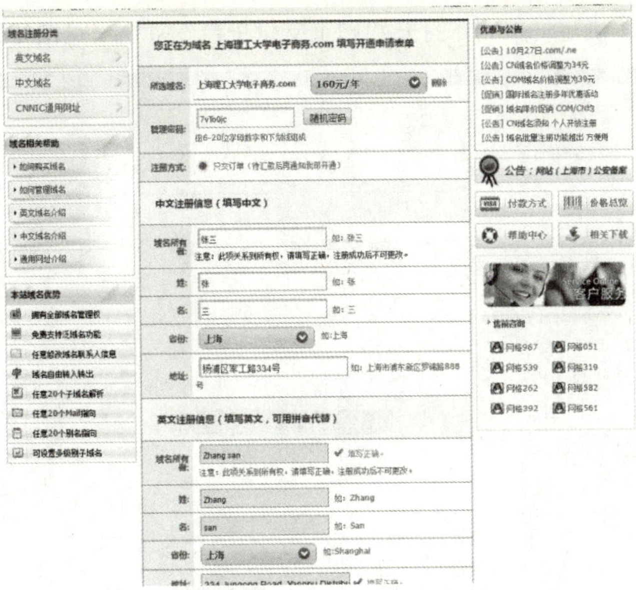

图 4-2-4　填写注册信息页面

步骤 6： 填写注册信息，然后单击“确定注册”按钮，弹出如图 4-2-5 所示的对话框。

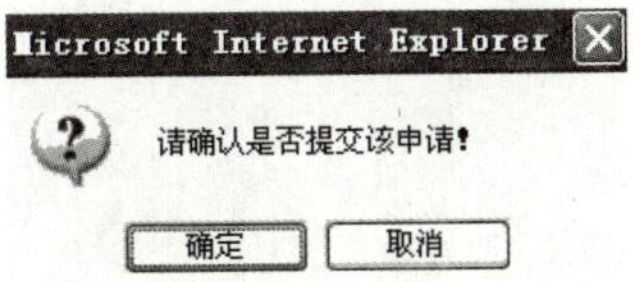

图 4-2-5　确定注册对话框

步骤 7： 单击“确定”按钮，打开“服务购买结果提示”页面（见图 4-2-6）。

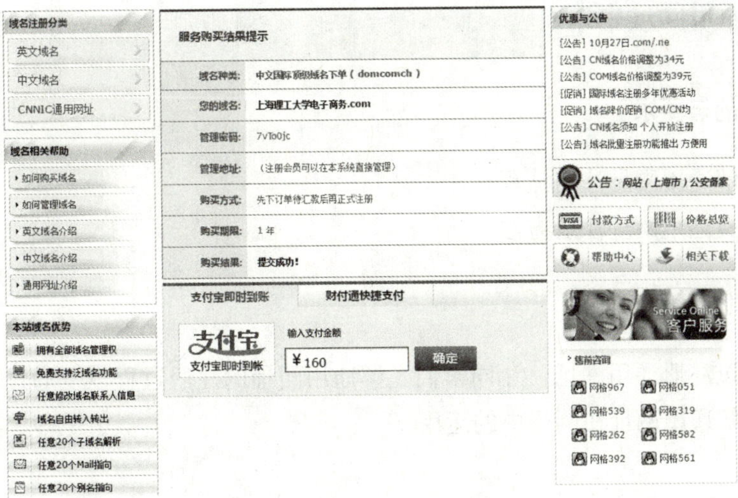

图 4-2-6　“服务购买结果提示”页面

步骤 8：单击“确定”按钮，打开“网上支付平台”页面（见图 4-2-7）。

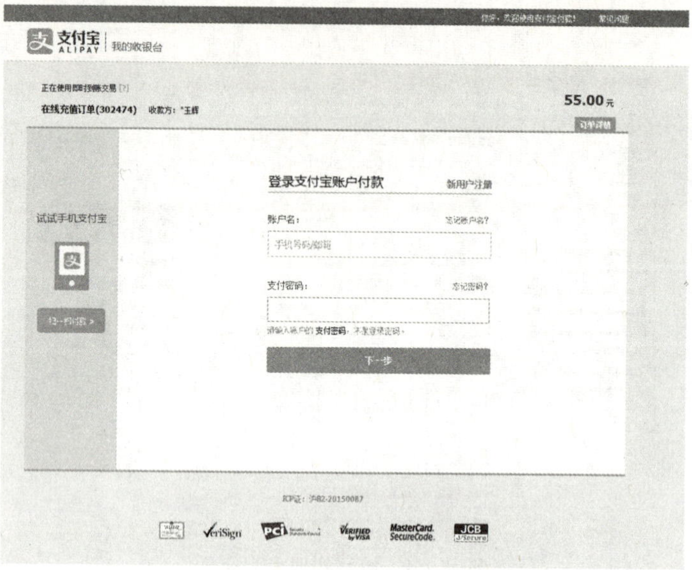

图 4-2-7　“网上支付平台”页面

步骤 9：选择登录账号付款，输入支付宝账号、密码、验证码和支付金额，单击“下一步”按钮，完成支付。

【习题】

注册一个中文域名（支付部分可以不做）。

实验 4-3　通用网址申请

【实验目的与要求】

目的：了解通用网址注册流程。
要求：掌握通用网址注册方法。

【实验说明】

本实验通过注册通用网址，让同学们了解通用网址的注册过程以及通过网上转账进行支付，并且了解通用网址在网络中的运用。

【实验内容及步骤】

1. 通用网址注册登记

步骤 1：在浏览器的地址栏输入“http://shanghai.114.com.cn/”，登录到如图 4-3-1 所示的“厦门中资源网络服务有限公司－上海站”主页。

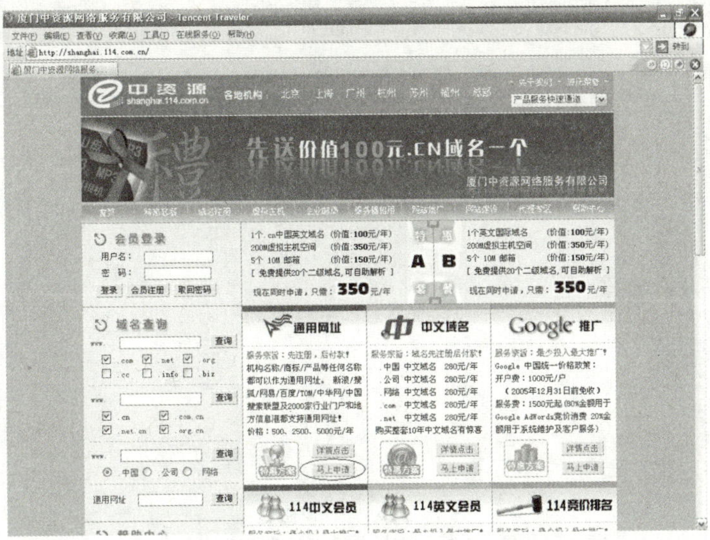

图 4-3-1　“厦门中资源网络服务有限公司－上海站”主页

步骤 2：单击“马上申请”按钮，进入如图 4-3-2 所示的注册及登录页面。如果是首次登录，需要先注册成为会员。

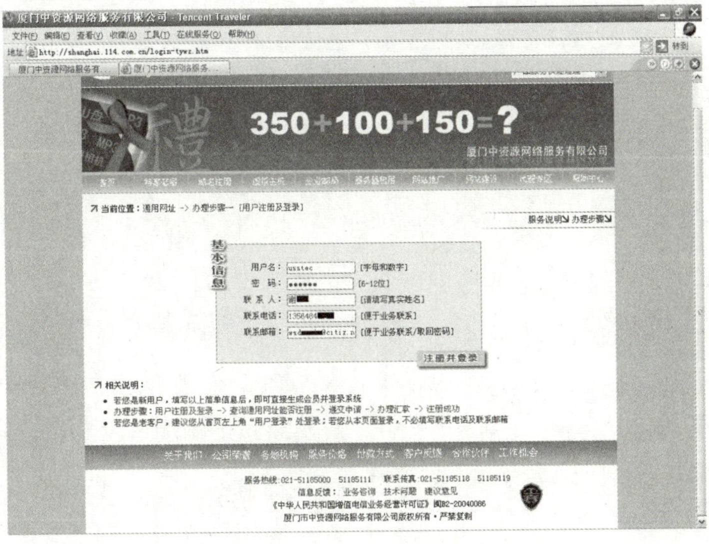

图 4-3-2　注册及登录页面

2. 通用网址申请

步骤 1：登录后，在对话框里输入想要注册的通用网址，查询是否能够注册（见图 4-3-3）。这里，输入要注册的通用网址，以“沪江电子商务网”为例。

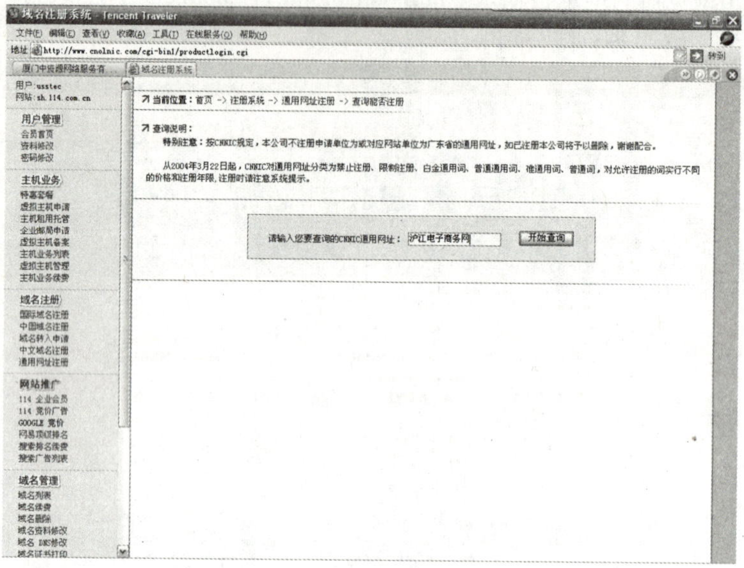

图 4-3-3 “查询能否注册”页面

步骤 2：单击“开始查询”按钮，进入如图 4-3-4 所示的页面，提示输入的网址没有被注册，单击“马上注册”，开始注册通用网址。

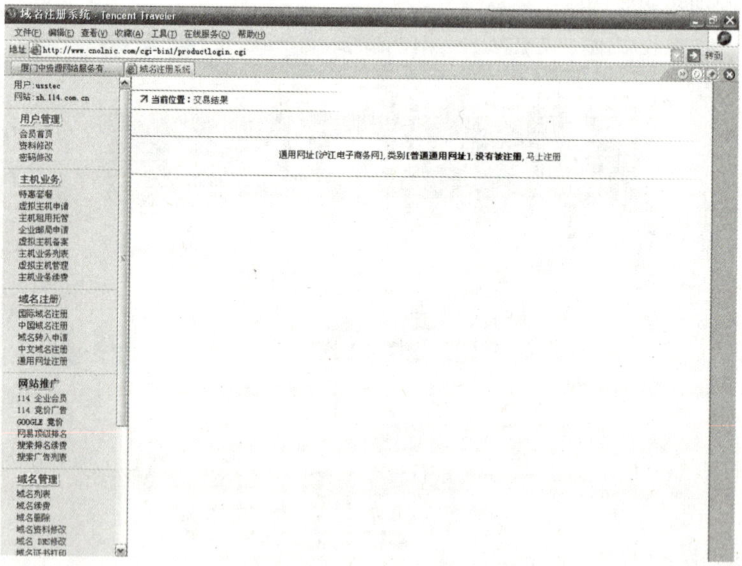

图 4-3-4 查询结果页面

步骤 3： 在如图 4-3-5 所示页面中，如实填写申请资料，在填写过程中有两个地方需要注意：如图 4-3-5 所示的两个圈，“我已阅读并接受 CNNIC 通用网址注册协议”选项前要勾选，“对应网址”一定要填写，因为注册的通用网址直接链接到所填写的网址。填写完成后，单击页面下面的“注册”按钮，进入“网上支付平台”页面，同前文所述，不再赘述。

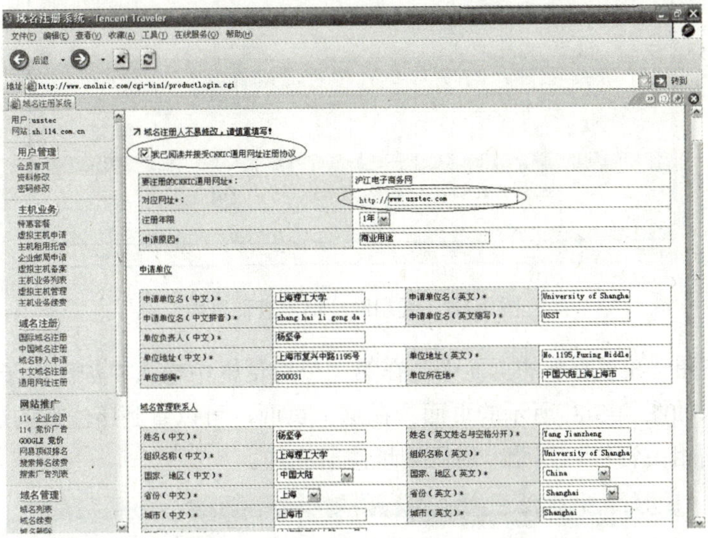

图 4-3-5　通用网址注册页面

步骤 4： 完成支付，弹出如图 4-3-6 所示页面。

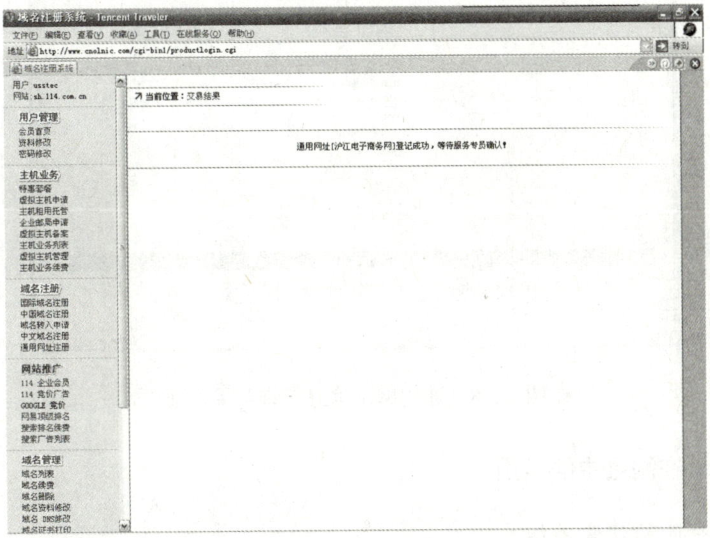

图 4-3-6　通用网址注册成功页面

步骤 5： 在中国互联网络信息中心的网页上查询已经注册成功的通用网址（见图 4-3-7）。

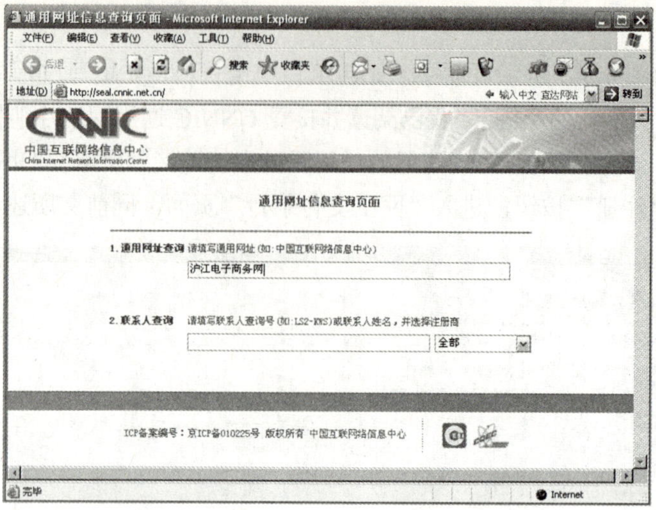

图 4-3-7 通用网址信息查询页面

步骤 6：在图 4-3-7 所示的页面中，在第一个对话框中输入“沪江电子商务网”，然后按回车键，进入如图 4-3-8 所示的页面，在这个页面，可以看到所注册的通用网址“沪江电子商务网”的相关资料。到此，通用网址注册完成。

图 4-3-8 通用网址信息查询结果页面

3. 通用网址在网络中的运用

1）通过门户网站搜索链接

步骤 1：在浏览器的地址栏输入“http://www.sohu.com/”，登录到搜狐主页，如图 4-3-9 所示，在搜索栏中输入“沪江电子商务网”，然后单击“搜索”按钮，进入如图 4-3-10 所示的搜索结果页面。

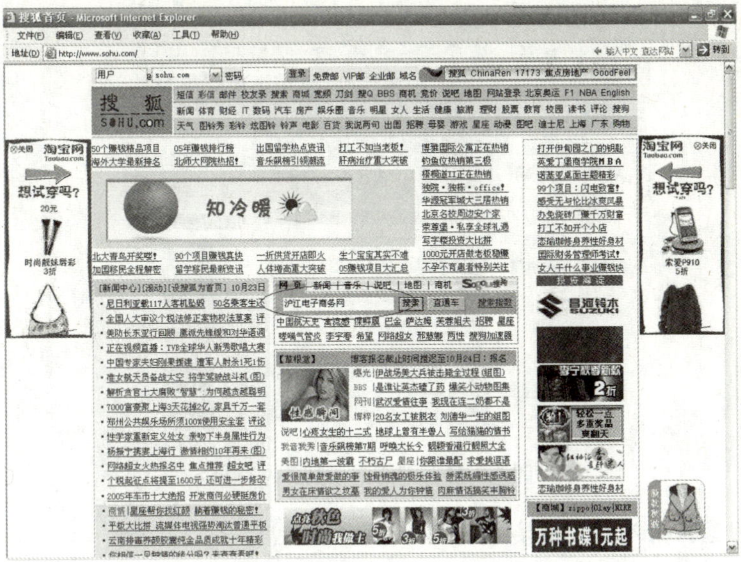

图 4-3-9　搜狐主页

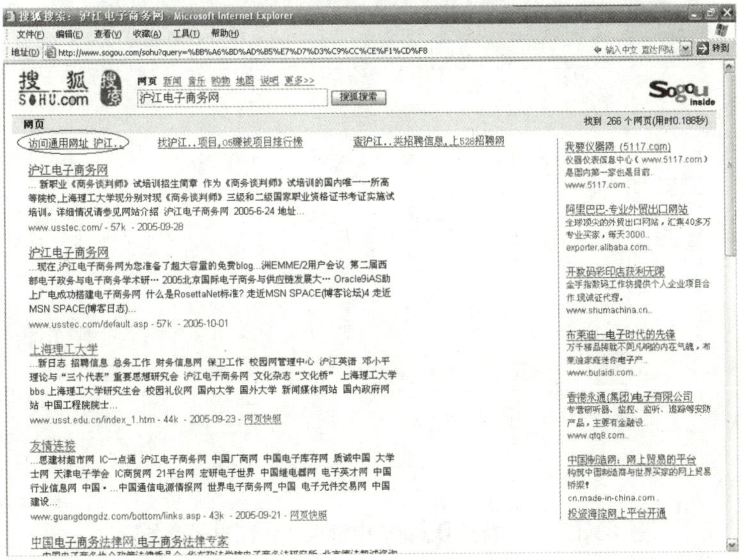

图 4-3-10　搜索结果页面

步骤 2：在如图 4-3-10 所示页面中，单击左上角圈中的字样，便可直接链接到沪江电子商务网首页（http://www.usstec.com/），如图 4-3-11 所示。

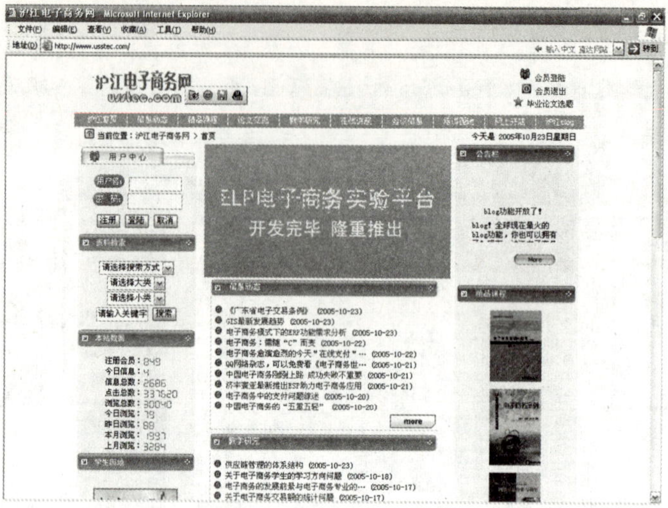

图 4-3-11　沪江电子商务网首页

2）通过浏览器输入中文链接

步骤 1：如图 4-3-12 所示，在浏览器地址栏中输入“沪江电子商务网”，然后按回车键，也可以直接链接到沪江电子商务网首页。

图 4-3-12　在浏览器地址栏中输入“沪江电子商务网”

【相关知识】

1．通用网址介绍

通用网址是一种新兴的网络名称访问技术，是通过建立通用网址与网站地址 URL 的对应关系来实现浏览器访问的一种便捷方式。用户只需在浏览器地址栏中输入通用网址即可。

网络名称访问技术的演变大致经历了以下几个过程：最初，为便于记忆，网络人员将由二进制“0”“1”组成的网络地址分割成四段，并采用十进制的方式表示，这就是 IP 地址；随后，科研人员又在纯数字表示的 IP 地址基础上推出来更加便于记忆的字符型访问标识，即基于 IP 地址的域名系统，域名系统随即被广泛运用于互联网的各个应用中，如电子邮件和 FTP 等，极大地推动了网络的普及；目前，一种基于域名基础之上，专用于 WWW 浏览的访问技术——网址技术引起了广泛关注。网址技术有效地降低了域名体系的复杂性，用户不用记忆或输入复杂冗长的英文域名地址，只要在地址栏直接输入网站名称的中文或拼音就可以直达目标网站。

2．注册通用网址的优势

注册了通用网址，直接输入企业、产品、网站的名称，即可直达目标网站而无须记忆复杂的域名、网址，无须输入 http://、www、.com、.net 等前后缀，是继 IP、域名之后，最先进、最快捷、最方便的第三代互联网访问标准。通用网址允许个人注册，开放通用词汇注册并可自由转让。

【习题】

注册一个通用网址（支付部分可以不做）。

第二模块

电子商务运营实验

第 5 章

企业门户网站（B2B）

B2B 电子商务即企业对企业的电子商务。B2B 电子商务的涉及面十分广泛，主要是通过信息平台和外部网站将面向上游供应商的采购业务和面向下游代理商的销售联系在一起。本章主要介绍了企业门户网站（B2B）的管理方法，包括供求商机的发布与管理、企业门户网站管理、企业门户网址 Logo 设计、网络广告的制作与交换。

实验 5-1　企业门户网站设计与管理

【实验目的与要求】

目的：通过动手搭建一个企业门户网站（B2B），熟练掌握企业门户网站中信息发布与管理的操作步骤与主要方法。熟悉企业门户网站的模块及相应功能的操作流程。

要求：熟悉企业门户网站的商机发布、商机搜索、商机撮合等基本方法，提高工作效率。

【实验说明】

企业门户网站实验主要包括域名申请与注册、企业门户网站设计与管理、企业门户网站 Logo 设计、网络广告的制作与交换等操作。通过模拟企业门户网站管理过程，集成企业多种服务及内外部信息，让企业拥有一个对外宣传与对内管理一体化的应用平台。

【实验内容与步骤】

步骤 1：商机发布。

用户可以通过商机发布页面（见图 5-1-1）发布企业的求购和供应信息，以此增加产品的关注度和交易率。

客户发布的商机将在网站和平台上展示出来，使信息公开，方便获取更多的商业机会。编辑发布商机主要分为“基本信息”“上传新图片”和产品详细参数三部分，如图 5-1-1 所示带“*”项为必填项。

“基本信息”：关键字应该尽量简要，这将是客户能否搜索到商机的关键。“上传新图片”：在这里可以上传产品相关图片，支持四图展示，客户可以根据需要对某一产品进行全方位的多图展示。“产品详细参数”：在这里可以进行对产品更详细的说明，如采购范围、供应范围、价格说明和计量单位等。

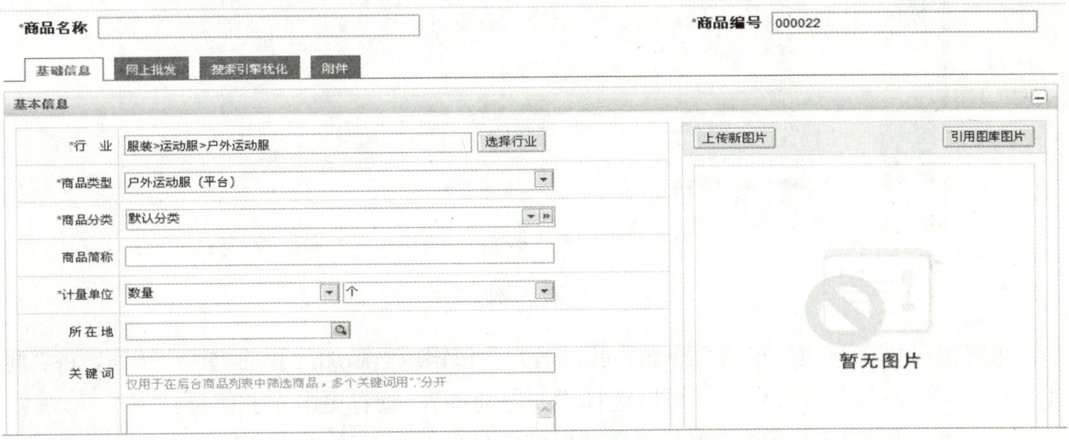

图 5-1-1　发布求购商机操作界面

所有信息输入完毕后，单击“保存”按钮。或单击“保存并新增”按钮，在保存的同时新增下一条信息。选择“返回到列表”可以查看所有已发布的商机。

供应商商机的发布操作同上。

步骤 2：商机搜索。

用户发布了商机之后，经平台审核通过，即可在全程电子商务平台和企业网站上显示（见图 5-1-2），所有浏览者都可以搜索到用户发布的此商机，扩大企业营销范围，在更大的空间内挖掘优质供应商和客户。

步骤 3：商机撮合。

用户所发布的商机信息，平台都会自动在网站资源库中为其匹配相应的商机，为用户找到合适的供应商和客户，并按匹配度推荐给客户，帮助用户有效地获取潜在的优质供应商和客户，节约商机搜索时间。

单击“商机撮合”按钮后，在列表中选择想撮合的商机，单击“查看撮合的商机”按钮后会显示撮合结果。

步骤 4：在线询价及下单。

客户浏览到产品信息，可以与信息供应者进行沟通，在线进入业务流程。为沟通提供方便快捷的方法，使商机不会被错过。

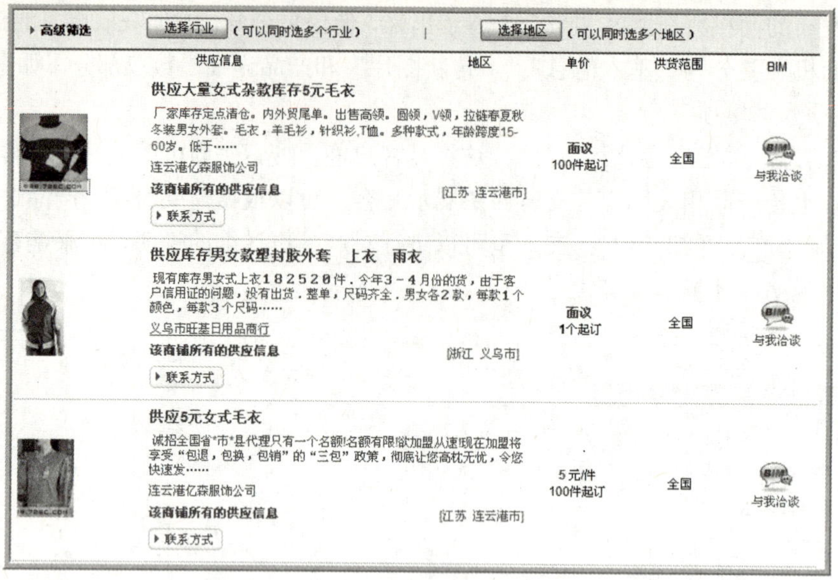
高级筛选
选择行业（可以同时选多个行业）
选择地区（可以同时选多个地区）
供应信息
地区
单价
供货范围
BIM
供应大量女式杂款库存5元毛衣
厂家库存定点清仓。内外贸尾单。出售高领。圆领，V领，拉链春夏秋冬装男女外套。毛衣，羊毛衫，针织衫，T恤。多种款式，年龄跨度15-60岁。低于……
连云港亿森服饰公司
该商铺所有的供应信息
[江苏 连云港市]
联系方式
面议
100件起订
全国
与我洽谈
供应库存男女款理封胶外套 上衣 雨衣
现有库存男女式上衣182520件，今年3－4月份的货，由于客户信用证的问题，没有出货，整单，尺码齐全，男女各2款，每款1个颜色，每款3个尺码……
义乌市旺基日用品商行
该商铺所有的供应信息
[浙江 义乌市]
联系方式
面议
1个起订
全国
与我洽谈
供应5元女式毛衣
诚招全国省*市*县代理只有一个名额!名额有限!欲加盟从速现在加盟将享受“包退，包换，包销”的“三包”政策，彻底让您高枕无忧，令您快速发……
连云港亿森服饰公司
该商铺所有的供应信息
[江苏 连云港市]
联系方式
5元/件
100件起订
全国
与我洽谈

图 5-1-2　商铺、商机展示界面

用户也可以在商铺里单击“添加为我的客户”按钮或“添加为我的供应”按钮，将“商铺客户”直接添加到管理台，也可以选择“浏览商铺”，查看更多企业信息。

进入“产品信息”页面，浏览该产品相关信息后，若对该产品感兴趣，可以进行“在线询价”或“在线下单”操作，非常便捷。

单击“洽谈询价”按钮后，会自动进入询价页面，并自动关联出该产品的相关信息，只需要选择通知对方的业务协同方式即可。

单击“立即订购”按钮后，会自动进入“采购订单”页面，并自动关联出该产品的相关信息，只需要用户确认数量和业务协同方式后，单击“保存”按钮，该单就会自动发送给对方。

【相关知识】

1. B2B 电子商务

B2B（Business-to-Business）是指企业与企业之间通过专用网络或互联网进行数据信息的交换、传递，开展交易活动的商业模式。它将企业内部网通过 B2B 网站与客户紧密结合起来，通过网络的快速反应为客户提供更好的服务，从而促进企业的业务发展。其主要包括三个要素：

（1）买卖：B2B 网站或移动平台为消费者提供质优价廉的商品，吸引消费者购买的同时促使更多商家入驻。

（2）合作：与物流公司建立合作关系，为消费者的购买行为提供最终保障，这是 B2B 平台的硬性条件之一。

（3）服务：物流主要是为消费者提供购买服务，从而实现再次交易。

2. B2B 相关模式介绍

1）垂直模式

面向制造业或面向商业的垂直 B2B 可以分为上游和下游两个方向。生产商或商业零售商可以与上游的供应商之间形成供货关系；生产商与下游的经销商可以形成销货关系。简单地说，这种模式下的 B2B 网站类似于在线商店，这一类网站其实就是企业网站，也就是企业直接在网上开设的虚拟商店。通过这样的网站可以大力宣传自己的产品，用更快捷、更全面的手段让更多的客户了解自己的产品，促进交易。这一类网站也可以是商家开设的网站，这些商家在自己的网站上宣传自己经营的商品，目的也是用更加直观、便利的方法促进和扩大商业交易。

2）综合模式

面向中间交易市场的 B2B。这种交易模式是水平 B2B，它将各个行业中相近的交易过程集中到一个场所，为企业的采购方和供应方提供了交易机会，这一类网站自己既不是拥有产品的企业，也不是经营商品的商家，它只提供一个平台，在网上将销售商和采购商汇集一起，采购商可以在其网上查到销售商的有关信息和销售商品的有关信息。

3）自建模式

行业龙头企业自建 B2B 模式是大型行业龙头企业基于自身的信息化建设程度，搭建以自身产品供应链为核心的行业化电子商务平台。行业龙头企业通过自身的电子商务平台，串联起行业的整条产业链，供应链上下游企业通过该平台实现沟通和交易。但此类电子商务平台过于封闭，缺少产业链的深度整合。

4）关联模式

行业为了提升电子商务交易平台信息的广泛程度和准确性，整合综合 B2B 模式和垂直 B2B 模式而建立起来的跨行业电子商务平台。

3. B2B 流程介绍

1）常规流程

第一步，商业客户向销售商订货，首先要发出“用户订单”，该订单应包括产品名称、数量等一系列信息。

第二步，销售商收到“用户订单”后，根据“用户订单”的要求向供货商查询产品情况，发出“订单查询”。

第三步，供货商在收到并审核完“订单查询”后，给销售商返回“订单查询”的回答。基本上是有无货物等情况。

第四步，销售商在确认供货商能够满足商业客户“用户订单”要求的情况下，向运输商发出有关货物运输情况的“运输查询”。

第五步，运输商在收到“运输查询”后，给销售商返回运输查询的回答。如：有无能力完成运输，以及有关运输的日期、线路、方式等要求。

第六步，在确认运输无问题后，销售商即刻给商业客户的“用户订单”一个满意的回答，同时要给供货商发出“发货通知”，并通知运输商运输。

第七步，运输商接到“运输通知”后开始发货。接着商业客户向支付网关发出“付款通知”。支付网关和银行结算票据等。

第八步，支付网关向销售商发出交易成功的“转账通知”。

2）制造业流程

第一步，接收客户订单，解析 EDI 标准数据 EDI ANSI-850 或 EDIFACT-ORDERS，保存订单必需数据，存入数据库。

第二步，将订单（Purchase Order，PO）信息上传至 ERP 系统。ERP 系统创建销售订单，然后将相关信息反馈给 ERP 系统。

第三步，B2B 系统返回订单信息给客户，EDI ANSI-855 或 EDIFACT-ORDRSP。

第四步，ERP 系统创建生产命令，生产现场管理系统（SFC）下载生产命令，安排生产，产生相关产品数据。

第五步，B2B 获取 ERP 传递的 IDOC 信息，存入 B2B DB。依据已经有的 ShipID 从 SFC DB 获取货物数据、包装列表等。

第六步，B2B 生成运单（ShipNotice），EDI ANSI-856 或 EDIFACT-DESADV，发送给客户。

第七步，接收客户对运单的确认，EDI ANSI-824 或 EDIFACT。

第八步，将发票发送给客户，EDI ANSI-810 或 EDIFACT-INVOIC。

【习题】

通过商机发布页面发布一条企业产品的求购式供应信息。

实验 5-2 企业门户网站管理

【实验目的与要求】

目的：了解企业门户网站中供求商机的管理与发布，从用户的角度考虑供求商机发布的位置与相关页面布局，达到美观、醒目的目的。

要求：熟悉企业门户网站的各个功能模块，如电脑、移动网站建设，产品展示厅，网上交易，管理客户、供应商、支付方式等数据档案，系统设置等；将相关数据记入实验报告，在实验报告中回答实验思考题，并写出自己参加本次实验的心得体会。

【实验说明】

企业门户网站实验主要包括域名申请与注册、企业门户网站设计与管理、企业门户网站 Logo 设计、网络广告的制作与交换等操作。通过模拟企业门户网站管理过程，集成企业多种服务及内外部信息，让企业拥有一个对外宣传与对内管理一体化的应用平台。

【实验内容与步骤】

步骤 1：产品档案。

客户可以进行产品在网站上的管理；可将产品进行上架和下架（见图 5-2-1）；还可以将需要展示的产品发布到网站及商铺中进行展示。

单击“编辑”，可以对产品进行编辑操作，完善或者修改产品信息。

上架后的产品会在网站的“产品世界”栏目里有详细的展示，如多图展示，可以展示产品名称、产品型号和计量单位等详细产品信息，并且提供了放大镜功能，可以随意拖动放大镜，观看产品局部，客户在浏览了产品之后，也可以通过这里的“询价”及“下单”按钮，进入在线业务协同的流程中。

步骤 2：网上产品展厅。

可以将重点产品推荐到网站首页进行重点展示。这里推荐的产品将会出现在网站首页，浏览者进入网站就可以看到推荐的产品（见图 5-2-2）。

步骤 3：网站预览。

当企业网站和网站展厅里的内容全部输入后，网站的内容也填充完成了，这时在左侧“相关操作区”中选择“预览网站”，就可以预览到网站（见图 5-2-3）。有不满意或需要修改的地方可以进行修改。如果发现网站的风格不满意，可以进入到网站设计页面对网站的风格进行修改。

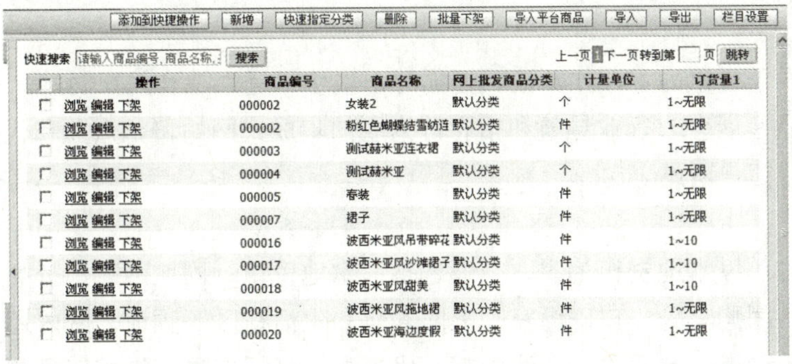

图 5-2-1　管理商品界面

图 5-2-2　前台产品展示界面

图 5-2-3　网站首页展示

【相关知识】

1. 门户网站的概念

“门户”原意是指正门或入口，现多用于互联网的门户网站和企业应用系统的门户系统。所谓门户网站，是指通向某类综合性互联网信息资源并提供有关信息服务的应用系统。

2. 门户网站的分类

1）搜索引擎式门户网站

该类网站的主要功能是提供强大的搜索引擎和其他各种网络服务，这类网站现在在中国比较少。

2）综合性门户网站

该类网站以新闻信息、娱乐资讯为主，如新浪、搜狐等，也称作资讯综合门户网站。

网站以新闻、供求、产品、展会、行业导航和招聘等为主的集成式网站，如众业和代理商门户等，也称作行业综合门户网站。

3）地方生活门户网站

该类网站是时下最流行的，以本地资讯为主，一般包括：本地资讯、同城网购、分类信息、征婚交友、求职招聘、团购集采、口碑商家、上网导航和生活社区等频道，网内还包含电子图册、万年历、地图频道、音乐盒、在线影视、优惠券、打折信息、旅游信息和酒店信息等非常实用的功能，如县门户联盟、城市中国地方门户联盟、新浪河南、瓮安在线、廊坊消费广场、丽江 360 网站、通话网、百汇网、贵州生活网、高安网、浙江热线、南昌百姓热线、杭州 19 楼和成都第四城等。

4）校园综合性门户网站

该类网站贴近学生生活，包括校园最新资讯、校园娱乐、校园团购和跳蚤市场等，如嗨易网、大学生生活网和腾讯校园等。

实验 5-3　企业门户网站 Logo 设计

【实验目的与要求】

目的：企业门户网站中的 Logo 是企业综合信息传递的媒介。Logo 是企业 CIS 战略的最主要部分，企业强大的整体实力、完善的管理机制、优质的产品和服务，都蕴含于 Logo 中，通过不断地刺激和反复刻画，深深地留在受众心中。在企业门户网站 Logo 设计过程中要客观反映企业精神、产业特点，最终设计出能够持续使用、造型科学优美的 Logo。

要求：熟悉常用图像处理软件（Photoshop，PS）的使用方法，在设计中要把企业的多种元素与精神融入 Logo 中。

【实验说明】

企业门户网站实验主要包括域名申请与注册、企业门户网站设计与管理、企业门户网站 Logo 设计、网络广告的制作与交换等操作。通过模拟企业门户网站管理过程，集成企业多种服务及内外部信息，让企业拥有一个对外宣传与对内管理一体化的应用平台。

【实验内容与步骤】

步骤 1： 打开 PS（Photoshop），按 Ctrl+N 组合键新建一个文档，大小设置为 80×80（大小可自己设计），如图 5-3-1 所示。

步骤 2： 选择文字工具，输入想要的文字，如图 5-3-2 和图 5-3-3 所示，输入的是 Tiffany。

步骤 3： 可以为其添加一个背景图片（见图 5-3-4），根据自己的需要来定。

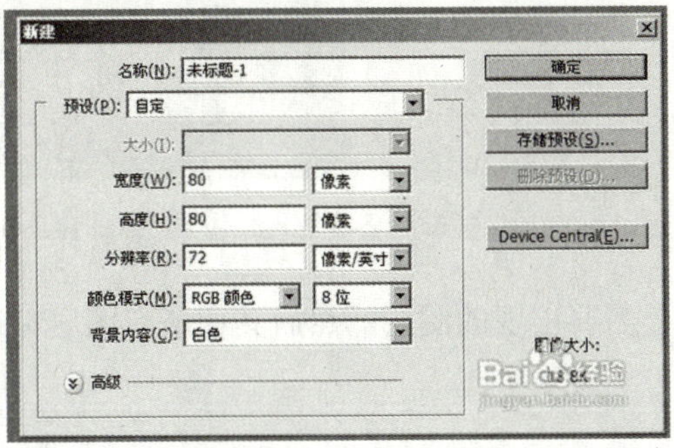

图 5-3-1　设计样式界面 1

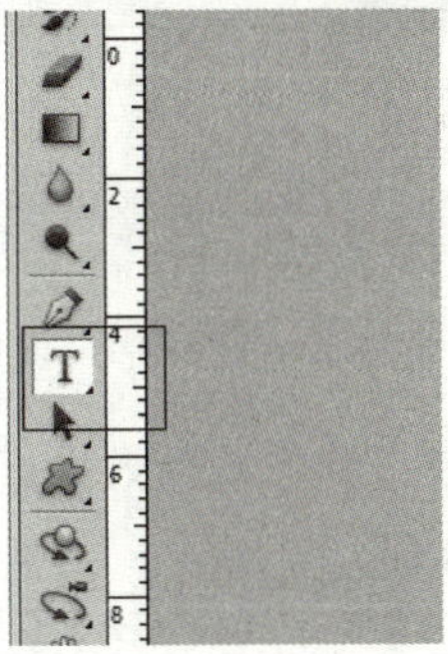

图 5-3-2　设计样式界面 2

图 5-3-3　设计样式界面 3

图 5-3-4　设计样式界面 4

步骤 4：制作一些动态效果，打开窗口“动画”。下方会出现动画帧的对话框（见图 5-3-5）。

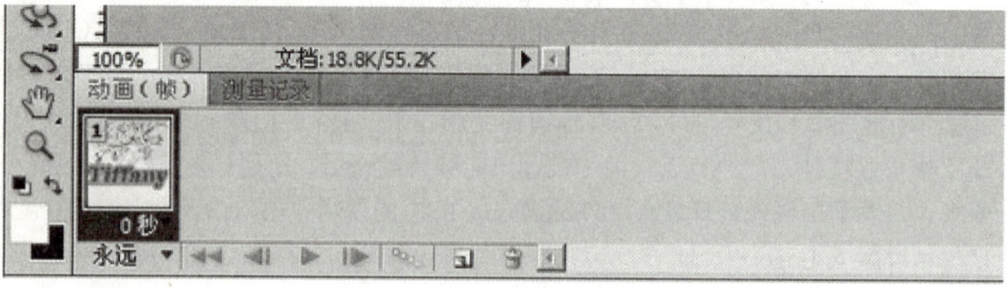

图 5-3-5　设计样式界面 5

步骤 5：输入文字，然后可以做一些效果，如描边、阴影（见图 5-3-6）。

步骤 6：依次将所有输入的文字都做出同样的效果（见图 5-3-7）。

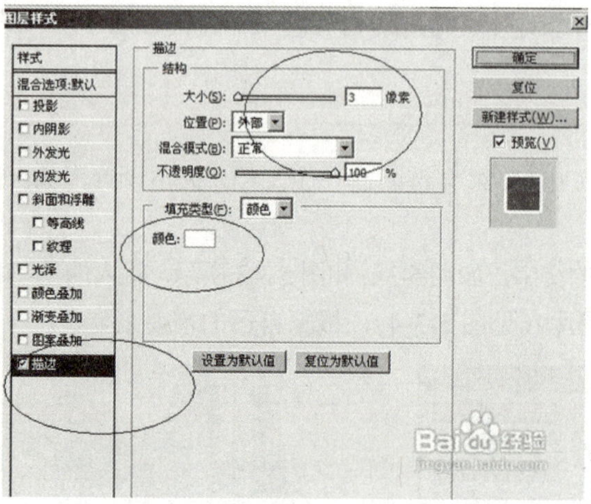

图 5-3-6　设计样式界面 6

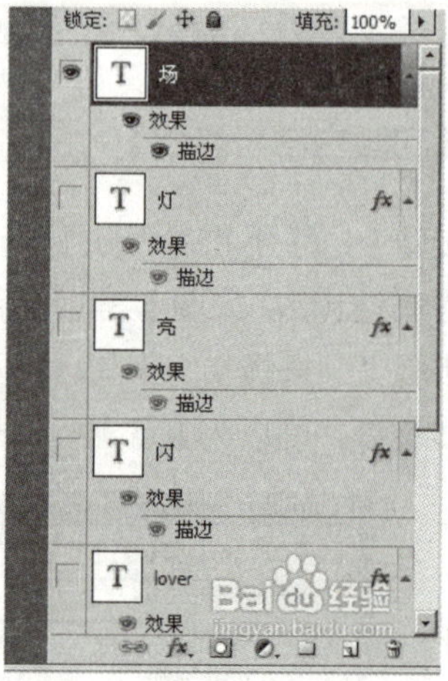

图 5-3-7　设计样式界面 7

步骤 7：制作动画效果。选择第一个需要出现的图层，然后其他所有图层都选择隐藏，如图 5-3-8 所示。

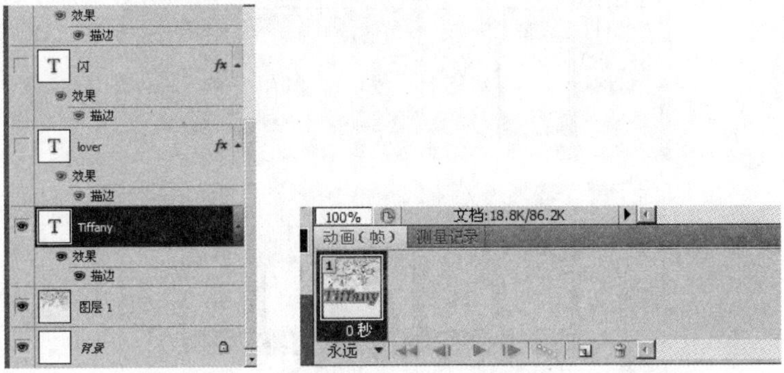

图 5-3-8　设计样式界面 8

步骤 8：选择下一个需要出现的图层，将其余的图层隐藏，如图 5-3-9 所示。

图 5-3-9　设计样式界面 9

步骤 9：依次将所有的图层都制作出相同的效果，一个图层对应一个帧图层（见图 5-3-10）。

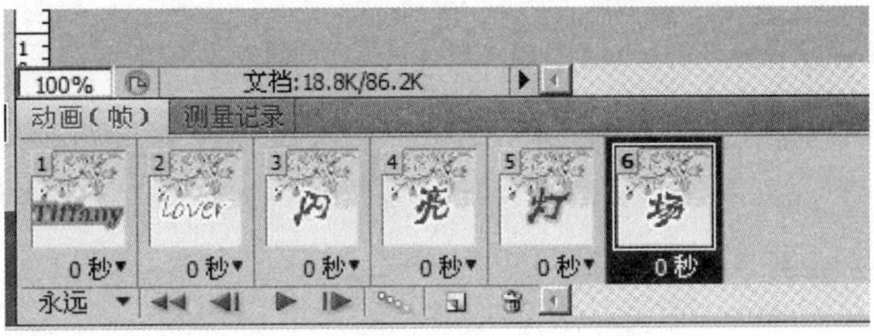

图 5-3-10　设计样式界面 10

步骤 10：调节时间，调到满意为止。“秒”字后面的小三角形就是调节时间用的（见图 5-3-11）。

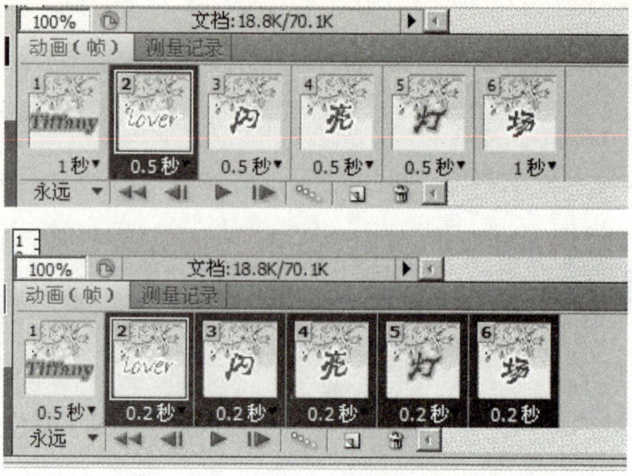

图 5-3-11　设计样式界面 11

步骤 11：调节好之后，存储为 Web 所用格式（见图 5-3-12）。

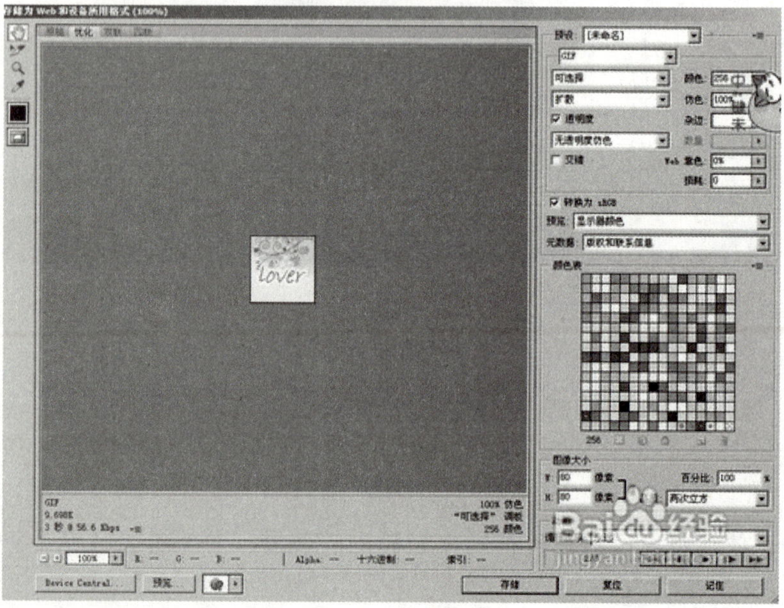

图 5-3-12　设计样式界面 12

【相关知识】

1. 互联网公司 Logo 的来历

1）阿里天猫

马云曾在内部网上谈及淘宝商城改名一事，当时他对于“天猫”这一名字非常认可，并表示不会再进行改名。马云说：“有人说，马云是用屁股想出来的名字，对了，我还真是坐在马桶上想出来的。只不过是想了十几天从几十个名字中才挑出来这么庸俗而又有趣的好名字，又和很多人悄悄争论了很多天。”

2）腾讯企鹅

“最早的时候 QQ 的 Logo 是一个小寻呼机，因为我们当时想体现一个网络寻呼的概念。QQ 里有好友发消息时的“嘀嘀”声也是从我当时的 BB 机上录下来的。后来我们觉得给 QQ 赋予一个动物的形象可能会更容易让人感受到亲切，于是我们选择了企鹅和其他的一些图案，放在网上让网友一起投票。最终大家选出了企鹅，这也是因为它代表了勇气、团结和爱。”这是马化腾在接受《成都日报》采访时给的答案。再后来，有了 QQ 哥、QQ 妹。

3）百度熊掌

百度这一公司名称便来自宋词“众里寻他千百度”。而“熊掌”图标的想法来源于“猎人巡迹熊爪”的刺激，与李彦宏博士的“分析搜索技术”非常相似，从而构成百度的搜索概念，也最终成为百度的图标形象。

4）搜狐阿狸

1995 年 11 月，张朝阳从美国回国。次年 8 月拿到天使投资并以此创办“爱特信信息技术有限公司”网站，其中一部分内容是分类搜索，改名为“搜乎”。第二轮融资阶段时，考虑到无论在世界还是中国文化中，狐狸都象征着机敏、灵活和聪慧，而这些特质也符合搜索引擎特点，1997 年 11 月将“搜乎”改为“搜狐”，1998 年 2 月，正式更名为搜狐公司。

5）新浪大眼睛

“世界在你眼中”是新浪在创立之初的品牌宣言，当新浪从一个门户网站发展成一家服务于中国及全球华人社群的领先在线媒体及增值资讯服务提供商后，“大眼睛”背后的寓意也就延展成了“你的网上新世界”。看似简单的 Logo 及口号的变化背后更是贯穿着新浪的目标的升级。

实验 5-4 网络广告的制作与交换

【实验目的与要求】

目的：网络广告是主要的网络营销方法之一，网络广告的核心思想在于引起用户关注和点击。网络广告是信息传播类广告，目的是将某个消息传播出去，如将新产品上市的信息让更多的人知道，期望企业与客户之间形成互动。通过网络广告扩大企业产品销量、提升企业产品的受众面。

要求：熟悉网络广告制作的基本方法、包括多种元素的选取、色彩的应用等，网络广告制作时要体现出用户、广告客户和网络媒体三者之间的互动关系。

【实验说明】

企业门户网站实验主要包括域名申请与注册、企业门户网站设计与管理、企业门户网站 Logo 设计、网络广告的制作与交换等操作。通过模拟企业门户网站管理过程，集成企业多种服务及内外部信息，让企业拥有一个对外宣传与对内管理一体化的应用平台。

【实验内容与步骤】

步骤 1：网站风格。

多套网站风格供随意选择，如“想象空间”“花都靓影”“商务先锋”等（见图 5-4-1），不同的风格不同的样式，会让企业网站时常新鲜漂亮，更加吸引眼球。

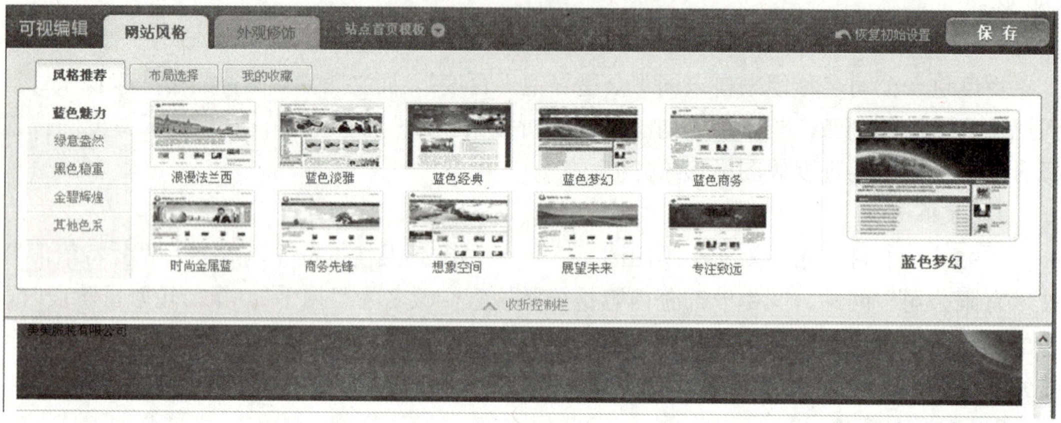

图 5-4-1　网站风格选择界面

步骤 2：导航菜单。

系统默认了导航菜单的名称，企业可以根据需要进行个性化修改。

菜单的排列顺序也是系统默认的，同样，企业可以自行进行排序，并且可以根据需要隐藏栏目，勾选隐藏之后的栏目将不再显示在网站上。通过“恢复默认”按钮可以恢复到默认设置（见图 5-4-2）。

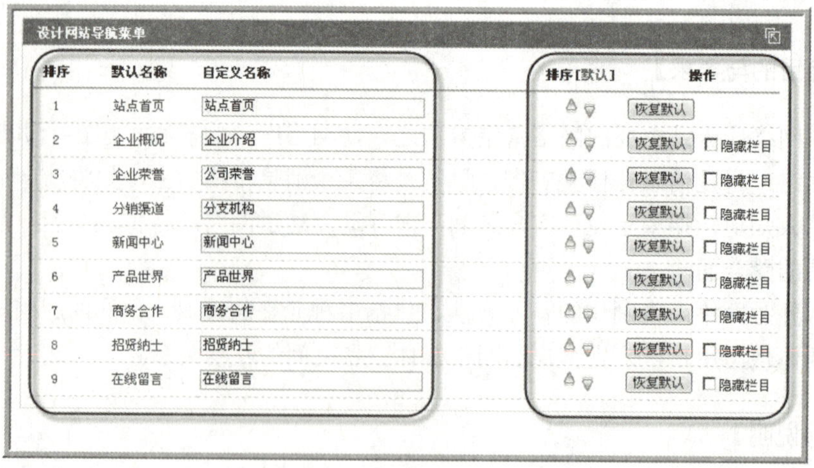

图 5-4-2　导航菜单设置界面

步骤 3：首页形象图片。

在网站首页，用户可以在此页面上传广告的图片，增强栏目的生动形象感。若用户对上传的图片不满意，可以选择“恢复默认”恢复到默认效果。

步骤 4：形象图片设计。

在此页面可以上传图片、调整页面色调和选择合适的过滤效果等（见图 5-4-3），为网站各栏目的页面设计有独特个性的形象，增强网站吸引力。若用户对之前的操作不满意，可以选择“恢复默认”恢复到默认效果。

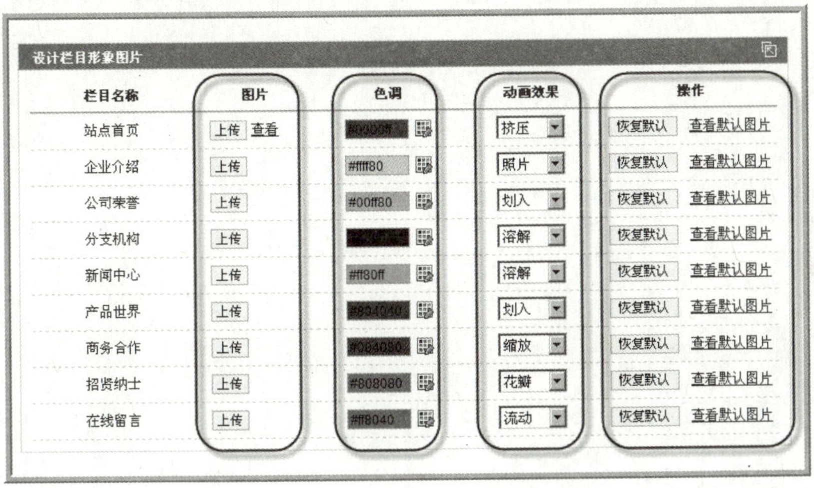

图 5-4-3　栏目形象图片设计界面

【相关知识】

1. 网络广告介绍

网络广告就是利用互联网络制作的广告。通过网络广告投放平台来利用网站上的广告横幅、文本链接和多媒体等方法，在互联网刊登或发布广告，通过网络传递到互联网用户，是一种高科技广告运作方式。与传统的四大传播媒体（报纸、杂志、电视、广播）广告及近来备受垂青的户外广告相比，网络广告具有得天独厚的优势，是实施现代营销媒体战略的重要组成部分。网络广告是主要的网络营销方法之一，在网络营销方法体系中具有举足轻重的地位，事实上，多种网络营销方法也都可以理解为网络广告的具体表现形式，并不仅限于放置在网页上的各种规格的广告，电子邮件广告、搜索引擎关键词广告和搜索固定排名等都可以理解为网络广告的表现形式。

2. 网络广告特征

无论以什么形式出现，网络广告所具有的本质特征是相同的：网络广告的本质是向互联网用户传递营销信息的一种手段，是对用户注意力资源的合理利用。Internet 是一个全新的广告媒体，速度快、效果更理想，是中小企业发展壮大的很好途径，对于广泛开展国际业务的公司来说更是如此。

【习题】

(1) 简单描述企业门户网站管理的作用?

(2) 制作属于自己的网店 Logo。

第 6 章

网上商城（B2C）

B2C 是 Business-to-Customer 的缩写，而其中文简称为“商对客”。“商对客”是电子商务的一种模式，也就是通常说的直接面向消费者销售产品和服务商业零售模式。这种形式的电子商务一般以网络零售业为主，主要借助于互联网开展在线销售活动。B2C 即企业通过互联网为消费者提供一个新型的购物环境——网上商店，消费者通过网络进行购物、支付等消费行为。

实验 6-1　网上商城设计与搭建

【实验目的与要求】

目的：通过网上商城设计与搭建，学习与网站设计与搭建的相关计算机技术，进行计算机网络后台系统开发设计、网站架构管理。

要求：掌握网上商城界面设计，学习网页设计优化，同时尝试设计个性化页面，提高网页设计操作技能。此外，通过设计与搭建整个过程，管理网上商城设计搭建系统运行情况。

【实验说明】

网上商城设计与搭建需要学生提前掌握相关的计算机编程与开发技术和系统开发知识，同时需要掌握网页设计和相关的网站架构搭建知识。

【实验内容与步骤】

步骤 1：预置模板安装。

进入主页，单击菜单“网店设计→网店模板”命令，进入网店模板安装界面，单击“安装官方模板”按钮，即可实现一键安装模板，如图 6-1-1～图 6-1-4 所示。

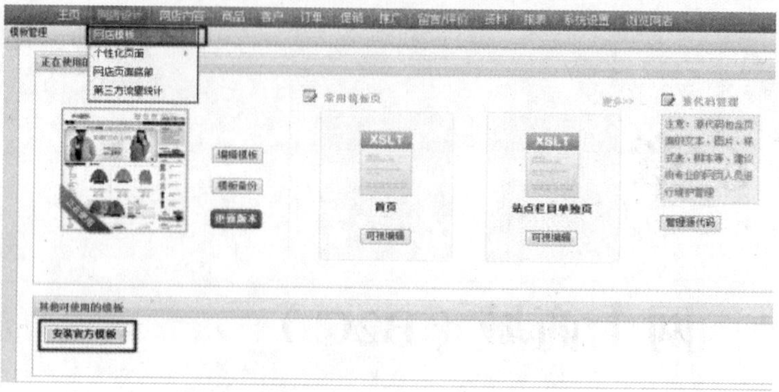

图 6-1-1 安装官方模板

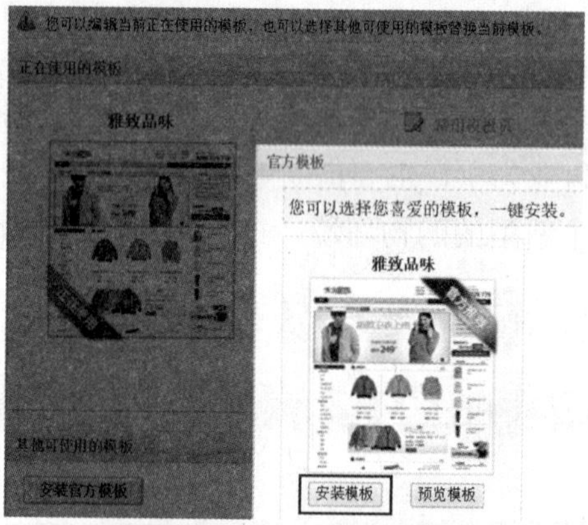

图 6-1-2 单击“安装模板”按钮

图 6-1-3 模板安装成功提示信息

图 6-1-4　预置模板效果预览

步骤 2：可视化编辑。

（1）对现有模块进行可视化编辑。可视化编辑就是对模板的具体页面内容进行可视化编辑，可新建、修改和删除模板内容模块。

单击“网店设计→网店模板”命令，进入模板管理页面，单击“可视编辑”按钮，进入可视化编辑页面，即可对网店中的各个模块进行管理及设计（见图 6-1-5）。

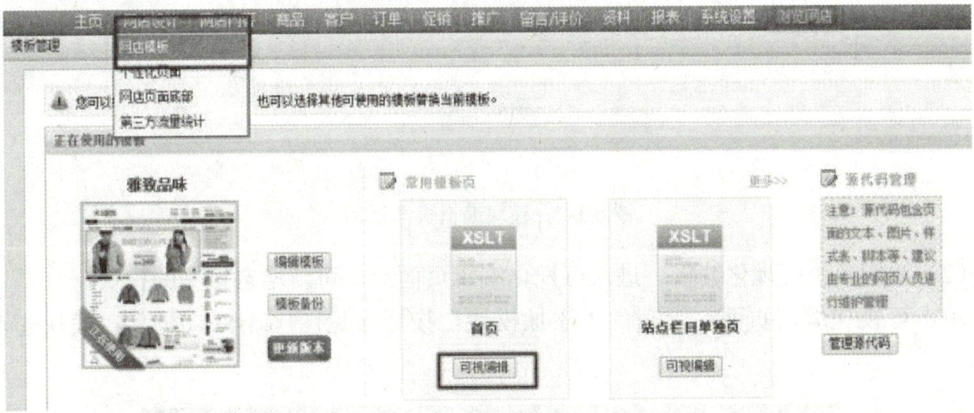

图 6-1-5　模板管理页面 1

进入可视化编辑页面，可对已安装的官方模板进行编辑或删除，当鼠标移到某个模块处时，即可进行操作，如图 6-1-6 所示。

单击模板右上方的“编辑”按钮，即进入模块编辑页面，图 6-1-7 中以轮播广告为例。

图 6-1-6　可视化编辑页面

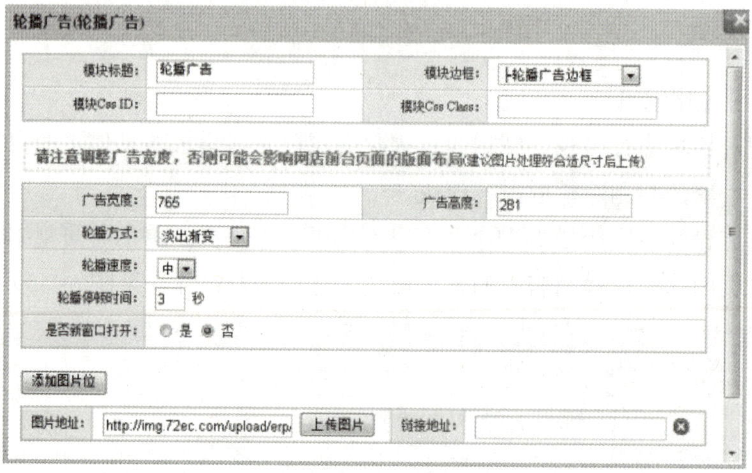

图 6-1-7　模块编辑页面示例

（2）新增模块可视化编辑。进入可视化编辑页面后，可新增自定义的模块。

单击可视化编辑页面左上角的“添加模块”按钮（见图 6-1-8），进入“模块超市”页面。

图 6-1-8　模板管理页面 2

根据需求，选择需要添加的模块，单击即可添加（见图6-1-9）。

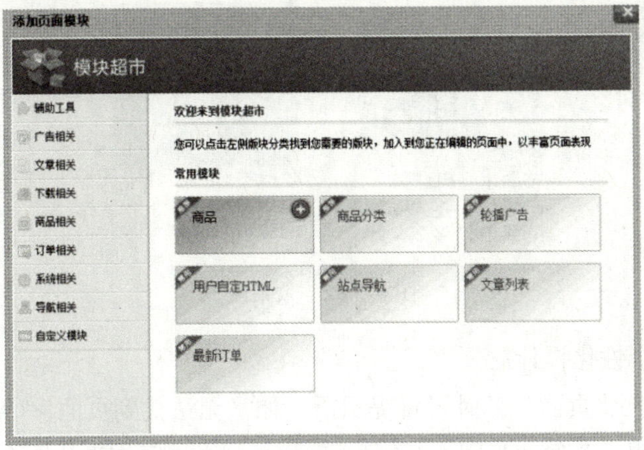

图6-1-9　“模块超市”页面

选择好需要添加的模块后，回到可视化编辑页面（见图6-1-10），选定要添加到的位置，以添加“商品”为例。

图6-1-10　可视化编辑页面

单击选定的位置，在系统弹出的模块设置对话框（见图6-1-11）中设置模块信息。

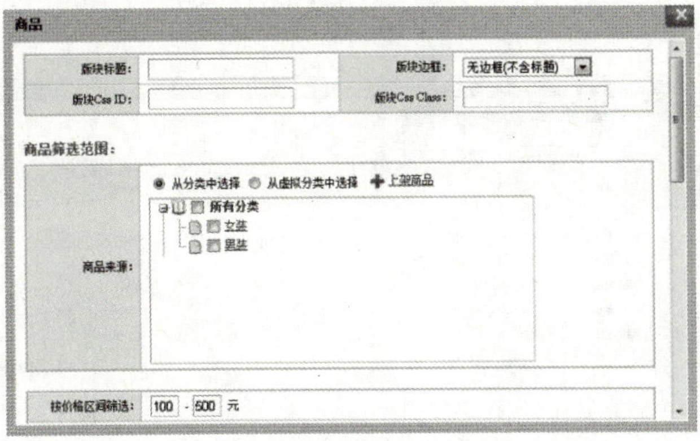

图6-1-11　模块设置对话框

设置完成后单击“保存修改”按钮，就完成了自定义模块的添加（见图 6-1-12）。

图 6-1-12　效果图

步骤 3：网店个性化设计。

系统支持对个性化页面打开时设置提示语，如“无法找到页面”“系统发生错误页面”或“搜索为空提示页面”等（见图 6-1-13），步骤：单击“网店设计→个性化页面→无法找到页面”，进入编辑框，编辑提示内容，保存即可。

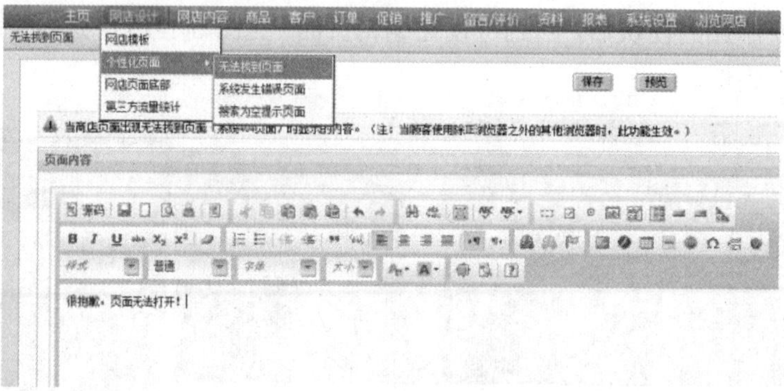

图 6-1-13　网店设计

步骤 4：网店内容管理。

（1）导航管理。单击“网店内容→导航→导航项→列表”命令（见图 6-1-4），进入导航列表。

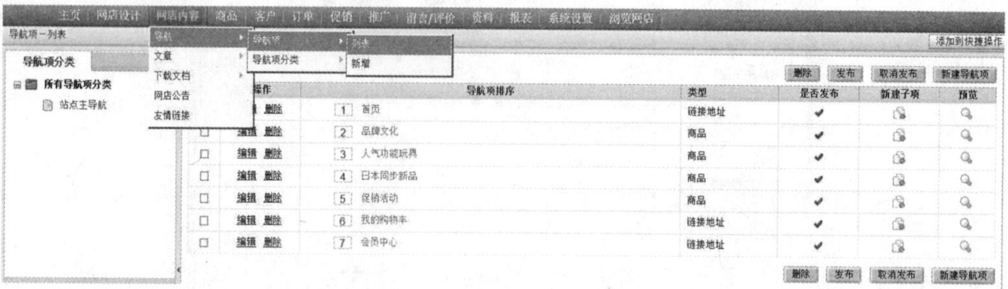

图 6-1-14　导航列表

进入导航列表后，可对导航进行编辑、新增、删除、发布和取消发布、对原有导航项增加子导航等操作。新增的导航发布后可在“可视化编辑”时使用，并最终显示到网店前台。

（2）文章管理。单击“网店内容→文章→文章”进入文章列表页面，在文章列表管理页面（见图 6-1-15）可对文章进行新增、删除、编辑、发布、推荐和置顶等操作。

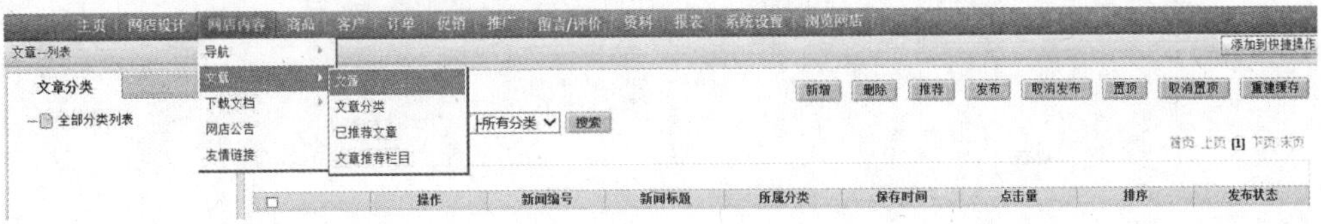

图 6-1-15　文章列表页面

在文章列表页单击“新增”按钮，即进入新增文章页面，如图 6-1-16 所示，在文章编辑器中输入文章内容，支持为文章配图，编辑完成后，单击“保存”按钮。

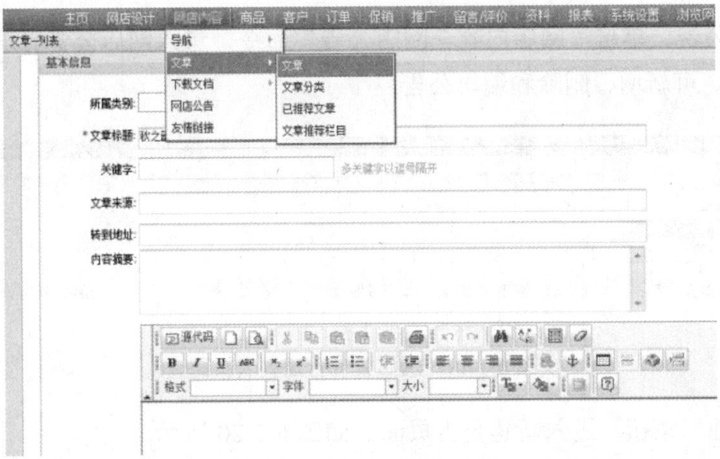

图 6-1-16　新增文章页面

（3）下载文档。单击“网店内容→下载文档→下载文档→列表”，进入下载文档列表管理页，如图 6-1-17 所示，在此可新建下载文档，对下载文档进行删除、发布、置顶、取消发布和取消置顶等操作。

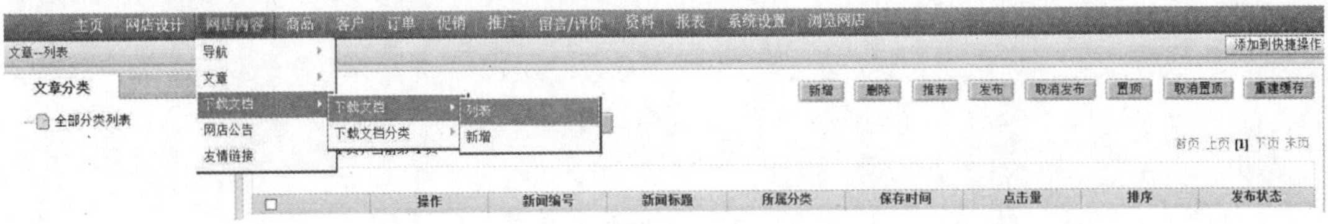

图 6-1-17　下载文档

单击“新建下载文档”按钮，进入下载文档新建页面，如图 6-1-18 所示。

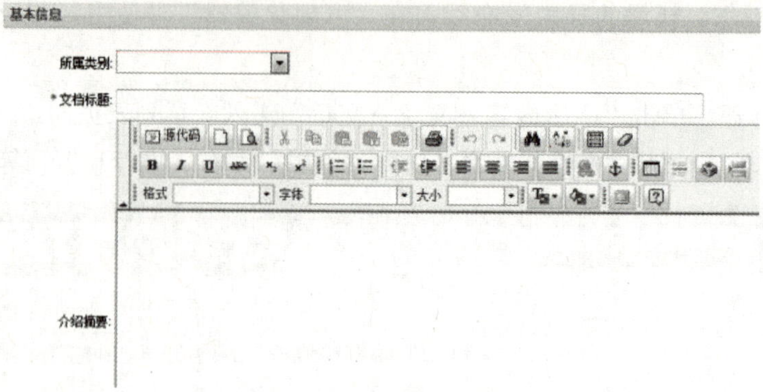

图 6-1-18 新建下载文档页面

按照提示，完成下载文档信息的输入及上传，并设置文档下载权限，然后保存即完成下载文档新建。

（4）网店公告。单击“网店内容→网店公告”命令，进入网店公告管理列表页面，如图 6-1-19 所示，可新增、删除和编辑公告。

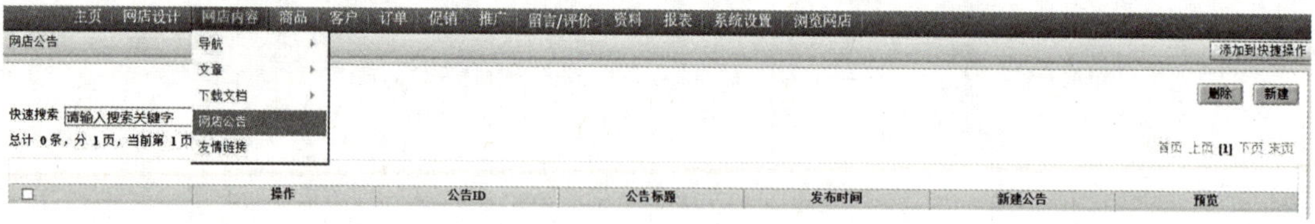

图 6-1-19 网店公告管理列表页面

单击“新建”按钮，进入新建公告页面，如图 6-1-20 所示。

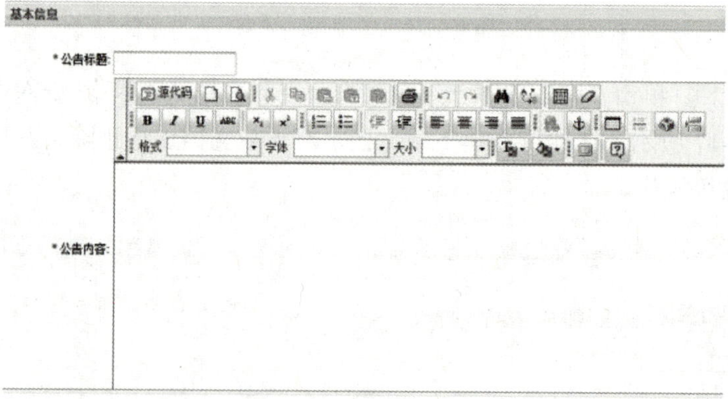

图 6-1-20 新建公告页面

输入公告标题与公告内容，保存即可。在网站可视化编辑时添加公告模块，即可显示在网店前台。

（5）友情链接。单击“网店内容→友情链接”命令，进入友情链接管理列表，如图 6-1-21 所示，在列表中可进行新增、删除、发布、取消发布和标记友情链接等操作。

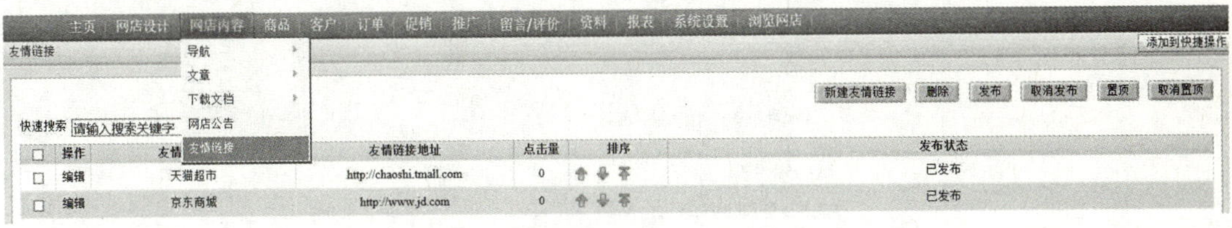

图 6-1-21　友情链接

单击“新建友情链接”按钮，进入友情链接新增界面，如图 6-1-22 所示，输入链接名称与链接地址，支持插入链接图片，保存即可。

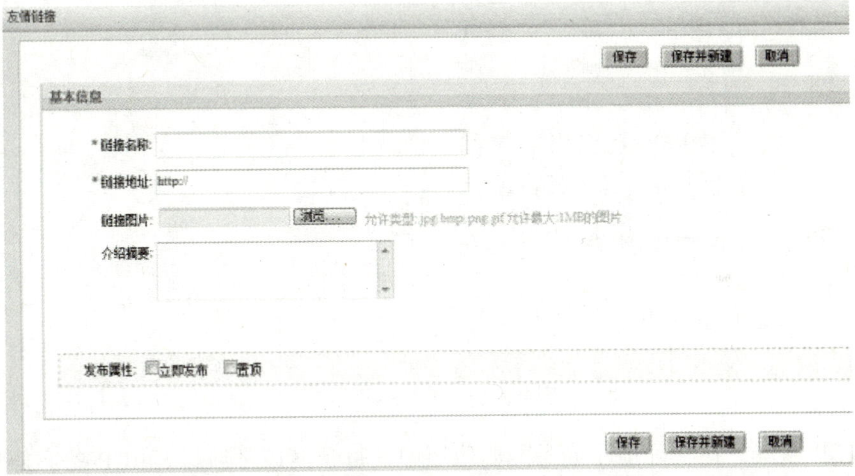

图 6-1-22　友情链接新增界面

步骤 5：系统设置。

（1）基础设置。单击“系统设置→基础设置”命令，进入基础设置页面（见图 6-1-23）。基础设置控制网店显示信息，如网店名称、网店 Logo、商品列表默认展示方式、过滤字和商品说明文字等。

（2）图片设置。图片设置主要控制商品图片在网店中的显示比例及显示大小。单击“系统设置→商品图片设置”命令，进入图片设置页面（见图 6-1-24），对图片的显示比例及显示大小进行设置后保存即可。

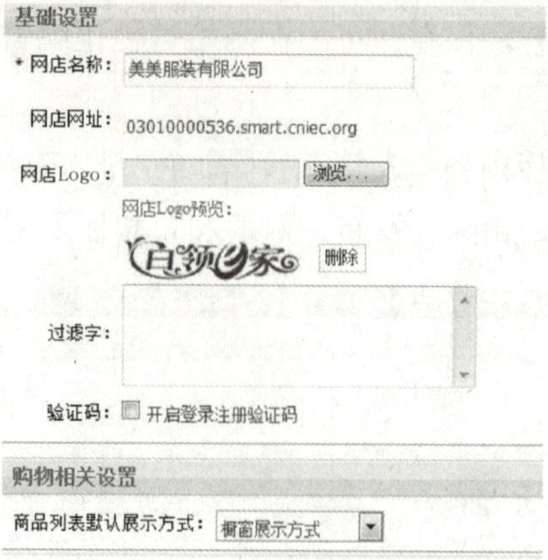

图 6-1-23 基础设置页面

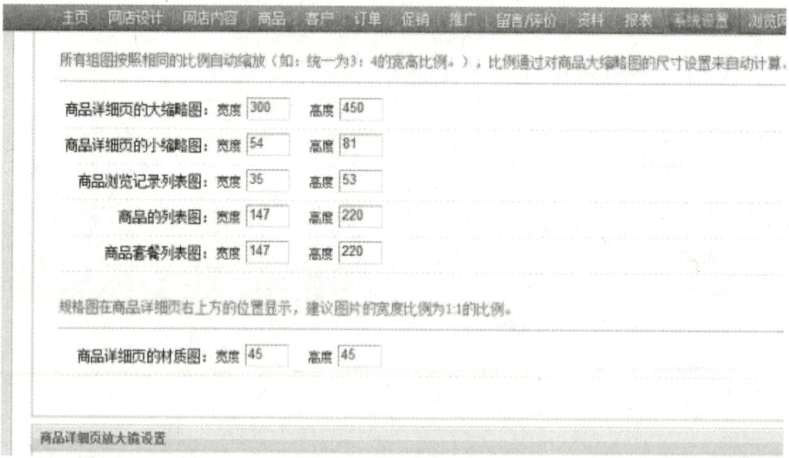

图 6-1-24 图片设置页面

（3）ICP 备案。在实际电子商务网店应用中，每个网店都应该有 ICP 备案信息，需在系统中设置好 ICP 备案信息，展示在网店中。单击“系统设置→ICP 备案”命令，进入 ICP 备案页面（见图 6-1-25），输入 ICP 号，上传 ICP 证书图片，保存即可。

图 6-1-25 ICP 备案页面

（4）注册设置。在用户注册为网店会员时，需要认同网店的相关规则，即网店的注册协议，在此，需要设置网店的注册协议。单击“系统设置→注册设置”命令，进入注册设置页面（见图 6-1-26），输入注册协议相关内容，保存即可。在会员注册页面，即可单击并查看此注册协议，勾选同意注册协议才能完成会员注册。

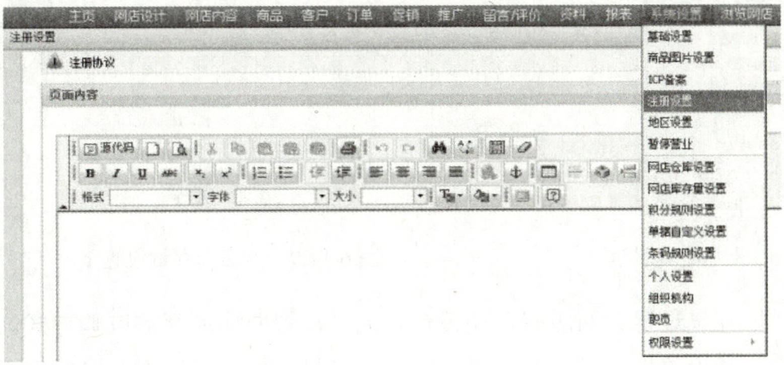

图 6-1-26　注册设置

（5）营业设置。当网店处于装修状态或者由于实际应用过程中需要网店对外关闭时，可使用“暂停营业”设置，此处功能可理解为网店营业的开关功能设置。单击“系统设置→暂停营业”命令，打开营业设置页面（图 6-1-27），单击“暂停营业”按钮，则会员不能访问网店。当单击“暂停营业”后，按钮变为“开启营业”，单击“开启营业”按钮，网店即恢复营业状态，会员可从网店前台访问网店内容。

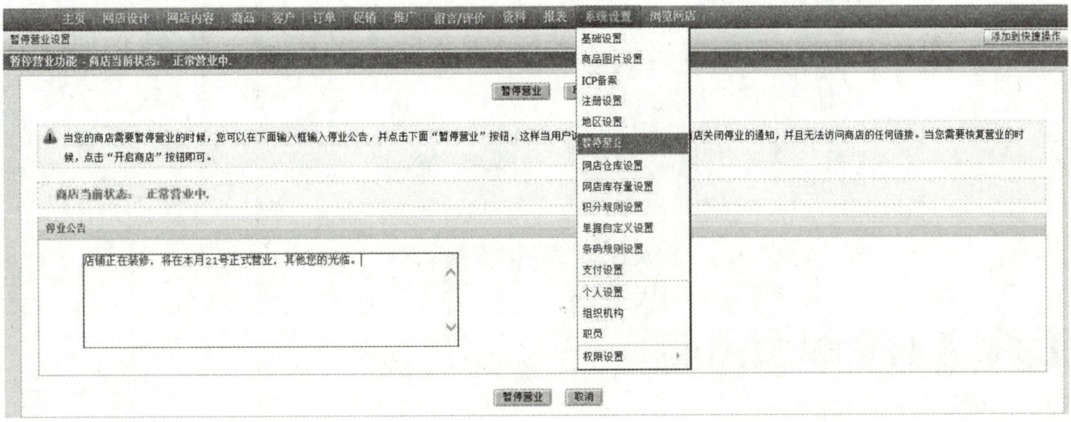

图 6-1-27　营业设置页面

（6）网店仓库设置（见图 6-1-28）。在系统中，可对网店设置单独的仓库网店，网店也可使用全部的仓库库存，在此可根据实际需求设置。单击“系统设置→网店仓库设置”命令，在弹出的仓库设置对话框中，选择仓库，单击“确定”按钮保存即可（见图 6-1-29）。

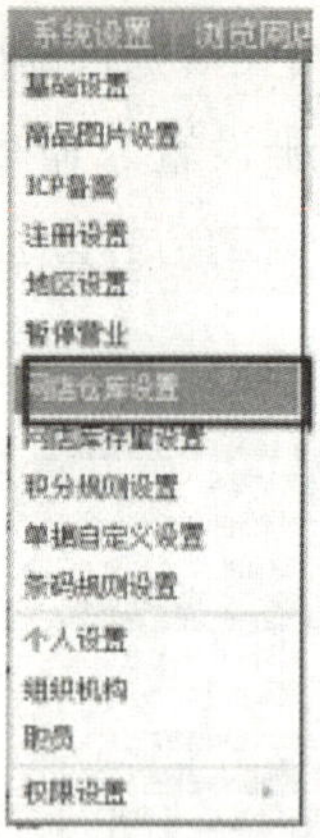

图 6-1-28 网店仓库设置

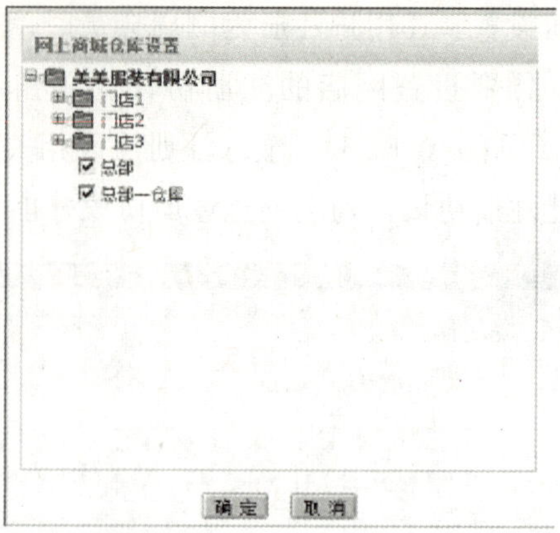

图 6-1-29 网店库存量设置 1

（7）网店库存量设置。网店库存量设置是为了设置网店库存的取数方式。单击“系统设置→网店库存量设置”命令，在弹出的网店库存量设置对话框中，选择库存量来源，单击“确定”按钮保存即可（见图 6-1-30）。

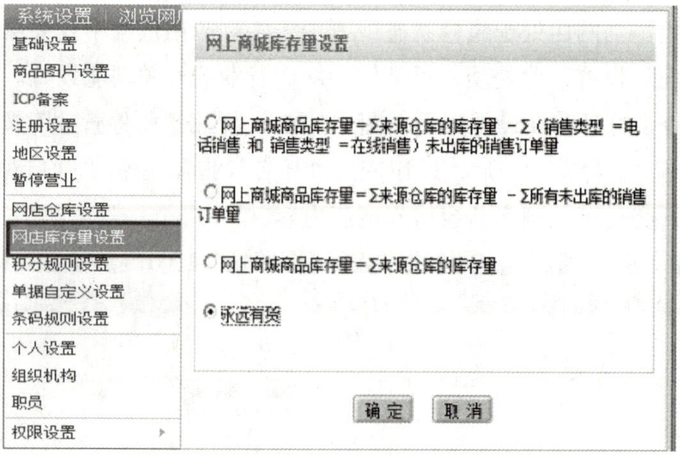

图 6-1-30 网店库存量设置

实验 6-2 网上商城运营管理

【实验目的与要求】

目的：通过本实验，体验企业从“搜索引擎优化”到“留言、评价管理”再到“商品管理和订单管理”的商城运营管理全过程。通过模拟运营管理过程，亲身实践每一项运营业务的操作和控制，协助管理人员进行便捷准确的运营操作，同时帮助管理者优化每一项运营管理过程。进而为管理层和其他部门员工的顺利工作提供基础。

要求：熟悉电子商务网上商城运营管理实验，主要包括搜索引擎优化、留言及评价管理、商品管理、订单管理等运营操作。

【实验说明】

本实验选用电子商务平台模拟系统。主要面向运营管理人员，完成运营管理的完整操作流程并将相关内容详细记入实验报告，在实验报告中回答实验思考题，并写出自己参加本次实验的心得体会。

【实验内容与步骤】

步骤 1：搜索引擎优化（简称 SEO）。

在网店运营过程中，为提高网店在有关搜索引擎内的排名，使网店更容易被搜索引擎接受，通过 SEO 这样一套基于搜索引擎的营销思路，让网店更容易被搜索引擎收录而设置一些关键信息。单击“推广→搜索引擎优化”命令，在打开的设置框中输入网店标题、网店关键字（容易被搜索到的关键字）、网店描述等相关信息，如图 6-2-1 所示。

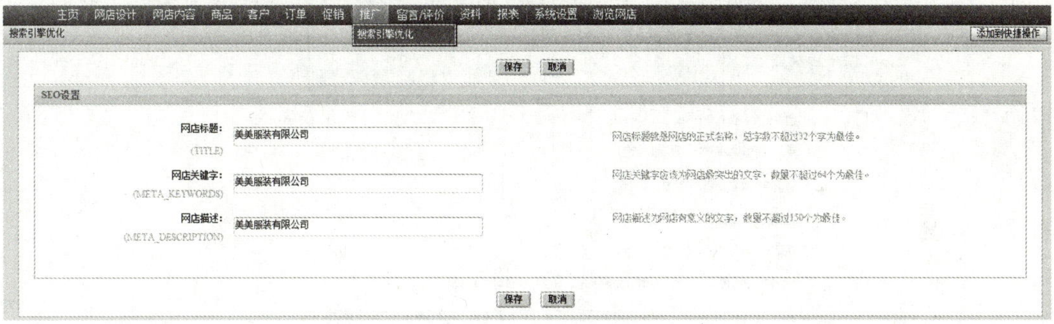

图 6-2-1　搜索引擎优化

步骤 2：留言、评价管理。

系统提供会员留言或评价的功能，运营者可对留言或评价的相关规则进行管理和设置。

（1）消息中心。消息中心是用于管理和回复会员消息的列表，可根据消息状态或关键字等搜索消息、删除消息、发布消息、推荐消息等。单击“留言/评价→消息中心”命令即可进入消息中心页面进行相关操作，如图 6-2-2 所示。

（2）商品评价。商品评价专门用于管理会员对商品的评价。可根据评价的状态及相关商品搜索评价内容，进入评价管理，可对评价进行推荐、发布等管理。单击“留言/评价→商品评价”命令即可进入商品评价页面进行相关操作，如图 6-2-3 所示。

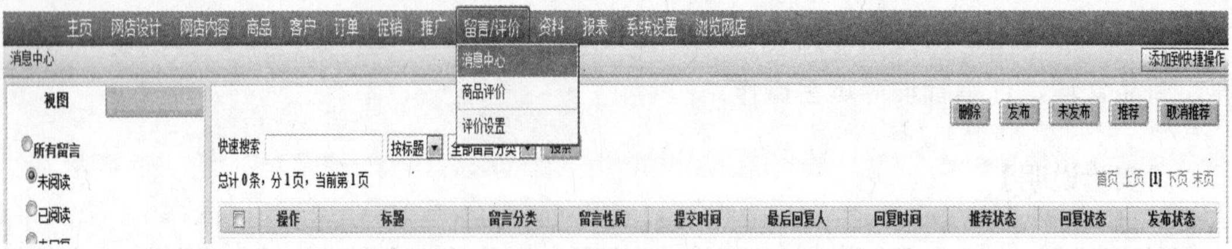

图 6-2-2 消息中心页面

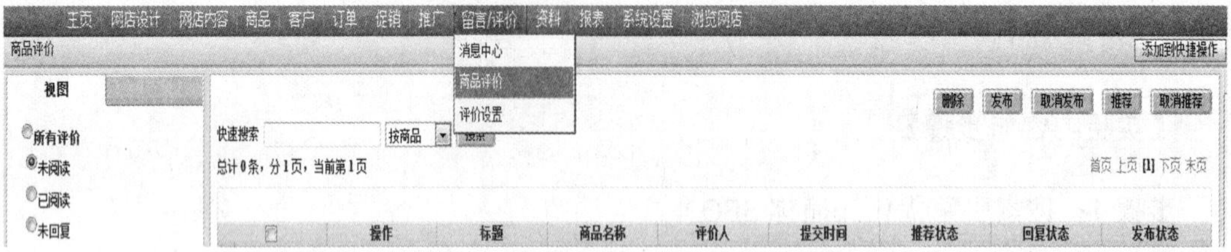

图 6-2-3 商品评价页面

（3）评价设置。评价设置是设置评价的权限及显示相关的控制信息。单击“留言/评价→评价设置”命令，进入评价设置页面（见图 6-2-4），设置评价控制信息，保存即可。

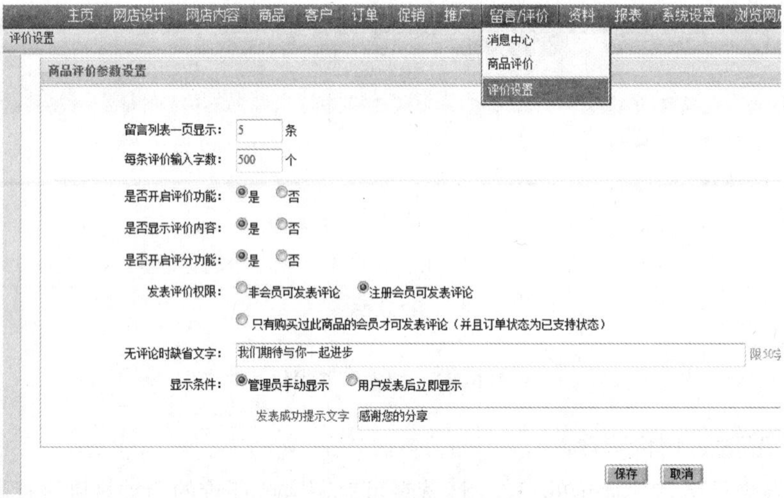

图 6-2-4 评价设置页面

步骤 3：商品管理。

在平台中，系统采用统一的商品资料对商品进行管理。在网店运营过程中，有专门为网店设置的网上零售分类及网上虚拟分类。

（1）网上零售分类。网上零售分类是专门用于管理网上零售产品的分类标识，在网络搭建过程中，可在模块超市中选择商品分类的模块，添加到网店前台，会员可通过此分类查看相应的商品。

步骤 3-1-1：单击“商品管理→商品分类→网上零售分类”命令，如图 6-2-5 所示，进入网上零售分类管理页面。

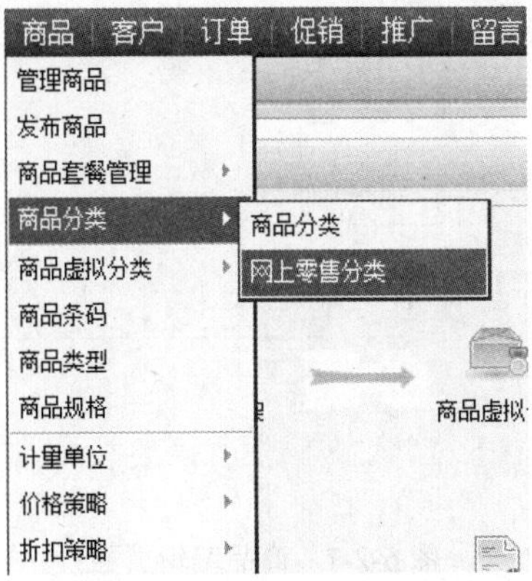

图 6-2-5　网上零售分类

步骤 3-1-2：在网上零售分类管理页面（见图 6-2-6）可完成新建、发布和置顶等功能。直接在列表上方的文本框中输入数据分类的相关信息，然后单击右上角的“新建”按钮，即完成网上零售分类的新建。

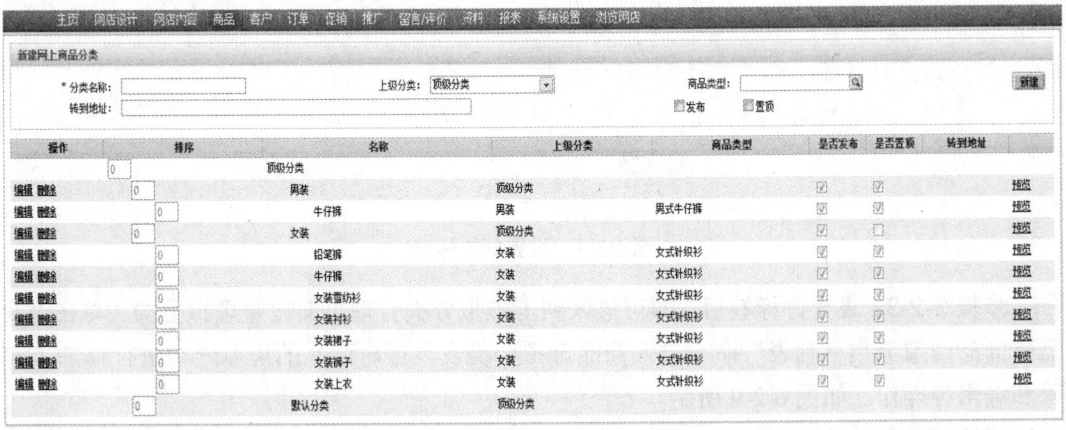

图 6-2-6　网上零售分类管理页面

（2）网上虚拟分类。网上虚拟分类是为了更全面地区分网店销售产品的分类情况，使同一个产品可分属于多个不同的分类维度，便于会员直接通过分类查找商品。例如一件男士衬衫，它同时可属于男装的衬衫内，又可属于 100～200 元这个价格区间内的商品。

步骤 3-2-1：在商品中设置关联虚拟分类的标签。进入商品编辑页面，如图 6-2-7 所示，在“网上零售”设置页面中，单击右下角“管理标签”按钮可新增或删除标签。

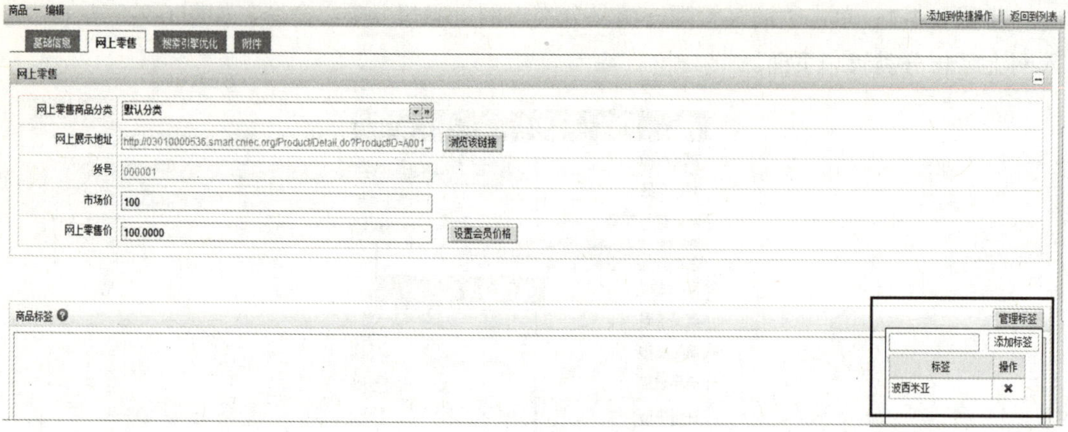

图 6-2-7　商品编辑页面

步骤 3-2-2：标签设置好后，可在“商品标签”框下方看到已经设置好的标签，单击标签名称即可把标签内容添加到商品标签的管理框中。设置好的标签如图 6-2-8 所示。

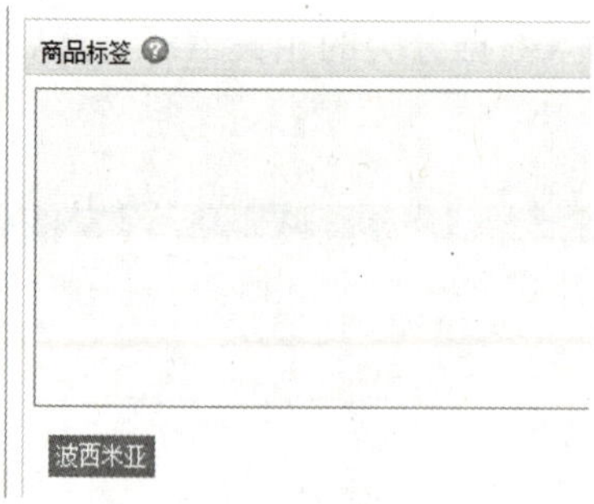

图 6-2-8　设置好的标签

步骤 3-2-3：设置好标签后，即可进入网上虚拟分类管理页面设置虚拟分类。单击“商品→商品虚拟分类→列表”命令进入商品虚拟分类表，可对商品的虚拟分类进行添加、删除和编辑等操作，如图 6-2-9 所示。

图 6-2-9　商品虚拟分类表

步骤 3-2-4：单击“添加分类”按钮进入虚拟分类新增页面，如图 6-2-10 所示，输入筛选信息，选择设置好的商品标签，带有此处选择的标签的商品即可通过此虚拟分类筛选查看。

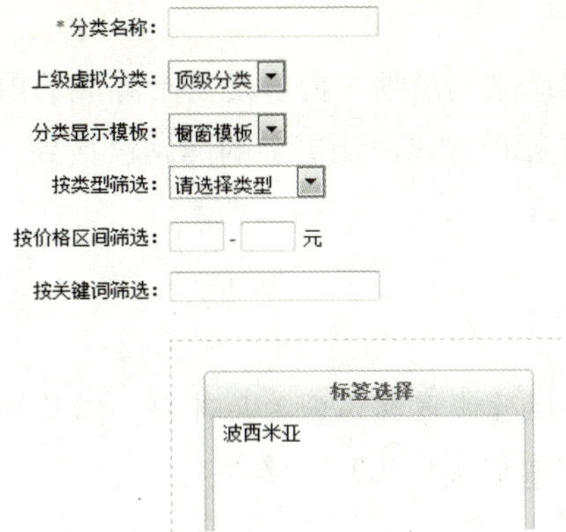

图 6-2-10　虚拟分类新增页面

步骤 4：订单管理。

在网店前台形成的会员订单，在系统中可进行相关的管理。进入路径：单击“订单→在线订单→列表”命令，进入在线订单的列表页面（见图 6-2-11），可查看订单的执行状态，编辑未执行订单，可对订单进行新增、删除、导出等操作。

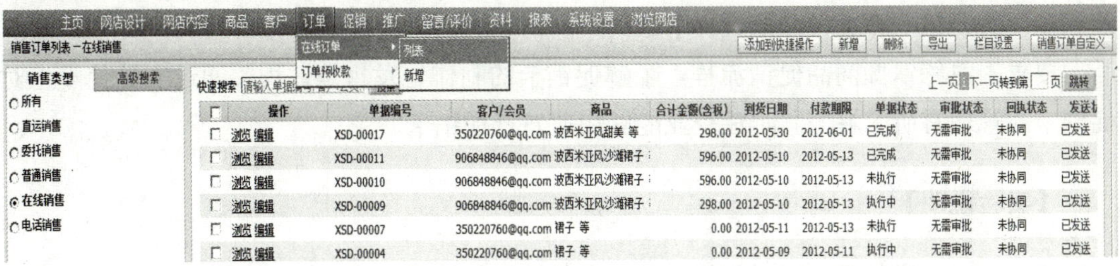

图 6-2-11　订单管理

【相关知识】

1. SEO 介绍

SEO 是搜索引擎优化（Search Engine Optimization）的英文缩写，中文译为“搜索引擎优化”。在了解搜索引擎自然排名机制的基础上，对网站进行内部及外部的调整优化，改进网站在搜索引擎中的关键词自然排名，获得更多流量，从而达成网站销售及品牌建设的预期目标。

2. 网站 SEO 三大难点

做网站 SEO 的三大难点是原创内容、内部链接结构和高质量外链。

（1）原创内容。搜索引擎喜欢独特的内容，每天写一篇文章，添加到网站。保持网站有新鲜的内容。

（2）内部链接结构。网站结构清晰，内容是易于导航的内容，站内关键字要互链。

（3）高质量外链。通过各种方式，让更多的网站链接到自己的网站，这样会有更靠前的排名。

【习题】

（1）简单描述网上商城运营管理具体分为几部分，以及每部分的内容。

（2）怎样提高SEO（搜索引擎优化）水平。

实验 6-3 商品促销管理

【实验目的与要求】

目的：让学生熟悉电子商务业务管理中促销卡的操作规则和流程，作为商家如何新增、发行和查询促销卡。在未来的现实交易过程中（销售付款、门店售货和网上购物），让学生能够在使用促销卡和支付冲抵过程中遇到不同情形时可以自行积极做出判断并及时处理。

要求：熟练掌握商品促销流程，了解促销卡的制作、发售等过程，通过实验使学生对促销卡的管理有所了解，同时让企业能够快速发行促销卡。

【实验说明】

本实验选用电子商务平台模拟系统。学生通过扮演网上交易的不同角色，完成各个角色的完整操作流程并将相关数据记入实验报告，在实验报告中回答实验思考题，并写出自己参加本次实验的心得体会。通过本实验，学生可以参与促销管理的整个过程，真实体会促销卡（购物卡、礼品卡）的设计理念。

【实验内容与步骤】

1. 促销卡模板操作

促销卡分为购物卡与礼品卡两种。所以在促销卡模板的制作中，需要根据不同的场合、不同的客户对象制定不同的促销卡模板。

步骤1：新增促销卡。

选择“新增”促销卡模板，在“新增促销卡”页面，输入促销卡的“名称”“面值”“折扣率”“失效日期”和“卡类型”等信息，单击“保存”按钮，生成促销卡模板，如图6-3-1所示。

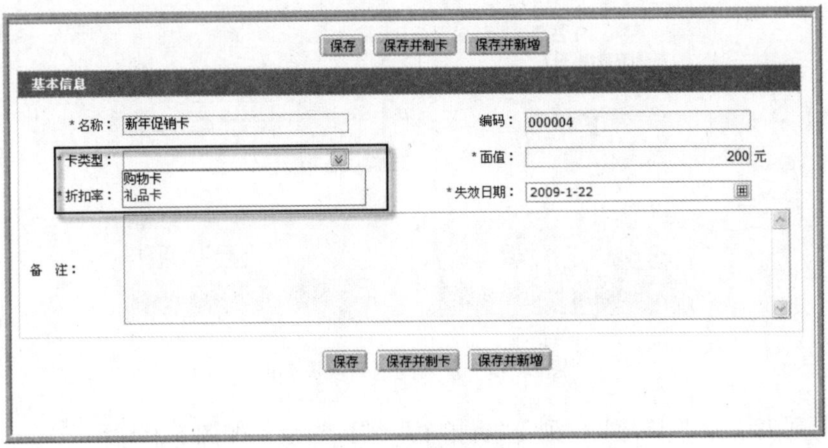

图 6-3-1　新增促销卡模板

如果选择“礼品卡”，则出现的促销卡模板如图 6-3-2 所示。

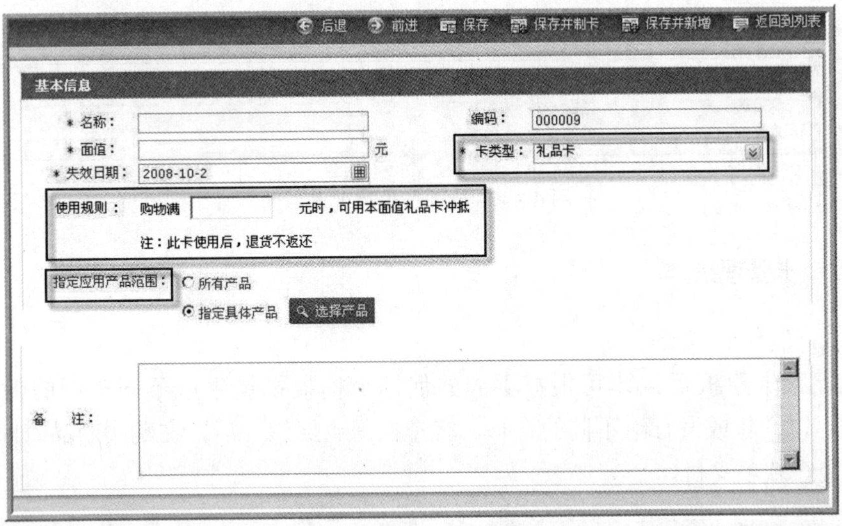

图 6-3-2　新增礼品卡模板

可以根据具体情况设置礼品卡的使用规则，也可以给礼品卡设置指定的产品使用范围。

这里需要注意礼品卡和促销卡之间的区别。

礼品卡：有面值，但不销售。不记交易明细，不记余额，不退卡，不找补，也不存在折扣率。

购物卡：有面值，可销售。记交易明细，记余额，可退卡，可找补。

步骤 2：查询、新增促销卡模板。

在模板列表左侧可以根据多种条件对促销卡模板进行搜索，如图 6-3-3 所示。

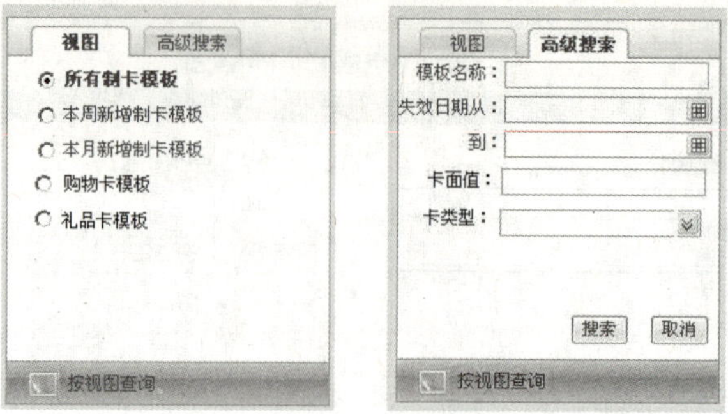

图 6-3-3 查询促销卡模板界面

模板卡列表增加“卡类型”列，“折扣率”列可为空，如图 6-3-4 所示。

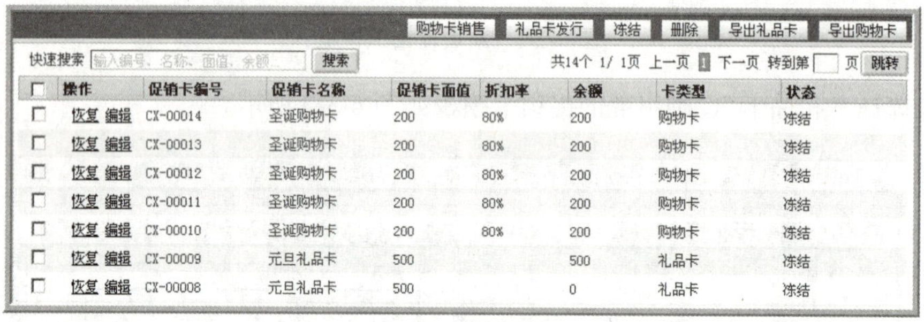

	操作	促销卡编号	促销卡名称	促销卡面值	折扣率	余额	卡类型	状态
	恢复 编辑	CX-00014	圣诞购物卡	200	80%	200	购物卡	冻结
	恢复 编辑	CX-00013	圣诞购物卡	200	80%	200	购物卡	冻结
	恢复 编辑	CX-00012	圣诞购物卡	200	80%	200	购物卡	冻结
	恢复 编辑	CX-00011	圣诞购物卡	200	80%	200	购物卡	冻结
	恢复 编辑	CX-00010	圣诞购物卡	200	80%	200	购物卡	冻结
	恢复 编辑	CX-00009	元旦礼品卡	500		500	礼品卡	冻结
	恢复 编辑	CX-00008	元旦礼品卡	500		0	礼品卡	冻结

图 6-3-4 促销卡模板列表界面

2. 促销卡管理操作

步骤 1： 制作促销卡。

生成促销卡模板后，即可根据不同的促销卡模板批量生成不同类型的促销卡（见图 6-3-5），以销售或发行给不同的客户。客户在得到促销卡后，在购买商品时即可选择使用促销卡进行款项支付。

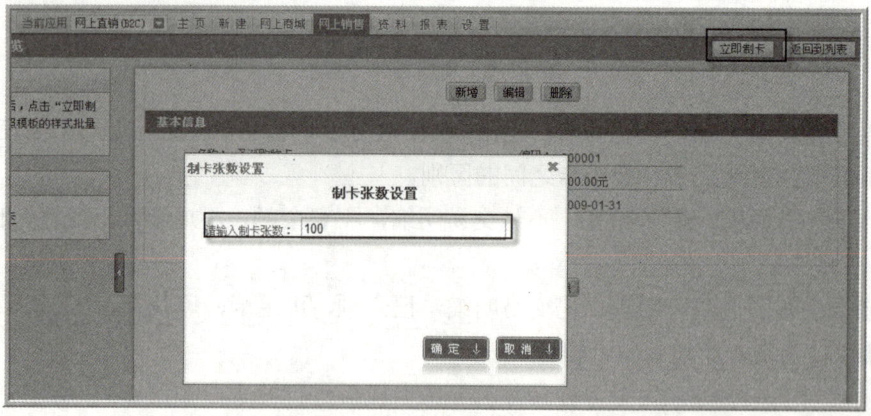

图 6-3-5 制作促销卡

在促销卡模板管理中，选择不同的模板，进行“立即制卡”，输入需要制作促销卡的数量（最多 10000 张，建议数量不宜太大，1000 张为宜，否则易出超时错误），提示“制卡成功”后，即可在促销卡管理列表里查看新增的促销卡，如图 6-3-6 所示。

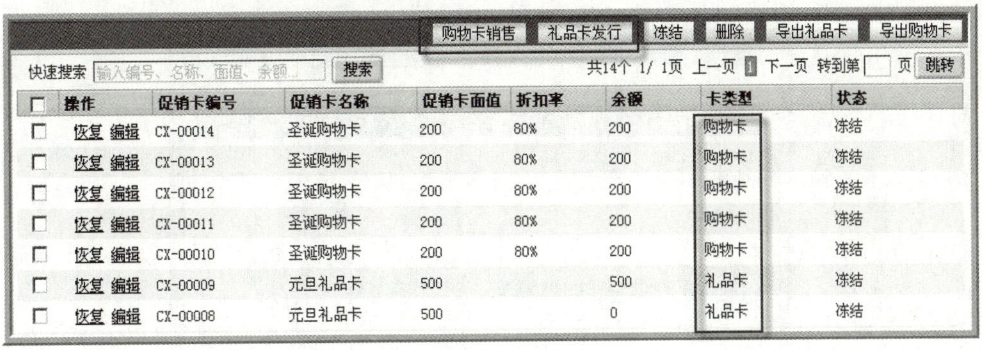

图 6-3-6　促销卡管理列表

步骤 2：促销卡管理。

在促销卡管理列表中，选择不同类型的促销卡，可以进行不同的操作，如果选择“礼品卡”，在后面的操作提示为发行；而如果选择“购物卡”，则会有售卡的操作提示。同时系统支持“冻结”操作，冻结后卡不能再使用。单击“售卡”按钮，弹出“促销卡售卡信息”，输入相应的“付款单位”“收款账户”“实收金额”等信息，即可将该促销卡出售给相应的客户，如图 6-3-7 所示。

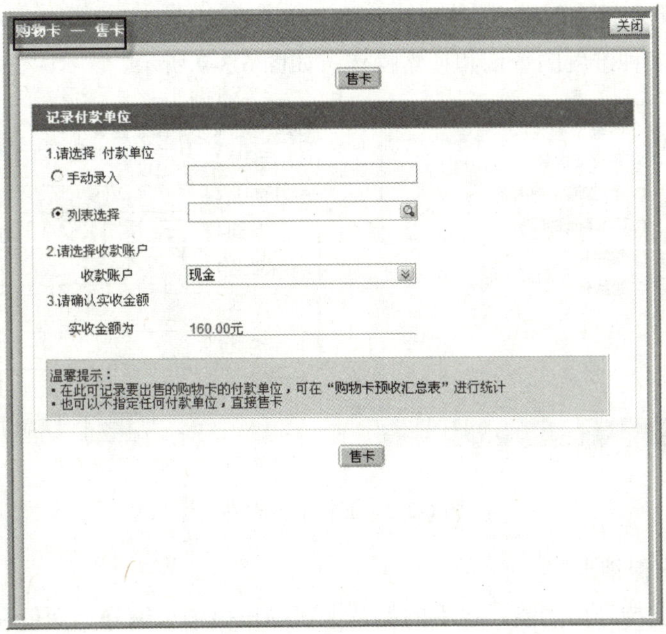

图 6-3-7　促销卡售卡

步骤 3：发行促销卡。

单击礼品卡的“发行”按钮，系统弹出一个选择收卡单位的对话框，信息输入或选择完毕后单击“发行”按钮即可完成，如图 6-3-8 所示。

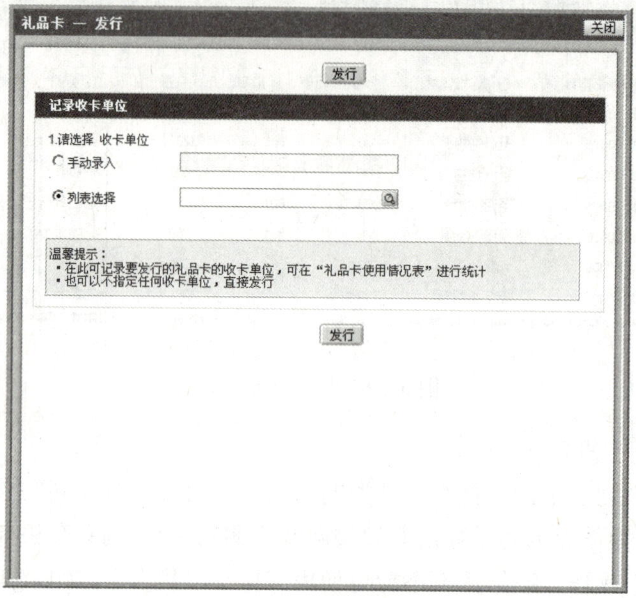

图 6-3-8　促销卡发行界面

步骤 4：查询和搜索促销卡。

促销卡支持多种维度的查询和搜索操作，如图 6-3-9 所示。

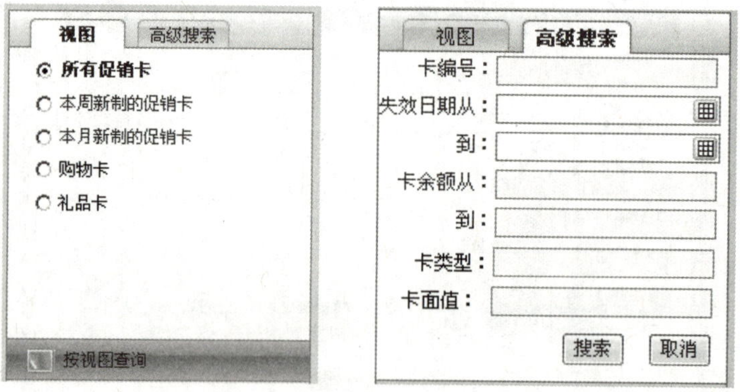

图 6-3-9　促销卡搜索界面

步骤 5：导出促销卡。

促销卡列表支持导出功能，选中的促销卡可导出促销卡编号、面值和密码等信息，可按当前筛选视图多选卡号。举例如表 6-3-1 所示。

表 6-3-1　导出促销卡文件

礼品卡号	面值	失效日期	密码
0125	500	2013-3-30	Cd445fh
0126	500	2013-3-30	Fd334rd

步骤 6：查看促销卡。

（1）购物卡。能够查看有关购物卡的相关基础信息，但购物卡的密码不能修改，只能重置。购物卡卡片基本信息界面如图 6-3-10 所示。

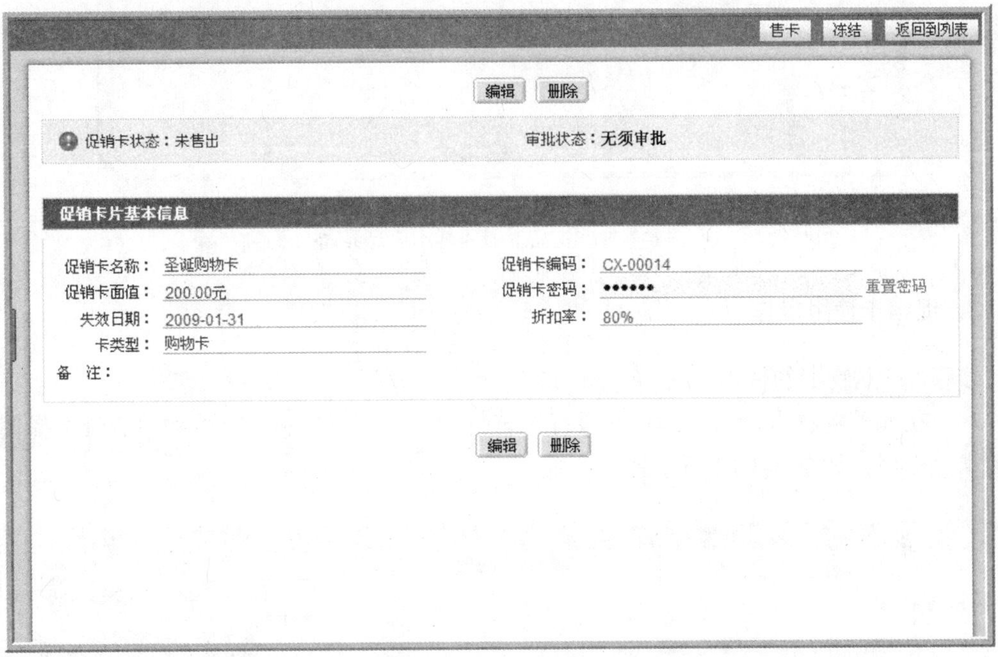

图 6-3-10　购物卡卡片基本信息界面

（2）礼品卡。礼品卡卡片基本信息界面如图 6-3-11 所示。

①编辑：只能编辑备注，其余信息由模板生成，均不能改，已发行的礼品卡不允许编辑。

②密码不能修改，只能重置，重置密码为 000000，重置按钮在浏览状态中。

③礼品卡的状态为："未发行""已发行、未使用""已使用"和"已作废"。已使用的礼品卡不能再使用，即不能支付。已作废的礼品卡不能再使用，但可以恢复。

④礼品卡不记余额，不记交易明细，不退卡，不找补。

⑤若使用礼品卡的订单删除或作废，则将被使用的礼品卡恢复到未使用状态。

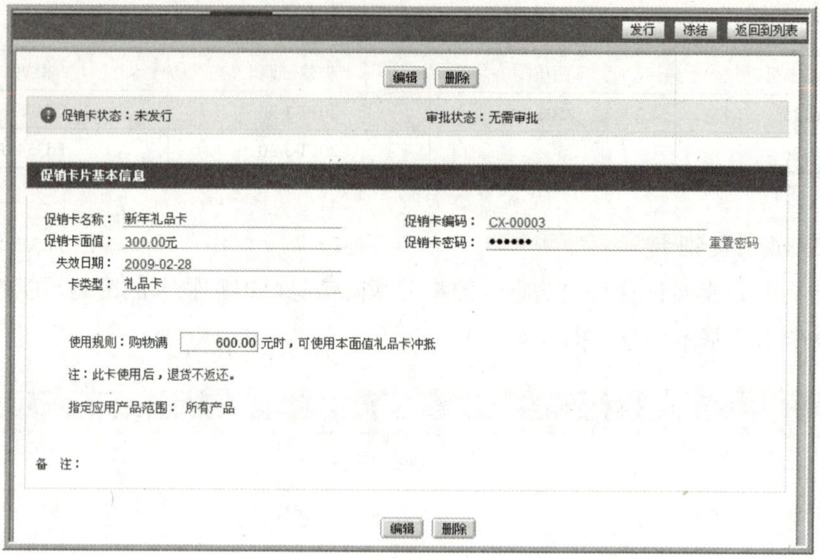

图 6-3-11 礼品卡卡片基本信息界面

3. 促销卡使用操作

步骤 1：购物卡的使用。

客户在购买购物卡以后，即可在进行销售付款、门店售货和网上购物消费时选择使用购物卡来支付，如图 6-3-12 所示。

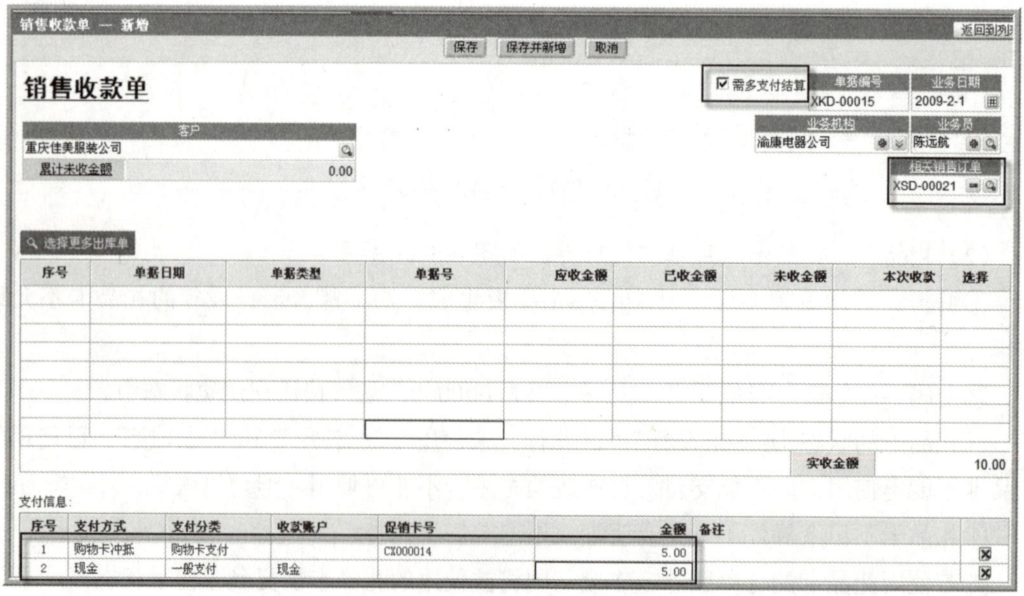

图 6-3-12 销售收款使用促销卡

在门店进行消费时使用促销卡支付，需要在支付信息处选择促销卡种类，如图 6-3-13 所示。

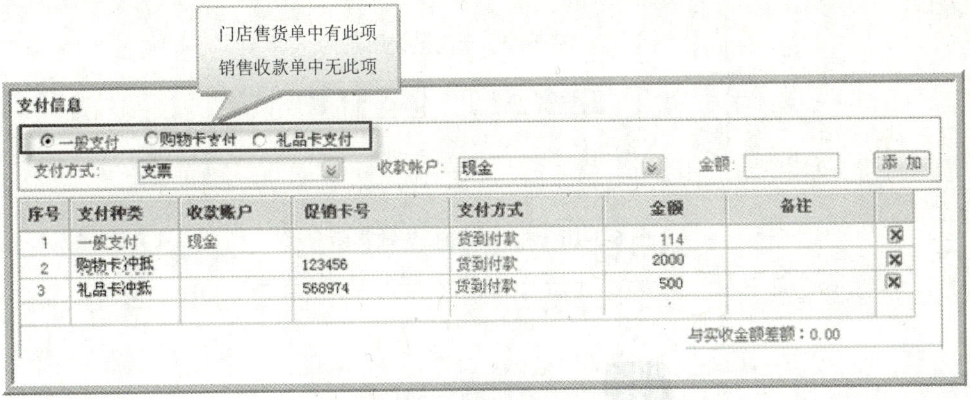

图 6-3-13　促销卡支付选择界面

步骤 2：礼品卡的使用。

客户在获得礼品卡之后，即可在进行销售付款、门店售货和网上购物消费时选择使用礼品卡来支付金额。

客户在网上购物进行支付时，输入礼品卡号与密码后，能够即时对礼品卡是否可使用进行验证。

情形 1：如果出现密码错误，则出现如图 6-3-14 所示的界面。

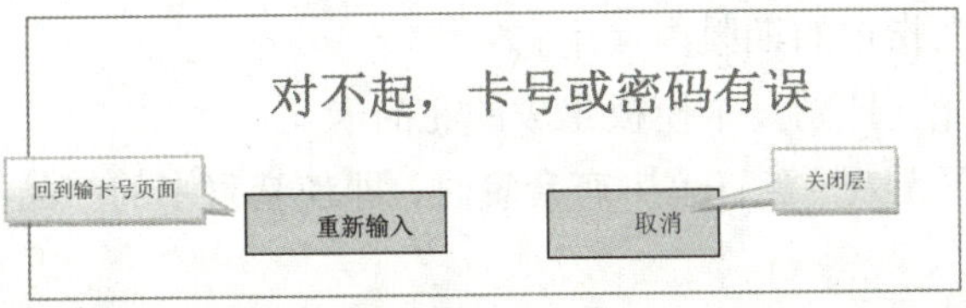

图 6-3-14　网上支付礼品卡密码错误提示

情形 2：订单中产品（符合礼品卡设定的产品范围）的合计金额≥礼品卡的“购物满金额”时，礼品卡成功冲抵，出现如图 6-3-15 所示的界面。

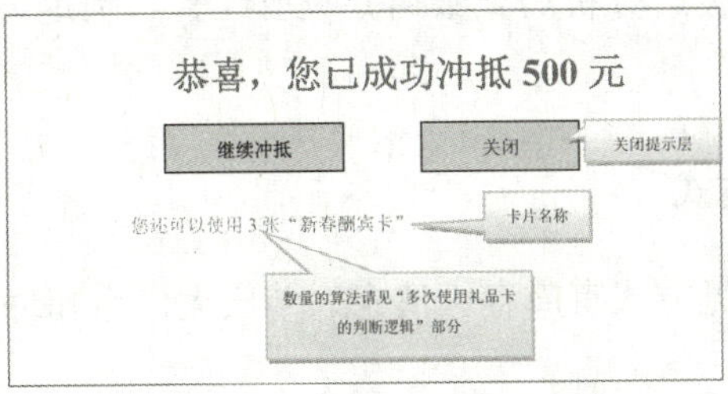

图 6-3-15　礼品卡成功冲抵提示

情形 3：情形 2 所述条件不满足时，礼品卡冲抵失败，出现如图 6-3-16 所示的界面。

情形 4：礼品卡使用未满足系统条件提示，出现如图 6-3-17 所示的界面。

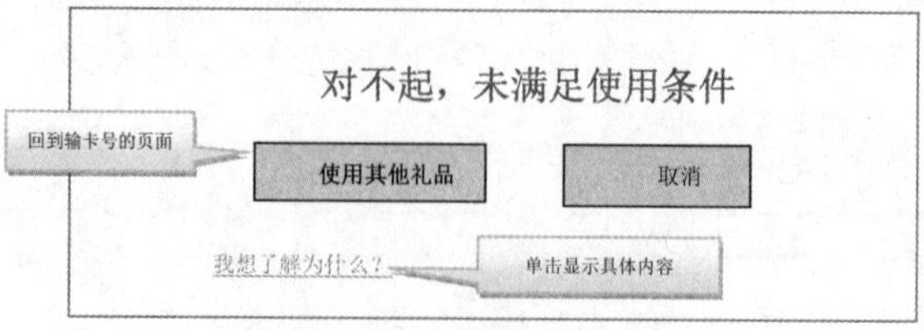

图 6-3-16　礼品卡冲抵失败提示

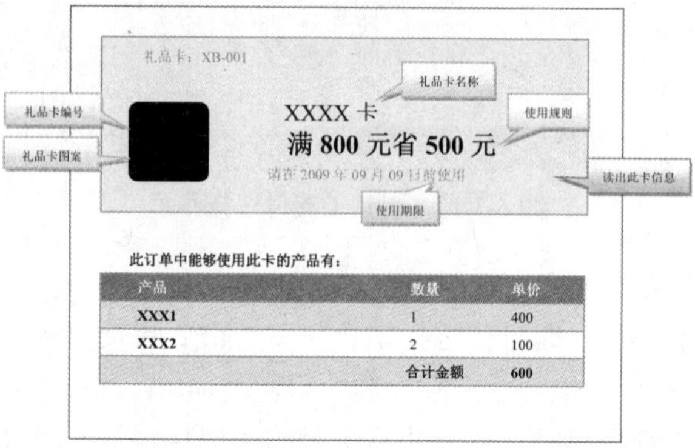

图 6-3-17　礼品卡使用未满足系统条件提示

注意：

（1）礼品卡只能在指定的期限内使用。

（2）一个订单只能支持同一个模板生成的礼品卡。

（3）礼品卡对套餐无效。当订单中有套餐时，即使套餐中的产品在当前礼品卡范围内，也不能使用该礼品卡。

【相关知识】

1．高效率促销管理（EPP）

具体包括寻找促销机会、分析历史数据并吸取经验、制定价格策略、制订促销计划、实施跟踪及反馈等部分。

2．常见的促销活动方式

（1）降价促销。最常见方式有库存大清仓、节庆大优惠和每日特价等。

（2）有奖式促销。

（3）打折式促销。

（4）竞赛式促销。

（5）免费品尝和试用式促销。

（6）赠送式促销。

（7）展览和联合展销式促销。

（8）其他方式促销。

【习题】

(1) 简单描述促销卡管理的整体操作流程。

(2) 礼品卡在使用过程中会遇到哪些情形和系统提示。

第7章

电子商务安全与支付

本章主要介绍邮件加密与解密、网上银行的使用、电子合同与电子签名等内容。

实验 7-1 邮件加密与解密实验

【实验目的与要求】

目的：通过本实验，要求学生掌握网络通信中常用的加密方式，理解邮件加密的基本原理并掌握邮件加密方法。

要求：操作 163 邮件系统和 360 加密邮软件，记录操作过程，撰写实验报告。

【实验说明】

本实验采用的 163 邮件系统中，可以直接通过网易网页进入邮箱并进行操作。所采用的 360 加密邮软件需要先下载，安装后后方可使用。

【实验内容与步骤——163 邮件系统】

步骤 1：单击“更多选项”。

登录 160 邮箱后，进入写信页面并编辑好邮件，找到信件下方的“更多选项”按钮并单击（见图 7-1-1）。

步骤 2：设置查看密码。

勾选“邮件加密”，在“设置查看密码”中输入加密的密码，密码可以是 6 位数字、字母，字母需要区分大小写。一般设置密码时应注意数字和字母交替使用，以提高密码的复杂程度。然后单击“发送”按钮即可（见图 7-1-2）。在“设置查看密码”文本框下方有一个“在已发送邮件中保存密码”复选框，可以根据需要勾选。如果发送时勾选了“在已发送邮件中保存密码”复选框，那么在“已发送”文件夹中打开这封加密邮件时，可以看到该邮件的密码，如果没有勾选，则该密码不会被保存。

图 7-1-1　“更多选项”按钮

图 7-1-2　设置查看密码

步骤 3：加密后发出的邮件。

加密后发出的邮件如图 7-1-3 所示。

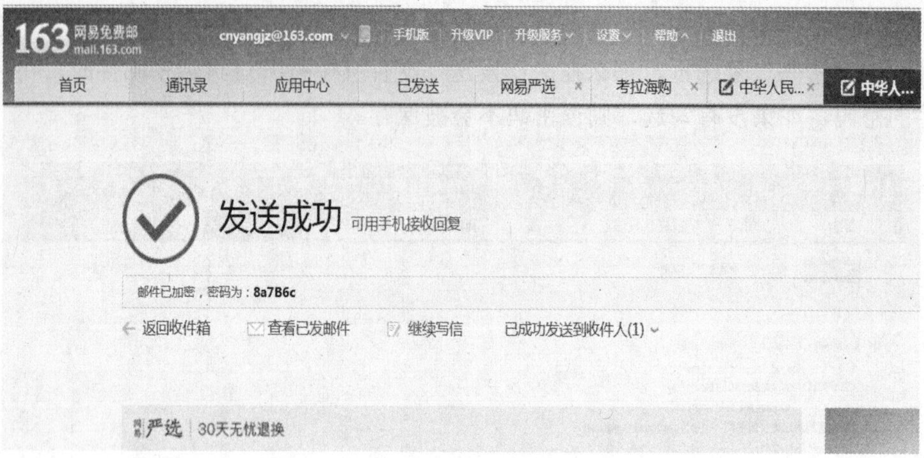

图 7-1-3 加密后发出的邮件

步骤 4：邮件解密。

收件人收到加密邮件后，需要输入密码才能查看，否则无法看到邮件正文，只能看到邮件标题（见图 7-1-4）。

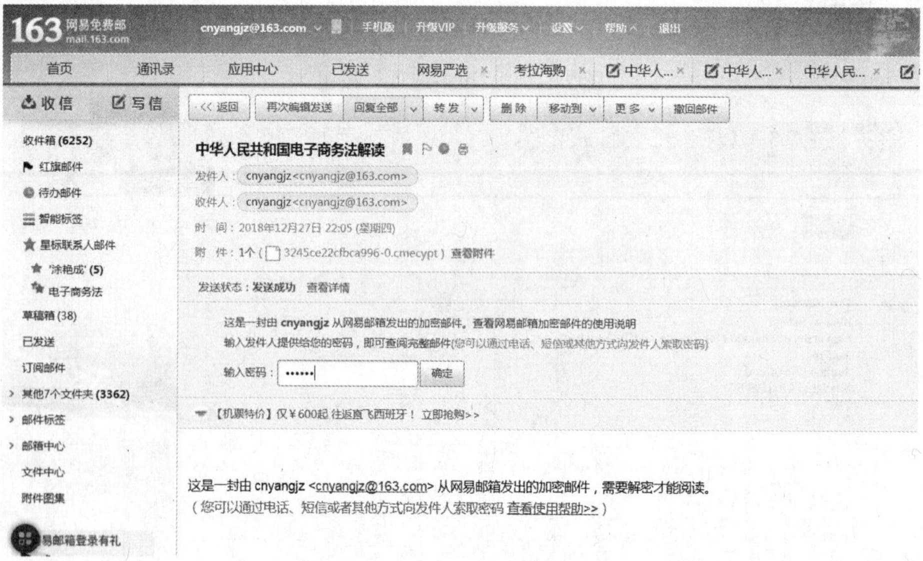

图 7-1-4 邮件解密图示

密码可以通过电话、短信或其他方式向发件人索取。解密后一定时间内，再次打开邮件是不需要重新输入密码的。如果在其他电脑登录或进行过退出登录、清除浏览器 Cookie 等操作，则需要重新输入密码。

为了邮件的安全，不要随意向别人透露邮件加密密码。

【实验内容与步骤——360 加密邮】

步骤 1：安装 360 加密邮。

下载 360 加密邮，安装页面见图 7-1-5。

图 7-1-5 360 加密邮安装页面

步骤 2：设置姓名密码。

姓名和密码的设置见图 7-1-6 和图 7-1-7。

图 7-1-6 设置 360 加密邮姓名

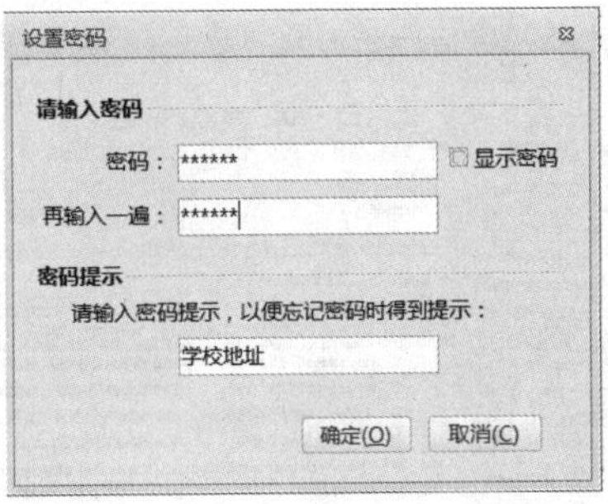

图 7-1-7 设置 360 加密邮密码

步骤 3：进入 360 加密邮。

使用 360 加密邮姓名和密码进入 360 加密邮系统（见图 7-1-8），然后建立邮件账号（见图 7-1-9）。

图 7-1-8 使用 360 加密邮姓名和密码进入 360 加密邮

步骤 4：设置完成。

设置完成后的 360 加密邮页面如图 7-1-10 所示。单击“测试账号”可以检查设置是否有问题。

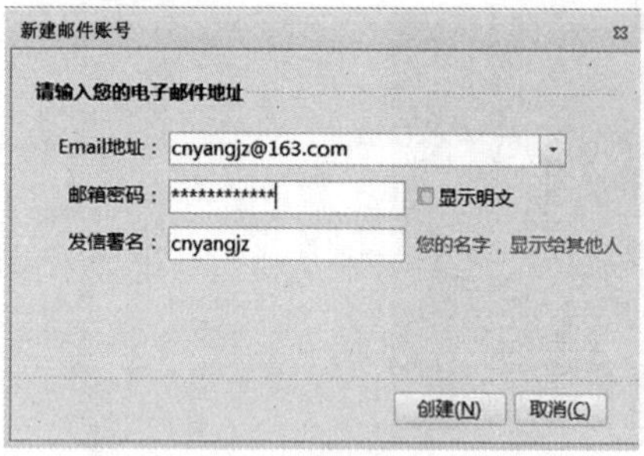

图 7-1-9　建立邮件账号

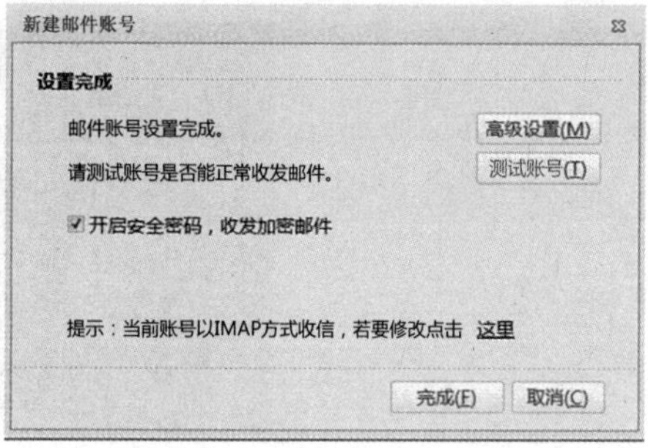

图 7-1-10　设置完成页面

步骤 5：进入 360 加密邮系统。

使用 360 加密邮姓名和密码进入 360 加密邮系统，出现图 7-1-11 所示画面。

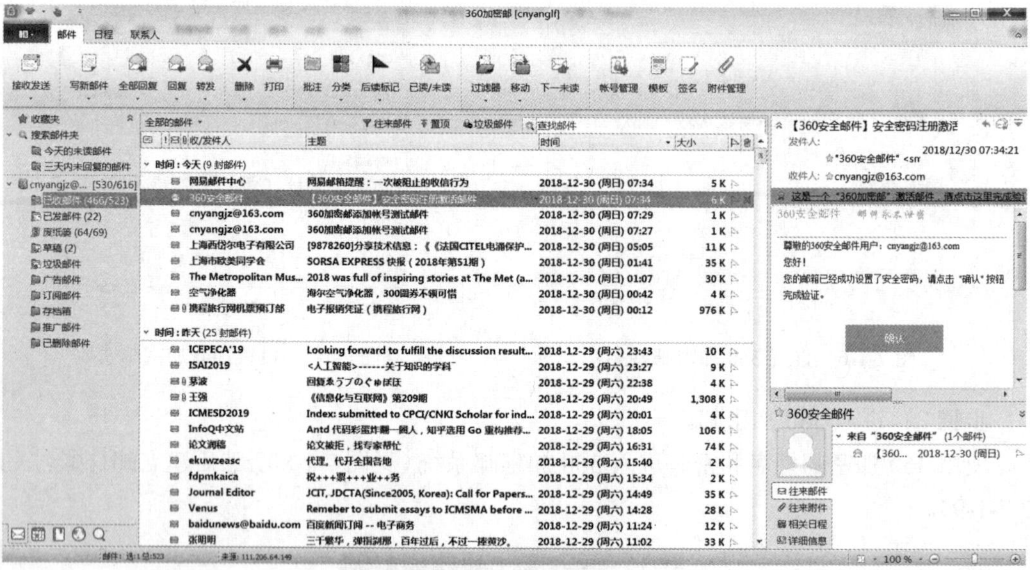

图 7-1-11　360 加密邮应用页面

步骤 6：发送加密邮件。

进入邮件使用界面，填写安全密码，使用 360 加密邮姓名和密码进入 360 加密邮系统，出现图 7-1-12 所示画面。

步骤 7：设置安全密码并注册。

在“安全密码”文本框内设置安全密码，单击“注册”按钮，弹出手机号码验证页面（见图 7-1-13）。

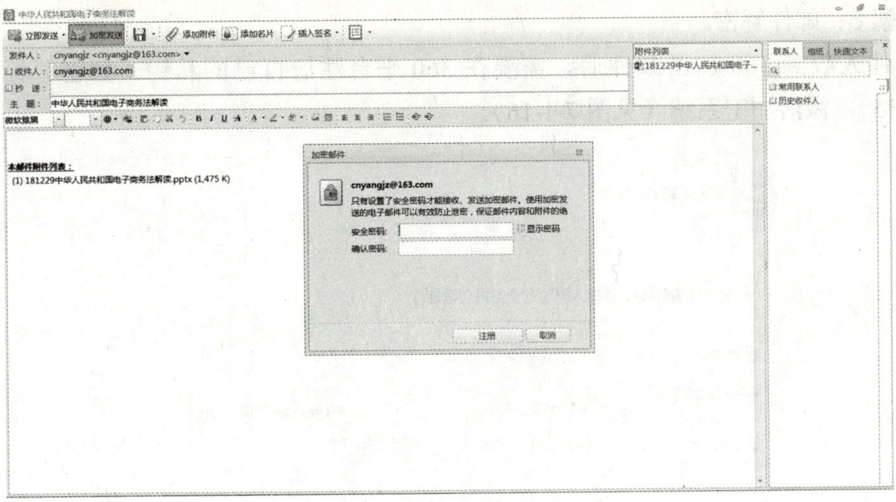

图 7-1-12　发送加密邮件页面

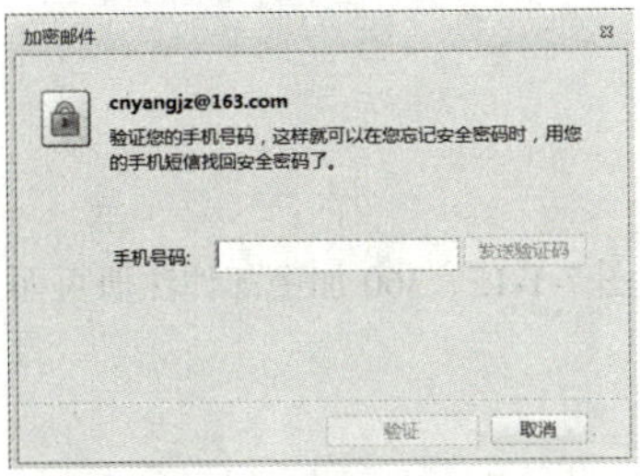

图 7-1-13　手机号码验证页面

输入手机号码后，加密邮件立刻发出（见图 7-1-14）。

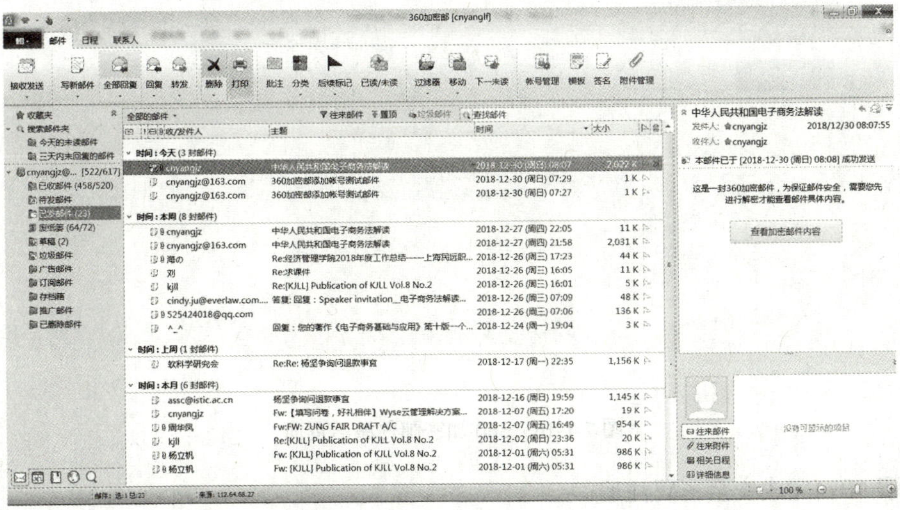

图 7-1-14　加密邮件发出页面

步骤 8：邮件解密。

收件人收到 360 加密邮件后，需要在 360 平台注册自己的私钥（解密）标识（见图 7-1-15），激活加密系统（见图 7-1-16）。

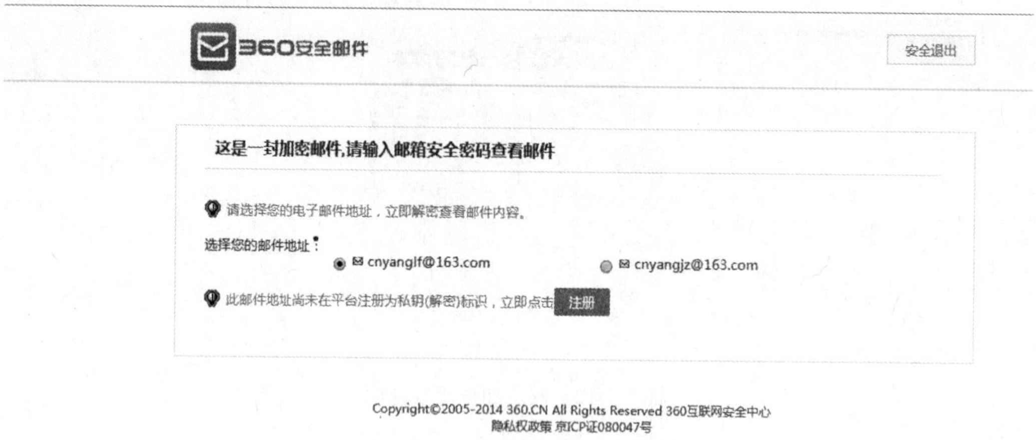

图 7-1-15　360 加密邮件注册页面

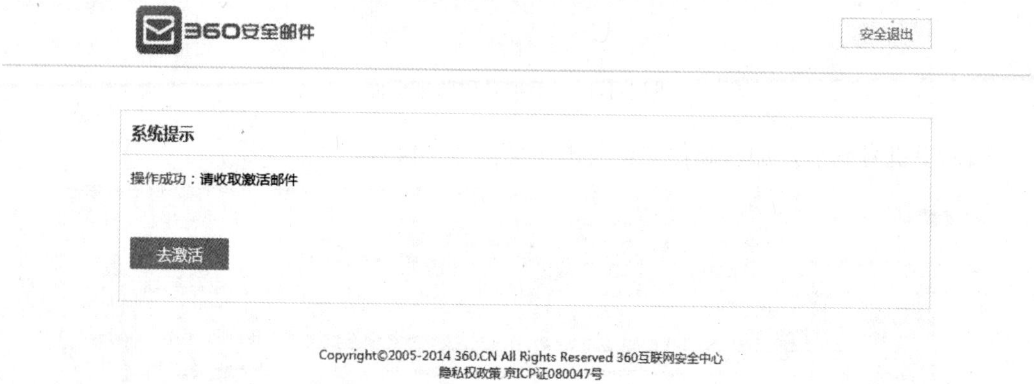

图 7-1-16　360 加密邮件激活页面

步骤 10：完成安全密码注册。

使用手机完成验证（见图 7-1-17），系统提示“您已经完成注册，请重新打开附件，使用刚注册账号信息，浏览加密邮件内容。”（见图 7-1-18。）

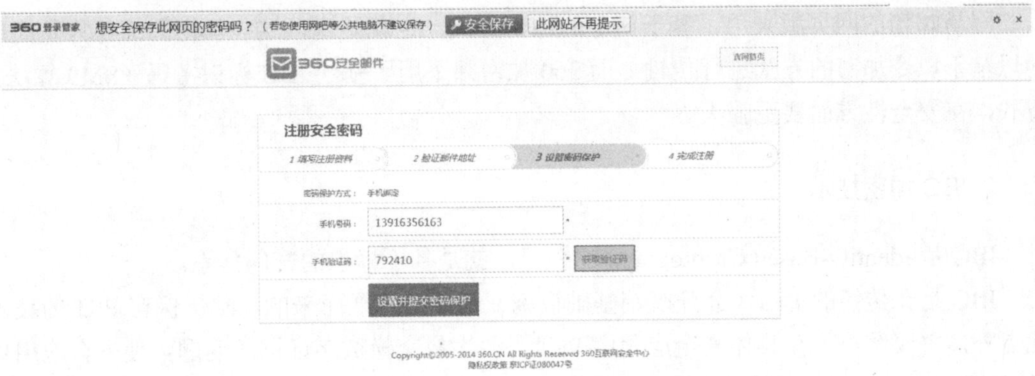
想安全保存此网页的密码吗？（若您使用网吧等公共电脑不建议保存）
安全保存
此网站不再提示
360安全邮件
注册安全密码
13916356163
792410
设置并提交安全密码保护

图 7-1-17　手机验证页面

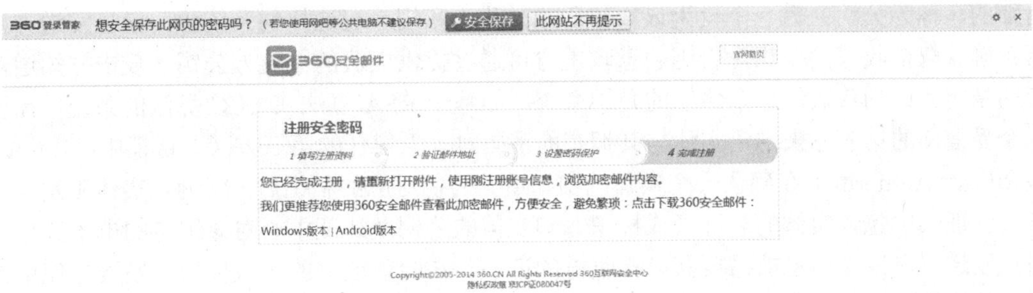
想安全保存此网页的密码吗？（若您使用网吧等公共电脑不建议保存）
安全保存
此网站不再提示
360安全邮件
注册安全密码
您已经完成注册，请重新打开附件，使用刚注册账号信息，浏览加密邮件内容。
我们更推荐您使用360安全邮件查看此加密邮件，方便安全，避免繁琐：点击下载360安全邮件：
Windows版本 | Android版本

图 7-1-18　注册安全密码提示页面

【相关知识】

1. 常用的电子邮件加密方式

（1）基于对称密钥方式。安全性一般，加密方式较为原始，使用起来比较简单、易懂。采用此方式发送邮件，基本上等同于将邮件转化为一个带有密码的压缩文件，安全防护性一般，但使用起来比较灵活，网页端同样可以使用。

（2）基于非对称密钥方式。安全性高，此方式需要先交换密钥才能进行加解密操作，这种加密方法只适用于高端用户。

（3）基于 IBC 标识密码方式。安全性高，此方式的原理是使用对称算法加密邮件内容，再使用对方的公钥或证书来保证对称算法的密钥，使用较为便捷。

（4）基于链式加密体系的方式。安全性高，此方式每次都随机生成一个随机密钥，再用对称加密算法对明文加密，然后用 RSA 非对称算法对该密钥加密。

网易邮箱的网页版采用了基于口令的加密方式，也就是说，这些加密的邮件只是简单地以基于口令加密的方式进行传输；而360加密邮采用了基于IBC标识密码（SM9算法）方式，在安全性方面要更强大。

2. IBC加密技术

IBC是Identity-Based Cryptograph的缩写，就是基于标识的密码体系。

IBC是在传统的PKI（公开密钥基础设施）基础上发展而来的，除了保有PKI的技术优点外，主要解决了在具体安全应用中PKI需要大量交换数字证书的问题，使安全应用更易于部署和使用。IBC 密码技术使用的是非对称密码体系，加密与解密使用两套不同的密钥，每个人的公钥就是他的身份标识，如E-mail地址，密钥管理简单，因此发送加密的电子邮件非常方便。

在公开密码系统（传统的PKI系统）中，一个实体具有一对钥匙：一个是公开为大家所知的，称为公钥；另一个只为该实体所知，称为私钥。在这样的系统中，信息发送方需要正确获取接收方的公钥，否则恶意攻击方可通过提供虚假的接收方公钥（攻击方知道对应的私钥）成功获取信息。传统的公钥系统，如基于RSA算法或ECC算法的系统，需要一个受信任的第三方来绑定实体与其拥有的密码对。受信任的第三方（即认证中心，CA，Certificate Authority）在确认一个实体确实知道其公钥对应的私钥后，将为该实体颁发一个证书。证书中包含实体的名称（或标识）和实体的公钥及认证中心对该绑定的电子签名。信息发送方在发送信息前需要获取接收方的证书。在验证证书的有效性后，发送方使用证书中的公钥加密。这就是PKI（Public Key Infrastructure）系统。

基于证书的公钥系统有以下几个问题将影响其使用：

（1）发送方在发送信息前总是需要先获取接收方的证书。

（2）每收到一个证书后，实体都需要验证证书的有效性。

（3）证书颁发和管理系统非常复杂，难以部署。

为了解决公钥难以管理的问题，1984年以色列科学家Shamir提出了基于标识的密码系统的概念（IBC）。在基于标识的密码系统中，每个实体具有一个标识，该标识可以是任何有意义的字符串。和传统公钥系统最大的不同是，在基于标识的系统中，实体的标识本身就用作实体的公开密钥，这样系统就不再依赖证书和证书管理系统，从而极大地简化了管理密码系统的复杂性。

【习题】

（1）利用163邮箱给另外一个邮箱发一封加密邮件，在另一个邮箱中解密该邮件。

（2）下载360加密邮，利用360加密邮给另外一个邮箱发一封加密邮件，在另一个邮箱中解密该邮件。

（3）简述IBC加密技术。

实验 7-2　网上银行申请与应用

【实验目的与要求】

目的：了解网上银行的申请和应用流程。理解网上银行的申请和应用在电子商务及互联网金融中的作用。熟悉网上银行的申请和应用、相关的数字证书的申请和使用、电子钱包或客户端的软件安装等实际操作整体流程；熟悉网上银行日常业务内容，掌握网上银行的业务处理操作技能，对比各银行网上业务（个人和企业），并通过列表比较分析各银行网上业务的特点；掌握电子钱包的申请过程，掌握电子钱包的使用过程，体会使用电子钱包进行网上购物的优点。

要求：使学生熟悉网上银行的申请和应用的操作规则和流程，作为商家或企业如何能够高效、安全、有效地通过网上银行进行支付和转账，通过上机实操让学生可以在课程上学习网上银行申请和使用的相关规则，能在未来的商业实践中应用新的思路解决问题。

【实验说明】

本实验选用上海理工大学电商操作系统，完成网上银行的申请和使用完整操作流程，模拟网银申请、证书申领和证书下载等操作。学生应了解和熟悉电子钱包，了解电商企业提供的网上支付方式，将相关流程记入实验报告，在实验报告中回答实验思考题，并写出自己参加本次实验的心得体会。通过本实验，同学们可以自行对比各家网上银行的特色，真实体会各关键步骤的设计理念。

【实验内容与步骤】

1. 网上银行的申请（以中国农业银行为例）

步骤 1：进入中国农业银行网站首页，单击“电子银行”按钮，单击“安全专区”，查看到其安全策略如下。

（1）K 宝：用于验证网银客户身份的安全工具。

（2）动态口令验证：一次一密的安全工具。

（3）短信通知：通过手机短信的形式让客户随时接收资金变化信息。

（4）网银安全控件：防范木马病毒和黑客程序的有力武器。

（5）限额控制：根据不同类型账号限制每天的交易额度。

步骤 2：尝试下载安装数字证书等进行安全设置（以二代 K 宝证书为例）。

（1）将 K 宝连接至计算机。

（2）计算机开启自动运行功能并联网，K 宝自动连接农业网银服务器，下载最新 K 宝驱动器并安装，安装成功后会在“开始”菜单的“程序”组中出现“中国农业银行网上银行证书工具软件”子菜单。

（3）安装成功后进入证书下载页面，输入“参考号”和“授权码”。

（4）系统自动检测计算机环境，检测成功后继续自动下载。

（5）阅读K宝证书下载提示，设置K宝口令（输入两次），然后确认下载。

（6）在弹出的K宝口令验证窗口，输入刚设置的口令，完成下载过程。

证书的导入和导出向导界面如图7-2-1与图7-2-2所示。

图7-2-1 证书导入向导界面

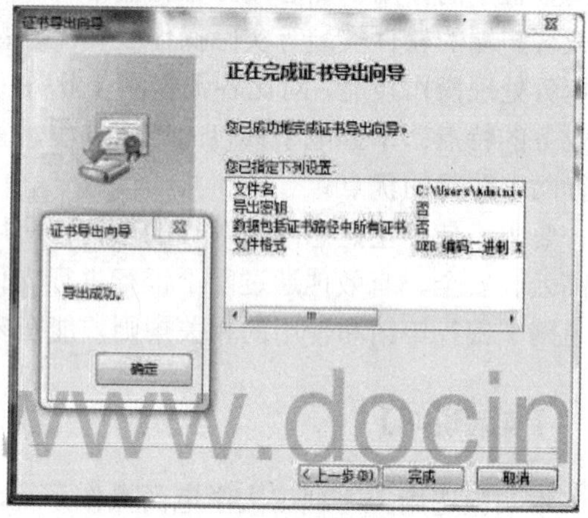

图7-2-2 证书导出向导界面

2. 网上银行的应用

步骤1：网上银行个人业务以工商银行为例（见图7-2-3）。

图7-2-3 网上银行个人业务演示

步骤2：银行卡账户变动清单如图7-2-4所示。

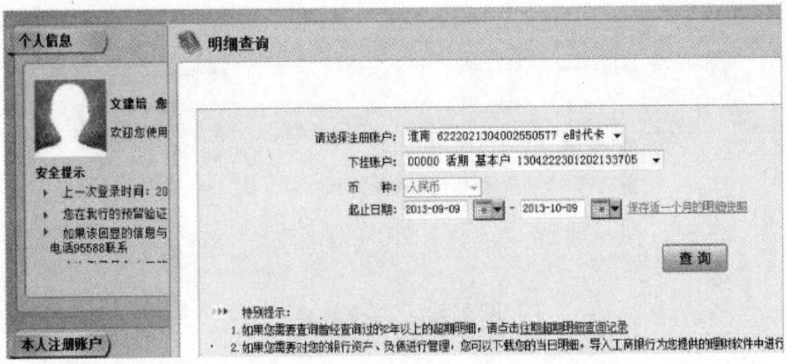

图 7-2-4　银行卡账户变动清单

步骤 3：选择商品样式（见图 7-2-5）。

图 7-2-5　选择商品样式

步骤 4：单击“购买”按钮，加入购物车（见图 7-2-6）。

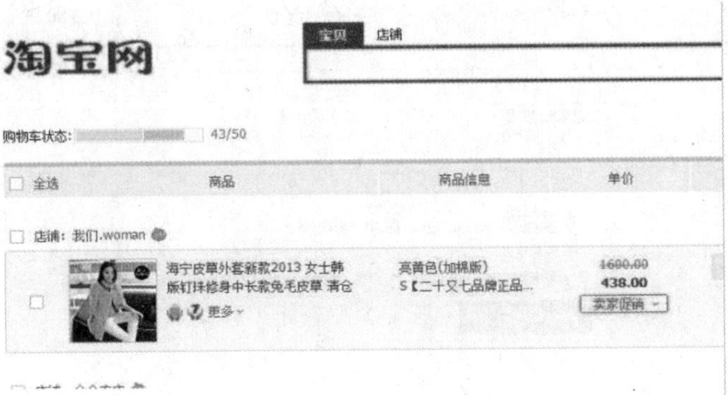

图 7-2-6　加入购物车

步骤 5：提交订单（见图 7-2-7）。

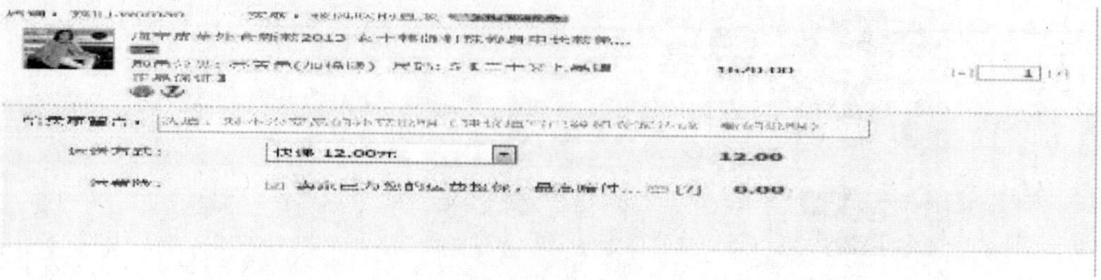

图 7-2-7 提交订单

步骤 6：支付（见图 7-2-8）。

图 7-2-8 支付界面

【相关知识】

K 宝是中国农业银行提供的用于存放客户证书及私钥的物理介质，其外形类似于 U 盘，又称 USB-KEY，使用时，直接将 K 宝插入计算机的 USB 接口上即可，但必须安装相应的支持软件。

K 宝证书使用先进可靠的安全硬件来存放证书，外部不可能读取和复制证书的任何关键信息，可以提供目前网上银行最高级别的安全保障，而且 K 宝便于随身携带，不受重装计算机的影响，能够安全地在不同机器上使用，故推荐选用。

【习题】

(1) 试比较各家银行的网银申请过程，查看是否有所不同？各家网银各有什么特色？

(2) 作为消费者，你愿意采取哪种支付方式，为什么？

实验 7-3　电子合同与电子签名应用

【实验目的与要求】

目的：使用电子商务平台模拟系统，熟练掌握电子合同和电子签名的运用，通过这个实验，能够让学生对电子合同有所了解，同时让企业能够快速地在日常生产中运用电子合同，节省时间、降低人力资源成本。

要求：通过实验使学生熟悉电子合同与电子签名的操作规则和流程，作为商家或企业，能够通过高效、安全、有效的电子合同代替烦琐的纸质合同，通过上机操作让学生可以在课程上学习新的商务谈判方式及合同法的相关规则，能在未来的商业实践中应用新的思路解决问题。

【实验说明】

本实验选用上海理工大学电子科技合同签约系统。学生可以通过注册并扮演两家（甲乙）企业的角色进行跨地域合同谈判及签约，完成实验角色的完整操作流程，模拟创建、生成电子合同，将相关数据记入实验报告，在实验报告中回答实验思考题，并写出自己参加本次实验的心得体会。通过本实验，同学们可以自行谈判并签章，真实体会各关键步骤的设计理念。

【实验内容与步骤】

1. 电子科技合同初始化设置

步骤 1：登录页面及用户注册。

使用 IE 浏览器登录 http://dzht.usst.edu.cn/，完成初始用户的注册，如图 7-3-1 和图 7-3-2 所示。

图 7-3-1　电子合同签约系统的登录页面

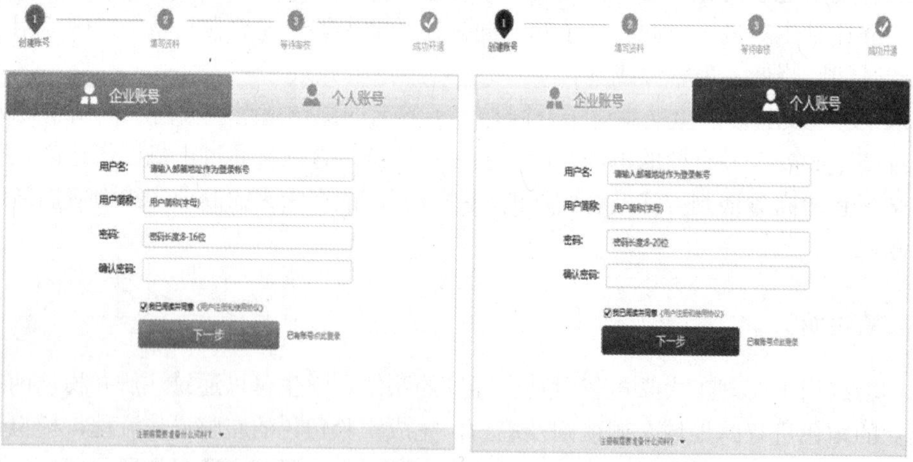

（a）　　　　　　（b）

图 7-3-2　注册企业或个人账号

步骤 2：查看及修改用户信息

（1）查看用户信息（见图 7-3-3）。

用户ID	201503200000
用户名	usst@usst.edu.cn
姓名	张秀白
账号状态	已审核
昵称	USST
注册时间	2015-03-20 11:21:06
固定电话	55272356
联系电话	133265255××
身份证号(或工号)	330023198205065261
企业名称(中文)	上海理工大学
企业名称(英文)	USST
企业地址	上海市杨浦区军工路516号
邮编	200093
企业负责人	刘波
联系电话(企业)	55275653
企业法人	222
企业注册地	上海
企业描述及经营范围	上海理工大学以工学为主，工学、理学、经济学、管理学、文学、法学、艺术学等多学科协调发展，是一所上海市属重点建设的应用研究型大学。

图 7-3-3　查看用户信息

（2）修改用户信息及密码（见图 7-3-4）。

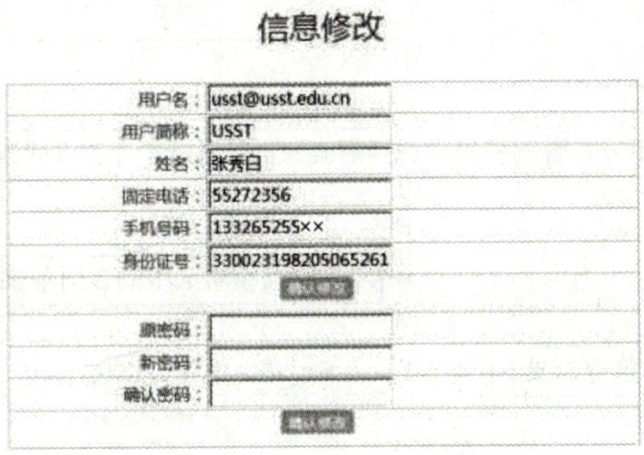

图 7-3-4　修改用户信息及密码

步骤 3：管理员进行资质审核（见图 7-3-5）。

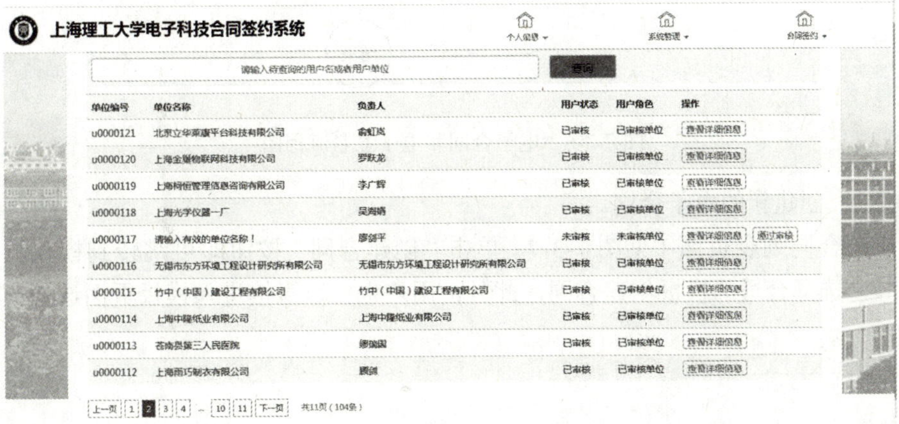

图 7-3-5　资质审核页面

2. 合同谈判执行操作

电子合同和电子签名流程图如图 7-3-6 所示。

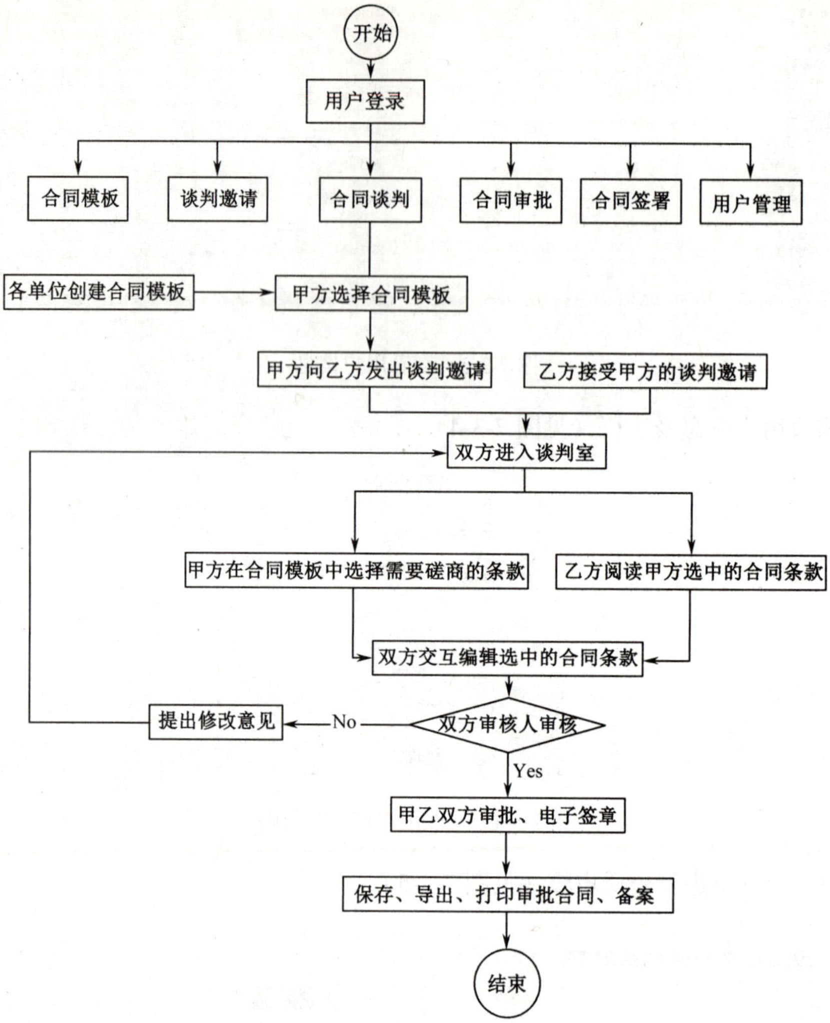

图 7-3-6　电子合同和电子签名流程图

步骤 1：创建新的电子合同。

用户在合同列表页面（见图 7-3-7）单击“创建合同”按钮即可跳转到模板页面（见图 7-3-8），选择合适的模板创建合同，此外，用户也可以直接进入模板页面选择模板创建合同。

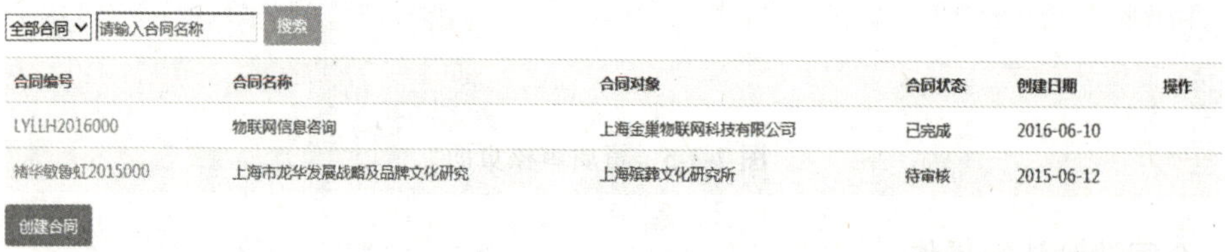

图 7-3-7　合同列表页面

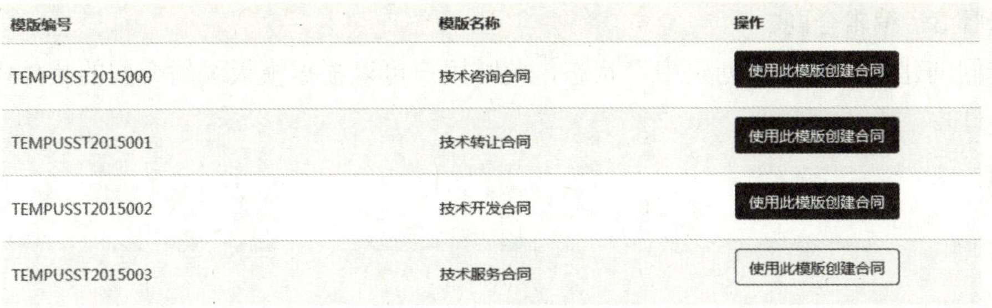

图 7-3-8　模板页面

步骤 2：选择谈判对象及创建合同。

用户单击“选定模板”按钮后将会弹出对话框引导用户输入合同另一方的信息并选择谈判对象（见图 7-3-9）。

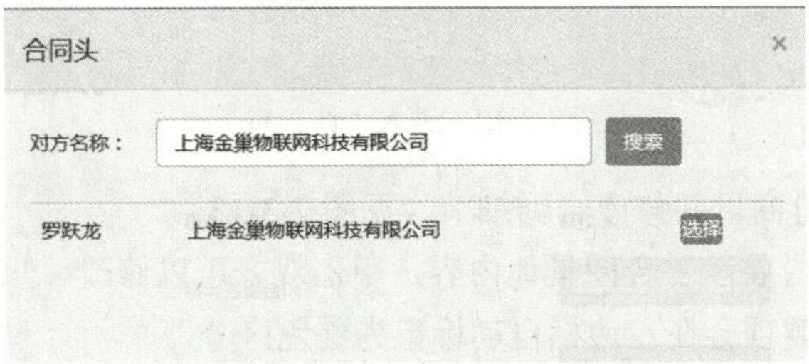

图 7-3-9　选择谈判对象

用户确认好谈判双方后即可填写合同的相关信息来创建新合同（见图 7-3-10）。

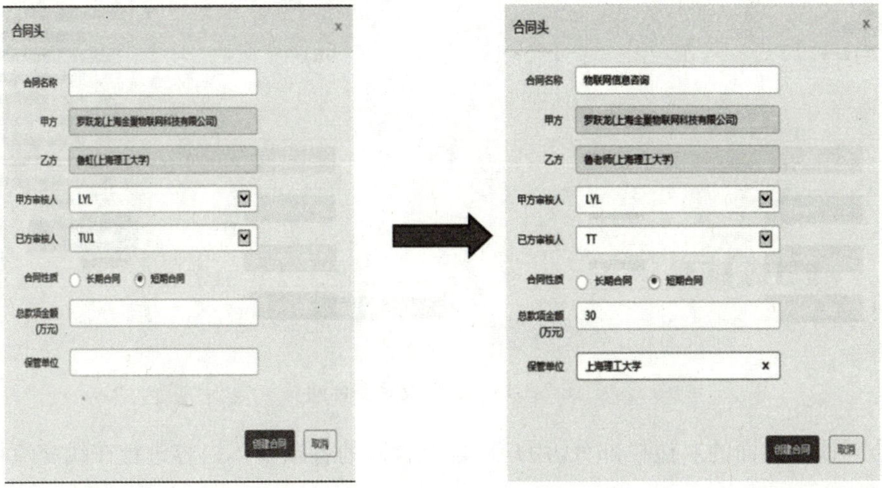

（a）　　　　　　　　　　（b）

图 7-3-10　创建新合同

步骤 3：编辑合同。

合同创建好后进入“创建中”状态，此时用户可以根据模板编辑合同的具体内容（见图 7-3-11）。

合同编号	合同名称	合同对象	合同状态	创建日期	操作
LYLLH2016000	物联网信息咨询	上海金巢物联网科技有限公司	创建中	2016-06-10	编辑 删除

图 7-3-11　编辑合同内容

在用户初步编辑好合同内容后即可确认信息，进入“谈判中”状态，在该状态下用户可以进入“谈判室”就合同的各项内容进行商议（见图 7-3-12）。

合同编号	合同名称	合同对象	合同状态	创建日期	操作
LYLLH2016000	物联网信息咨询	上海金巢物联网科技有限公司	谈判中	2016-06-10	进入谈判室

图 7-3-12　进入“谈判室”

步骤 4：甲乙双方商讨并修改合同细节（见图 7-3-13）。

谈判界面的中间栏展示了合同具体内容，甲乙双方可以修改、重置和显示上一版本的合同内容，修改过的款项会在左边栏自动标记为红色区分。

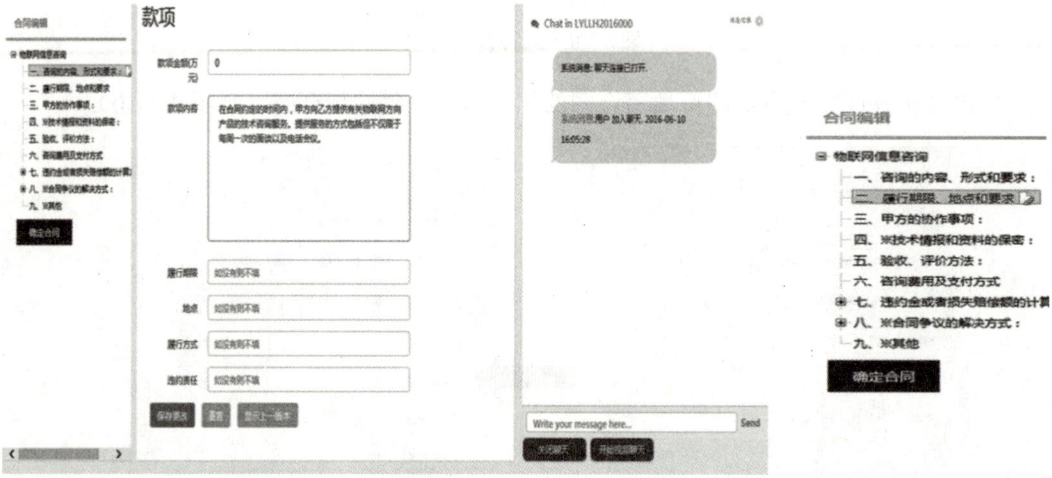

图 7-3-13　编辑及修改合同

在合同谈判界面的右边栏部分，用户可以就合同的各项具体内容进行在线交流协商（见图 7-3-14）。

步骤 5：确认合同并进行电子签章（见图 7-3-15）。

当甲乙双方商议好合同内容后，可以单击“确定合同”按钮来确认合同信息并输入数字印章密码来进行签章（见图 7-3-16），签章完成后，合同状态变为“已确认”。

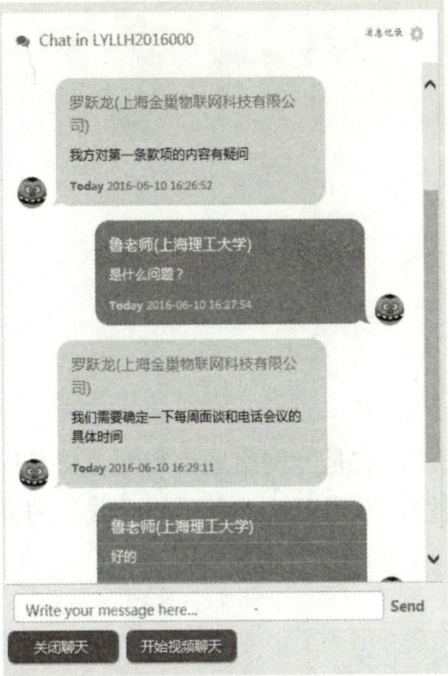

图 7-3-14　在线交流协商

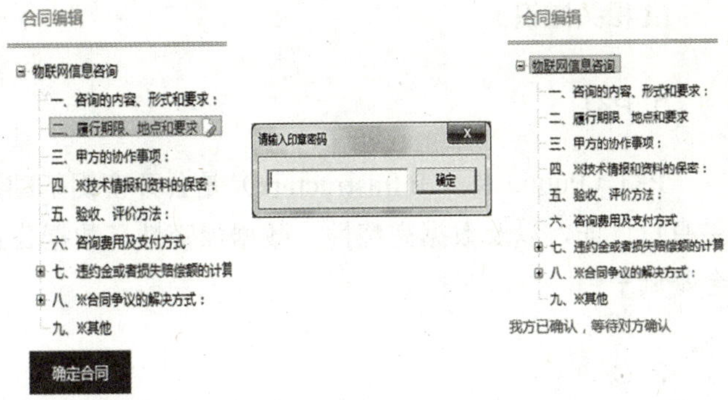

图 7-3-15　确认合同进行电子签章

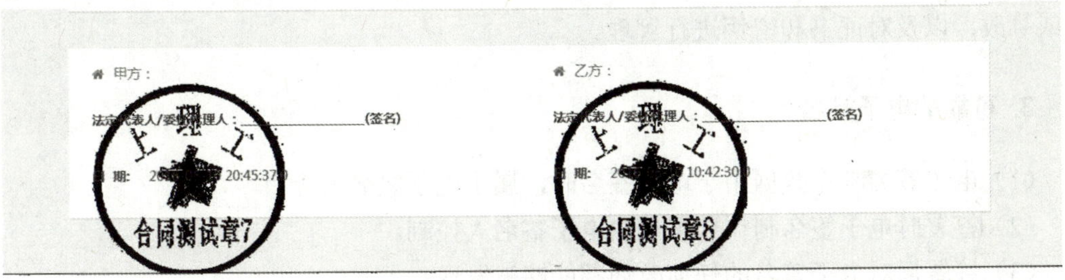

图 7-3-16　下载并查看已签章合同

步骤 6：审核通过并进行合同执行（见图 7-3-17）。

审核人可以浏览待审核的合同，并选择通过或拒绝。

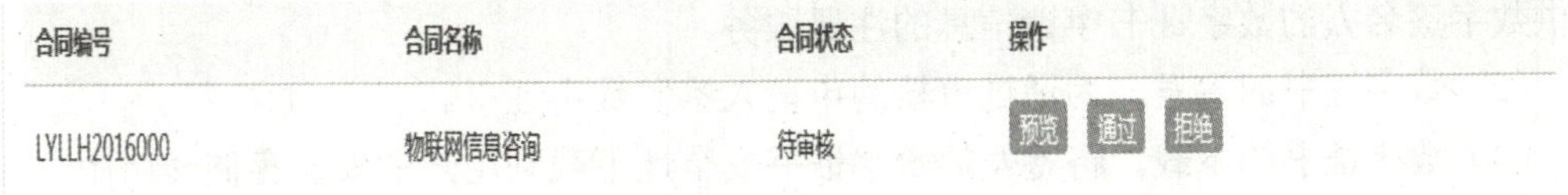

合同编号	合同名称	合同状态	操作
LYLLH2016000	物联网信息咨询	待审核	预览 通过 拒绝

图 7-3-17　审核电子合同

当合同审核通过后，用户可以收到审核通过的系统提示消息。合同审核通过后，合同进入“执行中”状态（见图 7-3-18）。

合同编号	合同名称	合同对象	合同状态	创建日期	操作
LYLLH2016000	物联网信息咨询	上海金巢物联网科技有限公司	执行中	2016-06-10	打印

图 7-3-18　审核通过

【相关知识】

1. PKI

PKI（Public Key Infrastructure）是公开密钥基础设施，它是为网络通信和网上交易提供身份认证，以及数据完整性、数据保密性、数据公正性、不可否认性和时间戳服务的安全基础平台。

2. CA

CA（Certificate Authority，数字证书认证中心）是发放、管理、废除数字证书的机构。CA 的作用是检查证书持有者身份的合法性，并签发证书（在证书上签字），以防证书被伪造或篡改，以及对证书和密钥进行管理。

3. 可靠的电子签名

（1）电子签名制作数据用于电子签名时，属于电子签名人专有。

（2）签署时电子签名制作数据仅由电子签名人控制。

（3）签署后对电子签名的任何改动都能够被发现。

（4）签署后对数据电文内容和形式的任何改动都能够被发现。

4. CA 认证机构提供的电子认证服务主要内容

（1）数字证书申请的审核。审核数字签名人的申请资料，审核数字签名人的真实身份，提供数字签名人的数字证书申请信息的注册服务。

（2）数字证书的签发。为通过审核的申请人签发数字证书。

（3）数字证书的下载。将签发的数字证书安全地下载到用户的安全存储介质中。

（4）数字证书的更新。提供延长数字证书的有效期限或者更换数字证书密钥。

（5）数字证书的查询。提供数字证书目录信息查询服务和数字证书状态查询服务。

（6）数字证书的注销。提供数字证书的注销服务，将被注销的数字证书发布到黑名单中。

【习题】

(1) 简单阐述电子合同的整体操作流程。

(2) 上机扮演甲乙双方进行电子签约的谈判。

(3) 使用电子签章（U 盾或软证书）签署一份电子合同。

第三模块

供应链实验

第 8 章

供应链业务管理

实验 8-1 初始化设置

【实验目的与要求】

目的：通过学习网店的初始化设置，对公司基本信息进行设置，完善各方面的数据，为整个公司的运营提供信息和服务，理解企业同外部供应链及客户之间的协同关系，从整体把握企业的运营。

要求：通过实验使学生了解企业内部管理和全球化供应链协同服务，体验企业采购、销售、分销、配送、连锁门店、财务等全过程的管理及与供应链的上下游商务伙伴之间的全程业务协同。

【实验说明】

进行网店的初始化设置。业务管理为企业提供完整的内部管理信息化和全球化供应链协同服务，包括采购、销售、分销、配送、连锁门店、财务等管理服务，管理范畴从企业内部延伸到供应链的上下游商务伙伴，同时与电子商务完全融合。

【实验内容与步骤】

1. 首页设置

登录中国电子商务实践平台后，首先显示的是工作台。中国电子商务实践平台中每个角色都有自己的首页，首页显示该角色最关注的内容。用户可以在首页处理待审批的单据或查看相关的报表数据分析（见图 8-1-1）。

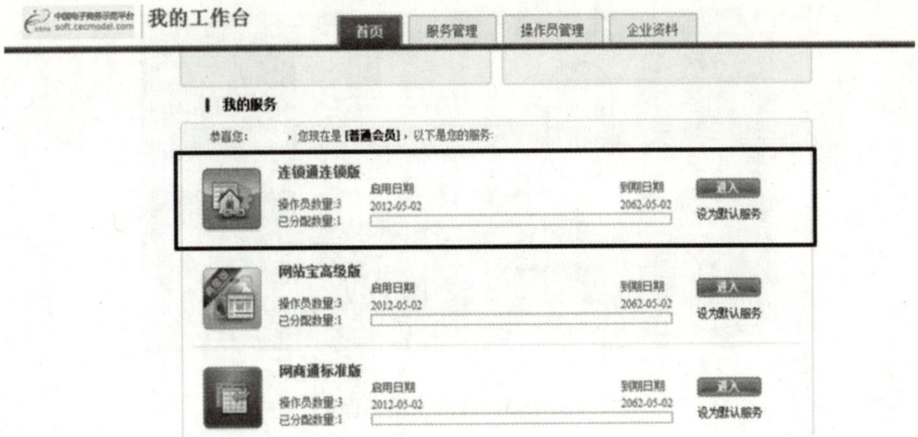

图 8-1-1　中国电子商务实践平台首页

步骤 1：修改个人资料。

每个角色人员进入中国电子商务实践平台后，都可在首页“个人设置”中查看自己的相关资料，并对其中的详细联系资料如办公电话、公司传真、移动电话、电子邮件、QQ 和职员图片等信息进行更新或修改完善（见图 8-1-2）。

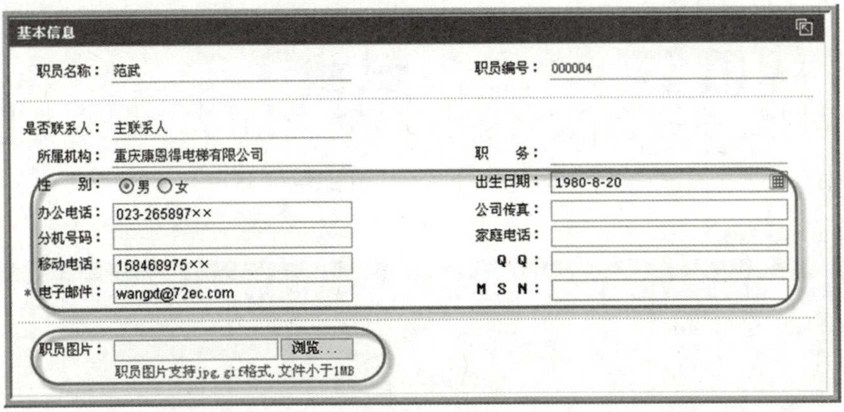

图 8-1-2　修改个人资料界面

同时，用户还可以修改自己登录中国电子商务实践平台的密码。查看登录信息中的密码，单击“修改密码”按钮，出现“密码修改”对话框，输入新密码并单击“确定”按钮即可，如图 8-1-3 所示。

资料修改完毕后，单击“保存”按钮即可。

步骤 2：查看消息。

用户登录平台后，在菜单页面可看见“消息提示”区和“未读消息”区（见图 8-1-4 和图 8-1-5）。

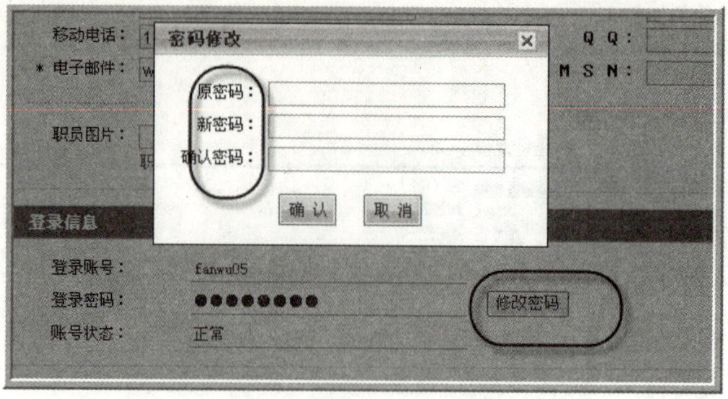

图 8-1-3　修改密码界面

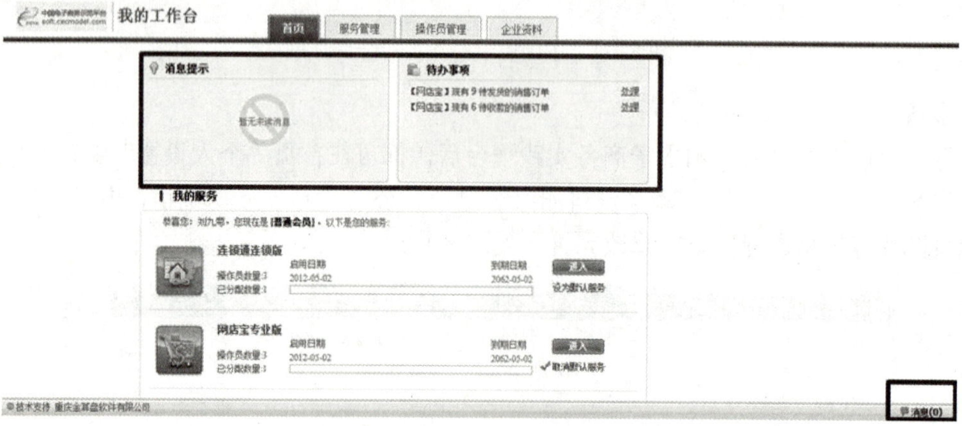

图 8-1-4　工作台“消息提示”区

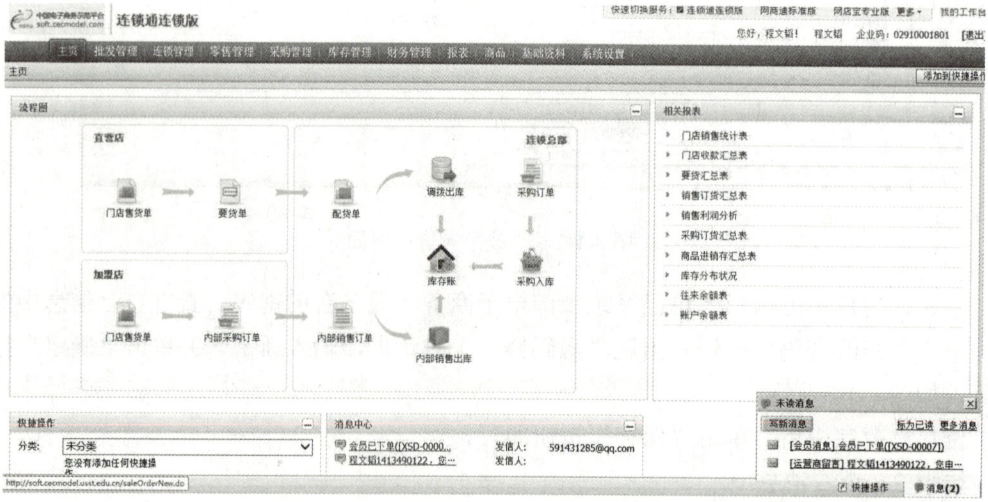

图 8-1-5　查看消息界面

单击“消息提示”区中的具体消息可查看消息详细内容。单击“未读消息”按钮进入消息中心查看所有消息。

步骤3：回复消息。

在平台中收到消息留言后，有两种回复方式。一种是在消息提示区单击查看具体的消息内容时，单击消息下方的“回复”按钮（见图 8-1-6），进入回复消息页面；另外一种是编辑新消息进行回复。

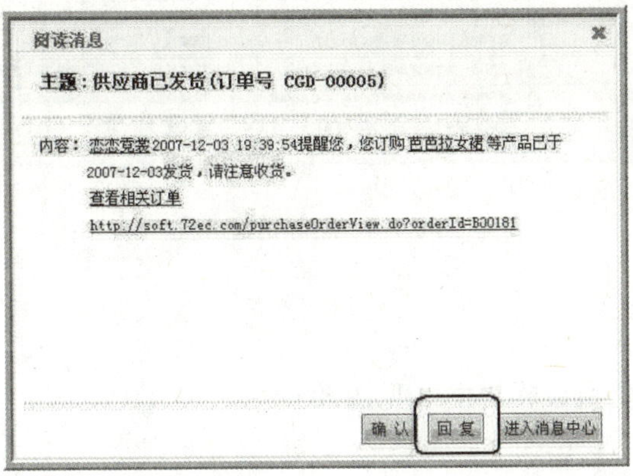

图 8-1-6　回复消息界面

步骤4：写新消息。

在消息中心单击“写新消息”按钮，进入“编辑消息”界面（见图 8-1-7）。

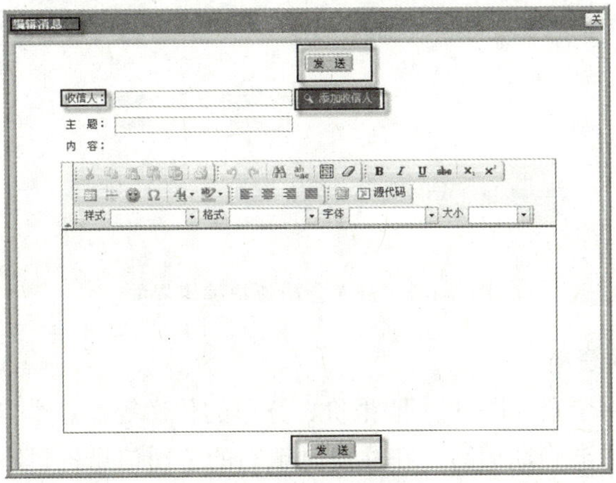

图 8-1-7　“编辑消息”界面

单击“添加收信人”按钮，从资料库中选择接收信件的对象，之后输入消息主题和消息内容，单击“发送”按钮即可。在填写消息内容时，用户可以选择样式、排版格式、字体及字号。

步骤5：删除消息。

在消息中心可对所有已收消息列表中的消息进行删除操作。选中一条或多条不需要的消息，单击右上方的“删除”按钮即可（见图 8-1-8）。

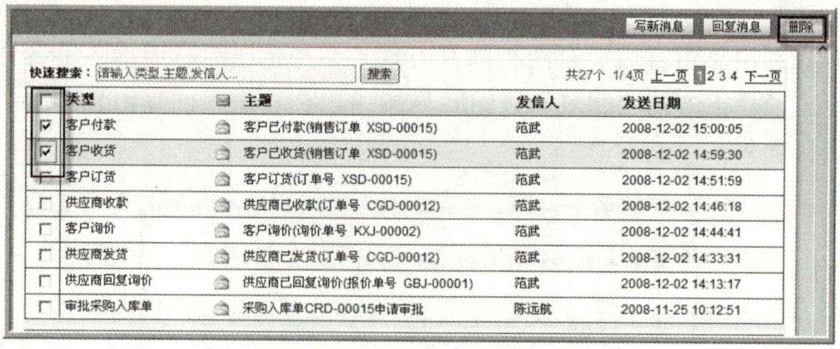

图 8-1-8　删除消息界面

2. 企业设置

步骤 1：进入公司资料编辑界面（见图 8-1-9）。

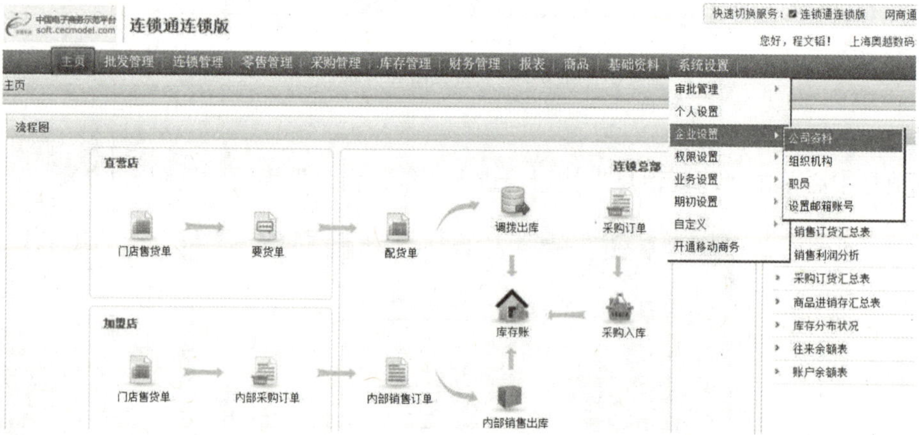

图 8-1-9　进入公司资料编辑界面

步骤 2：编辑公司资料。

公司资料主要应用于企业网站、询/报价、订单的传送等，是客户与供应商联系企业的重要信息，建议完整、准确地填写。在注册时填写的公司信息资料不够完善，需完善信息或更新资料，均可单击“公司资料→编辑”，在打开的界面进行编辑（见图 8-1-10）。

注意：所有资料编辑完毕，单击“保存”按钮，出现“保存成功”提示框，则公司资料编辑成功；若出现“保存失败”提示框，应检查是否有必填资料没有填写，修改之后单击“保存”按钮，直到保存成功为止。平台中所有编辑和新增的资料或单据完成后均需进行保存。

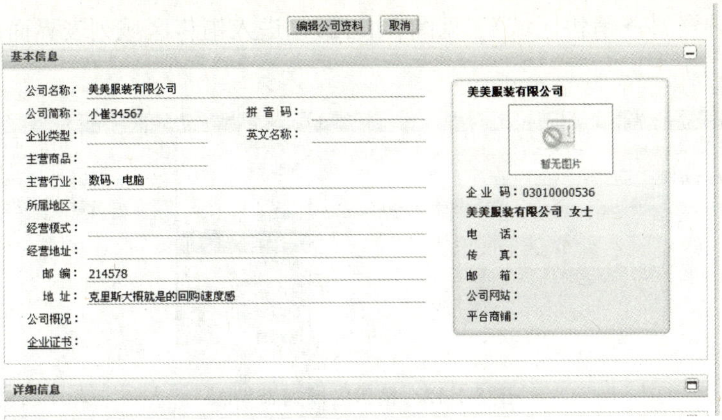

图 8-1-10　公司资料编辑界面

步骤 3：编辑组织机构。

对于大中型企业而言，一般都会有多个组织实体，如一个集团下面有多个分公司，或者一个公司内部有多个分厂等。在管理信息系统中为了实现多个组织实体之间的业务关联和往来，需要建立对应的组织机构及数据，便于按组织机构对各种数据进行分类管理。

平台组织机构管理超越了传统软件的部门管理，用户不仅可以管理企业内部的部门，还可以管理企业整个组织机构中的分公司、门店等。

进入机构设置界面，填写机构名称、机构编号（平台已经默认，但也可直接修改），选择机构类型、上级机构、负责人等详细信息（见图 8-1-11）。

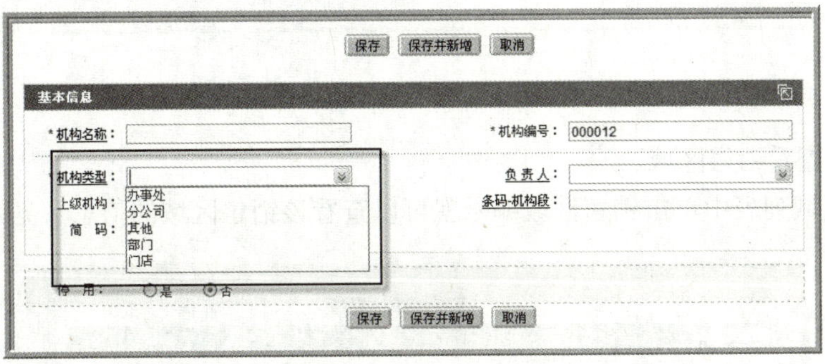

图 8-1-11　机构设置界面

机构类型：包括总公司、部门、分公司、门店、分销商等。

下属仓库：机构的下属仓库在“仓库卡片”中进行设置，一个机构可以有多个下属仓库，但是一个仓库只能属于一个机构。

3. 销售设置

步骤 1：划分销售区域。

可通过新增销售区域，将机构划分到不同的销售区域中，并指定所属行政区划。

单击“基础资料→销售区域”（见图 8-1-12），进入销售区域列表界面，单击“新增”按钮。

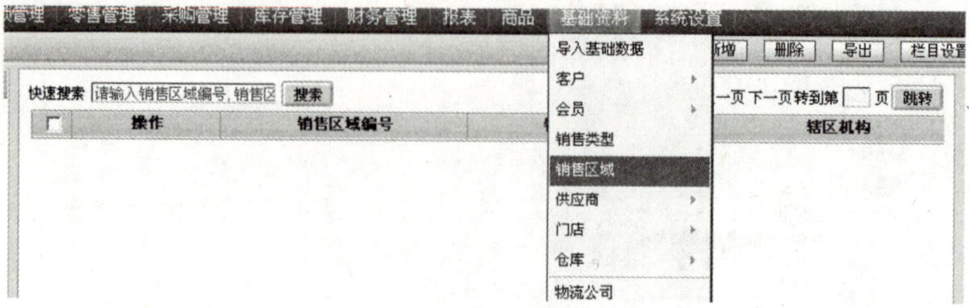

图 8-1-12　销售区域列表界面

在销售区域新增界面填上相应的内容（*为必填项），单击“保存”按钮或“保存并新增”按钮完成销售区域的设置（见图 8-1-13）。

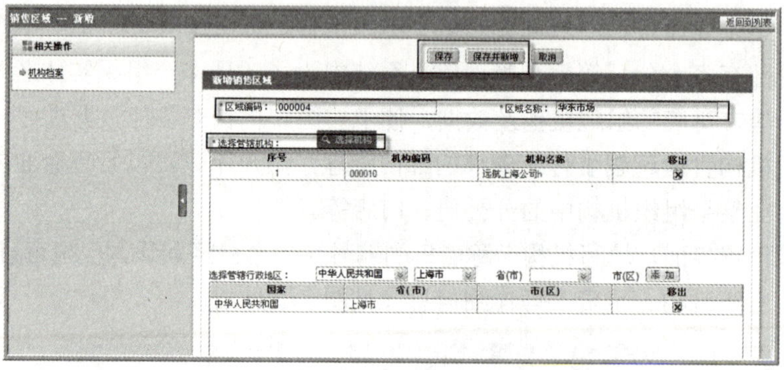

图 8-1-13　销售区域新增界面

步骤 2：查看销售区域。

在销售区域列表中单击销售区域编号就可以查看该销售区域的信息（见图 8-1-14）。

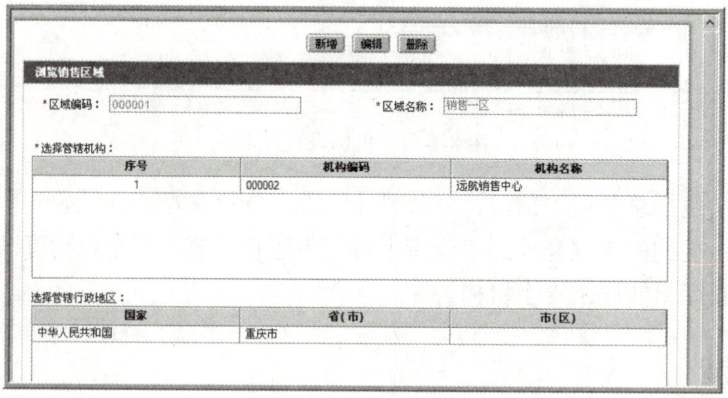

图 8-1-14　查看销售区域的信息

可以通过查看销售区域设置，进行“编辑”或“删除”的操作。

步骤 3：编辑、删除销售区域。

在销售区域编辑界面，可以选择对某些销售区域进行编辑及删除（见图 8-1-15）。

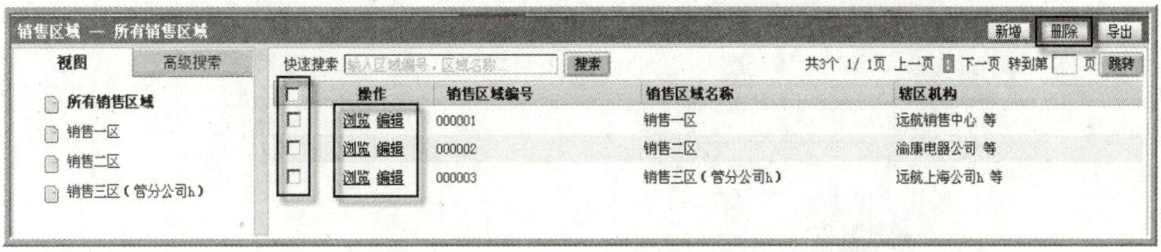

图 8-1-15　销售区域编辑界面

步骤 4：查询、搜索销售区域。

可以通过视图、高级搜索及快速搜索等方式对销售区域进行搜索（见图 8-1-16）。

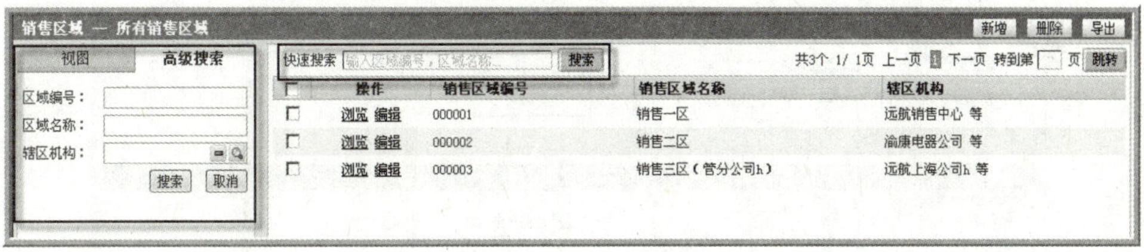

图 8-1-16　销售区域搜索界面

4. 职员设置

步骤 1：职员信息设置。

全程电子商务平台可以管理企业组织机构下的所有职员。在建立职员信息时，为职员设置登录账号和操作权限，该职员就可登录使用全程电子商务平台。全程电子商务平台中对职员的赋权是通过角色来完成的，即每个职员都可拥有多个角色，进行不同的业务操作。进入新增职员界面，填写完整的职员信息（见图 8-1-17）。

是否联系人：全程电子商务平台提供“联系人”“主联系人”“非联系人”三种选择。如果将职员设置为主联系人或联系人，该职员将在公司的联系人列表中出现，并且其他企业将该公司加为客户或供应商时，可自动将“是否联系人=主联系人/联系人”的职员导入为自己的“供应商/客户联系人”。注意：一个公司只能有一个主联系人。

登录信息：为该职员输入登录账号和密码。若该职员选择为“联系人”或“主联系人”，就必须输入登录信息才能保存该职员信息。职员登录账号默认为“正常”状态，若选择“禁用”，则该账户不能正常使用。

当为职员设定了登录账号、操作权限后，该职员就可以登录全程电子商务平台进行操作，登录后职员可修改自己的个人信息及密码，并查看自己所具有的权限。如果职员没有设定登录账号，则只能记录该职员参与的业务单据。

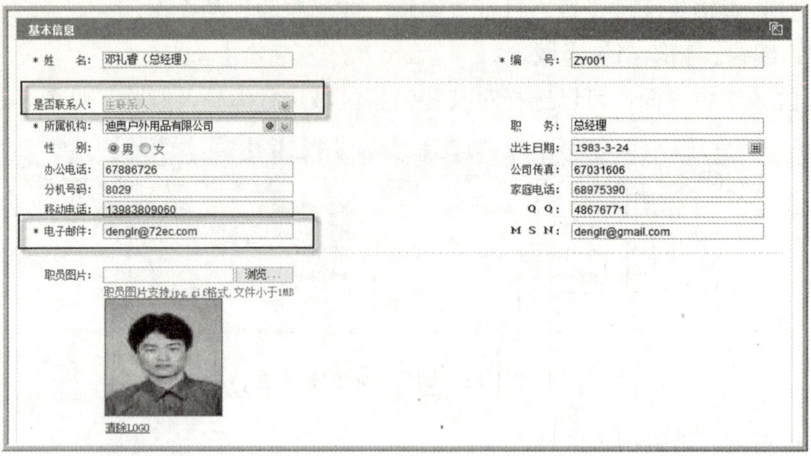

（a）

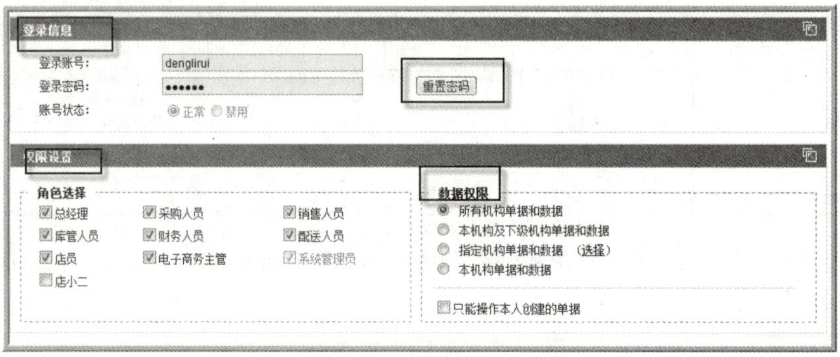

（b）

图 8-1-17 新增职员界面

权限设置：职员的操作权限通过指定“角色”来实现，一个职员可同时拥有多个角色，同一个角色下的所有职员都拥有相同的操作权限。当职员拥有多个角色时，全程电子商务平台按角色来组织用户的操作界面，用户只能操作当前角色所具有的功能，可通过切换角色来使用不同的功能。

步骤 2：角色和权限设置。

角色用于指定对全程电子商务平台中功能的操作权限，对职员的赋权通过角色来完成，同一个角色下的所有职员都拥有相同的操作模块，但操作权限可以自行设定，以满足个性化需求（见图 8-1-18）。

全程电子商务平台中预置了九类角色，用户可根据自己的需要定义新的角色。

角色分类：对全程电子商务平台中的各种角色进行分组管理，用户在进行角色切换操作时，“角色切换面板”将按照角色分类进行显示，全程电子商务平台提供三个角色分类，包括：电子商务、企业管理和门店管理。

图 8-1-18　角色设置界面

角色首页：每个角色都有一个自己的首页，用于显示该角色最关心的各种任务统计及报表，全程电子商务平台为预置的九类角色提供了对应的角色首页，但当用户自定义新角色时，角色首页不能自定义，只能从预置的角色首页中选择一个。

角色菜单：为该角色设置全程电子商务平台中功能模块的操作权限，制定好角色菜单后，用户使用该角色时在操作界面中就只会看到该角色所具有的操作功能。

步骤 3：设置邮箱账号。

全程电子商务平台可将企业设置的邮箱账号进行捆绑，当用户填完业务单据（如询/报价、订单等）后，单击业务协同功能中的“邮件通知”时，平台就会通过该邮箱给供应商或客户发送单据，设置后可通过“测试”检测是否设置成功（见图 8-1-19）。

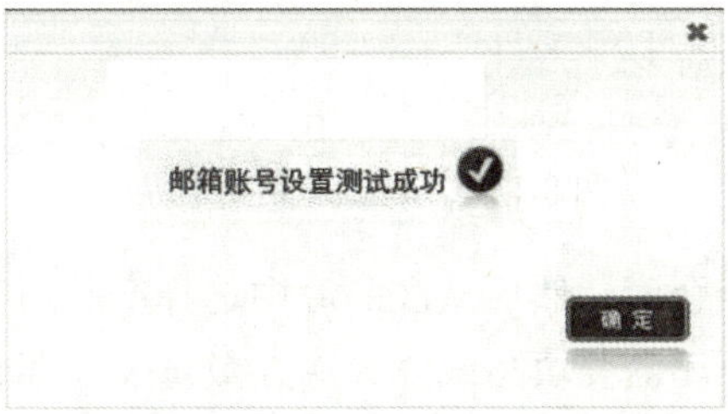

图 8-1-19　邮箱账号设置测试成功界面

5. 数据期初设置

步骤 1：资金账户期初设置。

资金账户期初用于输入中国电子商务实践平台启用前的每个资金账户余额。

单击“系统设置→期初设置→资金账户期初”命令（见图 8-1-20），打开对应的页面。输入账户编码、账户名称及账户期初金额，单击“保存”按钮即可。

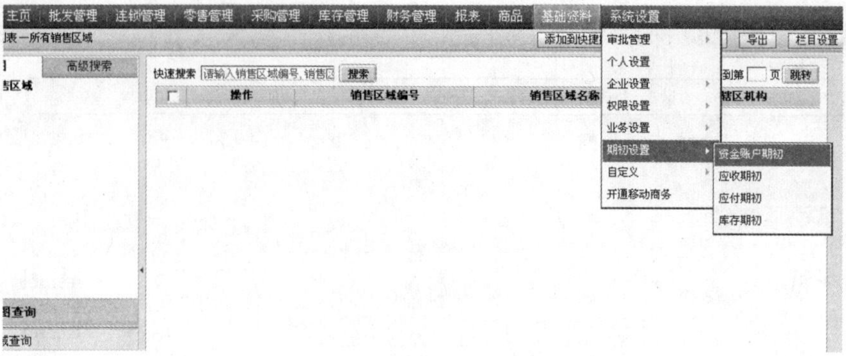

图 8-1-20　设置资金账户期初界面

步骤 2：库存期初设置。

库存期初用于输入中国电子商务实践平台启用前每个仓库中的产品库存数量与库存金额。

单击“系统设置→期初设置→库存期初”命令（见图 8-1-21），打开对应的页面。

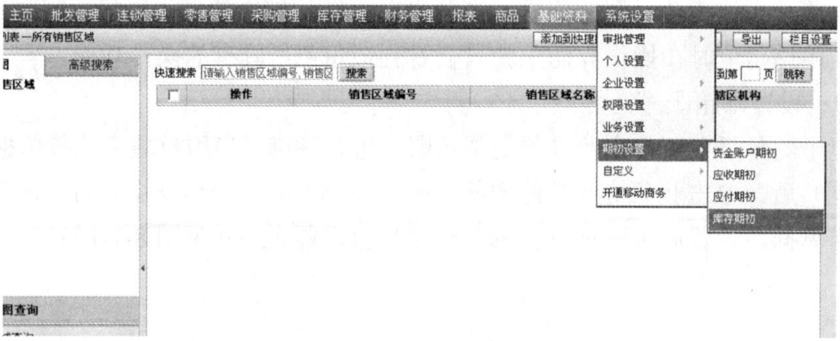

图 8-1-21　设置库存期初界面

从仓库档案中选择一个仓库，然后从产品库中选择产品，在库存期初卡片中已有自动带出的产品相关信息，用户还需要填写或修改库存数量及库存金额。库存期初信息输入完毕，单击“保存”按钮即可（见图 8-1-22）。

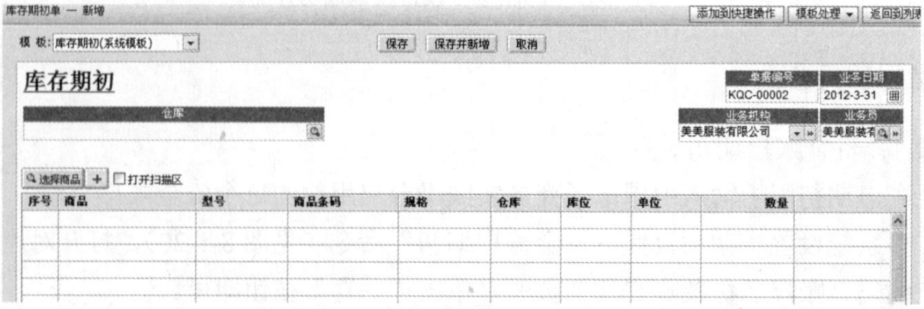

图 8-1-22　新增库存期初界面

步骤 3：应收期初设置。

应收期初用于输入中国电子商务实践平台启用前客户欠我方的款项。

单击“系统设置→期初设置→应收期初”命令，进入“应收期初”页面。

从客户档案中选择客户，中国电子商务实践平台自动带出“联系人”“电话信息”，用户只需输入期初应收金额，单击“保存”按钮即可（见图 8-1-23）。

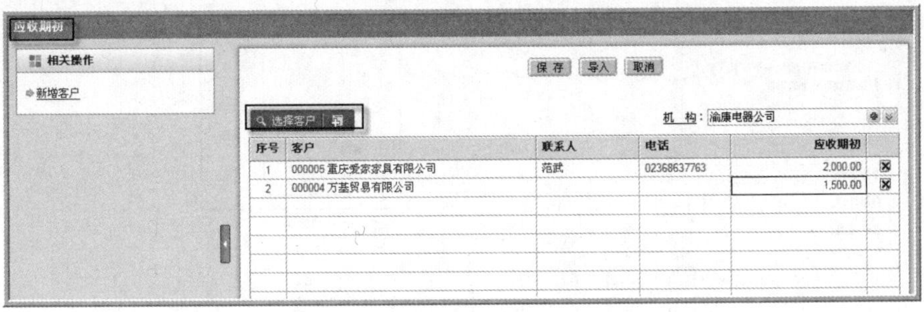

图 8-1-23 设置应收期初界面

步骤 4：应付期初设置。

应付期初用于输入中国电子商务实践平台启用前我方欠供应商的款项。

单击“系统设置→期初设置→应付期初”命令，进入“应付期初”页面。

从供应商档案中选择供应商，中国电子商务实践平台自动带出“联系人”“电话信息”，用户只需输入期初应付金额，单击“保存”按钮即可（见图 8-1-24）。

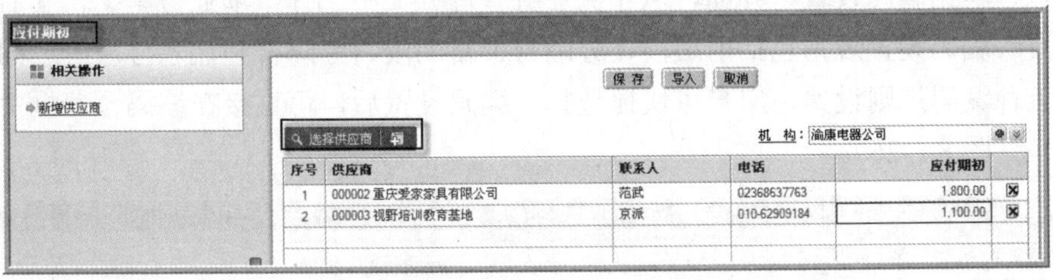

图 8-1-24 设置应付期初界面

6. 业务设置

步骤 1：审批设置。

用户可以根据企业的需要为全程电子商务平台中的所有业务单据定制审批流程，平台默认所有业务单据都不需要审批。单击“系统设置→审批管理→审批设置”命令进入对应的页面，从左侧业务管理分类中选择一项业务单据，如选择“采购订单”，表示在进行该项业务时需要审批。

在“流程名称”中输入审批名称，并勾选“是否启用”复选框，否则该流程无效。对于“启动条件”，用户可根据企业自身情况选择该流程是依据“制表所属部门”审批还是依据“业务发生部门”审批。审批的先后顺序是第一行的审批人先审批单据，再由第二行的审批人审批，以此类推（见图 8-1-25）。

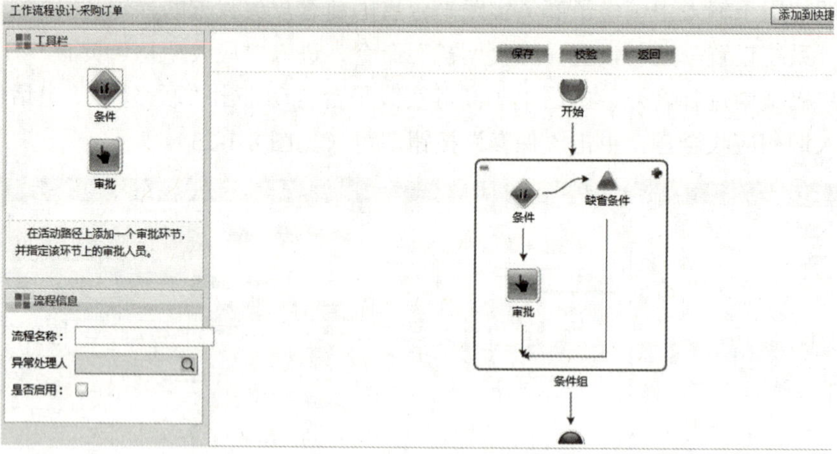

图 8-1-25 设置审批流程界面

单据启用审批流程后，有两种应用情况：

（1）在单据中可查看审批状态，并跟踪该单据当前审批的详细情况。

（2）单击“系统设置→审批管理→审批列表”，打开对应的页面查询。

步骤 2：单据编码设置。

用户可以根据企业的需要为全程电子商务平台中的所有业务单据设定编号生成规则。

进入“单据编码设置”界面，从左侧业务管理分类中选择一项业务单据，在右侧进行编码设置。编码设置规则包括前缀段、分隔符、日期段、分隔符和流水号段等。同时平台还提供五种编码规则设置，用户可快捷选择。编码设置后，可直接在编码预览框中查看设置效果（见图 8-1-26）。

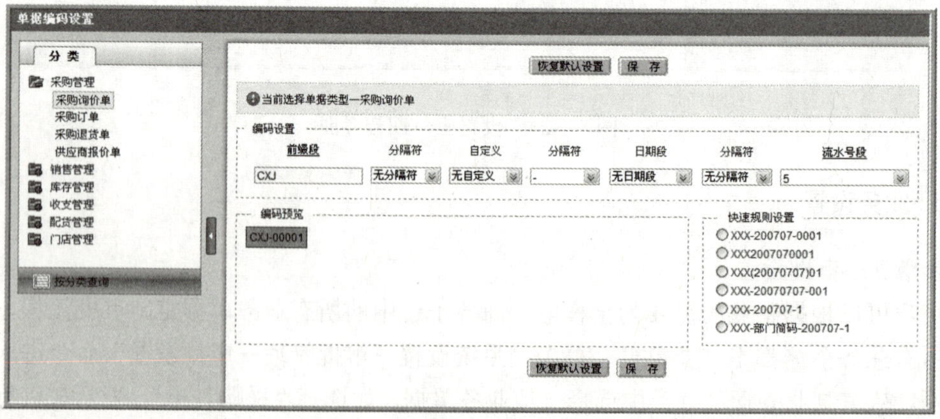

图 8-1-26 “单据编码设置”界面

步骤 3：业务参数设置。

选择业务控制参数对业务将有重大的影响，因此，一定要慎重对待，参数选用后，若已处理过业务，最好不要再改变参数。若必须改变参数，需将数据调整准确后再进行。

进入业务参数设置界面，根据企业数据的控制情况勾选需要的设置，单击“保存”按钮即可。

数量保留小数点后的指定位数（见图 8-1-27）。

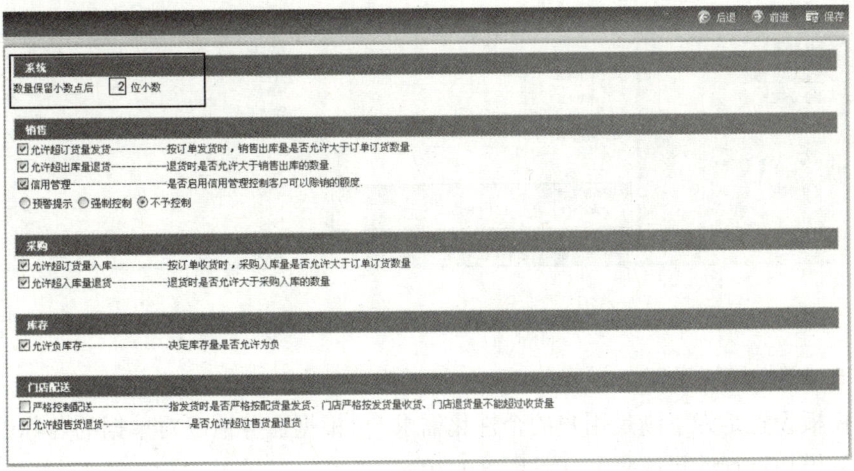

图 8-1-27 业务参数设置界面

步骤 4：单据自定义设置。

单据自定义设置是为了满足用户的个性化需求，可根据业务情况及个人喜好对单据的部分内容和模块进行修改（见图 8-1-28）。

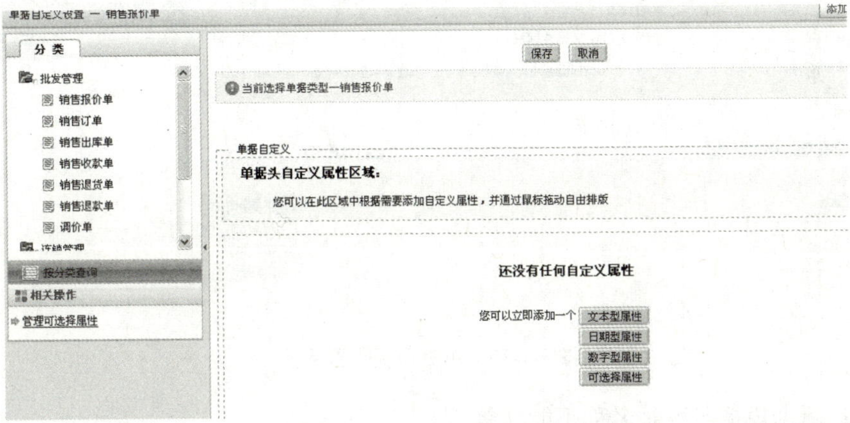

图 8-1-28 设置单据自定义界面

在单据列表中，增加对应的单据自定义按钮。

对单据进行单据自定义设置后，该单据的新增页面会自动关联出自定义的属性，但不是必填项（见图 8-1-29）。

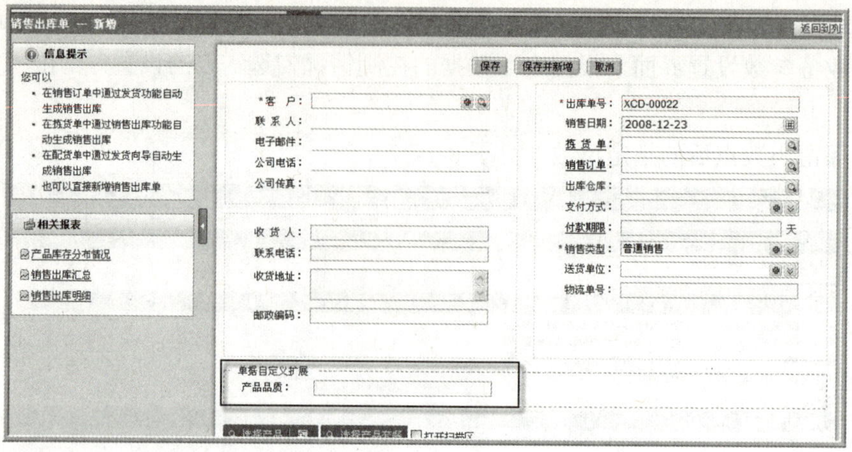

图 8-1-29　设置单据自定义后单据显示界面

步骤 5：单据模板设置。

单据模板设置是为了满足用户的个性化需求，可根据业务情况对单据的名称进行修改，对单据中各模块进行编辑或隐藏（见图 8-1-30）。

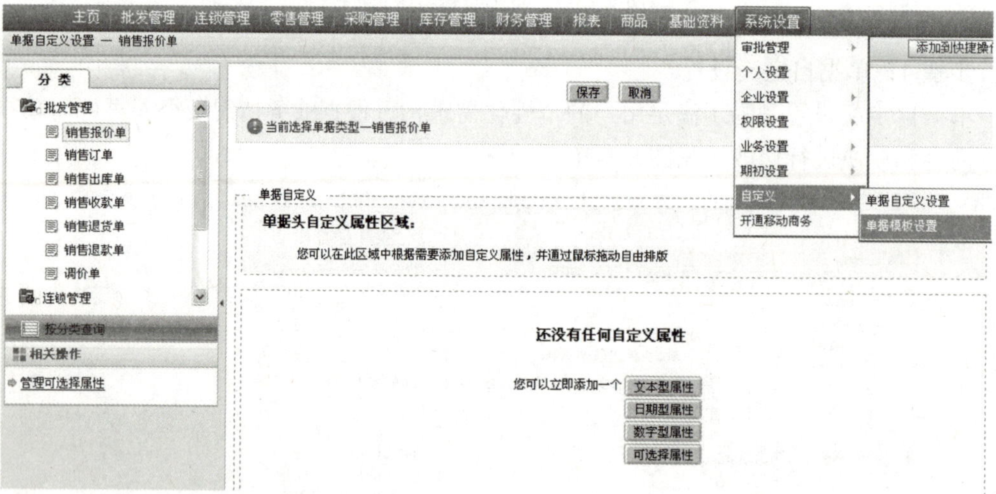

图 8-1-30　单据模板设置界面

注意：新增模板名称时名称不能重复。

可以单击浮动框处的“编辑”或“隐藏”按钮进行单据设置。

步骤 6：条码规则设置。

单击“系统设置→业务设置→条码规则设置”命令（见图 8-1-31），打开条码规则设置界面。

如果产品本身没有国家统一的条码，可以根据产品各种属性来制作“产品条码”（见图 8-1-32）。制作条码时可以将产品编码、产品属性（如尺码、颜色等）、供应商等信息都编制在该产品的条码中，如前几位表示产品、中间几位表示颜色、后几位表示尺码等，这个规则可根据具体的要求来设置。

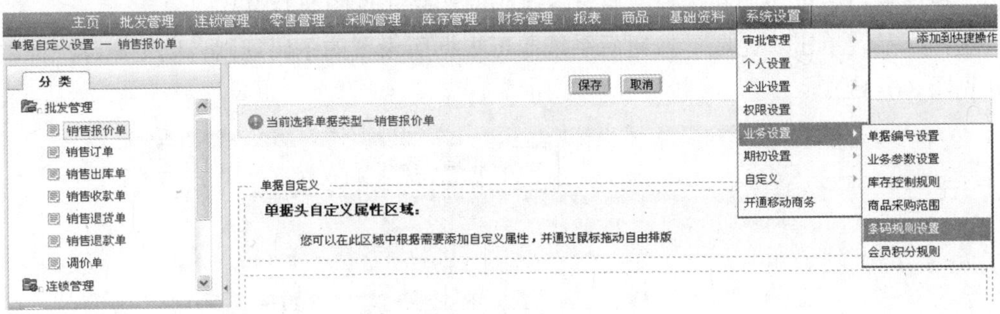

图 8-1-31　条码规则设置界面

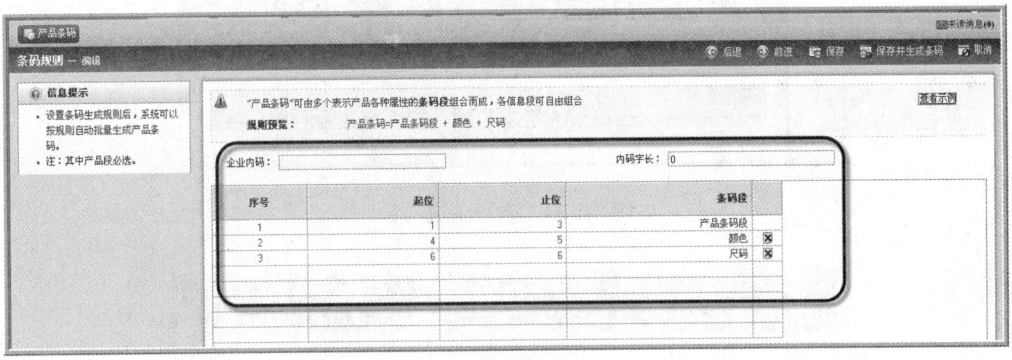

图 8-1-32　根据产品各种属性来制作“产品条码”

关于条码的设置规则，还提供了一个可供参考的例子，将产品条码的组成部分分解到各个条码段上，当然这个条码规则不一定按照下面的例子来做，条码规则中不是必须有客户段和机构段等，但必须有产品段（见图 8-1-33）。

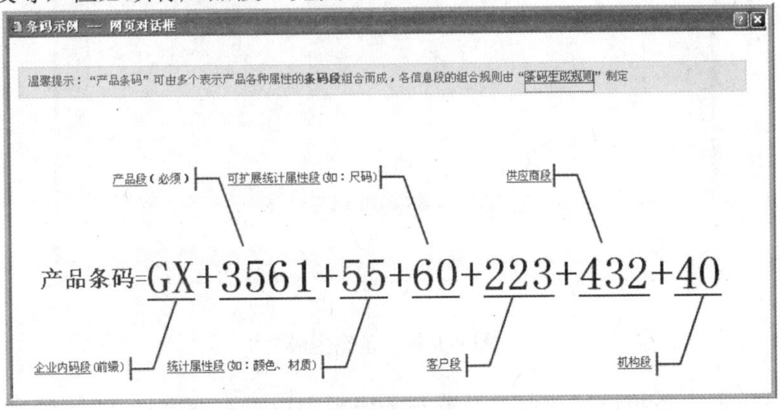

图 8-1-33　条码规则设置分解

当产品的条码规则都设置好之后，就可以单击“系统设置→业务设置→条码规则设置”命令打开对应页面，单击窗口右上方的“生成条码”按钮，此时系统弹出“条码生成向导”窗口，在该窗口中可添加并选择需要设置条码的产品（见图 8-1-34）。

选择产品，单击“完成”按钮后系统即可根据所设置的条码规则自动生成该产品的条码（见图 8-1-35）。

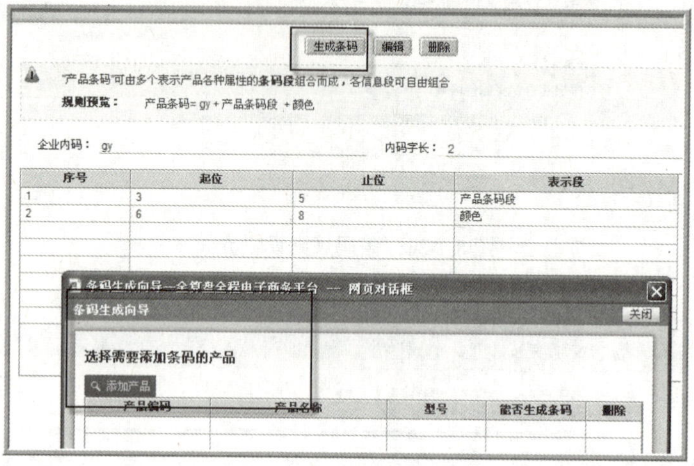

图 8-1-34　条码生成向导

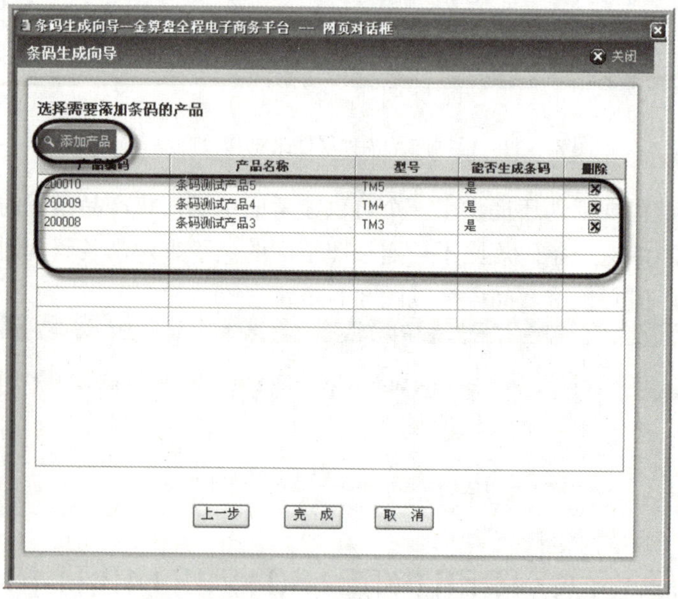

图 8-1-35　条码生成

可以通过单击“系统设置→业务设置→条码规则设置”命令打开对应的页面，通过单击窗口左边的“查看商品条码”命令来对已经设置好条码的产品进行查看（见图 8-1-36）。

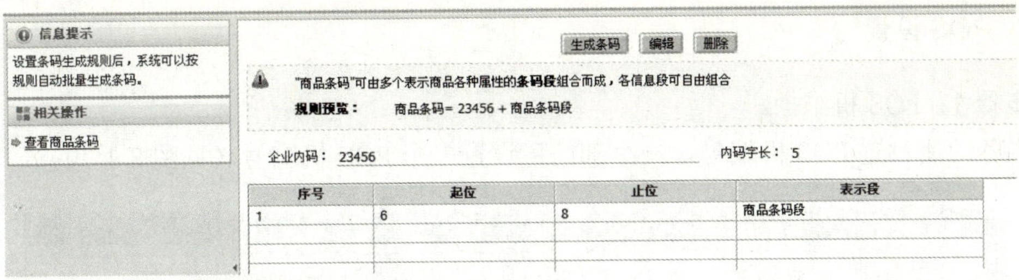

图 8-1-36　查看商品条码

在“产品条码列表”的查询窗口中，还可以生成条码打印文件（见图 8-1-37），企业可将这个打印文件导入专门打印条码的机器里，由条码打印机打印出产品的条码，然后贴到产品上。

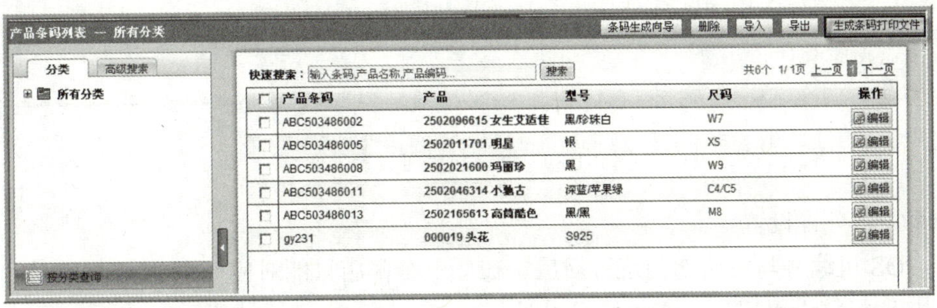

图 8-1-37　生成条码打印文件

步骤 7：会员积分设置。

可根据“销售收款”和“销售退款”的金额自定义积分规则，设定会员积分“有效日期”，建立会员积分管理。系统路径为“系统设置→业务设置→会员积分规则”。会员积分设置见图 8-1-38。

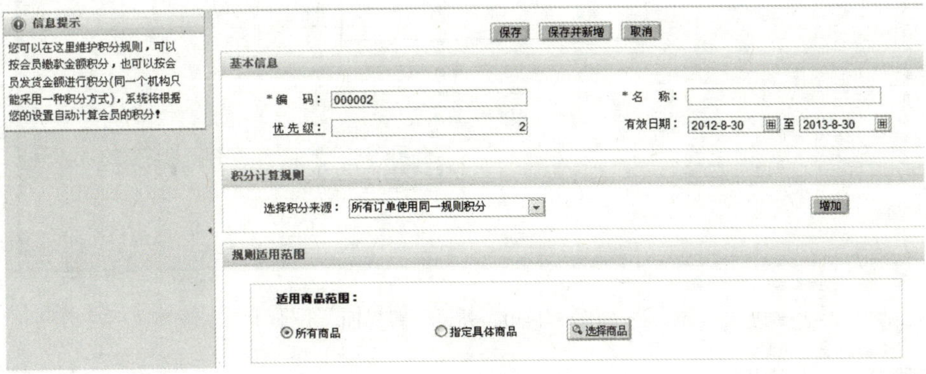

图 8-1-38　会员积分设置

注意：会员积分只有在已建立会员档案的情况下才能显示。

7. POS 设置

步骤 1：POS 机维护。

为各门店设置 POS 机编号，一个部门可设置多个 POS 机编号（见图 8-1-39）。

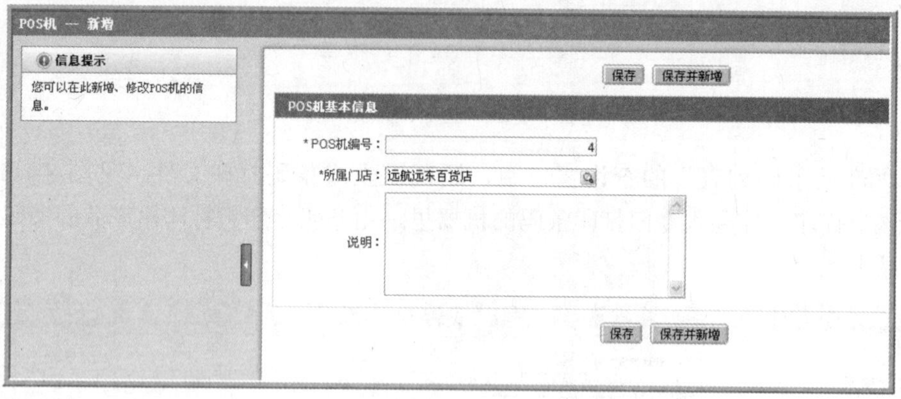

图 8-1-39　POS 机编号设置界面

步骤 2：外设设置。

将 POS 机编号与所属部门进行对应。在此一个门店只能对应一个 POS 机编号。客显、钱箱、打印机等设置请参考安装使用说明。

客显：客户可通过客显了解产品单价、付款总金额等信息（见图 8-1-40）。

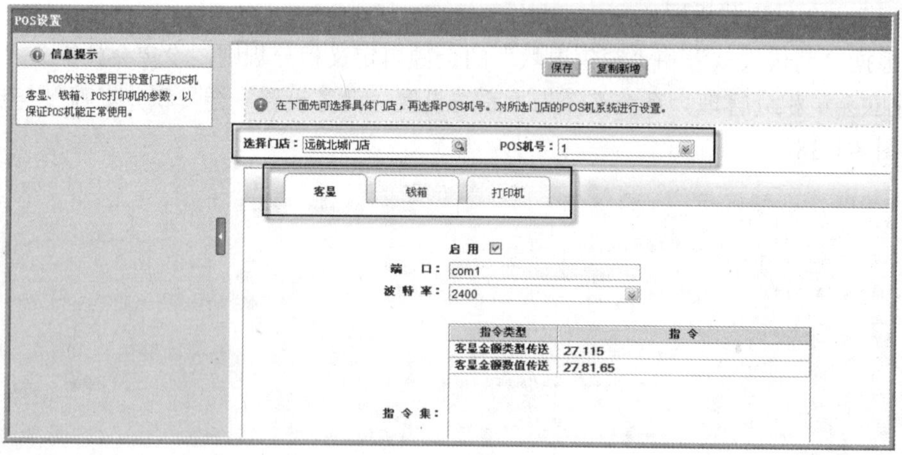

图 8-1-40　外设设置界面

步骤 3：小票设置。

可对小票上显示的信息进行设置。

在左边选择具体的门店，在“打印参数设置区”里将需要显示的信息添加到“打印格式编辑区”中（见图 8-1-41）。

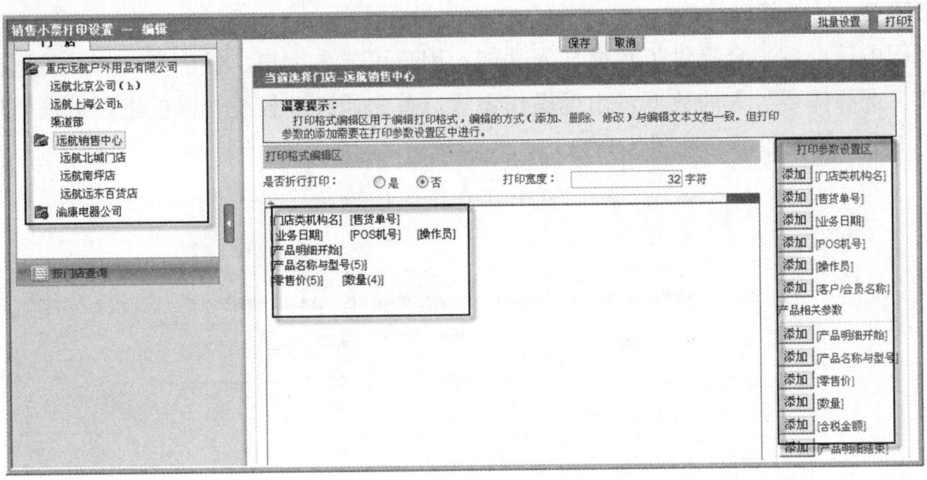

图 8-1-41　小票设置界面

8. 商品管理基础数据设置

步骤 1：新增计量单位。

全程电子商务平台中产品信息支持多计量单位。计量单位按计量单位组分组，同一组下的计量单位可以相互换算。在基础数据中单击“新增计量单位”按钮，进入“商品-计量单位-新增”界面，填写产品计量单位的基本信息。新建计量单位时请先选择所属分组，便于将同类计量单位归入一个分组进行管理。一个分组中必须有一个基本计量单位。计量单位 = 换算比例×基本计量单位。分组内有计量单位时该计量单位组不能被删除。在输入计量单位过程中，选择该计量单位所属的分组。若无计量单位组选择，可以单击图标进入“新增计量单位组”界面填写设置需要的计量单位信息，可单击“返回到列表”按钮查看所有产品计量单位信息，产品计量单位在产品档案和新增产品时都需要用到，是产品的重要属性（见图 8-1-42）。

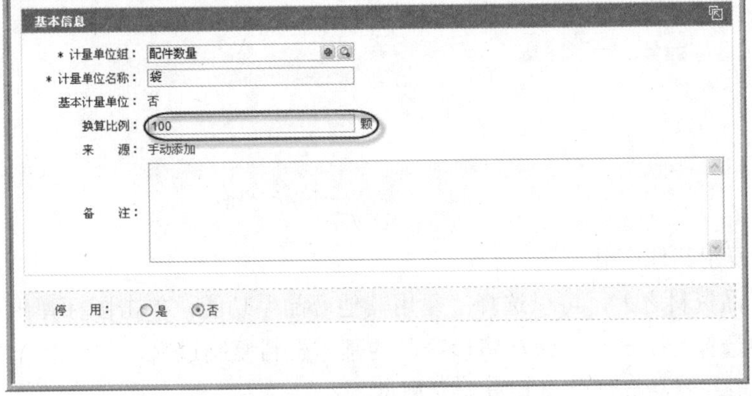

图 8-1-42　新增计量单位示意图

步骤 2：导入基础数据。

全程电子商务平台提供了数据导入功能，用户可导入客户、供应商、产品等数据，简化操作。选择需要导入的数据，出现操作步骤，首先通过下载统一模板进行数据整理，第二步将 Excel 导入即可（见图 8-1-43）。

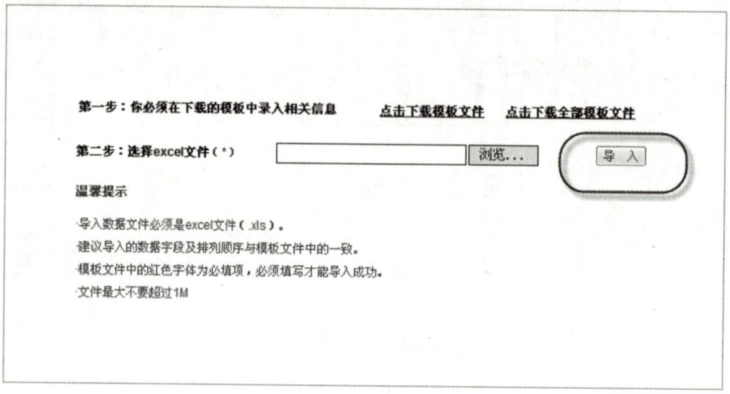

图 8-1-43　导入基础数据界面

在导入过程中若出现失败，则根据系统提示下载错误信息，进行修改后重新导入。

步骤 3：新增商品。

进入“商品—新增”界面，填写商品基本信息、详细信息及商品自定义属性，如图 8-1-44 所示。

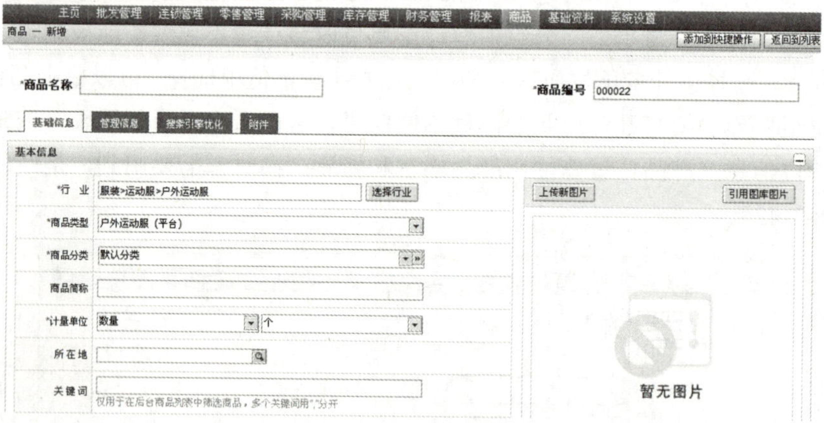

图 8-1-44　“商品—新增”界面

步骤 4：复用其他产品。

在填写产品资料之前，可以选择“复用其他产品”功能，单击图标弹出产品列表框，在产品档案中选择一个产品，快速将该产品的基本资料复制过来。

步骤 5：填写商品详细信息和自定义属性。

在商品信息“库存控制”中，输入商品最低、最高库存。当该商品库存量小于最低库存时，该商品出现“短缺”报警；当该商品库存量大于最高库存时，该商品出现“超储”报警。

步骤 6：商品分类。

对于商品种类多、产品复杂的用户，我们的平台提供了产品分类功能，方便对产品的管理。进入商品分类界面，选择上级分类（新增一级分类则选择“所有分类”），并为分类命名（见图 8-1-45）。

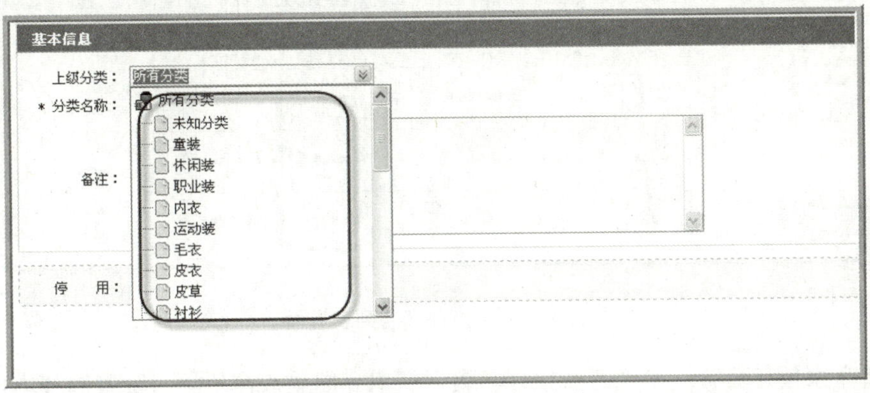

图 8-1-45　商品分类界面

步骤 7：商品查询。

用户可以对商品信息进行查询，全程电子商务平台提供按视图、来源、状态、分类及地区等多维度的查询。在“商品列表—所有商品”界面，单击左侧相关维度进行查询，在右侧产品列表中将显示符合该维度查询的商品资料。用户还可以通过“相关操作”“相关报表”来查询和处理与商品有关的其他操作和报表（见图 8-1-46）。

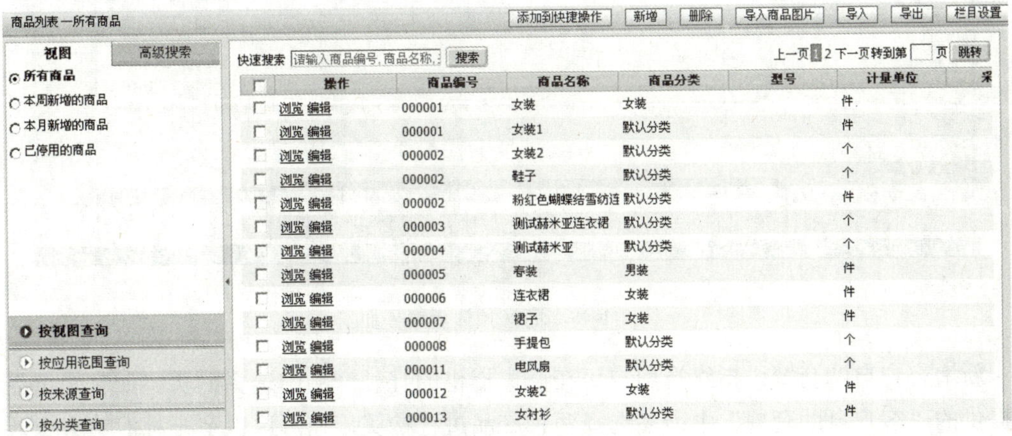

图 8-1-46　商品查询界面

步骤 8：产品套餐。

在商品促销方面，可以对产品进行打包销售，如将几个产品打成一个包进行套餐销售。在产品套餐的促销方面，提供了“商家预订套餐”和“客户自助套餐”两种类型。“商家预订套餐”是指销售方可根据自己的促销政策来制定套餐内容及价格等信息，“客户自助套餐”是指终端客户对于销售方在网上提供的产品，可自选其中几种产品进行购买（见图 8-1-47）。

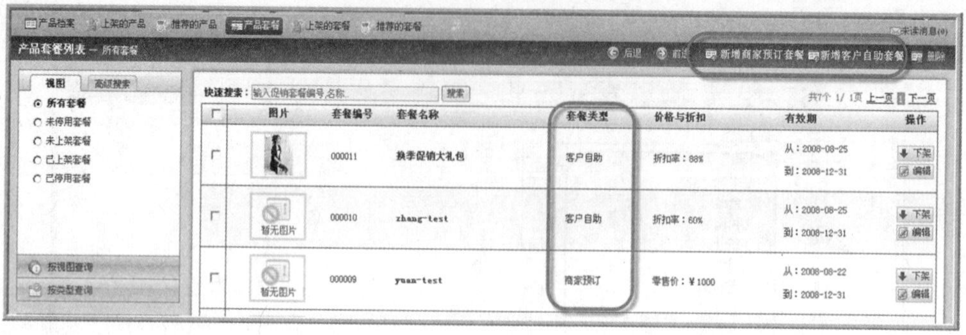

图 8-1-47　产品套餐列表界面

新增商家预订套餐：在“商家预订套餐”新增界面里，需要填写套餐的基本信息、套餐内的产品内容、套餐促销的时间等内容。在基本信息中必须填写×符号标注的所有内容，如套餐名称、套餐类型、零售价等，因为是套餐促销，所以这里的零售价必须小于套餐里所有产品价格的总计。同时需要通过“上架”把套餐的内容放到前台网页的“精品礼包”等栏目中（见图 8-1-48）。

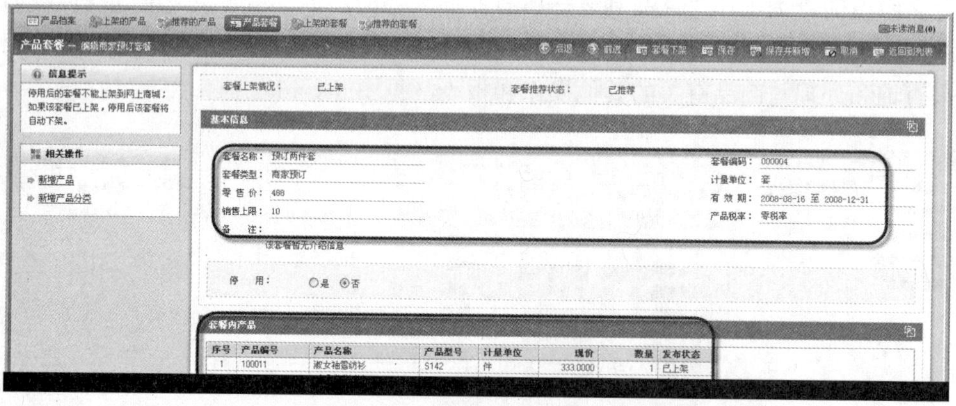

图 8-1-48　商家预订套餐界面

新增客户自助套餐：指终端用户可在商家提供的几种产品中选择购买。如客户可在商家提供的“客户自助套餐”中最多选择两种产品进行购买，当然这也是一种促销方式。在商家新增“客户自助套餐”时，必须把规则定义好，如套餐名称、折扣率、可选的规则、可销售套餐的总数、套餐销售的时间段、可供选择的产品等（见图 8-1-49）。

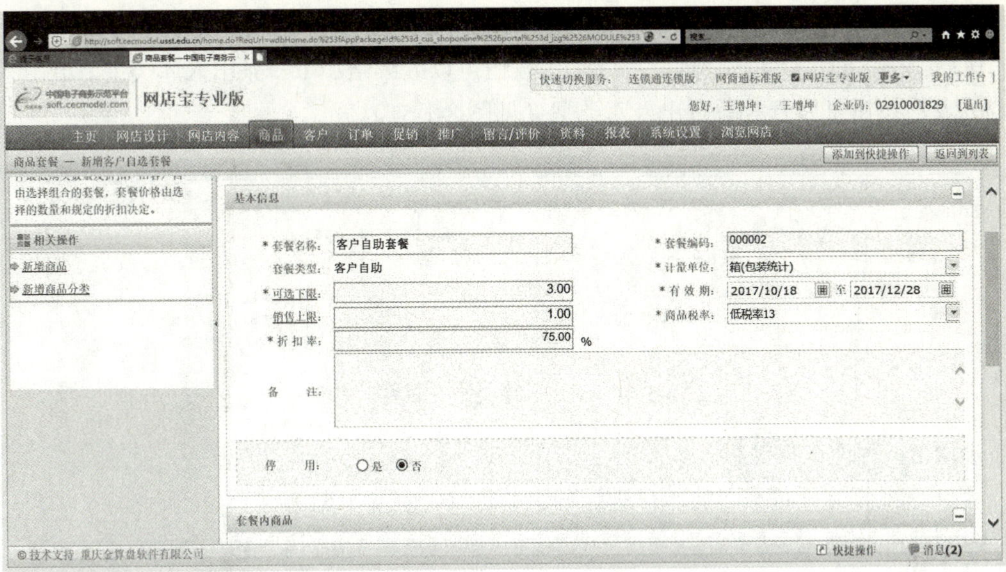

图 8-1-49　客户自助套餐界面

9. 仓库管理设置

步骤 1：新增仓库。

在基础数据界面中单击“仓库→新增”命令，进入“仓库—新增”界面，填写仓库名称、仓库编码、仓库电话、仓库地址等详细信息（见图 8-1-50）。

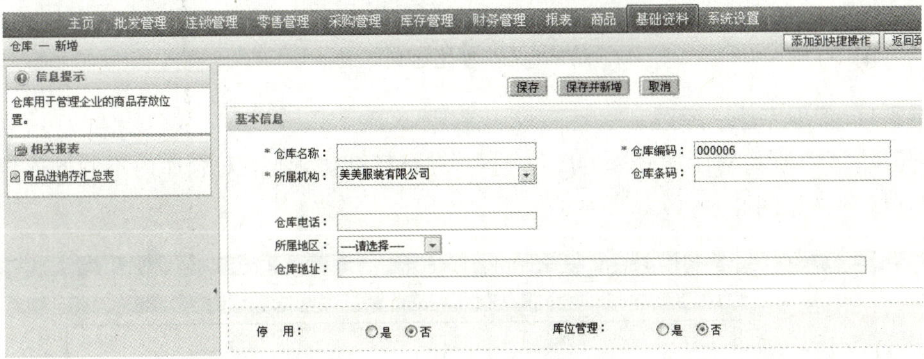

图 8-1-50　“仓库—新增”界面

仓库信息填写完毕后，单击“保存”按钮即可。单击“保存并新增”按钮可以继续增加下一条仓库信息。单击“返回到列表”按钮可以查看所有仓库信息。

步骤 2：管理出入库类型。

在“出入库类型”界面，单击“新增”按钮，进入“出入库类型—新增”界面，选择出入库类型、填写类型名称、类型编号。出入库类型信息填写完后，可以选择是否停用该类型。若停用，该出入库类型将不会在库存单据中出现。仓库出入库类型填写完毕后，单击“保存”按钮即可。单击“保存并新增”按钮可以继续增加下一条出入库类型。单击“返回到列表”按钮可以查看所有出入库类型（见图 8-1-51）。

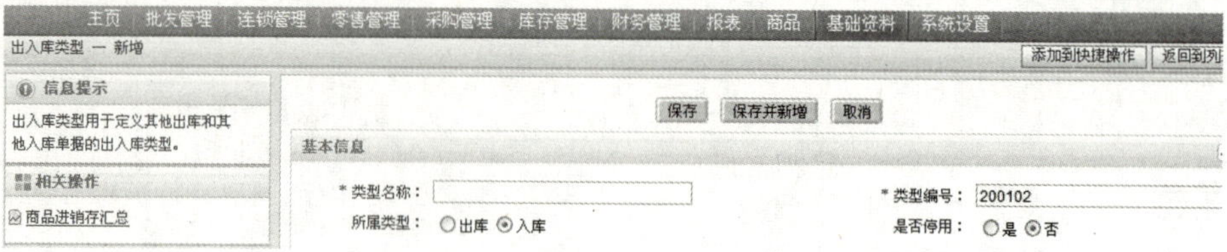

图 8-1-51 “出入库类型—新增”界面

步骤 3： 管理客户等级。

客户等级分类可对不同的客户进行分级管理（见图 8-1-52）。

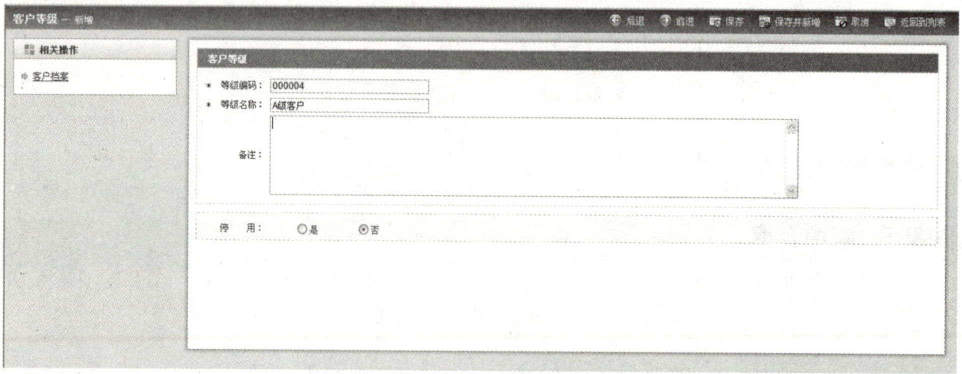

图 8-1-52 新增客户等级

步骤 4： 管理库位、库区。

库位（区）管理可对所属仓库的库位（区）进行精细化管理，对仓库内不同的库位（区）进行严格区分（见图 8-1-53）。

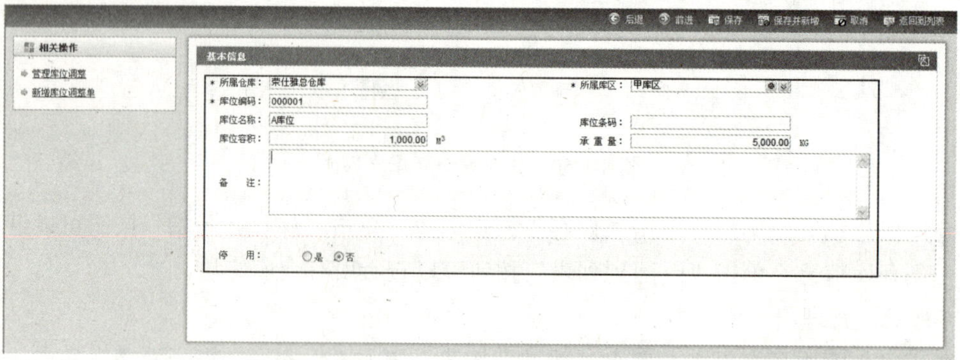

图 8-1-53 新增库位、库区

10. 资金账户管理

步骤 1：新增资金账户。

在基础资料中选择“新增资金账户”，进入“资金账户—新增”界面，填写账户名称和账户编码，并选择是否停用该账户。若停用，该资金账户将不在业务单据和报表中出现。资金账户资料填写完后，单击“保存”按钮即可。单击“保存并新增”按钮可以继续增加下一条资金账户信息。单击“返回到列表”按钮可以查看所有资金账户信息（见图 8-1-54）。

图 8-1-54　“资金账户—新增”界面

步骤 2：管理收支项目。

全程电子商务平台已经预置了多条收支项目，用户可以直接修改或删除该收支项目，同时也可以自行添加新的收支项目。在“管理收支项目”页面单击“新增”按钮，进入“新增收支项目”界面，选择收支类型，填写项目名称、编号。收支项目输入完成后，可选择是否停用该项目。若选择“是”，该收支项目将不会在业务单据及报表中出现。收支项目填写完毕后，单击“保存”按钮即可。单击“保存并新增”按钮可以继续添加下一个收支项目。

步骤 3：管理支付方式。

全程电子商务平台已经预置多个支付方式，用户可以直接修改或删除这些支付方式，同时也可以自行添加新的支付方式。进入“新增付款方式”界面，直接输入付款方式的名称，单击“保存”按钮即可。单击“保存并新增”按钮可以继续添加下一个付款方式（见图 8-1-55）。

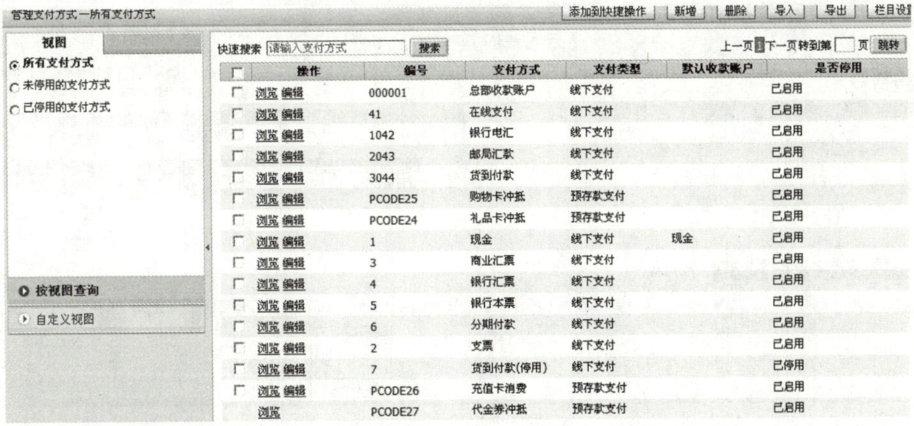

图 8-1-55　支付方式界面

电子商务平台提供多币种功能，主要用于多币种业务，包括采购订单、采购入库、销售订单、销售出库、收款单和付款单等。

全程电子商务平台已经在币种列表中预置了世界上所有国家的货币。用户可以对这些币种进行编辑修改，选择币种列表中某一货币，单击后方的“编辑”按钮，进入“编辑币种”界面。

注意：

（1）币种名称和符号不允许修改。

（2）只有启用后的币种才能在单据的币种栏目中显示。

（3）全程电子商务平台中只能设置一个“本位币”，但可以启用多个其他币种。若只设置了本位币，没有启用其他币种，则单据中将不显示“币种”和“汇率”这两个栏目。

（4）币种启用后可以再次修改为“未启用”状态。

（5）用户选择币种时，默认选中第二种换算关系：1 人民币=（）原币。

（6）用户在编辑币种时可以输入汇率，也可以不输入。但是在输入单据时，如果使用了多币种，则必须输入汇率。

步骤 4：管理税率。

管理税率主要是对不同税率的管理（见图 8-1-56）。

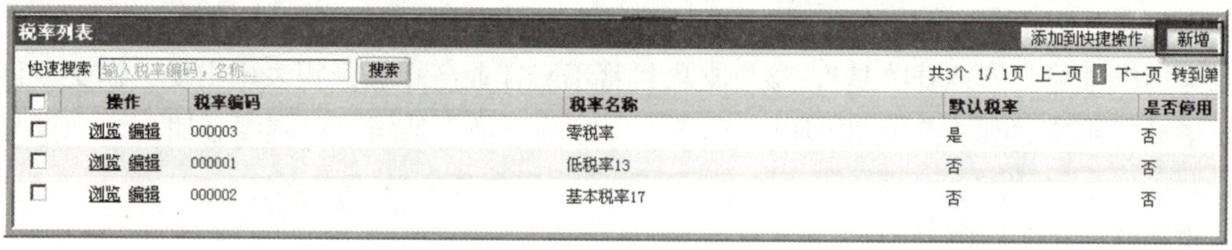

图 8-1-56 “税率列表”界面

销售和采购单据里会显示“税率”一栏，单击右边的下拉按钮可对“税率”进行选择（见图 8-1-57）。

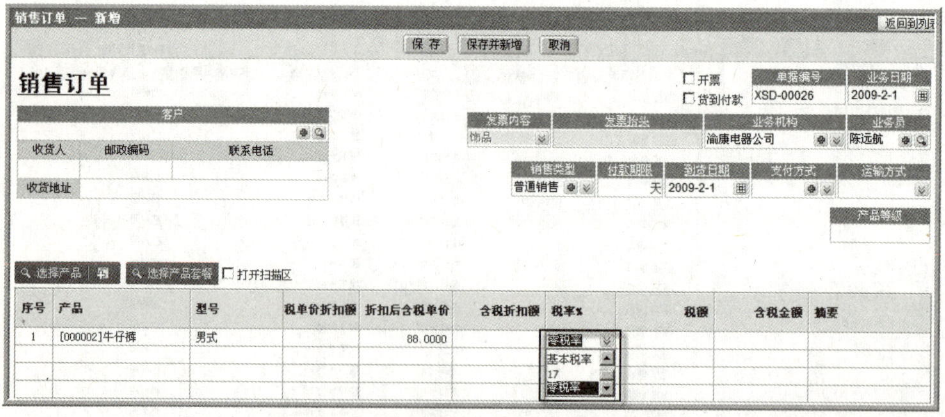

图 8-1-57 单据中选择税率界面

11. 会员管理

步骤 1：管理个人会员。

对所有会员的会员名称、联系方式等资料进行管理（见图 8-1-58）。

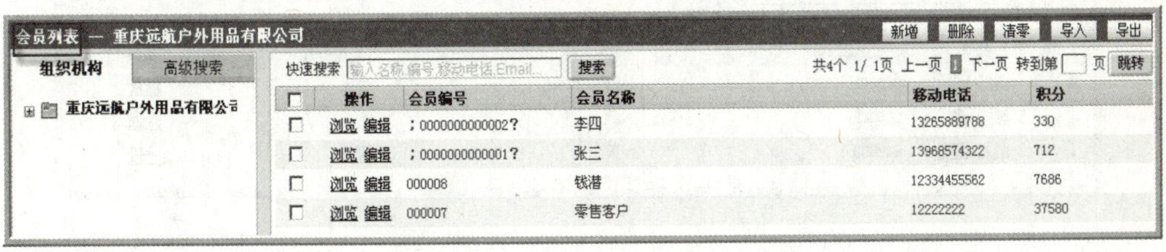

图 8-1-58　“会员列表”界面

查询会员时，可通过会员名称、编号、组织机构几个维度进行查询，也可以通过高级搜索和快速搜索来实现（见图 8-1-59）。

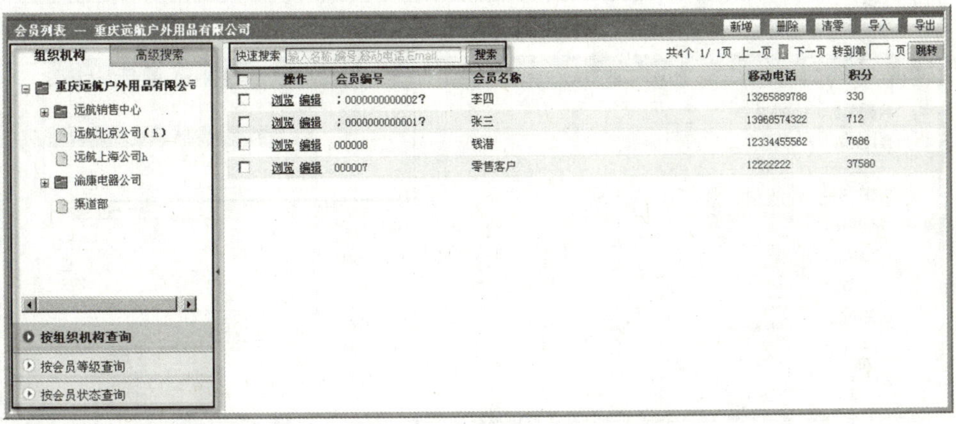

图 8-1-59　查询会员界面

对于高级搜索，可以通过会员编号、会员名称、移动电话几个条件综合搜索得到结果（见图 8-1-60）。

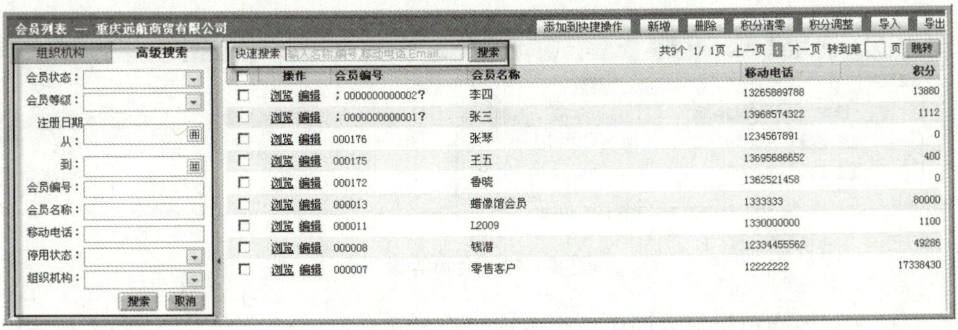

图 8-1-60　“高级搜索”界面

步骤 2：管理会员状态。

管理会员状态是对会员赋予不同的状态，随时了解会员的活动情况（见图 8-1-61）。

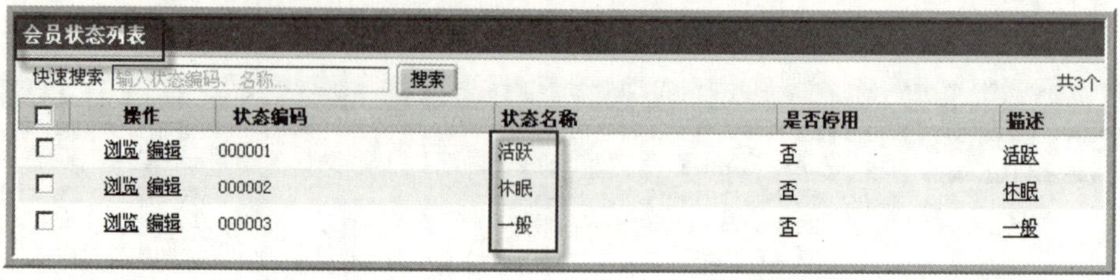

图 8-1-61 “会员状态列表”界面

在新增和修改会员资料界面中，会出现“会员状态”一栏，单击右边的下拉按钮可对“会员状态”进行选择（见图 8-1-62）。

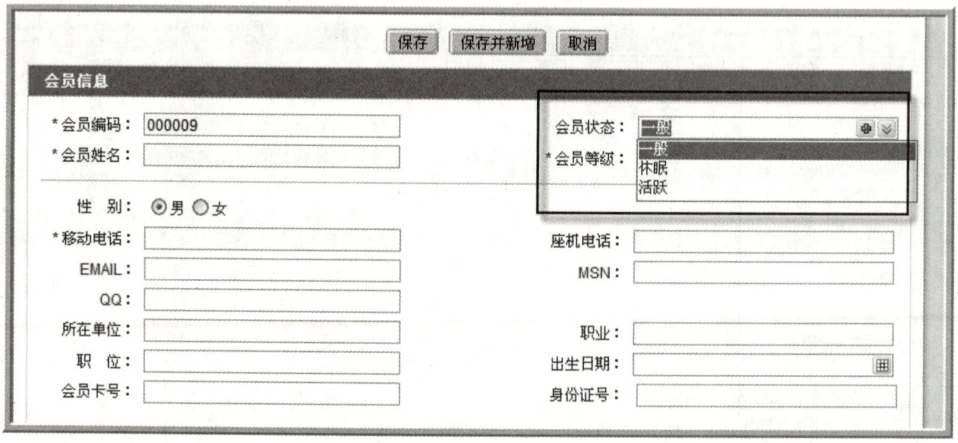

图 8-1-62 会员状态选择界面

步骤 3：管理会员等级。

管理会员等级是对会员赋予不同的等级，随时了解会员的等级状况（见图 8-1-63）。

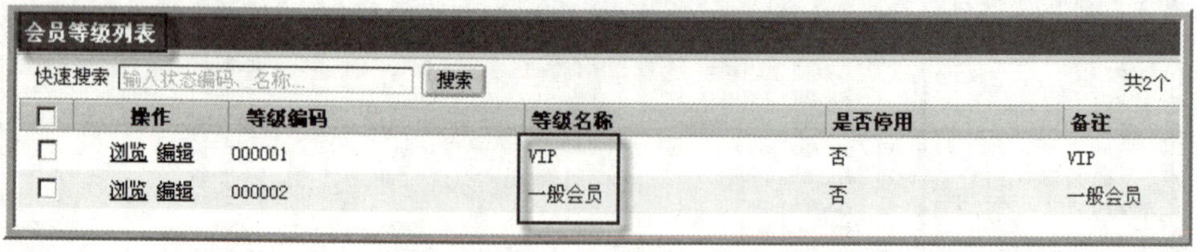

图 8-1-63 会员等级列表

在新增和修改会员资料界面中，会出现“会员等级”一栏，单击右边的下拉按钮可对“会员等级”进行选择（见图 8-1-64）。

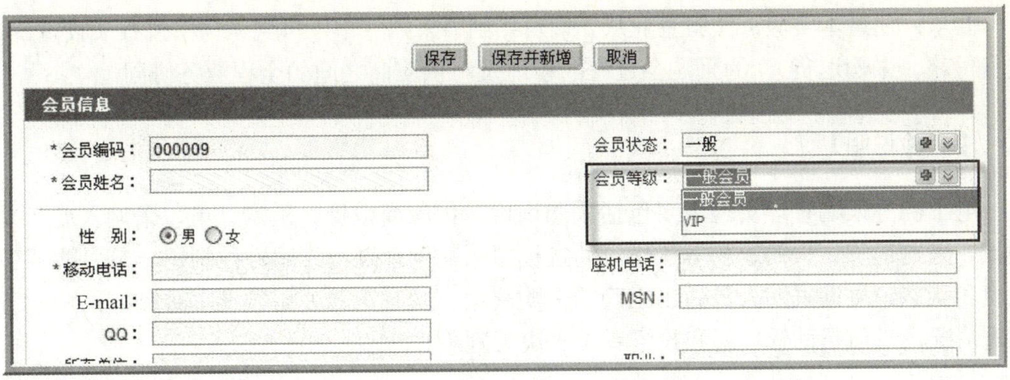

图 8-1-64　选择会员等级界面

步骤 4：会员积分调整。

会员积分调整是对会员积分进行调整，增加积分或减少积分（见图 8-1-65）。

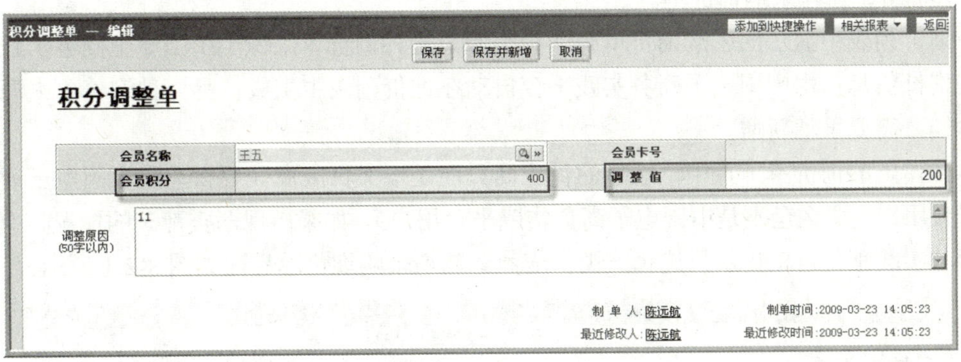

图 8-1-65　会员积分调整界面

【习题】

（1）分角色地对网店进行初始化设置，完善公司的基本资料及组织结构，输入期初数据及基本数据，完成业务设置及 POS 设置，完成初始化设置的整体流程。

（2）请思考企业及外部供应商与客户之间存在什么样的协同关系。

实验 8-2　在线采购管理

【实验目的与要求】

目的：通过对在线采购管理的学习，具体了解从询价到完成采购整个过程的操作，在采购过程中，及时跟进和监控，保证与客户及供应商的协同往来，并且对各类采购报表进行分析，制订合理的采购计划，降低采购成本，帮助公司做出更好的决策。

要求：通过本实验，体验企业从“询价”到“采购订单”再到“订单执行（收货确认、收货付款、采购退货）”的采购全过程的管理及与供应商之间的全程业务协同。

【实验说明】

电子商务采购管理实验主要包括采购询价、供应商报价、采购订单、采购入库、采购付款、采购退货、采购退款等操作。通过模拟采购管理过程，跟踪控制每一笔采购业务的进度和状态，协助采购人员做出正确的采购决策，同时帮助公司领导实时监控采购业务的跟进情况，进而帮助管理层和投资者做出决策判断。

【实验内容与步骤】

1. 采购询价操作

步骤 1：新建采购询价单。

询价列表中显示的采购询价单有两种来源。一种询价单来源于中国电子商务实践平台上的询价信息，由中国电子商务实践平台自动在询价列表中生成；另一种询价单来源于其他途径，需要手动新增。

在弹出的询价单卡片中，选择的供应商只能是一类供应商（要么全是中国电子商务实践平台用户，要么全不是中国电子商务实践平台用户），如果出现两类都有的情况，中国电子商务实践平台自动提示只选择一类供应商。新增采购询价单界面如图 8-2-1 所示。

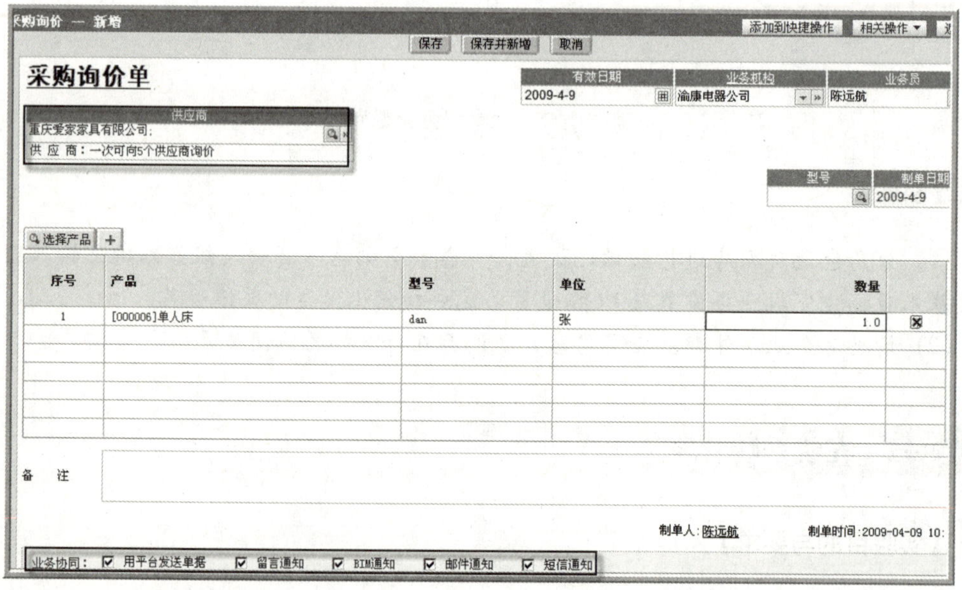

图 8-2-1　新增采购询价单界面

步骤 2：查看、编辑、删除采购询价单。

可以使用查看询价单功能了解询价单状态和单据来源。在列表区中单击单据编号即可弹出单据资料卡片。

在列表区中单击“编辑”，或者在使用“查看”功能打开的单据资料卡片中单击操作菜单区的“编辑”按钮，即可编辑该询价单。

在询价列表区中将要进行删除操作的单据前打“√”，表示选中此单据。然后单击右上角的“删除”按钮；或在使用“查看”功能打开的单据资料卡片中，单击操作菜单区的“删除”按钮，即可删除该询价单（见图 8-2-2）。

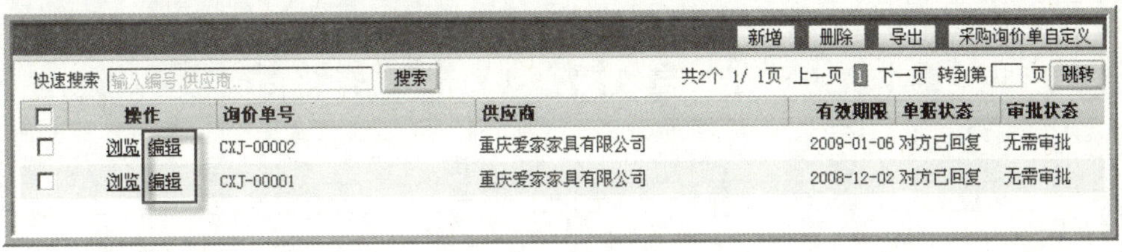

图 8-2-2　编辑询价单界面

步骤 3：查询、搜索询价单。

使用左侧查询区域的分类功能，可以从多个维度进行查询，显示出符合要求的询价单。搜索分为“高级搜索”和“快速搜索”两种。对于“快速搜索”，在搜索栏中输入“单据编号”“供应商”“产品”“业务时期”“业务员”等关键字段，可以快速找到想要的询价单；对于“高级搜索”，可以从“供应商”“业务员”“业务日期”等几个条件综合查询得到结果（见图 8-2-3）。

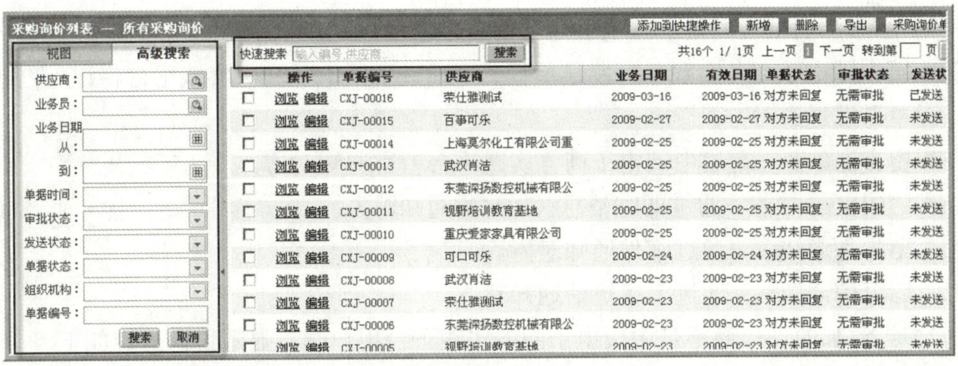

图 8-2-3　搜索询价单界面

步骤 4：采购询价单状态。

单据状态可以在查看单据卡片时看到。采购询价单状态可分为“审批状态”“发送状态”和“询价状态”三种。审批状态：如果设置了审批，就能在单据保存后在单据卡片中看到审批状态；如果未设置审批，单据直接进入发送状态。审批状态分为未审批、审批中、已审批和已驳回。发送状态分为未发送和已发送。询价状态分为“对方未回复”“对方已回复”和“已作废”（见图 8-2-4）。

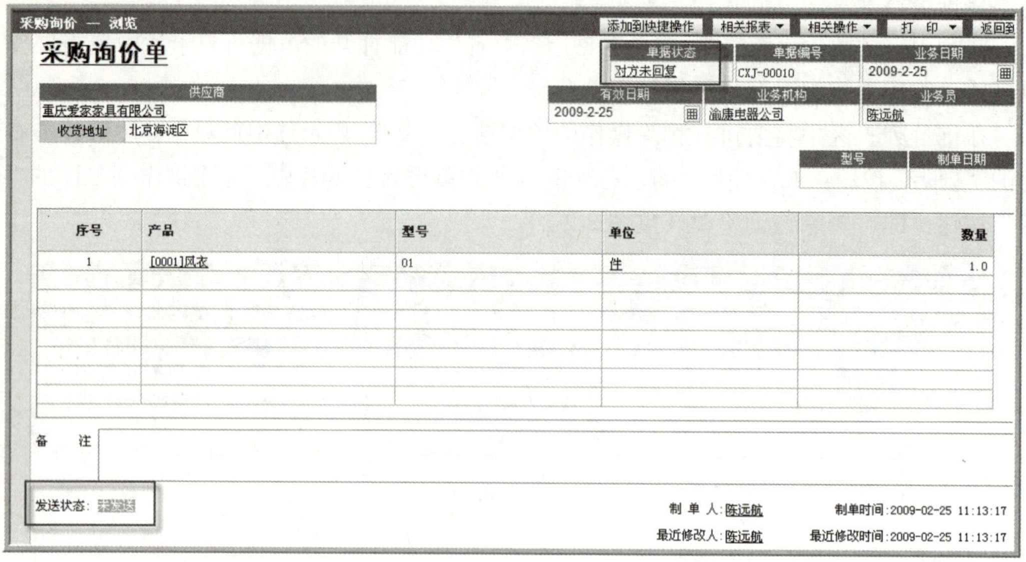

图 8-2-4 采购询价单状态界面

步骤 5：采购询价协同。

询价协同可以使用发送询价单据（即通过中国电子商务实践平台将该“采购询价单”发送给对方）和发送通知两种形式（即通过不同形式告知对方询价单信息，提请对方注意）。具体如下。

（1）当添加的供应商是中国电子商务实践平台用户时，显示协同内容如下。

☑ 用中国电子商务实践平台发送单据——通过中国电子商务实践平台将该“采购询价单”发送给对方。

☑ 留言通知——通过中国电子商务实践平台留言通知对方。

□BIM 通知——通过即时消息（BIM）通知对方。

□邮件通知——通过邮件通知对方。

□短信通知——通过手机短信通知对方。

（2）当添加的供应商不是中国电子商务实践平台用户时，显示协同内容如下。

☑ 邮件通知——通过邮件将“采购询价单”发送给对方。

☑ 短信通知——通过手机短信通知对方。

采购询价协同界面如图 8-2-5 所示。

注意：在采购询价协同中，如果选择用中国电子商务实践平台发送单据，则单据发送状态为“已发送”，询价状态为“对方未回复”；如果未发送询价通知或不以任何方式发送，则单据发送状态为“未发送”，询价状态不显示。

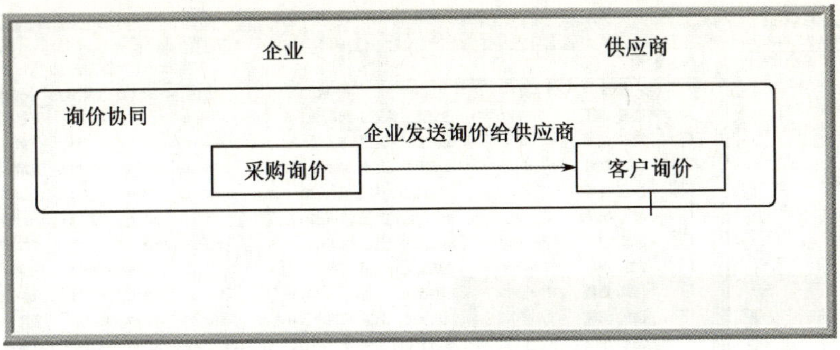

图 8-2-5 采购询价协同界面

2. 供应商报价操作

步骤 1：查看、删除供应商报价单。

列表区中的供应商报价单由中国电子商务实践平台上的供应商提供的“销售报价”发送过来生成，不能自己新建。了解报价单状态和单据来源，可以使用查看询价单功能。在列表区中单击单据编号即可打开单据资料卡片，如图 8-2-6 所示。

在采购订单列表区中将要进行删除操作的单据前打上“√”，表示选中此单据。然后单击右上角的“删除”按钮；或在使用“查看”功能打开的单据资料卡片中，单击操作菜单区的“删除”按钮，即可删除该报价单。

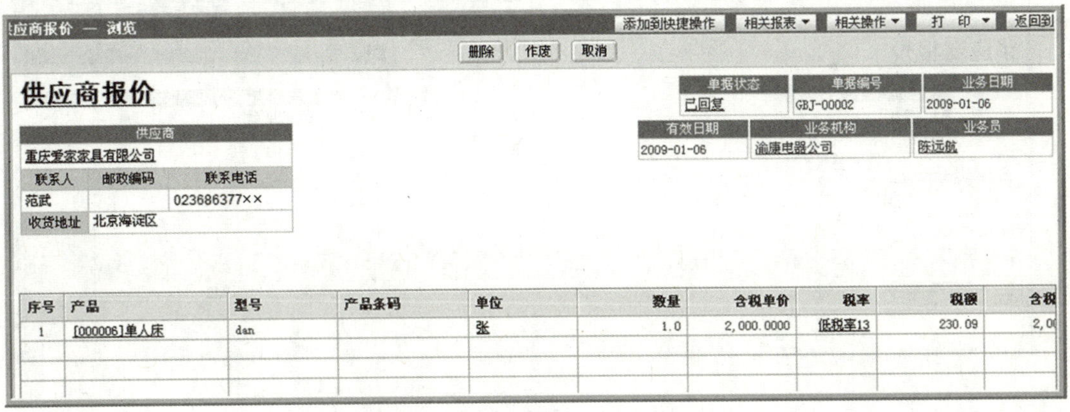

图 8-2-6 查看供应商报价界面

步骤 2：查询、搜索供应商报价单。

左侧区域中，可以从报价单的审批状态、组织机构、业务日期几个维度进行查询，显示出符合要求的报价单。搜索分为高级搜索和快速搜索两种。对于快速搜索，在搜索栏中输入单据编号、供应商、产品、业务员等关键字段，可以快速找到想要的订单；对于高级搜索，可以从供应商、业务员、业务日期几个条件综合查询得到结果（见图 8-2-7）。

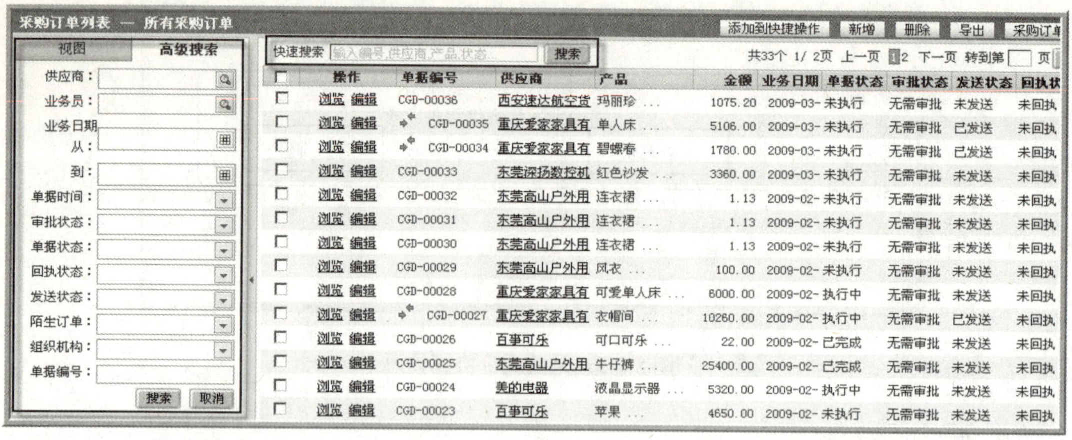

图 8-2-7 搜索报价单界面

步骤 3：单个报价单的“相关操作”和“相关报表”。

在供应商报价单卡片的“相关操作”区中可以进行“生成采购订单”操作，根据该供应商报价快速生成对应的采购订单，并可将订单发送给供应商。同样也可在列表区中直接单击“订货”。在“相关报表”区中，可以查看与当前报价单相关的一些单据信息（见图 8-2-8）。

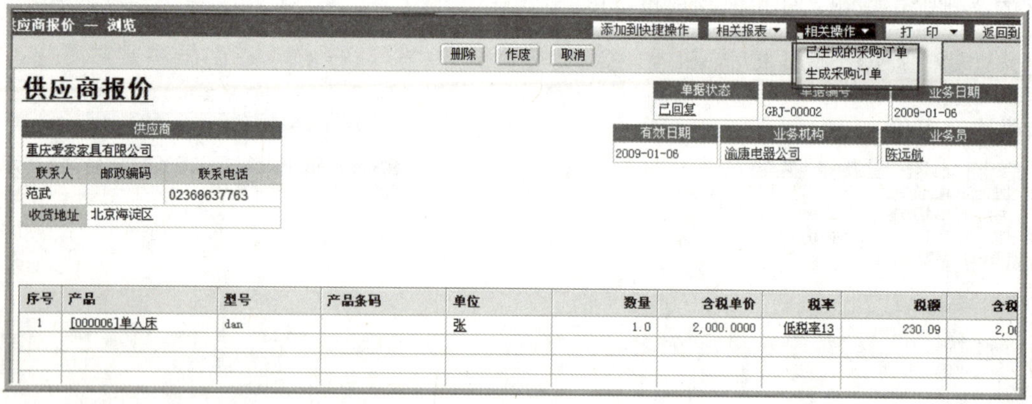

图 8-2-8 单个报价单相关操作

步骤 4：供应商报价单状态。

采购报价单只有未回复、已回复和已作废三种状态。其中“已回复”表明企业对供应商的报价已经做出回复（即通过中国电子商务实践平台发送采购订单给供应商）；“未回复”表明采购订单未通过中国电子商务实践平台发出；“已作废”表明当前报价单被手工选择“作废”，该报价单被作废后不能再进行任何操作。

步骤 5：供应商报价协同。

只有当供应商也是中国电子商务实践平台用户时（即供应商也使用中国电子商务实践

平台)，报价协同功能才能使用。供应商的销售报价单通过中国电子商务实践平台发送给企业后，自动转换为供应商报价单。

(1) 当供应商是中国电子商务实践平台用户时，企业能通过以下途径收到供应商的报价信息。

☑ 用中国电子商务实践平台发送单据——供应商通过中国电子商务实践平台将该“销售报价单”发送给企业。

☑ 留言通知——通过中国电子商务实践平台留言通知企业。

☑ BIM 通知——通过即时消息（BIM）通知企业。

☑ 邮件通知——通过邮件通知企业。

☑ 短信通知——通过手机短信通知企业。

(2) 当供应方不是中国电子商务实践平台用户时，企业可以通过邮件等方式收到供应商发送的“销售报价单”或其他形式的报价通知（见图 8-2-9）。

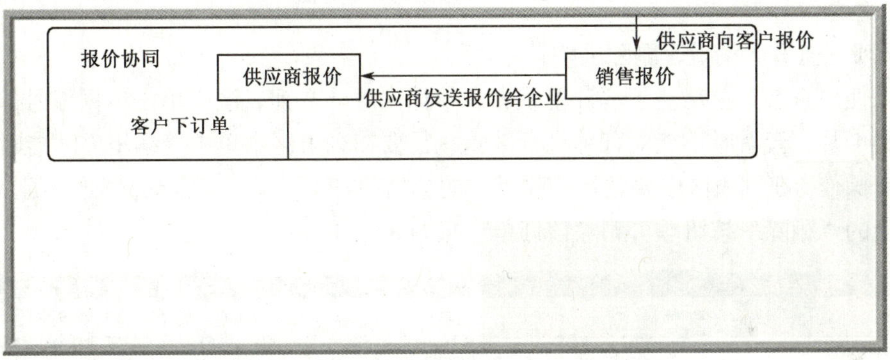

图 8-2-9　供应商报价协同示意图

3. 采购订单操作

步骤 1：新建采购订单。

采购订单的来源有两大类。一类由中国电子商务实践平台自动在列表区中显示出来，自动生成的订单可能是由供应商报价单生成的，也可能由网上产品直接生成，或者由供应商通过中国电子商务实践平台发送过来得到。当库存中某些产品短缺时，也可以自动生成订单。另一类是在中国电子商务实践平台中手动新增的，如图 8-2-10 所示。

“业务协同”中通过勾选最多四种不同方式将单据发送给供应商。为了保证供应商能够收到通知，建议单击“供应商联系信息”确认联系信息的正确性。将鼠标移动到发送方式上可以出现协同提示。

单击“保存并新增”按钮保存现有单据并弹出新增下一个订单卡片对话框。单击“保存”按钮后弹出保存成功菜单，同时将订单以选中的业务协同方式，用中国电子商务实践平台发送单据或通知给供应商。

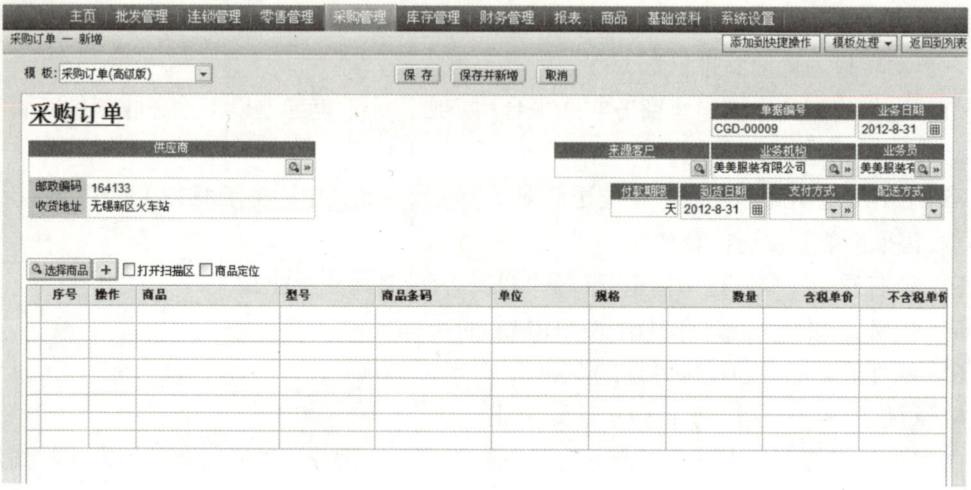

图 8-2-10　新增采购订单界面

步骤 2：查看、编辑、删除采购订单。

可以使用查看订单功能了解订单状态和单据来源。在列表区中单击单据编号即可弹出单据资料卡片。查看时不能对订单进行编辑，需要在列表区中单击“编辑”才能对该订单进行编辑操作。在列表区中要进行删除操作的单据前打上“√”，表示选中此单据，然后单击右上角的“删除”按钮即可删除该订单（见图 8-2-11）。

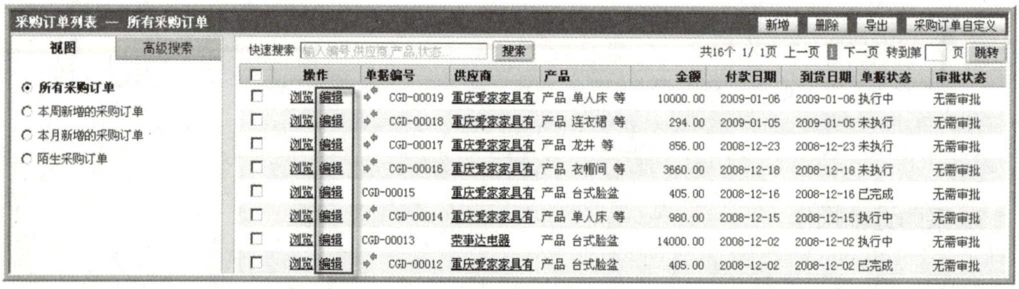

图 8-2-11　编辑采购订单界面

步骤 3：单据高级打印设置。

系统支持单据及报表的高级打印，在浏览采购订单的界面选择“模板设计”，对要打印的单据进行个性化的设置，系统会提示安装高级打印控件到本地后再执行高级打印程序。进入模板设计，可以在右侧对相应的选项进行调整，也可以在单据中将一些模块进行拖动设计。设计完毕后单击“保存”按钮即可。保存好设计的打印格式后单击“高级打印”按钮，即可将设计好的打印模板打印出来。而单击“打印”按钮则会打印出原来的默认模板（见图 8-2-12）。

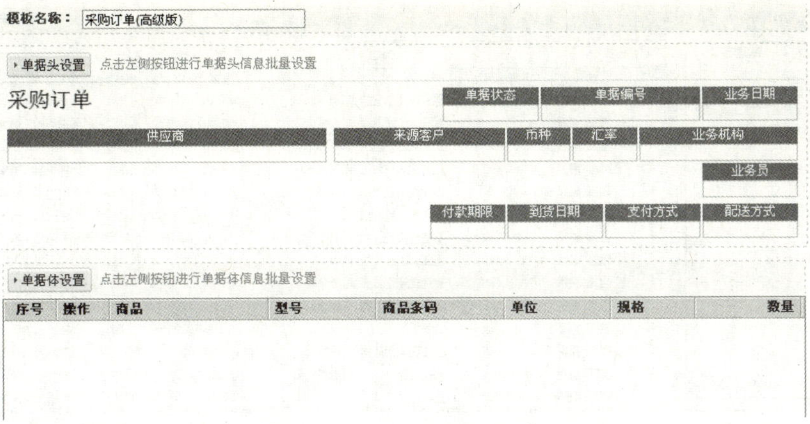

图 8-2-12　单据高级打印设置界面

注意：高级打印对于系统中的所有单据及报表都适用。

步骤 4：采购订单复制。

在采购订单的浏览界面有订单复制功能，以便在生成类似单据时节省时间，提高效率（见图 8-2-13）。

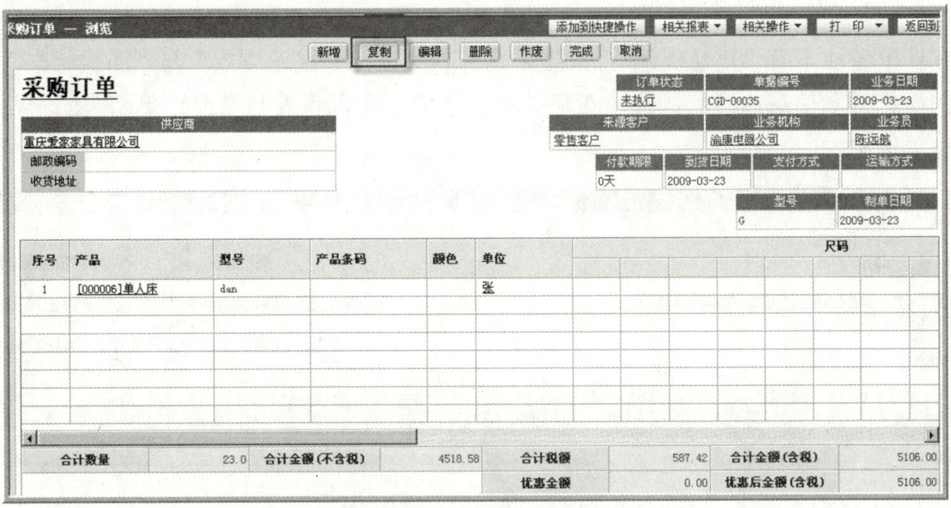

图 8-2-13　采购订单复制界面

注意：在采购订单、销售订单、售货单浏览界面均有订单复制功能。

步骤 5：查询、搜索采购订单。

左侧区域中，可以从订单的状态、组织机构、新增时间几个维度进行查询，显示出符合要求的订单。搜索分为高级搜索和快速搜索两种。对于快速搜索，在搜索栏中输入单据编号、供应商、产品、业务员等关键字段，可以快速找到想要的订单；对于高级搜索，可以从供应商、业务员、业务日期几个条件综合查询得到结果（见图 8-2-14）。

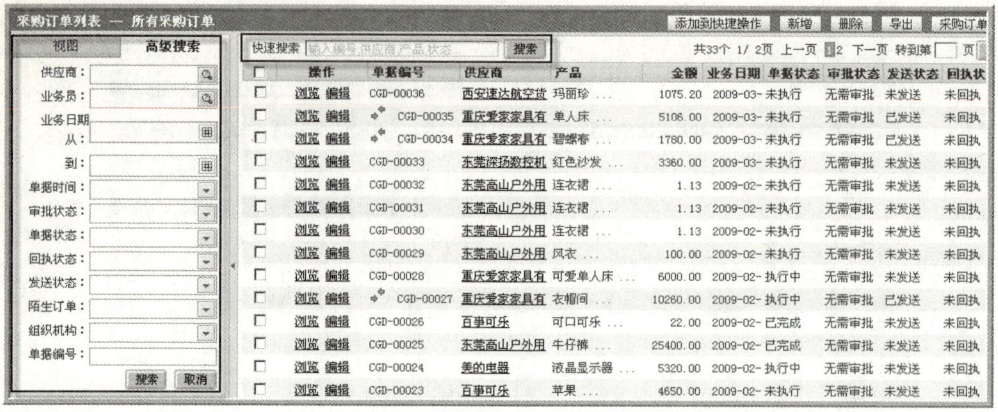

图 8-2-14　搜索采购订单界面

步骤 6：单个订单的“相关操作”和“相关报表”。

在“相关操作”区中，可以进行与订单相关联的一些业务，而不需要跳转到其他模块，用户可以方便使用。在订单卡片右上角“相关操作”区，可以通过“收货”操作生成与采购订单对应的采购入库单；通过“付款”操作生成与采购订单对应的采购付款单，如图 8-2-15 所示。

在订单备注下有“信息提示”，根据采购订单当前的“发送方式”与“回执状态”显示对应的操作提示信息内容。同样，在相关报表区中，可以查看与当前订单相关的一些供应商的订单信息。

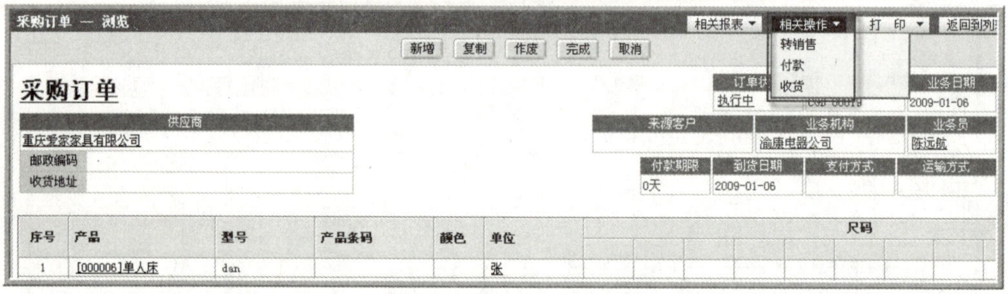

图 8-2-15　单个订单相关操作界面

步骤 7：采购订单状态。

订单状态可以在查看单据卡片时看到，采购订单状态可分为审批状态、订单状态和回执状态三种。其中，回执状态是通过中国电子商务实践平台接收到的采购订单才有的状态。审批状态：设置了审批，才能在单据保存后在单据卡片中看到审批状态；如果未设置审批，单据将直接进入订单状态。

订单状态：订单状态分为未执行、执行中、已完成和已作废。

（1）未执行：当不需要审批的订单保存后，或者需要审批的订单通过审批后，订单处于此状态。“未执行”状态表明企业与采购订单相关的“付款”或“收货”后续操作还没有开始。

（2）执行中：当与采购订单相关的“付款”或“收货”操作有一个执行后，订单状态变为“执行中”，表明当前订单的“付款”或“收货”后续操作已经开始。

（3）已完成：订单状态自动转换为“已完成”，满足与当前订单相关的所有“付款”或“收货”操作全部执行这一条件。用户也可以使用手动方式将订单状态改为“已完成”。

（4）已作废：订单的“已作废”状态只能由用户手动更改。作废后表明用户不能对该作废订单再进行任何操作（见图 8-2-16）。

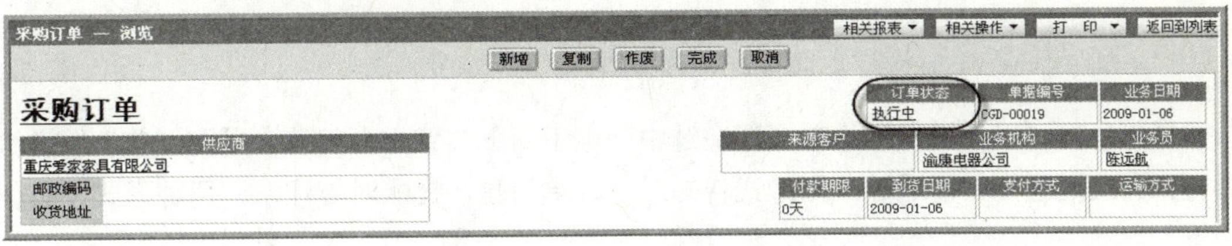

图 8-2-16　采购订单状态界面

另外，当接收供应商通过中国电子商务实践平台发送的采购订单（由销售订单自动转换而来）时，此种订单特有的状态如图 8-2-17 所示。

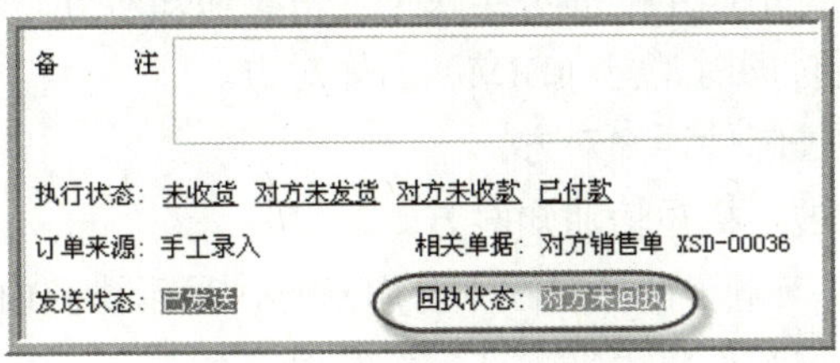

图 8-2-17　回执状态界面

回执状态分为未回执、不认可和认可。

（1）未回执：接收到的采购订单初始回执状态都为“未回执”，表明企业对供应商发来的采购订单还未进行处理。

（2）不认可：打开回执页面后，选择“不认可”，表明企业对供应商的采购订单不接受，填写拒绝原因后，可以通过多种方式将这一信息（回执）告知供应商。

（3）认可：用户选择“认可”，表明企业接受供应商发来的采购订单，并通过多种方式将这一信息（回执）告知供应商。

步骤 8：采购订单协同。

由企业下订单：企业的采购订单经由中国电子商务实践平台发送给供应商后，自动转换为供应商的销售订单。

由供应商下订单：供应商的销售订单经由中国电子商务实践平台发送给企业后，自动转换为企业的采购订单（见图 8-2-18）。

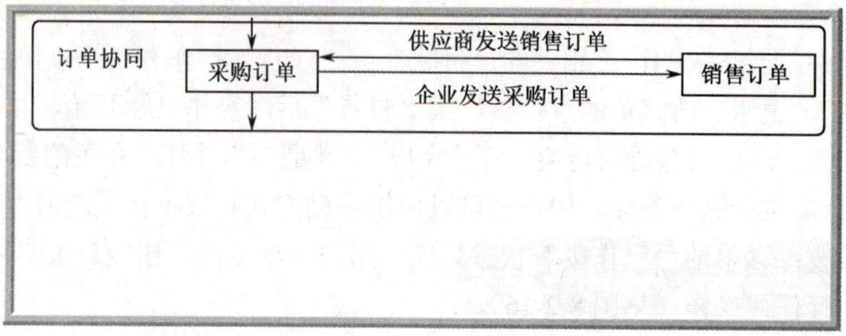

图 8-2-18 采购订单协同示意图

订单协同可以使用发送订单（即通过中国电子商务实践平台将该“采购订单”发送给对方）和发送通知（即通过不同形式告知对方订单信息，提醒对方注意）两种形式。具体如下。

（1）当添加的供应商是中国电子商务实践平台用户时，显示协同内容如下。

☑ 用中国电子商务实践平台发送单据——通过中国电子商务实践平台将该“采购订单”发送给对方。

☑ 留言通知——通过中国电子商务实践平台留言通知对方。

☑ BIM 通知——通过即时消息（BIM）通知对方。

☑ 邮件通知——通过邮件通知对方。

☑ 短信通知——通过手机短信通知对方。

（2）当供应方不是中国电子商务实践平台用户时，显示协同内容如下。

☑ 邮件通知——通过邮件将“采购订单”发送给对方。

☑ 短信通知——通过手机短信通知对方。

供应商在创建“销售订单”时，如果选择了用中国电子商务实践平台发送该单据，该销售订单将通过中国电子商务实践平台转换为“企业的采购订单”协同发送给企业。企业接收到的此种订单会增加“回执状态”并在订单列表区中显示出来。

4. 采购入库操作

步骤 1：新建采购入库单。

采购入库单列表中的入库单据，可以由采购订单直接生成，也可以手动新建生成。对于由采购订单生成的采购入库单，“采购订单”栏的内容是中国电子商务实践平台自动填写的（见图 8-2-19）。

“业务协同”中通过勾选最多四种不同方式将单据发送给供应商。为了保证供应商能够收到通知，建议单击“供应商联系信息”确认联系信息的正确性。将鼠标移到发送方式上可以出现协同的提示。单击“保存并新增”按钮保存现有单据并弹出新增下一个入库单卡片，单击“保存”按钮后弹出保存成功界面。

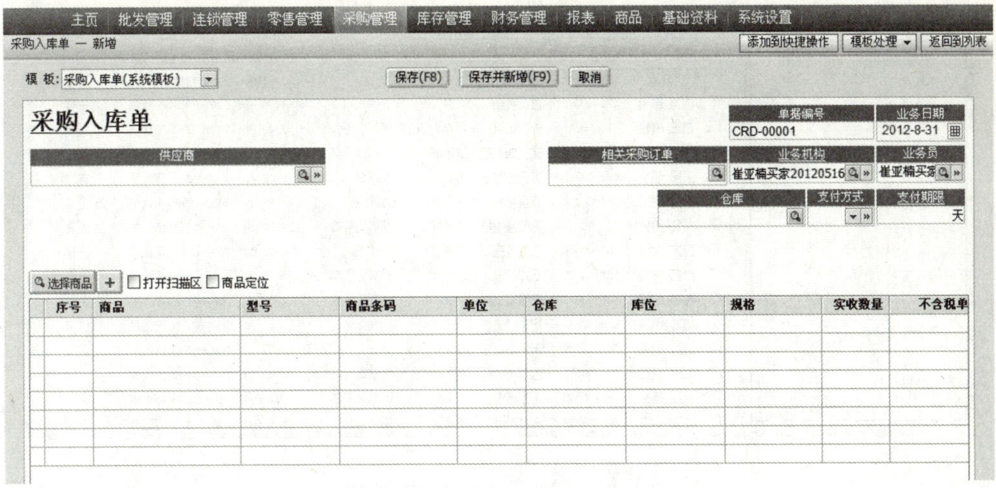

图 8-2-19 新增采购入库单界面

步骤 2：查看、编辑、删除入库单。

可以使用查看入库单功能了解入库单状态和单据来源。在列表区中单击“浏览”即可弹出单据资料卡片。查看时不能对入库单进行编辑，若要编辑，可在列表区中单击“编辑”；或在使用“浏览”功能打开的单据资料卡片中，单击操作菜单区的“编辑”按钮。若要删除入库单，可在列表区中将要进行删除操作的单据前打“√”，表示选中此单据，然后单击右上角的“删除”按钮；或在使用“查看”功能打开的单据资料卡片中，单击操作菜单区的“删除”按钮（见图 8-2-20）。

图 8-2-20 编辑采购入库单界面

步骤 3：查询搜索入库单。

使用左侧查询区域的分类功能，可以从多个维度进行查询，显示出符合要求的入库单。搜索入库单分为高级搜索和快速搜索两种。对于快速搜索，在搜索栏中输入单据编号、仓库、产品、单据状态、业务员等关键字段，可以快速找到想要的入库单；对于高级搜索，可以从供应商、业务员、业务日期等几个条件综合查询得到结果（见图 8-2-21）。

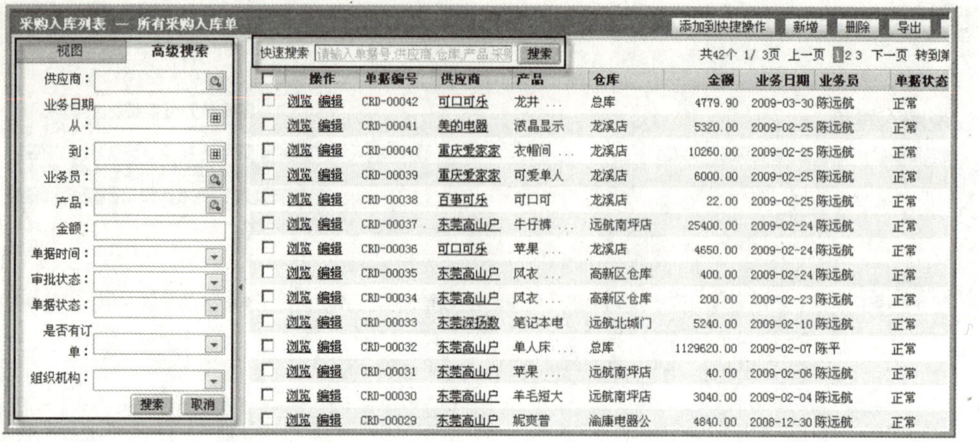

图 8-2-21 搜索采购入库单界面

步骤 4：单个入库单的“相关操作”和“相关报表”。

在“相关操作”区中，可以进行与入库单相关联的一些业务，而不需要跳转到其他模块，用户可以方便地使用。在入库单卡片右上角“相关操作”区，进行“付款”“退货”操作可以新建与当前入库单对应的付款单、退货单。“其他入库”操作可以新建其他入库单，用于处理非采购入库的库存入库业务。“相关报表”区中可以查看与当前入库单相关的一些单据信息。采购入库单只有未审批、审批中、已审批、已驳回和已作废几种状态。作废入库单只能手动实现并填写作废原因（见图 8-2-22）。

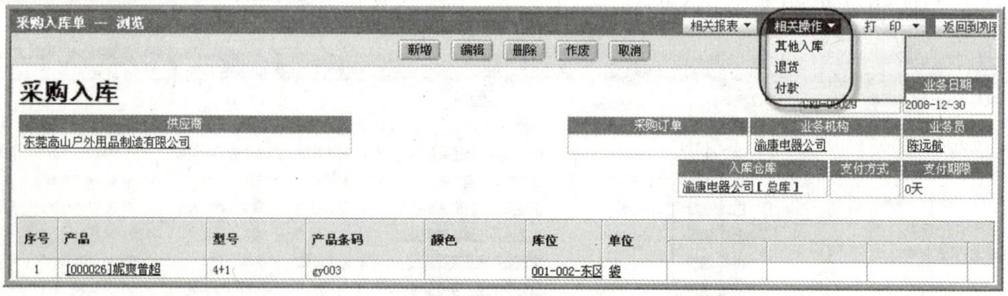

图 8-2-22 单个入库单相关操作界面

步骤 5：采购入库协同。

企业新建采购入库单后，可以通过多种方式告知对方入库相关信息，提示对方注意，以便对方了解情况，及时做出回应，实现企业和供应商间的协同（见图 8-2-23）。

（1）当供应商是中国电子商务实践平台用户时，供应商能通过以下途径收到企业的入库信息。

☑ 留言通知——通过中国电子商务实践平台留言通知企业。

☑ BIM 通知——通过即时消息（BIM）通知企业。

☑ 邮件通知——通过邮件通知企业。

☑ 短信通知——通过手机短信通知企业。

（2）当供应方不是中国电子商务实践平台用户时，供应商通过以下途径收到企业的入库信息。

☑ 邮件通知——通过邮件通知企业。

☑ 短信通知——通过手机短信通知企业。

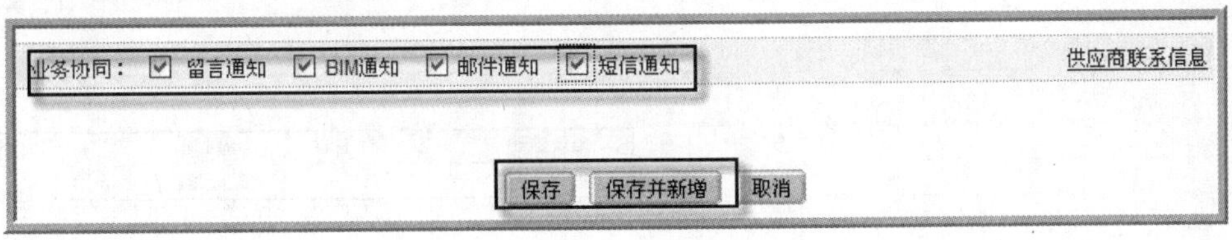

图 8-2-23　业务协同界面

5. 采购付款操作

步骤 1： 新建采购付款单。

付款单列表中的付款单据，可能由采购订单直接生成，也可能由采购入库单生成，还可以手动新建生成。对于由采购订单生成的采购付款单，“采购订单”栏的内容由中国电子商务实践平台自动填写（见图 8-2-24）。

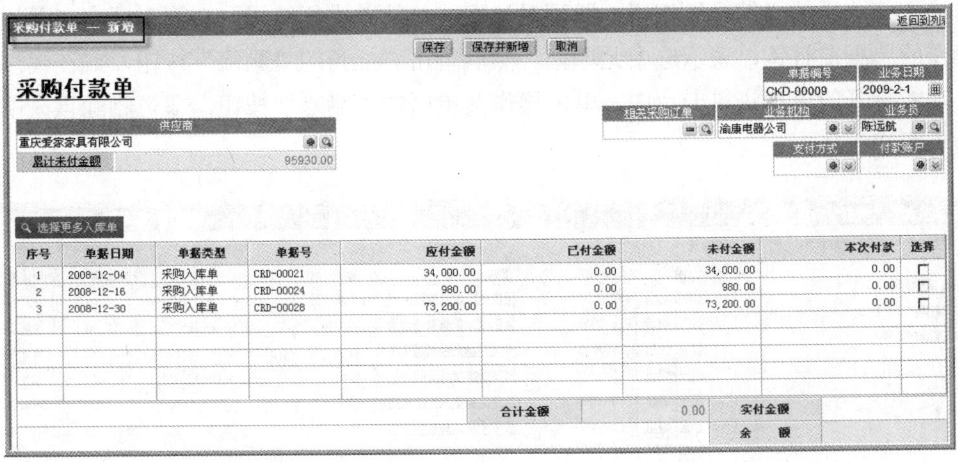

图 8-2-24　采购订单生成付款单界面

表格中列出与该供应商相关的入库单，如果要对入库单付款，首先需要勾选对应的单据，然后在“实付金额”中填写（已付清款的入库单将不会在表格中显示）。输入实付金额后，如果尚有余额（即尚有入库单未付清），中国电子商务实践平台会保留该入库单。表格中显示的内容可自行添加（见图 8-2-25）。

“业务协同”中通过选择最多四种不同方式将单据发送给供应商。为了保证供应商能够收到通知，建议单击“供应商联系信息”确认联系信息的正确性。将鼠标移到发送方式上可以出现协同提示。单击“保存并新增”按钮保存现有单据并弹出新增下一个付款单卡片，单击“保存”按钮后弹出保存成功界面。

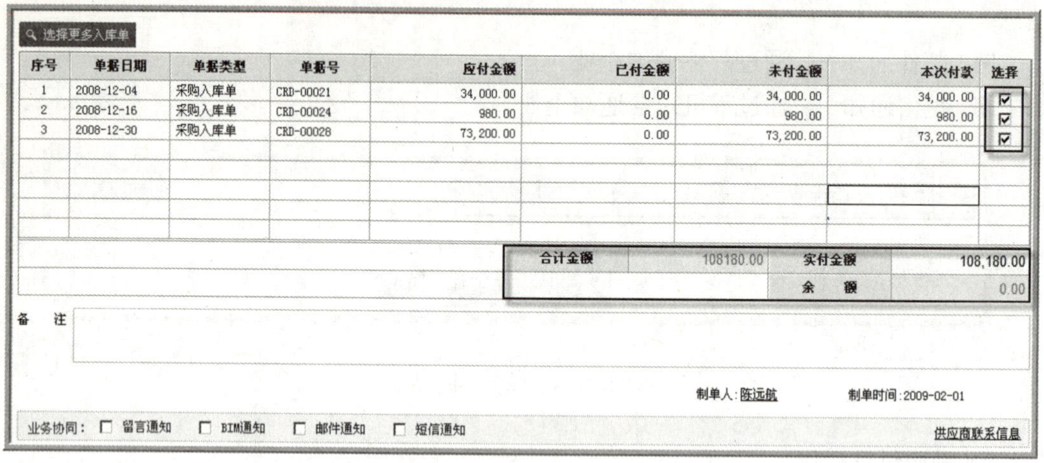

图 8-2-25 填写付款单界面

步骤 2：查看、编辑、删除采购付款单。

可以使用查看收款单功能了解付款单状态和单据来源。在列表区中单击单据编号即可弹出单据资料卡片。在列表区中单击“编辑”，或在使用“浏览”功能打开单据资料卡片中，单击操作菜单区的“编辑”按钮，即可对该采购付款单进行编辑。在列表区中将要进行删除操作的单据前打钩，表示选中此单据。然后单击右上角的“删除”按钮，或在使用“浏览”功能打开的单据资料卡片中，单击操作菜单区的“删除”按钮，即可删除该采购付款单（见图 8-2-26）。

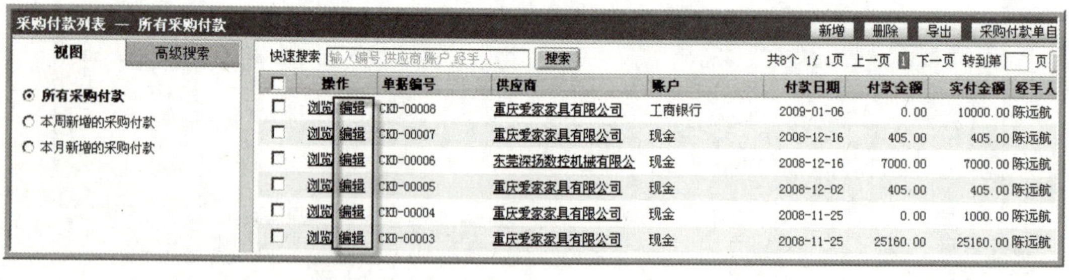

图 8-2-26 编辑付款单界面

步骤 3：查询、搜索采购付款单。

使用左侧查询区域的分类功能，可以从多个维度进行查询，显示出符合要求的付款单。搜索采购付款单分为高级搜索和快速搜索两种。对于快速搜索，在搜索栏中输入单据编号、供应商名称、产品清单中的产品名称、业务员等关键字段，可以快速找到想要的入库单；对于高级搜索，可以从供应商、业务员、业务日期等几个条件综合查询得到结果（见图 8-2-27）。

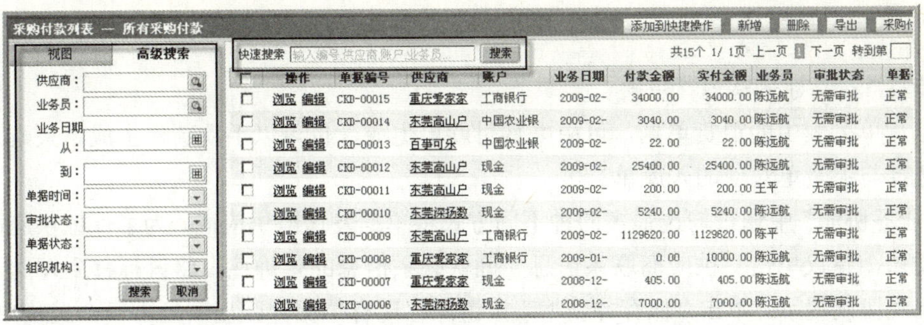

图 8-2-27　搜索付款单界面

步骤 4：单个付款单的“相关操作”和“相关报表”。

在“相关操作”区中，可以进行与付款单相关联的一些业务，而不需要跳转到其他模块，用户可以方便地使用。“其他支出”操作表示如果付款单内容与采购无关，可以通过其他支出单记录。“相关报表”区，可以查看与当前付款单相关的一些单据信息。采购付款单只有未审批、审批中、已审批、已驳回和已作废几种状态。作废付款单只能手动实现并填写作废原因（见图 8-2-28）。

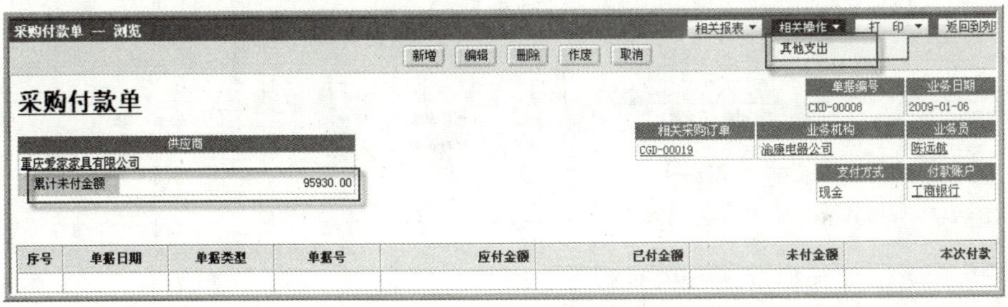

图 8-2-28　单个付款单相关操作界面

步骤 5：采购付款协同。

企业新建采购付款单后，可以通过多种方式告知对方付款相关信息，提示对方注意，以便对方了解情况，及时做出回应，实现企业和供应商间的协同。

（1）当供应商是中国电子商务实践平台用户时，供应商能通过以下途径收到企业的付款信息。

☑ 留言通知——通过中国电子商务实践平台留言通知企业。

☑ BIM 通知——通过即时消息（BIM）通知企业。

☑ 邮件通知——通过邮件通知企业。

☑ 短信通知——通过手机短信通知企业。

（2）当供应方不是中国电子商务实践平台用户时，供应商能通过以下途径收到企业的付款信息。

☑ 邮件通知——通过邮件通知企业。

☑ 短信通知——通过手机短信通知企业。

6. 采购退货操作

步骤 1：新建采购退货单。

退货单列表中的退货单据，可由采购付款单生成，也可以手动新建生成。采购入库中可以选择与退货单对应的入库单。

“业务协同”中通过勾选最多四种不同方式将单据发送给供应商。为了保证供应商能够收到通知，建议单击“供应商联系信息”确认联系信息的正确性。将鼠标移到发送方式上可以出现协同提示。单击“保存并新增”按钮保存现有单据并弹出新增下一个退货单卡片，单击“保存”按钮后弹出保存成功（见图 8-2-29）。

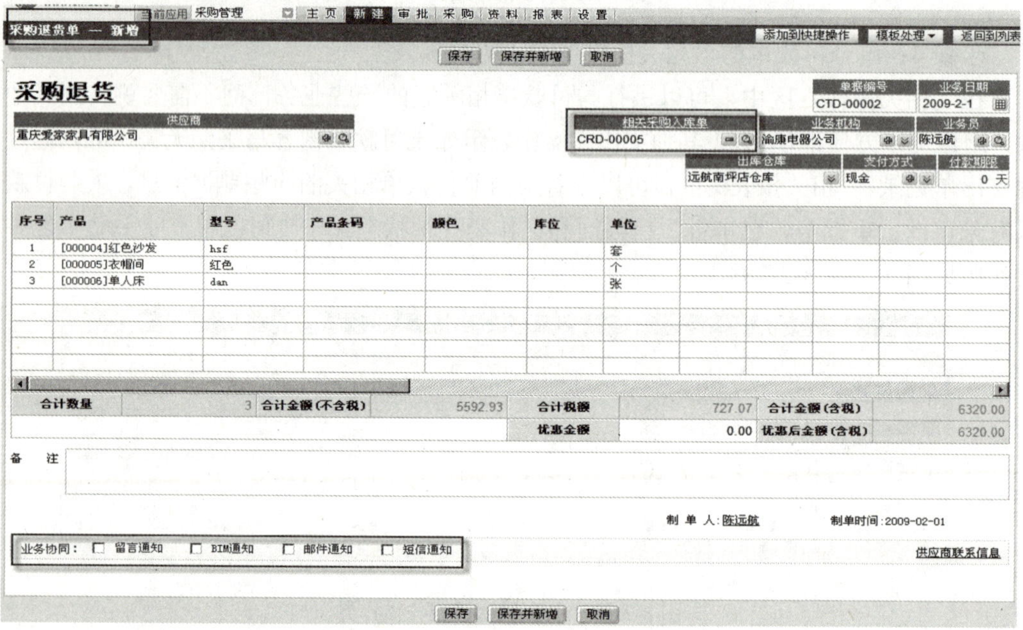

图 8-2-29 新增采购退货单界面

步骤 2：查看、编辑、删除采购退货单。

可以使用查看退货单功能了解退货单状态和单据来源。在列表区中单击“浏览”即可弹出单据资料卡片。在列表区中单击“编辑”，或在使用“浏览”功能打开的单据资料卡片中，单击操作菜单区的“编辑”按钮，即可对该采购退货单进行编辑。在列表区中将要进行删除操作的单据前打钩，表示选中此单据，然后单击右上角的“删除”按钮，或在使用“浏览”功能打开的单据资料卡片中，单击操作菜单区的“删除”按钮，即可删除该采购退货单（见图 8-2-30）。

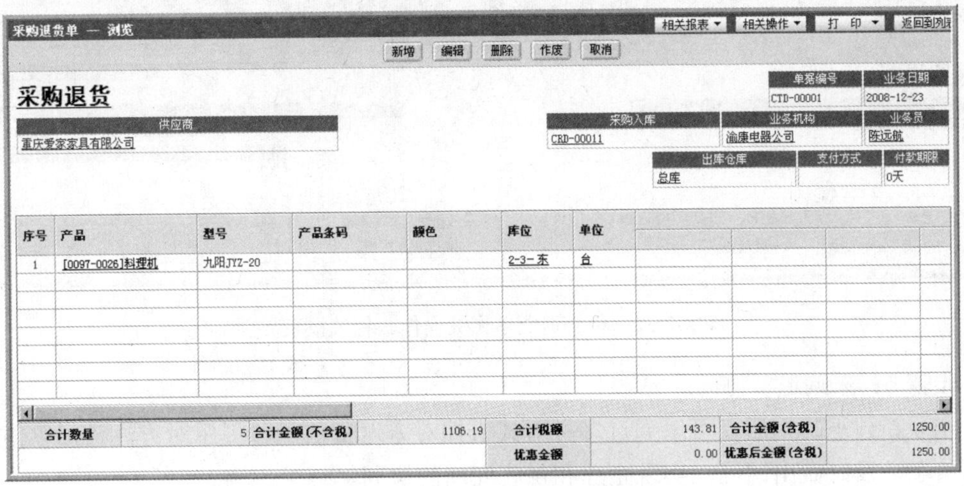

图 8-2-30 查看采购退货单界面

步骤 3：查询、搜索采购退货单。

使用左侧查询区域的分类功能，可以从多个维度进行查询，显示出符合要求的退货单。搜索退货单分为高级搜索和快速搜索两种。对于快速搜索，在搜索栏中输入退货单据编号、供应商名称、仓库名称、商品清单中的产品名称、业务员等关键字段，可以快速找到想要的退货单；对于高级搜索，可以从供应商、业务员、业务日期等几个条件综合查询得到结果（见图 8-2-31）。

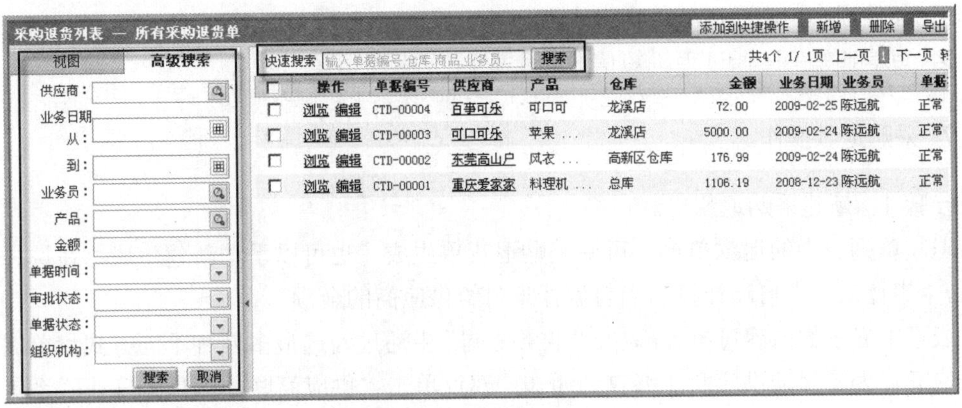

图 8-2-31 搜索退货单界面

步骤 4：单个退货单的“相关操作”和“相关报表”。

在“相关操作”区中，可以进行与退货单相关联的一些业务，而不需要跳转到其他模块，用户可以方便地使用。“相关报表”区可以查看一些相关的报表。“退款”操作可以新建一个与当前退货单相关的退款单（见图 8-2-32）。

采购退货单状态与采购付款单状态类似，具体信息请参考采购付款单状态介绍。

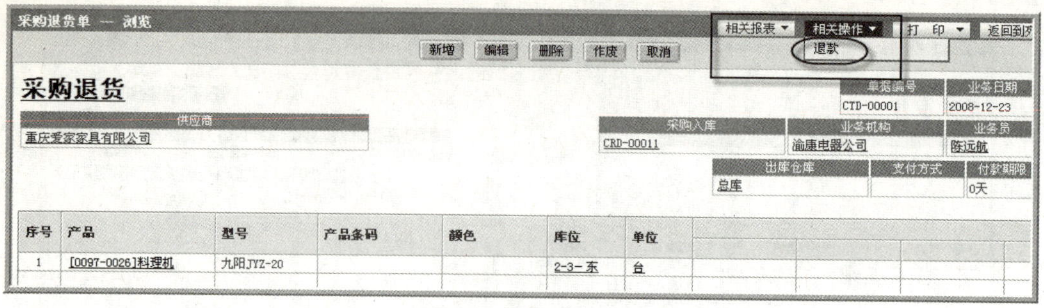

图 8-2-32 单个退货单相关操作、相关报表界面

步骤 5：采购退货协同。

企业新建退货单后，可以通过多种方式告知对方退货信息，提示对方注意，以便对方了解情况，及时做出回应，实现企业和供应商间的协同。

（1）当供应商是中国电子商务实践平台用户时，供应商能通过以下途径收到企业的退货信息。

☑ 留言通知——通过中国电子商务实践平台留言通知企业。

☑ BIM 通知——通过即时消息（BIM）通知企业。

☑ 邮件通知——通过邮件通知企业。

☑ 短信通知——通过手机短信通知企业。

（2）当供应商不是中国电子商务实践平台用户时，供应商能通过以下途径收到企业的退货信息。

☑ 邮件通知——通过邮件通知企业。

☑ 短信通知——通过手机短信通知企业。

7. 采购退款操作

步骤 1：新建采购退款单。

退款单列表中的退款单据，可由采购退货单生成，也可以手动新建生成。在选择供应商后，“累计未付”自动计算出当前累计未付给供应商的金额。

表格中显示的内容可自行添加。“业务协同”中通过勾选最多四种不同方式将单据发送给供应商。为了保证供应商能够收到通知，建议单击“供应商联系信息”确认联系信息的正确性。将鼠标移到发送方式上可以出现协同提示。单击“保存并新增”按钮保存现有单据并弹出新增下一个退款单卡片，单击“保存”按钮后弹出保存成功界面（见图 8-2-33）。

步骤 2：查看、编辑、删除退款单。

可以使用查看退款单功能了解退款单状态和单据来源。在列表区中单击“浏览”即可弹出单据资料卡片。在列表区中单击“编辑”，或在使用“浏览”功能打开的单据资料卡片中，单击操作菜单区的“编辑”按钮，即可对该采购退款单进行编辑。在列表区中将要进行删除操作的单据前打钩，表示选中此单据。然后单击右上角的“删除”按钮，或在使用

“浏览”功能打开的单据资料卡片中，单击操作菜单区的“删除”按钮，即可删除该退款单（见图 8-2-34）。

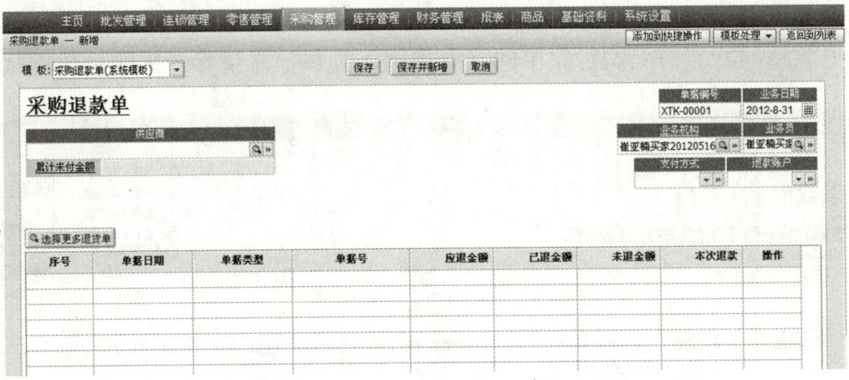

图 8-2-33　新增采购退款单界面

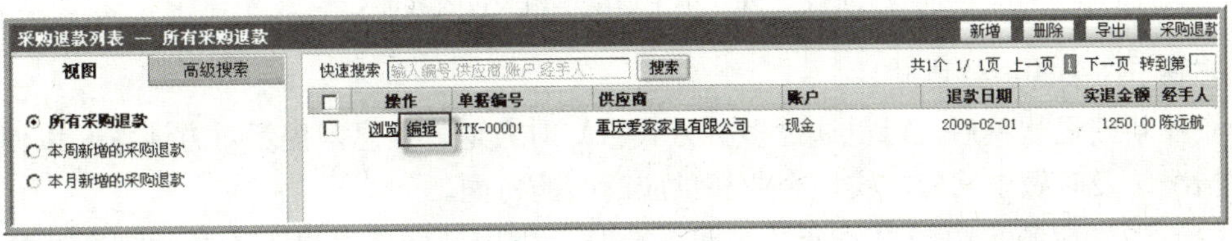

图 8-2-34　编辑采购退款单界面

步骤 3：查询、搜索退款单。

使用左侧查询区域的分类功能，可以从多个维度进行查询，显示出符合要求的退款单。方框中的标题区对应指出查询状态。搜索退款单分为高级搜索和快速搜索两种。对于快速搜索，在搜索栏中输入退款单据编号、供应商名称、账户、业务员等关键字段，可以快速找到想要的退款单；对于高级搜索，可以从供应商、业务员、业务日期等几个条件综合查询得到结果（见图 8-2-35）。

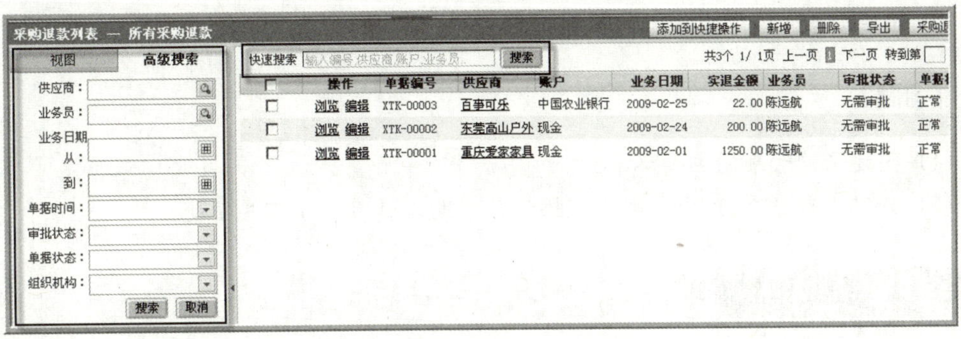

图 8-2-35　搜索采购退款单界面

步骤 4：单个退款单的“相关操作”和“相关报表”。

当鼠标移到相关报表区中的具体报表时，会自动显示操作提示信息。“相关报表”区可以查看一些相关的报表（见图 8-2-36）。

采购退款单的状态与采购付款单的状态类似，具体信息请参考采购付款单状态介绍。

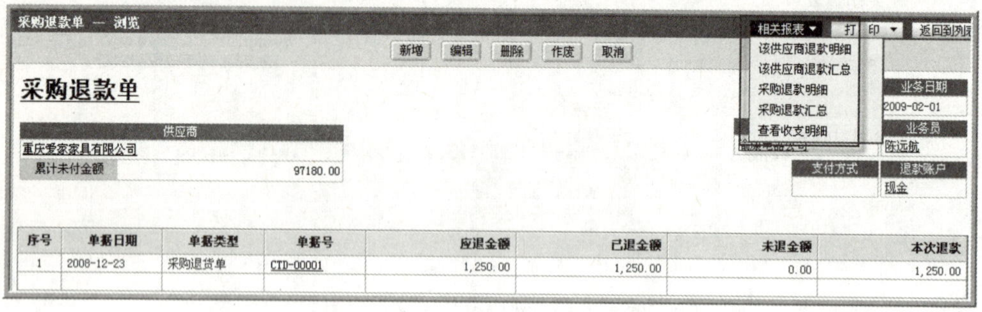

图 8-2-36　单个退款单相关报表界面

步骤 5：采购退款协同。

企业新建退款单后，可以通过多种方式告知对方退款信息，提示对方注意，以便对方了解情况，及时做出回应，实现企业和供应商间的协同。

（1）当供应商是中国电子商务实践平台时，供应商能通过以下途径收到企业的退款信息。

☑ 留言通知——通过中国电子商务实践平台留言通知企业。

☑ BIM 通知——通过即时消息（BIM）通知企业。

☑ 邮件通知——通过邮件通知企业。

☑ 短信通知——通过手机短信通知企业。

（2）当供应方不是中国电子商务实践平台用户时，供应商能通过以下途径收到企业的退款信息。

☑ 邮件通知——通过邮件通知企业。

☑ 短信通知——通过手机短信通知企业。

【习题】

（1）简述采购管理的主要环节。

（2）请思考题目（1）中采购管理操作为采购人员带来了哪些便捷。

实验 8-3　在线销售管理

【实验目的与要求】

目的：通过学习在线销售管理系统，掌握销售管理的完整操作流程，包括给客户报价，跟进每笔销售的进度，通过多种方式的沟通与客户实现有效的业务往来，最后对销售报表进行分析，从而制定正确的产品销售策略，提高公司的业务水平。

要求：通过体验在线销售管理系统的各个过程，了解销售过程如何实现以及企业与客户之间的协同关系。

【实验说明】

电子商务采购管理实验主要包括客户询价、销售报价、销售订单、销售出库、销售收款、销售退货、销售退款、调价管理、折扣管理等操作。通过模拟销售管理过程，跟踪控制每一笔销售业务的进度和状态，协助销售人员做出正确的销售决策，同时帮助公司领导实时监控销售业务的跟进情况，进而帮助管理层和广大投资者做出决策判断。

【实验内容与步骤】

1. 客户询价操作

步骤 1： 新建客户询价单。

客户询价模块主要供销售人员查询客户对产品的询价信息，销售人员不能新增客户询价单。一般来说客户询价单有两个来源，一个来源是由客户填写的“采购询价单”生成，另一个来源是在网上客户看到希望购买的产品直接进行“询价”生成的（见图 8-3-1）。

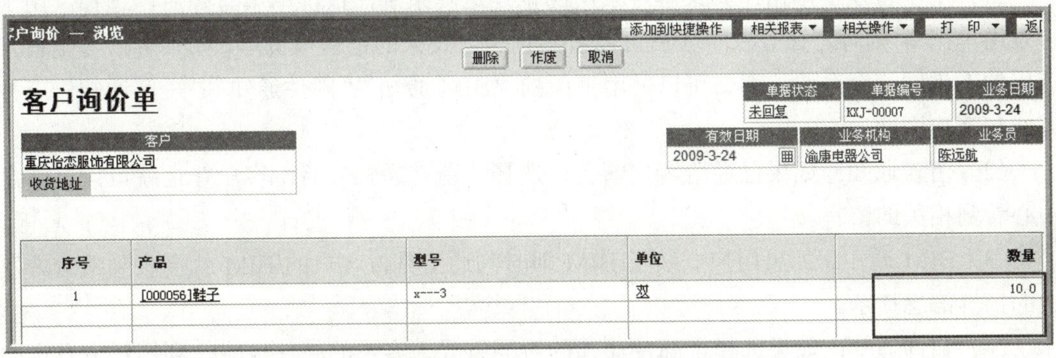

图 8-3-1　客户询价单界面

步骤 2： 询价单相关操作。

客户询价列表中可对收到的询价进行查询、搜索和报价，同时也可以删除询价单。查询询价单时，可通过询价单的新增时间、回复状态、组织机构几个维度进行查询，也可以通过高级搜索和快速搜索来实现。同时在询价单列表窗口的左下角还有一部分询价的“相关操作”，如“回复报价”“回复销售订单”等信息。

对于高级搜索，可以从客户、业务员、业务日期几个条件综合查询得到结果；对于快速搜索，在搜索栏中输入需要查询的任一单据编号、客户、产品、有效日期、业务员等关键字段，可以快速找到想要的询价单（见图 8-3-2）。

销售方可根据客户的询价单直接报价，或根据询价单生成一张销售订单。

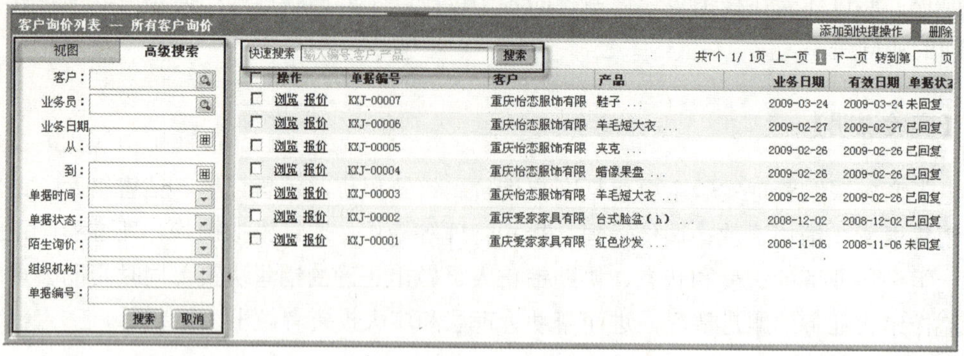

图 8-3-2 搜索客户询价单界面

2. 销售报价操作

步骤 1：新建销售报价单。

报价时可对一个客户报价，也可以对多个客户报价（最多五个客户）。

为了让客户更快捷地获得报价信息，在销售报价单填写完毕后，可在销售报价单底部选上五种“业务协同”方式和客户进行信息沟通，这五种业务协同方式具体介绍如下。

（1）用平台发送单据：如果客户采用的也是这套系统，报价单填写好后，选择“用平台发送单据”，则客户在登录平台后可以看到销售方发来的销售报价单。如果客户与销售方使用的不是同一个系统，那么可以采用下面的“BIM 通知”“邮件通知”“短信通知”三种方式与客户沟通。

（2）留言通知：如果已经给客户留言，选择“留言通知”后，客户登录就可以在消息中心看到相关的留言。

（3）BIM 通知：如果用户安装了 BIM 即时沟通工具，客户的 BIM 就会收到销售方发送的报价信息提示。

（4）邮件通知：如果选择了邮件通知的协同方式，客户的邮件也能收到销售方发送的报价信息。

（5）短信通知：如果选择了短信通知的协同方式，客户的手机就能收到销售方发送的报价短信消息。

销售报价单选择以上几种协同方式后，单据保存时系统会提示这几种协同方式是否成功，同时还会引导下一步的操作（见图 8-3-3）。

步骤 2：查看、编辑、删除销售报价单。

对于保存后的销售报价单，可以在销售报价单列表中查看、编辑和删除，还可以在销售报价单窗口的左下角查询相关的报表，如“已生成销售订单的报价单”。

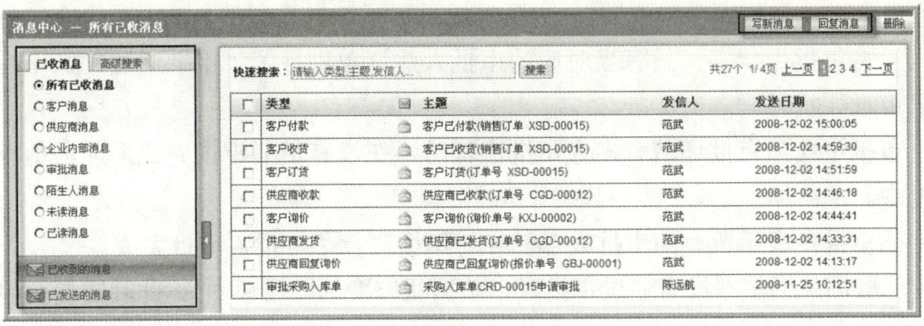

图 8-3-3　消息中心列表界面

一般来说，销售人员的报价都需要经过相关领导审批，如果需要对报价环节进行审批，只需要在基础设置的“业务设置”部分进行审批环节的设置，就可以根据设置的审批流程对报价单进行审批（见图 8-3-4 和图 8-3-5）。

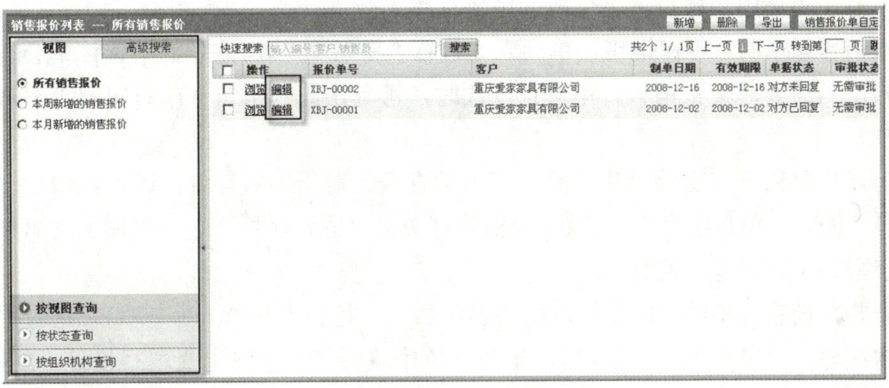

图 8-3-4　查询销售报价单界面

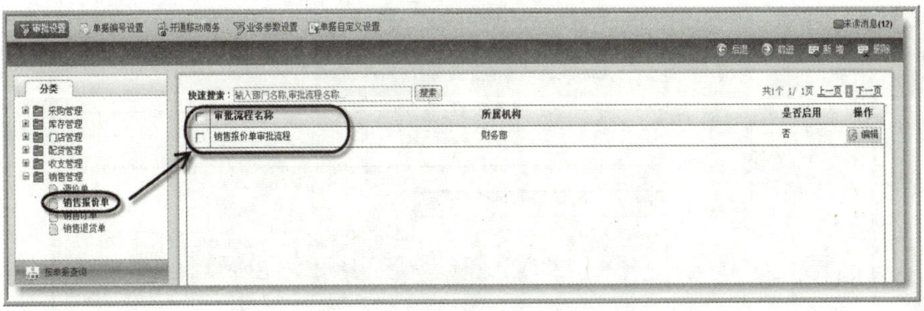

图 8-3-5　设置销售审批流程界面

步骤 3：报价单状态。

只有销售报价单设置了审批，才能在单据保存后在单据卡片中看到其审批状态。如果未设置审批，单据将直接进入发送状态。

审批状态分为未审批、审批中、已审批和已驳回。

（1）未审批：又称为“待审批”，主要是指设置了审批流程后，单据在没有审批的情况下显示为“待审批”状态，只有当对应的审批人对订单进行了“审批通过”操作后，才会变成“已审批”状态。

（2）审批中：当审批环节有多人审批流程时，在没有最后审批完成之前，单据的状态都是审批中。

（3）已审批：表示所有的审批人都已经对单据进行了审批，审批完成。

（4）已驳回：当单据没有通过审批时，单据状态变为“已驳回”，此时需要对单据驳回的理由重新进行编辑并保存。

3. 销售订单操作

步骤 1：新增销售订单。

销售订单的来源有两大类：一类来源于手动新增，在销售订单列表处“新增”一张销售订单；另一类是由销售报价单生成的销售订单。

新增销售订单时，可在销售订单列表处进行“新增”，填写完毕的销售订单会在列表中显示出来，当需要对某张销售订单进行修改时，可单击此张销售订单对应的“编辑”选项进行修改。

销售订单单据下方支持销售产品的可销量查询。对于销售订单，还可以增加一些填写项目，即“销售订单自定义”，可以在原销售订单的“固定区域”之外再增加文本型、日期型、数字型、可选择型的栏目。

如需要在销售订单的“固定区域”外再增加一个栏目“制单人”，就可以通过“文本型属性”增加栏目“制单人”，保存后，销售订单中就会多一个自定义填写栏目“制单人”。通过这种方法，可以在销售订单中增加需要的一些文本型、日期型、数字型、可选择型的栏目（见图 8-3-6 和图 8-3-7）。

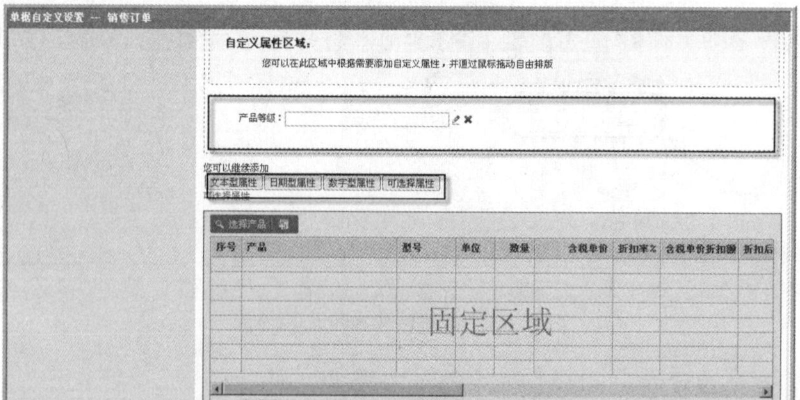

图 8-3-6　销售订单自定义界面

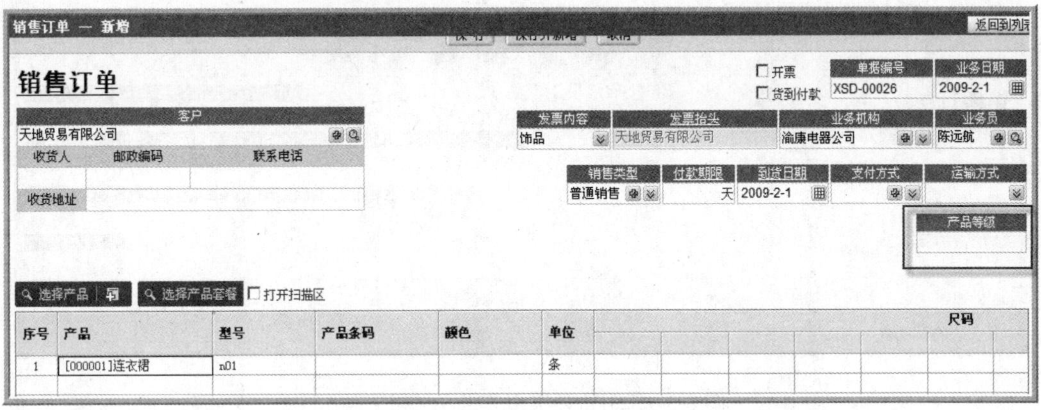

图 8-3-7　单据自定义扩展界面

步骤 2：单据协同。

销售订单填写时，在单据的底部有一个“业务协同”选项，在这里可通过平台发送单据、留言通知、BIM 通知、邮件通知和短信通知五种方式将销售订单信息发送到客户那里，销售订单保存时系统会有一个提示，如图 8-3-8 所示。

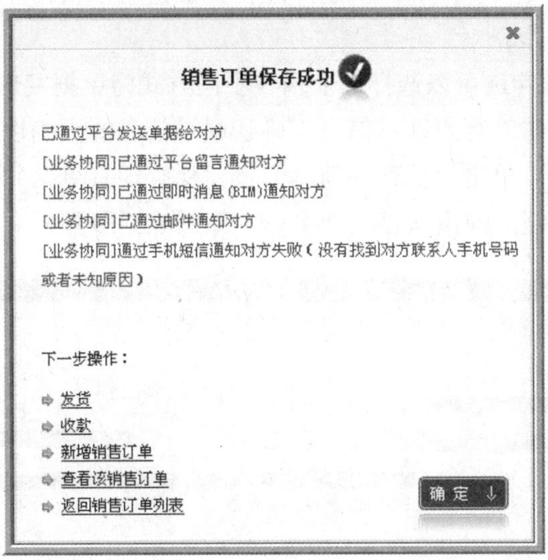

图 8-3-8　销售订单保存成功界面

步骤 3：查询及相关操作。

销售订单保存后，在列表处可以进行不同维度的查询，如按视图查询、按状态查询、按组织机构查询等。同时销售订单保存后，还可以在列表的右边进行一些快捷操作，如收款、发货、退货等，还可以查询一些报表，如“销售订货汇总表”和“明细表”。销售订单相关报表与相关操作如图 8-3-9 所示。

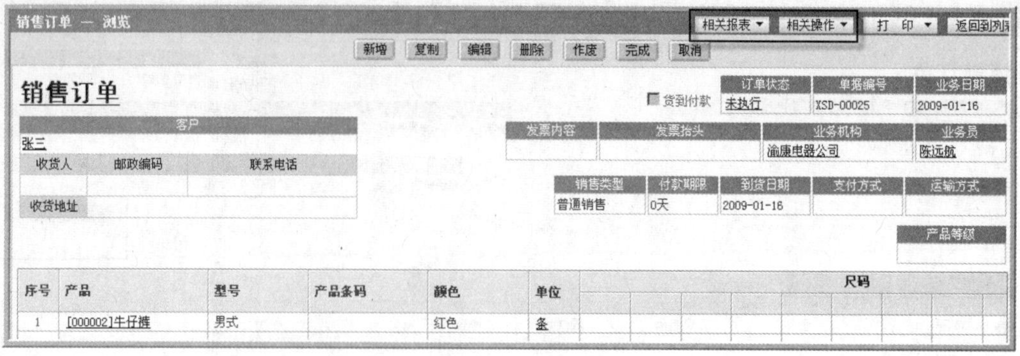

图 8-3-9　销售订单相关报表与相关操作

4. 销售出库操作

步骤 1： 新建销售出库单。

出库单列表中的出库单据，可由销售订单直接生成，也可手动新建生成。对于由销售订单生成的销售出库单，“销售订单”栏的内容由中国电子商务实践平台自动填写。

表格中显示的内容可自行添加。在仓库选择方面，可以根据库存的实际情况对不同的产品进行不同的仓库出库。

“业务协同”中通过勾选可以选择最多四种不同方式将单据发送给客户。为了保证客户能够收到通知，建议单击“客户联系信息”确认联系信息的正确性。将鼠标移到发送方式上可以出现协同的提示。单击“保存并新增”按钮保存现有单据并弹出新增下一个出库单卡片，单击“保存”按钮后弹出保存成功菜单，如图 8-3-10 所示。

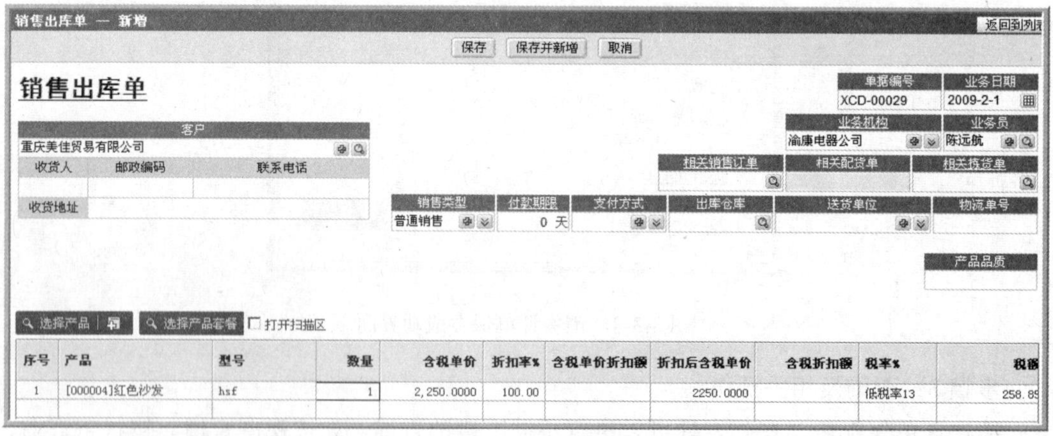

图 8-3-10　新增销售出库单界面

步骤 2： 查看、编辑、删除出库单。

可以使用查看出库单功能了解出库单状态和单据来源。在列表区中单击单据编号即可弹出单据资料卡片。查看时不能对出库单进行编辑，若要编辑，可在列表区中单击“编辑”，或在使用“浏览”功能打开的单据资料卡片中，单击操作菜单区的“编辑”按钮对该出库单进行编辑。在列表区中要进行删除操作的单据前打钩，表示选中此单据，然后单击右上角的“删除”按钮；或在使用“浏览”功能打开的单据资料卡片中，单击操作菜单区的“删除”按钮，即可删除该出库单（见图 8-3-11）。

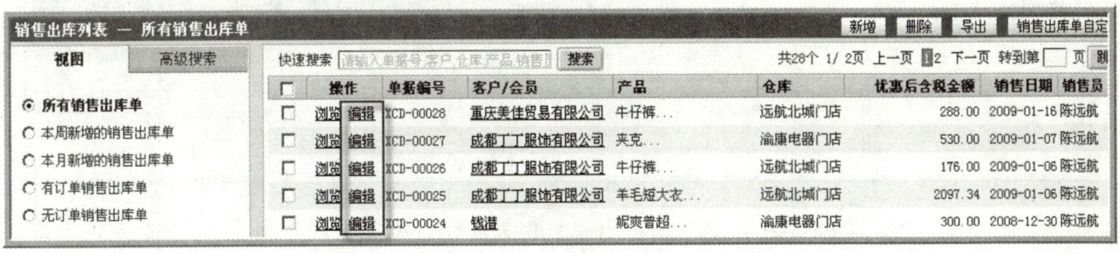

图 8-3-11　编辑销售出库单界面

步骤 3：查询、搜索出库单。

使用左侧查询区域的分类功能，可以从多个维度进行查询，显示出符合要求的出库单。搜索出库单分为高级搜索和快速搜索两种。对于快速搜索，在搜索栏中输入单据编号、客户、仓库、产品、订单、业务员等关键字段，可以快速找到想要的出库单；对于高级搜索，可以从客户、业务日期、业务员等几个条件综合查询得到结果（见图 8-3-12）。

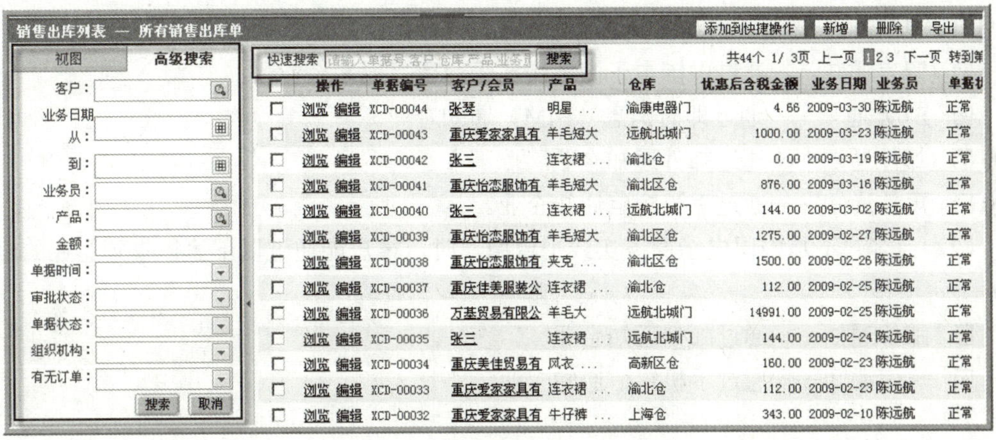

图 8-3-12　搜索销售出库单界面

步骤 4：单个出库单的“相关操作”和“相关报表”。

在“相关操作”区中，可以进行与出库单相关联的一些业务，而不需要跳转到其他模块，用户可以方便地使用。在“相关报表”区，可以查看与当前出库单相关的一些单据信息（见图 8-3-13）。在出库单卡片右上角相关操作区，“收款”和“退货”操作可以新建与当前出库单对应的收款单和退货单。“其他出库单”操作可以新建一张其他出库单，用于处理非销售出库的库存出库业务。

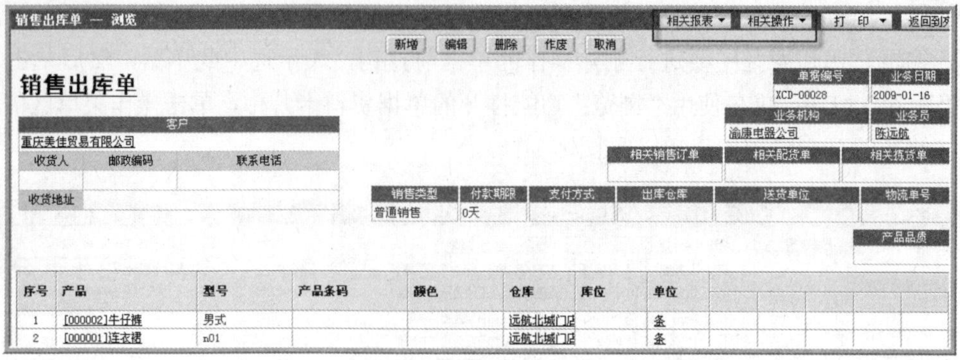

图 8-3-13　单个销售出库单相关操作、相关报表界面

步骤 5：销售出库单状态。

销售出库单有未审批、审批中、已审批、已驳回和已作废几种状态。“作废”出库单只能手动实现并需填写作废原因。

步骤 6：销售出库协同。

企业新建销售出库单后，可以通过多种方式告知对方出库信息，提示对方注意，以便对方了解情况，及时做出回应，实现企业和客户间的协同。

（1）当客户是中国电子商务实践平台用户时，客户能通过以下途径收到企业的出库信息。

☑ 留言通知——通过中国电子商务实践平台留言通知企业。

☑ BIM 通知——通过即时消息（BIM）通知企业。

☑ 邮件通知——通过邮件通知企业。

☑ 短信通知——通过手机短信通知企业。

（2）当客户不是中国电子商务实践平台用户时，客户能通过以下途径收到企业的出库信息。

☑ 邮件通知——通过邮件通知企业。

☑ 短信通知——通过手机短信通知企业。

5. 销售收款操作

步骤 1：新建销售收款单。

收款单列表中的收款单据，可由销售订单直接生成，或者由销售出库单生成，也可以手动新建生成。对于由销售订单生成的收款单，“销售订单”栏的内容由中国电子商务实践平台自动填写。

表格中列出与该客户相关的出库单，要对出库单收款首先需勾选对应的单据，然后在“实收金额”中填写（已收款的出库单不会在表格中再显示出来）。输入实收金额后，如果尚有余额（即尚有出库单未收款），中国电子商务实践平台会保留该出库单。表格中显示的内容可自行添加。

“业务协同”中通过勾选可选择最多四种不同方式将单据发送给客户。为了保证客户能够收到通知，建议单击“客户联系信息”确认联系信息的正确性。将鼠标移到发送方式上可以出现协同的提示。

单击“保存并新增”按钮保存现有单据并弹出新增下一个收款单卡片，单击“保存”按钮后弹出保存成功菜单（见图 8-3-14）。

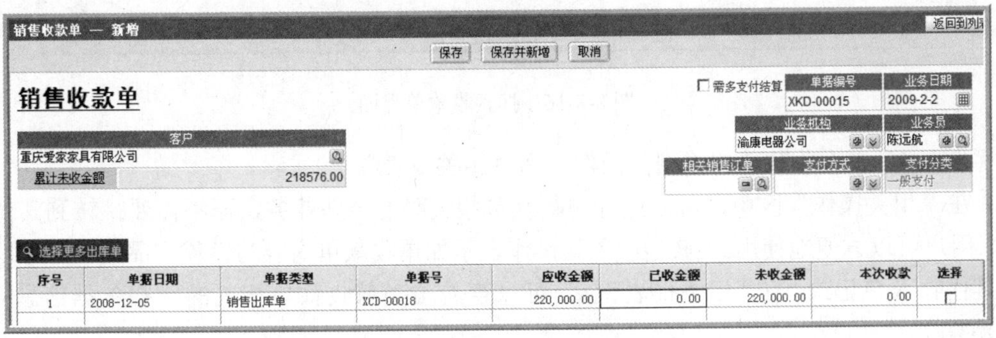

图 8-3-14 新增销售收款单界面

步骤 2：查看、编辑、删除销售收款单。

可以使用查看收款单功能了解收款单状态和单据来源。在列表区中单击单据编号即可弹出单据资料卡片。查看时不能对收款单进行编辑，若要编辑，在列表区中单击“编辑”，或在使用“浏览”功能打开的单据资料卡片中，单击操作菜单区的“编辑”按钮。在列表区中要进行删除操作的单据前打钩，表示选中此单据。然后单击右上角的“删除”按钮；或在使用“浏览”功能打开的单据资料卡片中，单击操作菜单区的“删除”按钮，删除该收款单（见图 8-3-15）。

图 8-3-15 编辑收款单界面

步骤 3：查询、搜索收款单。

使用左侧查询区域的分类功能，可以从多个维度进行查询，显示出符合要求的收款单。搜索收款单分为高级搜索和快速搜索两种。对于快速搜索，在搜索栏中输入单据编号、客户、收款金额、业务员等关键字段，可以快速找到想要的收款单；对于高级搜索，可以从客户、业务员、业务日期几个条件综合查询得到结果（见图 8-3-16）。

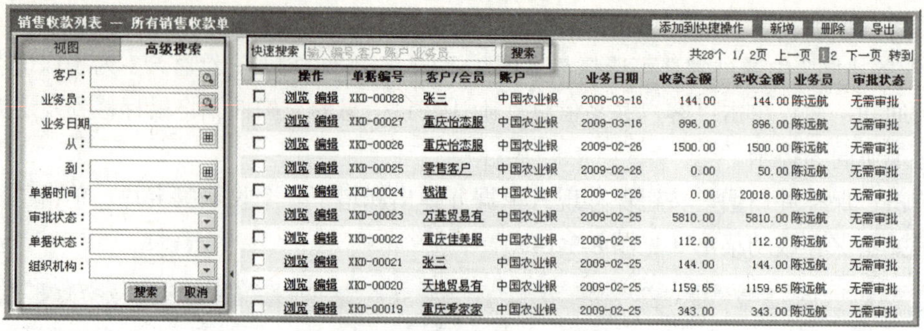

图 8-3-16　搜索收款单界面

步骤 4：单个收款单的“相关操作”和“相关报表”。

在“相关操作”区中，可以进行与收款单相关联的一些业务，而不需要跳转到其他模块，用户可以方便地使用。“其他收入”操作表示如果收款单内容与销售产品无关，可以通过其他收入单记录。在“相关报表”区，可以查看与当前收款单相关的一些单据信息（见图 8-3-17）。

步骤 5：销售收款状态。

销售收款单有未审批、审批中、已审批、已驳回和已作废几种状态。“作废”收款单只能手动实现并需填写作废原因。

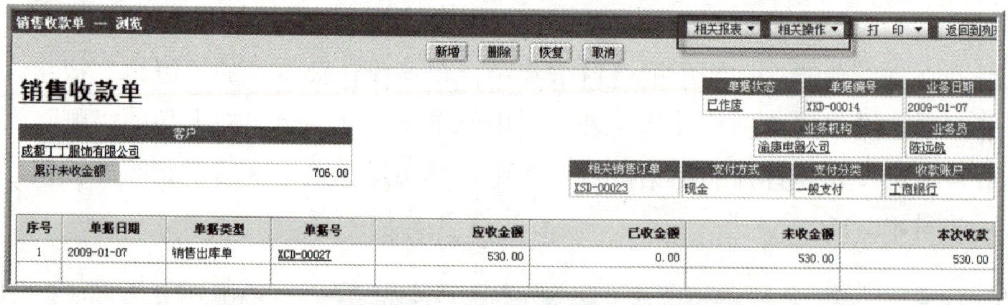

图 8-3-17　单个收款单“相关操作”“相关报表”界面

步骤 6：销售收款协同。

企业新建销售收款单后，可以通过多种方式告知对方收款相关信息，提示对方注意，以便对方了解情况，及时做出回应，实现企业和客户间的协同。

（1）当客户是中国电子商务实践平台用户时，客户能通过以下途径收到企业的收款信息。

☑ 留言通知——通过中国电子商务实践平台留言通知企业。

☑ BIM 通知——通过即时消息（BIM）通知企业。

☑ 邮件通知——通过邮件通知企业。

☑ 短信通知——通过手机短信通知企业。

（2）当客户不是中国电子商务实践平台用户时，客户能通过以下途径收到企业的收款信息。

☑ 邮件通知——通过邮件通知企业。

☑ 短信通知——通过手机短信通知企业。

6. 销售退货操作

步骤 1：新建销售退货单。

退货单列表中的退货单据，可由销售收款单生成，也可手动新建生成，表格中显示的内容可自行添加。“业务协同”中通过勾选可以选择最多四种不同方式将单据发送给客户。为了保证客户能够收到通知，建议单击“客户联系信息”确认联系信息的正确性。将鼠标移到发送方式上可以出现协同的提示。单击“保存并新增”按钮保存现有单据并弹出新增下一个退货单卡片，单击“保存”按钮后弹出保存成功菜单（见图 8-3-18）。

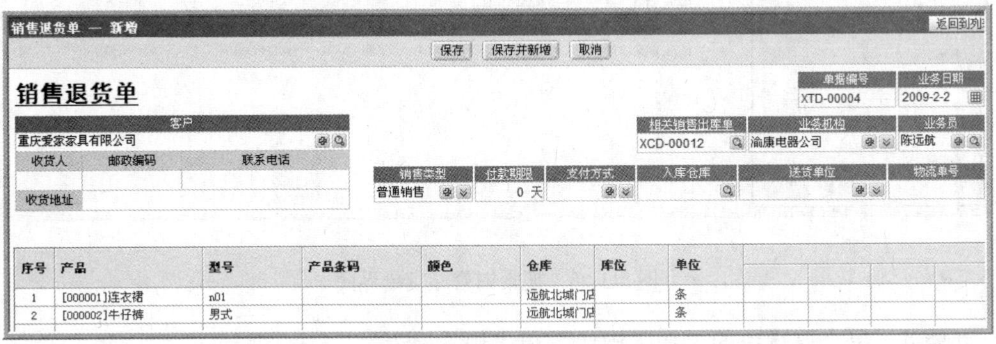

图 8-3-18　新增销售退货单界面

步骤 2：查看、编辑、删除。

可以使用查看退货单功能了解退货单状态和单据来源。在列表区中单击单据号即可弹出单据资料卡片。查看时不能对退货单进行编辑，若要编辑，在列表区中单击“编辑”，或在使用“浏览”功能打开的单据资料卡片中，单击操作菜单区的“编辑”按钮。在列表区中要进行删除操作的单据前打钩，表示选中此单据。然后单击右上角的“删除”按钮；或在使用“浏览”功能打开的单据资料卡片中，单击操作菜单区的“删除”按钮，删除该退货单（见图 8-3-19）。

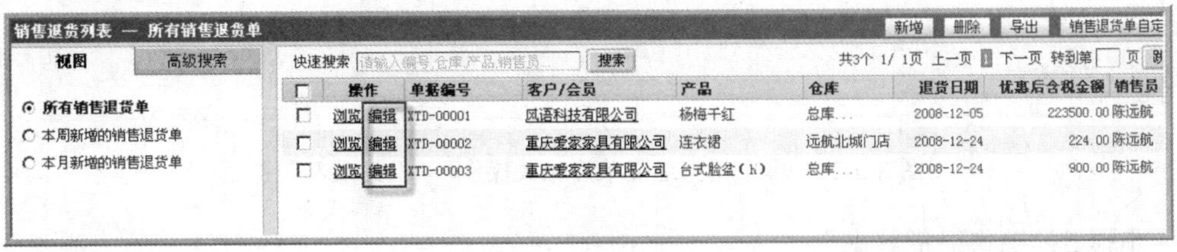

图 8-3-19　编辑销售退货单界面

步骤 3：查询、搜索退货单。

左侧区域中，可以从退货的状态、组织机构、新增时间几个维度进行查询，显示出符合要求的订单。搜索退货单分为高级搜索和快速搜索两种。对于快速搜索，在搜索栏中输入退货单据编号、客户、仓库、产品、业务员等关键字段，可以快速找到想要的退货单；对于高级搜索，可以从客户、业务员、业务日期、单据编号、产品、金额等几个条件综合查询得到结果（见图 8-3-20）。

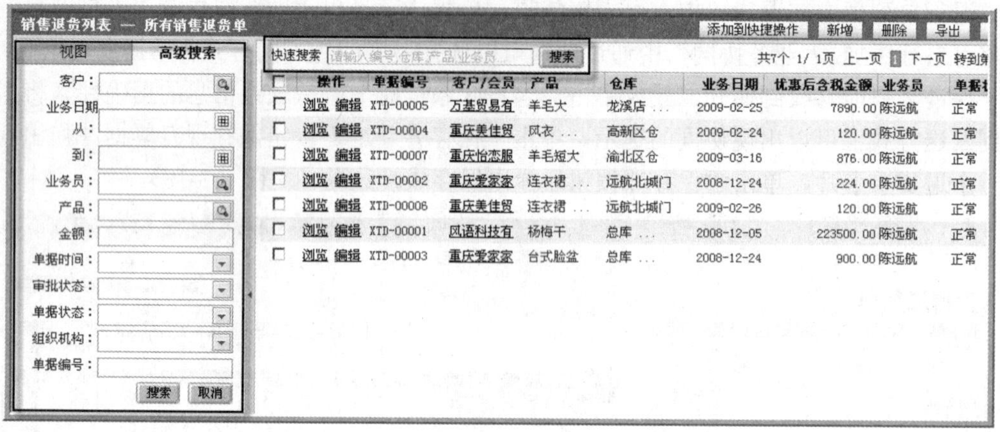

图 8-3-20 搜索销售退货单界面

步骤 4：单个退货单的“相关操作”和“相关报表”。

在“相关操作”区中，可以进行与退货单相关联的一些业务，而不需要跳转到其他模块，用户可以方便地使用。“退款”操作可以新建一个与当前退货单相关的退款单。在“相关报表”区，可以查看与当前退货单相关的一些单据信息（见图 8-3-21）。

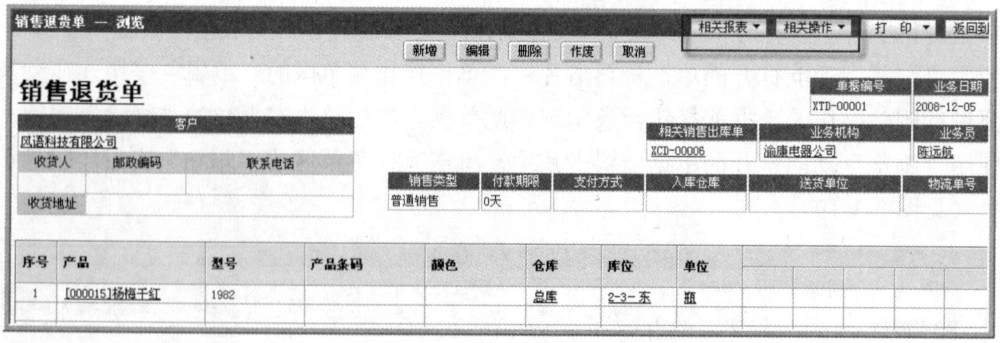

图 8-3-21 单个销售退货单“相关操作”“相关报表”界面

步骤 5：销售退货状态。

销售退货单的状态与销售收款单状态类似，具体信息请参考销售收款状态。

步骤 6：销售退货协同。

企业新建退货单后，可以通过多种方式告知对方退货信息，提示对方注意，以便对方了解情况，及时做出回应，实现企业和客户间的协同。

（1）当客户是中国电子商务实践平台用户时，客户能通过以下途径收到企业的退货信息。

☑ 留言通知——通过中国电子商务实践平台留言通知企业。

☑ BIM 通知——通过即时消息（BIM）通知企业。

☑ 邮件通知——通过邮件通知企业。

☑ 短信通知——通过手机短信通知企业。

（2）当客户不是中国电子商务实践平台用户时，客户通过以下途径收到企业的退货信息。

☑ 邮件通知——通过邮件通知企业。

☑ 短信通知——通过手机短信通知企业。

7. 销售退款操作

步骤 1：新建销售退款单。

退款单列表中的退款单据，可由销售退货单生成，也可以手动新建生成。

在选择供应商后，“累计未收”自动计算出当前累计未收的金额。表格中显示的内容可自行添加。

“业务协同”中通过勾选可以选择最多四种不同方式将单据发送给客户。为了保证客户能够收到通知，建议单击“客户联系信息”确认联系信息的正确性。将鼠标移到发送方式上可以出现协同的提示。单击“保存并新增”按钮保存现有单据并弹出新增下一个退款单卡片，单击“保存”按钮后弹出保存成功菜单（见图 8-3-22）。

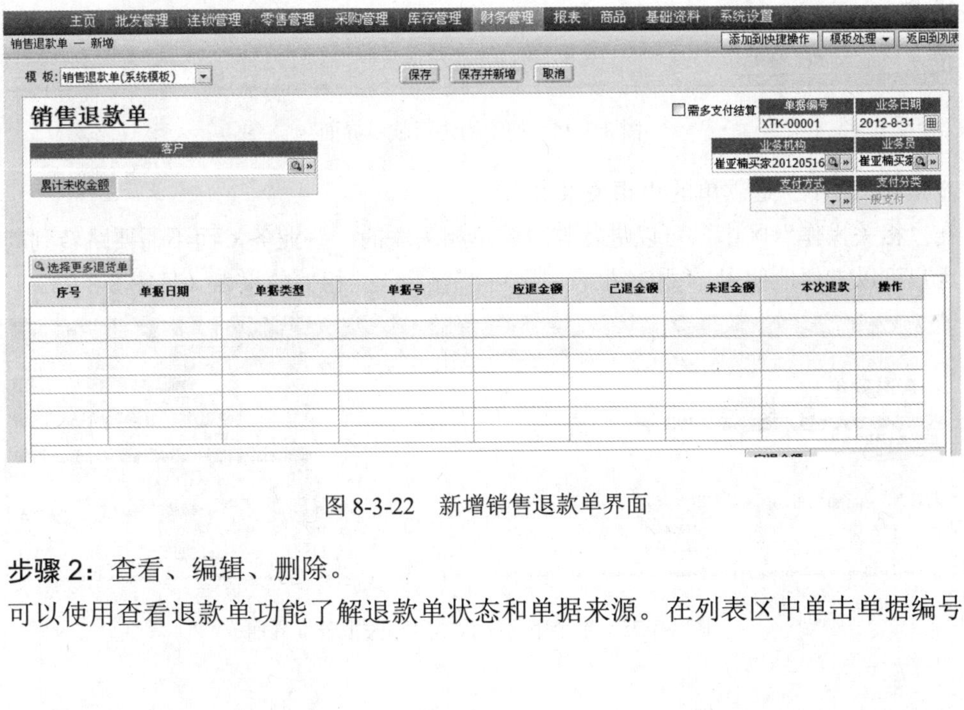

图 8-3-22　新增销售退款单界面

步骤 2：查看、编辑、删除。

可以使用查看退款单功能了解退款单状态和单据来源。在列表区中单击单据编号即可弹出单据资料卡片。查看时不能对退款单进行编辑，若要编辑，在列表区中单击“编辑”，或在使用“浏览”功能打开的单据资料卡片中，单击操作菜单区的“编辑”按钮（见图 8-3-23）。在列表区中要进行删除操作的单据前打钩，表示选中此单据。然后单击右上角的“删除”按钮；或在使用“浏览”功能打开的单据资料卡片中，单击操作菜单区的“删除”按钮，删除该退款单。

图 8-3-23 编辑销售退款单界面

步骤 3：查询、搜索退款单。

左侧区域中，可以从退款单据状态、组织机构、单据时间等几个维度进行查询，显示出符合要求的订单。可以在上方的快速搜索栏中输入单据编号、客户、产品、业务日期、业务员等关键字段，单击“搜索”按钮，快速找到想要的订单（见图 8-3-24）。

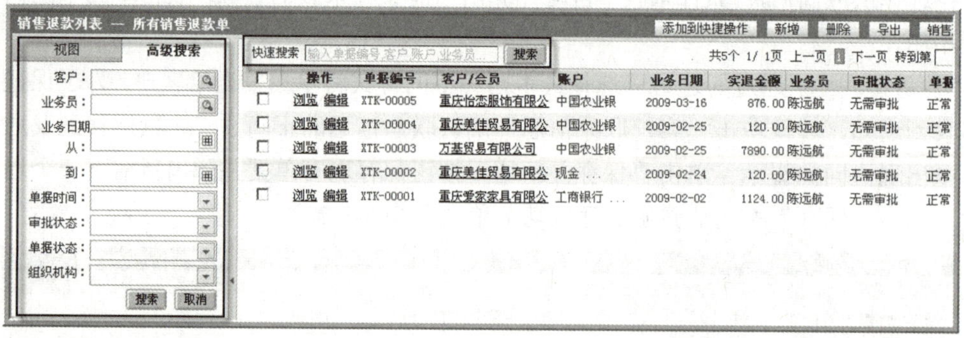

图 8-3-24 搜索销售退款单界面

步骤 4：对单个退款单的“相关报表”。

在“相关操作”区中，可以进行与退款单相关联的一些业务，而不需要跳转到其他模块，用户可以方便地使用。“相关报表”区可以查看一些相关的报表（见图 8-3-25）。

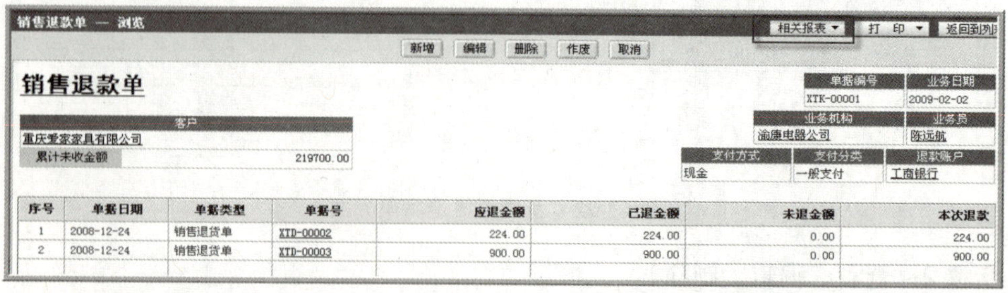

图 8-3-25 单个销售退款单“相关报表”界面

步骤 5：销售退款状态。

销售退款单的状态与销售收款单状态类似，具体信息请参考销售收款单状态。

步骤 6：销售退款协同。

企业新建退款单后，可以通过多种方式告知对方退款信息，提示对方注意，以便对方了解情况，及时做出回应，实现企业和客户间的协同。

（1）当客户是中国电子商务实践平台用户时，客户能通过以下途径收到企业的退款信息。

☑ 留言通知——通过中国电子商务实践平台留言通知企业。

☑ BIM 通知——通过即时消息（BIM）通知企业。

☑ 邮件通知——通过邮件通知企业。

☑ 短信通知——通过手机短信通知企业。

（2）当客户不是中国电子商务实践平台用户时，客户能通过以下途径收到企业的退款信息。

☑ 邮件通知——通过邮件通知企业。

☑ 短信通知——通过手机短信通知企业。

8. 调价管理操作

步骤 1：制作调价单。

通过调价单可以同时对多个产品的批发价、零售价和采购价进行调整，并将调整后的价格填入对应的产品卡片中。

步骤 2：查询、搜索调价单。

查询调价单时，可通过调价单的新增时间、回复状态、组织机构几个维度进行查询，也可以通过高级搜索和快速搜索来实现。对于高级搜索，可以通过产品、业务员、单据号、日期等几个条件综合查询。

步骤 3：相关报表。

“相关报表”区可以查看一些相关的报表。

9. 折扣管理操作

对会员或客户提供了折扣管理，可以对某个客户或特定等级的客户（会员）或所有客户（会员）进行某一个产品或多个产品的打折活动，可以指定折扣率，还可以指定打折的机构。折扣管理是非常灵活的，当设置了折扣规则后，在销售单据中就会出现销售产品对应的折扣了。

这里需要注意的是：当指定打折产品范围时，可以选择“所有产品”，在“折扣率”这一栏里输入统一的折扣率；当选择“指定具体产品”时，就需要在具体产品里面逐一设定产品折扣率。

【习题】

(1) 简述销售管理的主要环节。

(2) 请思考如图 8-3-26 所示的销售管理操作为销售人员带来了哪些便捷。

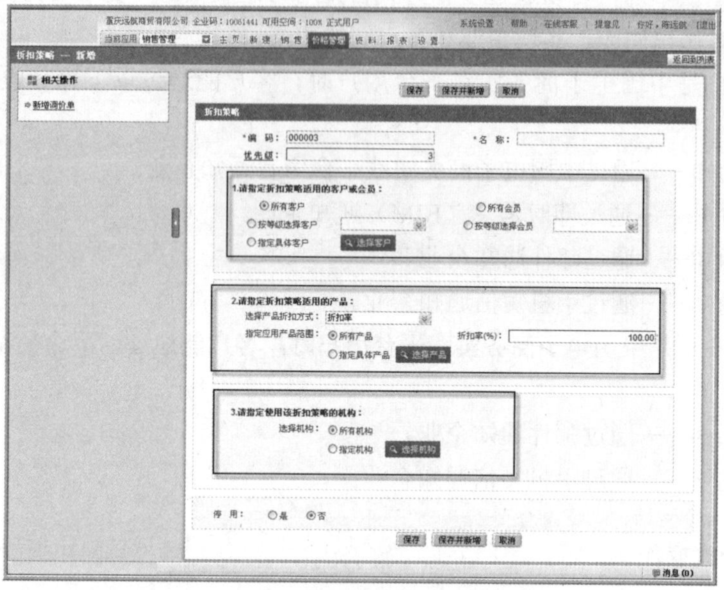

图 8-3-26 销售管理操作界面

实验 8-4 仓储管理

【实验目的与要求】

目的：通过模拟仓储环节的各个流程，了解如何有效地完成仓储，不仅完全掌握从入库到出库的操作方法，也让学生学习如何调整库位及完成库存盘点。除此之外，熟悉退换货的环节，把握仓储实验的整体流程。

要求：了解仓储配送的全过程。理解仓储配送环节有关的生产企业和仓储物流企业在电子商务过程中的作用；熟悉仓储配送的操作方式，掌握待发货、采购入库、销售出库、库位调整、拣货、仓库盘点、配送、发货、退货等交易环节的整体流程。

【实验说明】

本实验选用电子商务平台模拟系统。学生通过扮演网上交易仓储配送环节的角色，完成实验角色的完整操作流程并将相关数据记入实验报告，在实验报告中回答实验思考题，并写出自己参加本次实验的心得体会。通过本实验，学生可以了解仓储配送业务的整个过程，体会各关键步骤的设计理念。

【实验内容与步骤】

1. 待收货清单操作

步骤 1：显示待收货清单。

采购订单到期后，会自动在待收货清单列表区中显示出来，提醒用户及时进行处理（见图 8-4-1）。

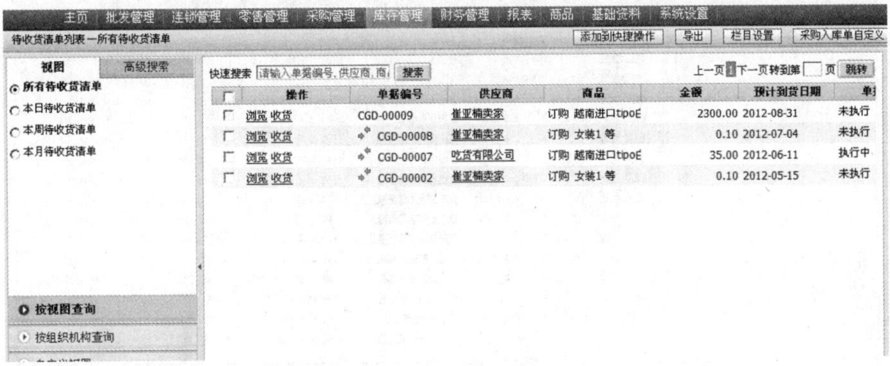

图 8-4-1　待收货清单界面

步骤 2：查看、删除、编辑。

查看到期采购订单：在列表中选择要查看的订单，单击订单前的“浏览”，弹出订单信息卡片。

注意：“待收货清单”中采购订单卡片的其他具体操作与采购订单相似，不过不能在列表区进行编辑操作。

步骤 3：查询到期订单状态。

订单通过“收货”或“付款”操作后，状态由“未执行”自动变为“已完成”，订单在“待收货清单”中消失。

到期订单自动生成入库单。在采购订单的“相关操作”中可以通过“收货”操作利用采购订单生成采购入库单。也可以在列表区通过“收货”操作生成采购入库单（见图 8-4-2）。

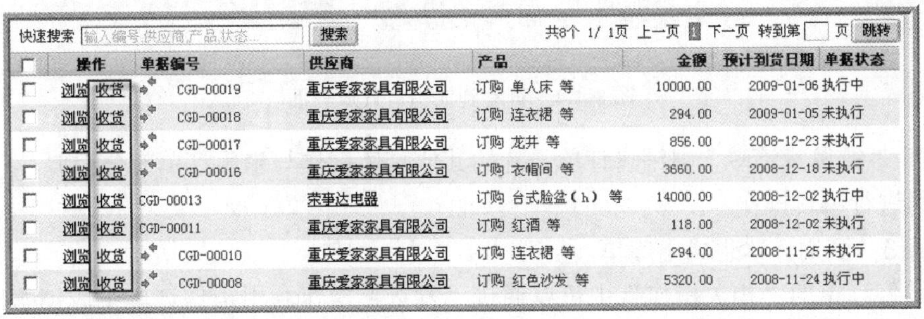

图 8-4-2　生成采购入库单操作界面

2. 待发货清单操作

步骤 1：显示待发货清单。

销售订单到期后，会自动在待发货清单列表区中显示出来，提醒用户及时进行处理。按照销售订单上的订货日期，中国电子商务实践平台将到期的采购订单自动加入“待发货清单”（见图 8-4-3）。

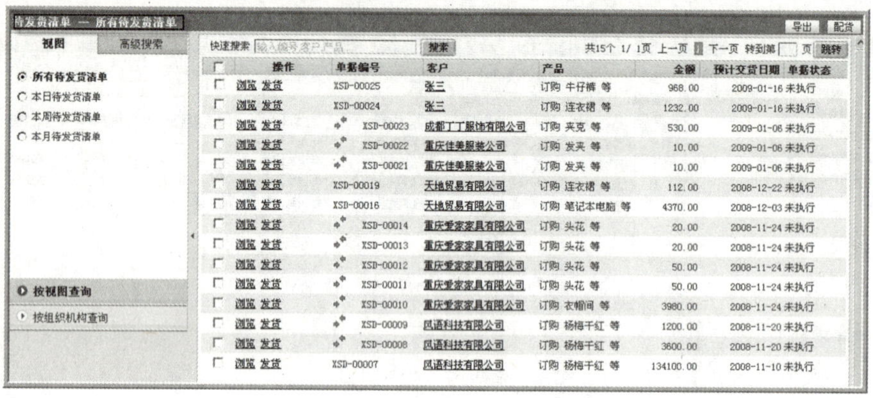

图 8-4-3 待发货清单界面

步骤 2：查看、删除、编辑。

单击“浏览”，弹出订单信息卡片，查看到期销售订单，如图 8-4-4 所示。

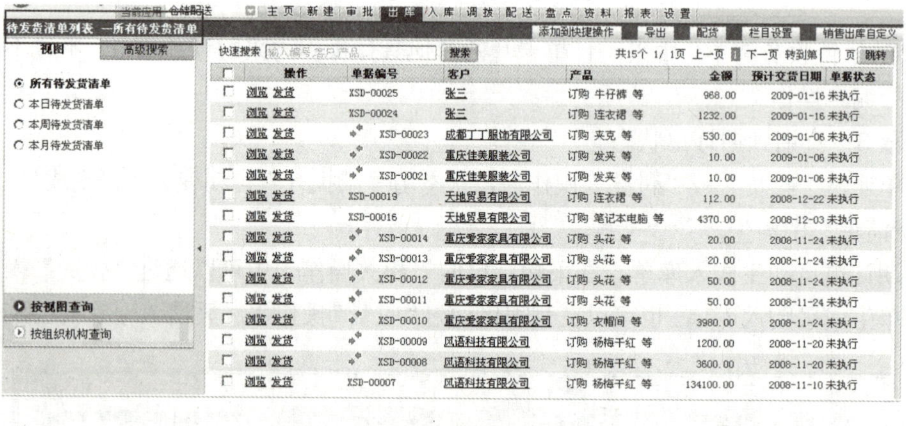

图 8-4-4 查看到期销售订单界面

注意：“待发货清单”中销售订单卡片的其他具体操作与销售订单部分相似，不过不能在列表区进行编辑操作。

步骤 3：到期订单生成出库单。

在销售订单的“相关操作”中可以通过“发货”操作利用销售订单生成销售出库单，参见销售订单生成出库单部分。也可以在列表区通过“发货”操作生成销售出库单（见图 8-4-5）。

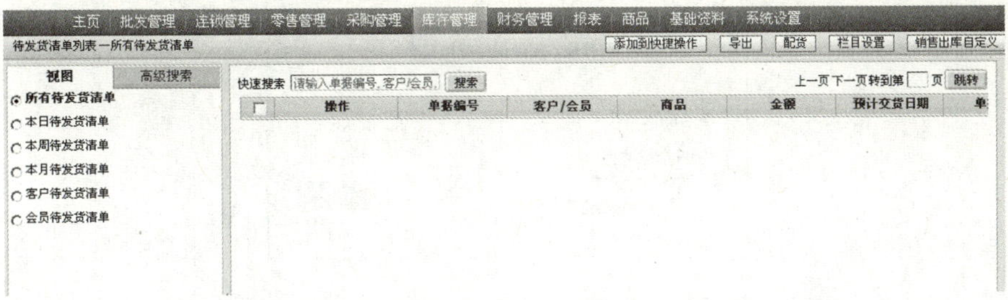

图 8-4-5　销售订单自动生成出库单操作界面

3. 其他入库操作

步骤 1：新建其他入库单。

其他入库功能用于处理非采购入库的库存入库业务。

入库单列表中的入库单据手动新建，如图 8-4-6 所示。

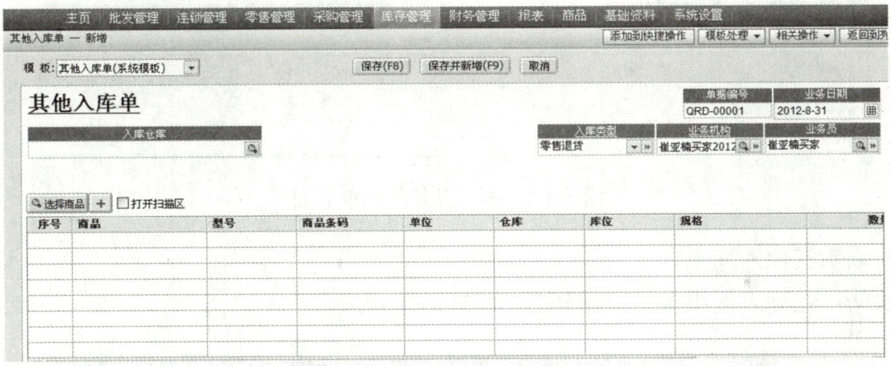

图 8-4-6　其他入库单列表界面

注意：表格中显示的内容可自行添加（见图 8-4-7）。

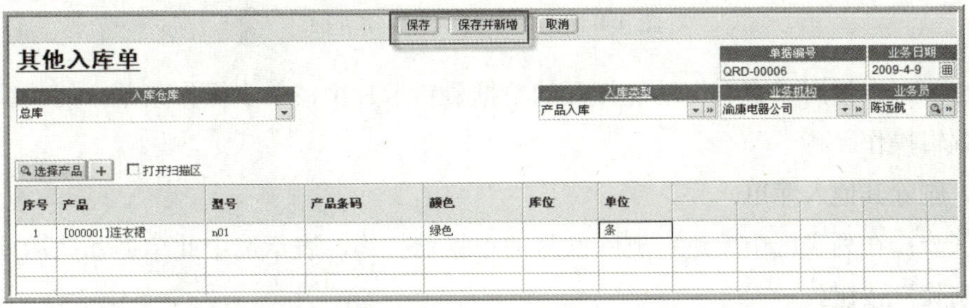

图 8-4-7　其他入库单填写界面

单击“保存并新增”按钮，保存现有单据并弹出新增下一个入库单卡片。单击“保存”按钮后弹出保存成功菜单，如图 8-4-8 所示。

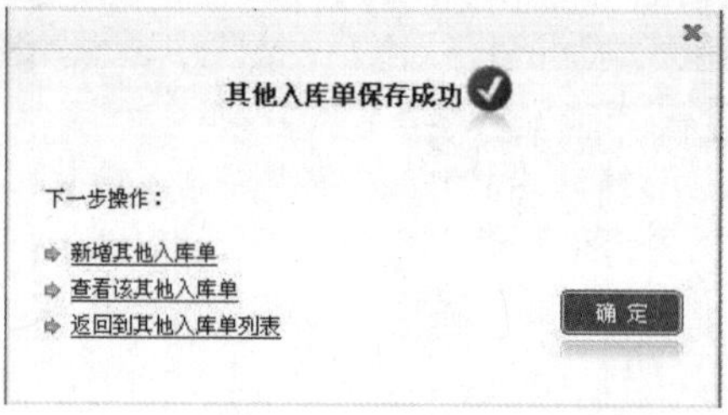

图 8-4-8 其他入库单保存成功提示界面

步骤 2：查看、编辑、删除。

（1）查看其他入库单。可以使用查看其他入库单功能了解其他入库单状态和单据来源。在列表区中单击单据编号即可弹出单据资料卡片，如图 8-4-9 所示。查看时不能对入库单进行编辑，若要编辑请参考编辑其他入库单部分。

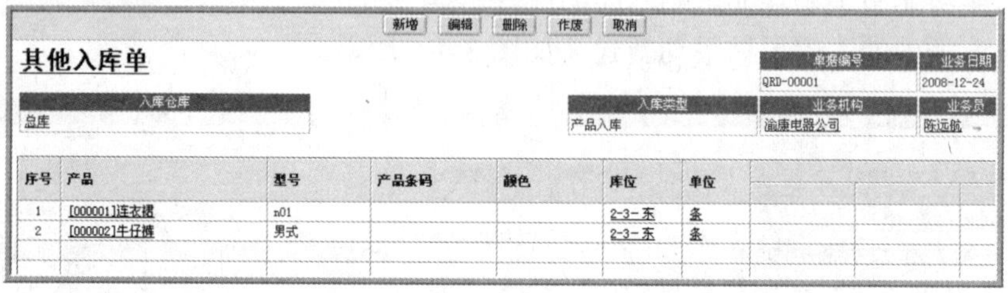

图 8-4-9 查看其他入库单界面

（2）编辑其他入库单。

方法一：在列表区中单击“编辑”，如图 8-4-10 所示。

图 8-4-10 编辑其他入库单界面

方法二：在使用“查看”功能打开的单据资料卡片中，单击操作菜单区的“编辑”按钮进行编辑操作。

（3）删除其他入库单。

方法一：在列表区中要进行删除操作的单据前打钩，表示选中此单据，然后单击右上角的“删除”按钮。

方法二：在使用“查看”功能打开的单据资料卡片中，单击操作菜单区的“删除”按钮。

步骤 3：查询、搜索其他入库单。

（1）查询其他入库单。使用左侧查询区域的分类功能，可以从多个维度进行查询，显示出符合要求的其他入库单。方框中的标题区对应显示查询状态，如图 8-4-11 所示。

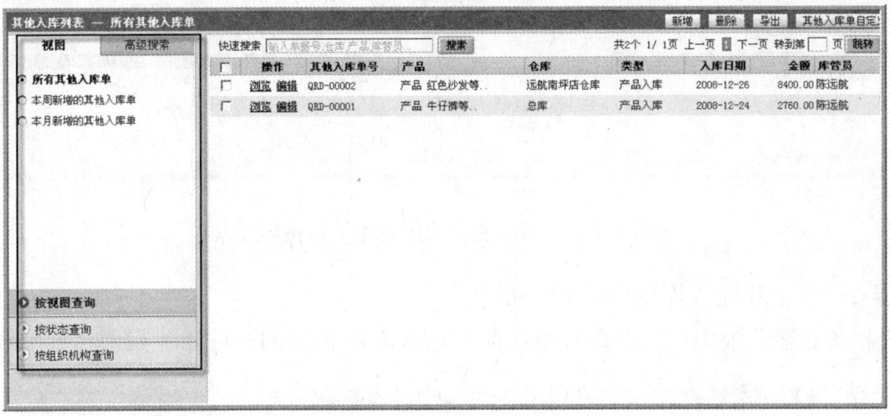

图 8-4-11　其他入库单查询界面

（2）搜索其他入库单。搜索分为高级搜索和快速搜索两种。对于快速搜索，在搜索栏中输入仓库、类型、产品、订单、业务员等关键字段，可以快速找到想要的入库单；对于高级搜索，可以从仓库、入库类型、产品、业务员、业务日期等几个条件综合查询得到结果（见图 8-4-12）。

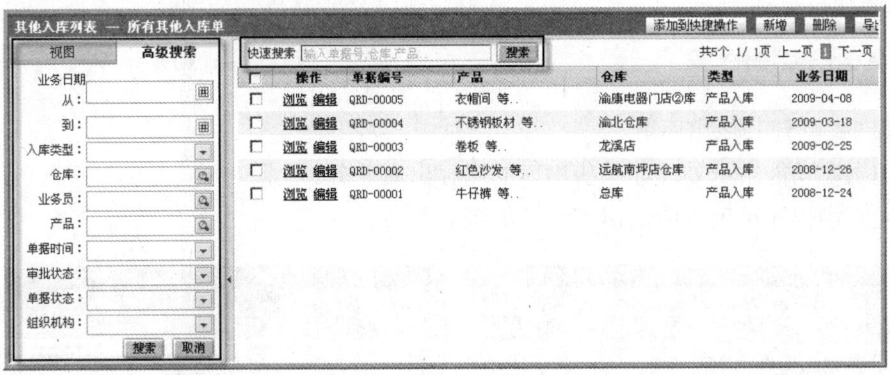

图 8-4-12　其他入库单搜索界面

步骤 4：单个其他入库单的“相关操作”。

使用“管理出入库类型”操作维护除采购入库和销售出库外的其他出入库类型（包括用户自定义的出入库类型），如销售退货、采购退货、门店售货、仓库调入等出入库类型，若需详细解释，请单击“查看”。“采购入库”操作新建一张采购入库单，具体操作请参考采购入库部分。“销售退货入库”操作可以查看该仓库销售退货类产品的入库情况（见图 8-4-13）。

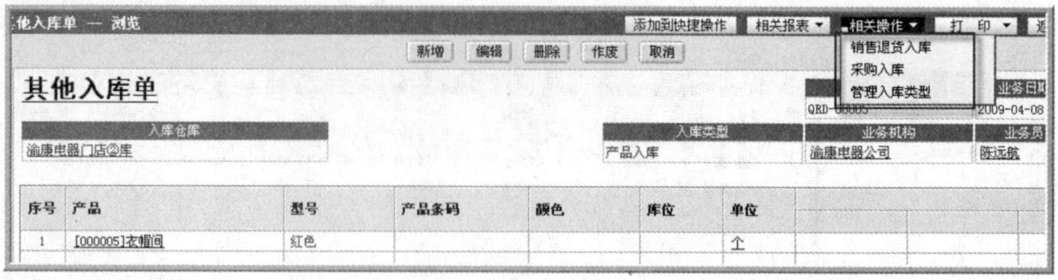

图 8-4-13　单个其他入库单相关操作界面

步骤 5：单个其他入库单的“相关报表”。

在“相关报表”区中，可以查看与当前其他入库单相关的一些单据信息（见图 8-4-14）。

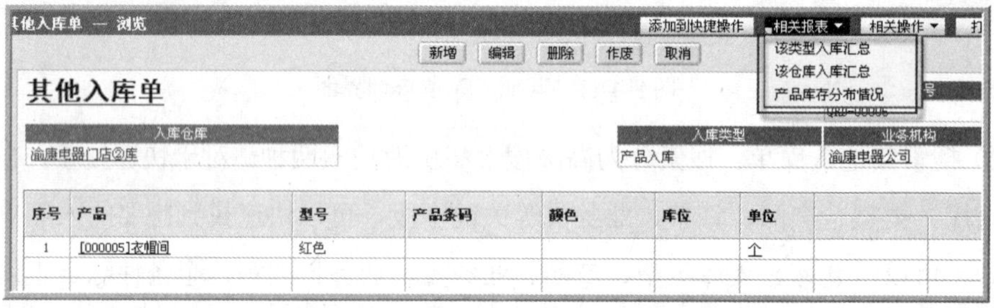

图 8-4-14　单个其他入库单“相关报表”界面

4. 其他出库操作

步骤 1：新建其他出库单。

其他出库功能用于处理非销售出库的库存出库业务。

手动新增出库单列表中的出库单，如图 8-4-15 所示。

图 8-4-15　新增其他出库单

注意：带“*”为必填项。表格中显示的内容可自行添加（见图 8-4-16）。

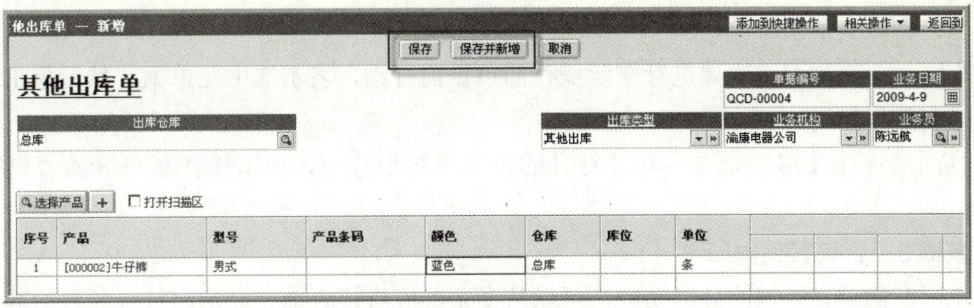

图 8-4-16 其他出库单新增界面

单击“保存并新增”按钮，保存现有单据并弹出新增下一个出库单卡片，单击“保存”按钮后弹出保存成功菜单，如图 8-4-17 所示。

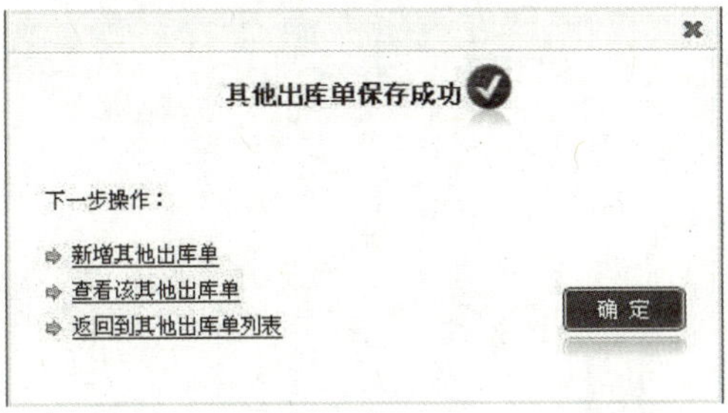

图 8-4-17 其他出库单保存成功提示界面

步骤 2：查看、编辑、删除。

（1）查看其他出库单。可以使用查看其他出库单功能了解其他出库单状态和单据来源。在列表区中单击“浏览”按钮即可弹出单据资料卡片，如图 8-4-18 所示。查看时不能对出库单进行编辑，若要编辑请参考编辑其他出库单部分。

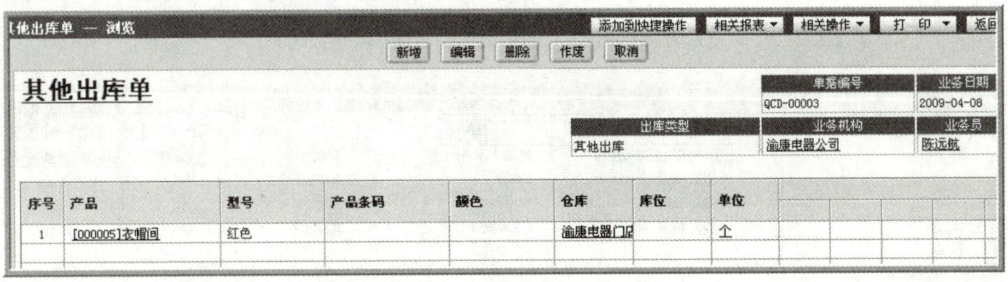

图 8-4-18 查看其他出库单界面

（2）编辑其他出库单。

方法一：在列表区中单击“编辑”。

方法二：在使用“浏览”功能打开的单据资料卡片中，单击操作菜单区的“编辑”按钮进行编辑操作。

(3) 删除其他出库单。

方法一：在列表区中要进行删除操作的单据前打钩，表示选中此单据。然后单击右上角的“删除”按钮。

方法二：在使用“查看”功能打开的单据资料卡片中，单击操作菜单区的“删除”按钮。

步骤 3：查询其他出库单。

使用左侧查询区域的分类功能，可以从多个维度进行查询，显示出符合要求的其他出库单。方框中的标题区对应显示查询状态，如图 8-4-19 所示。

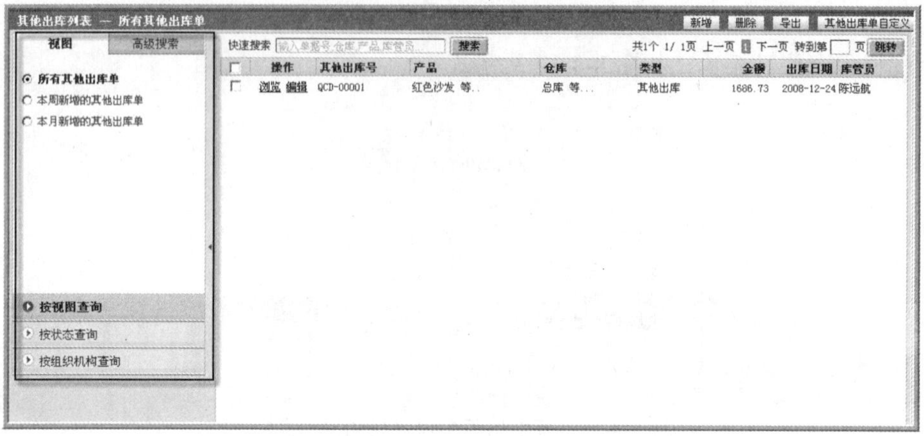

图 8-4-19 查询其他出库单界面

步骤 4：搜索其他出库单。

搜索分为高级搜索和快速搜索两种。对于快速搜索，在搜索栏中输入仓库、类型、产品、订单、业务员等关键字段，可以快速找到想要的出库单；对于高级搜索，可以从仓库、出库类型、产品、业务员、业务日期几个条件综合查询得到结果（见图 8-4-20）。

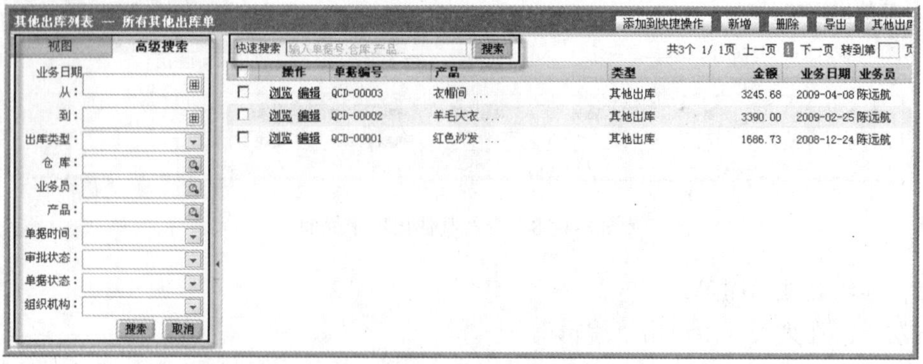

图 8-4-20 搜索其他出库单界面

步骤 5：单个其他出库单的“相关操作”。

使用“管理出入库类型”操作维护除销售出库外的其他出库类型（包括用户自定义的出库类型），如销售退货、门店售货、仓库调出等出库类型。若需详细解释，请单击“查看”。“销售出库”操作新建一张销售出库单，具体操作请参考销售出库部分。“采购退货出库”操作可以查看该仓库的销售退货类的产品出库情况（见图 8-4-21）。

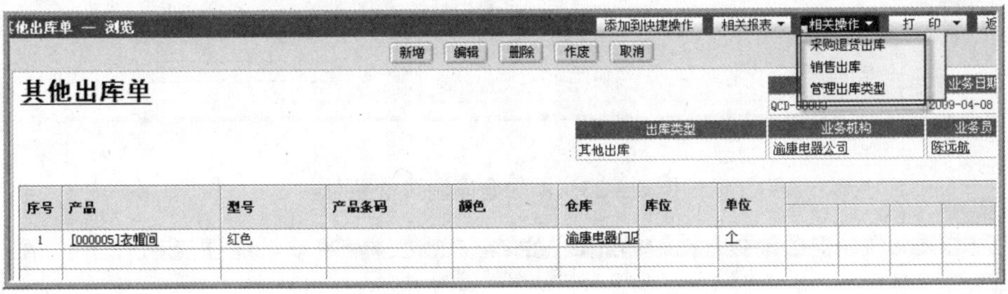

图 8-4-21　单个其他出库单“相关操作”界面

步骤 6：单个其他出库单的“相关报表”。

在“相关报表”区中，可以查看与当前其他出库单相关的一些单据信息（见图 8-4-22）。

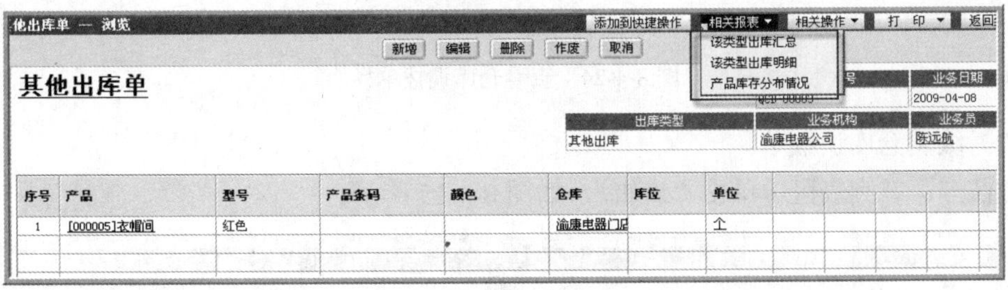

图 8-4-22　单个其他出库单“相关报表”界面

5. 仓库调拨操作

步骤 1：新增仓库调拨单。

仓库调拨单用于处理产品在单位内部产品仓库之间的转移业务。

图 8-4-23 所示表格中显示的内容可自行添加。

单击“保存并新增”按钮，保存现有单据并弹出新增下一个调拨单卡片，单击“保存”按钮后弹出保存成功菜单。

步骤 2：查看、编辑、删除。

（1）查看仓库调拨单。可以使用查看仓库调拨单功能了解仓库调拨单状态。在列表区中单击“浏览”按钮即可弹出单据资料卡片，如图 8-4-24 所示。查看时不能对调拨单进行编辑，若要编辑请参考编辑仓库调拨单部分。

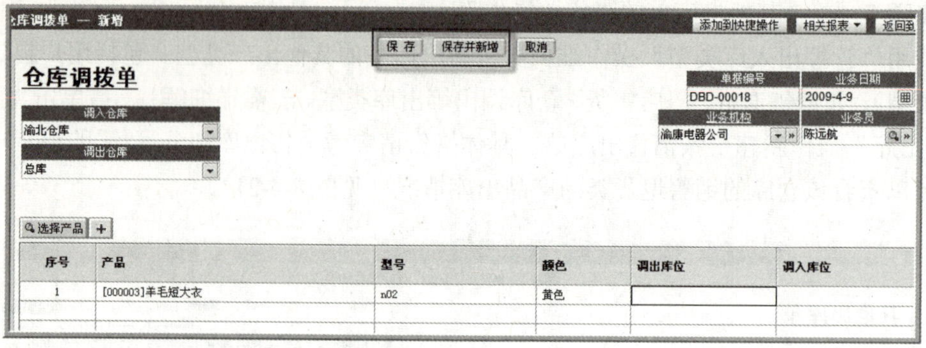

图 8-4-23 添加仓库调拨单界面

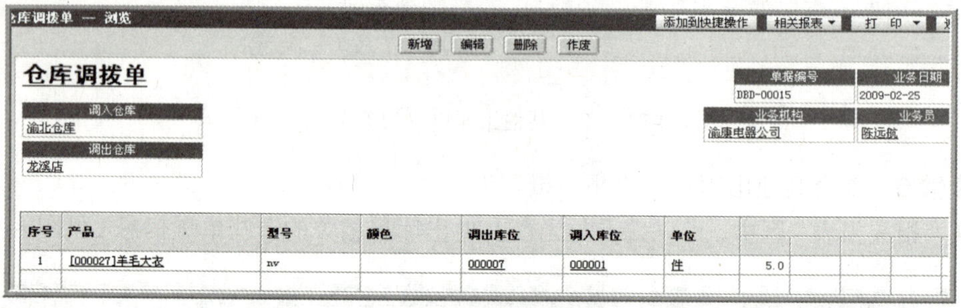

图 8-4-24 查看仓库调拨单界面

（2）编辑仓库调拨单。

方法一：在列表区中单击“编辑”，如图 8-4-25 所示。

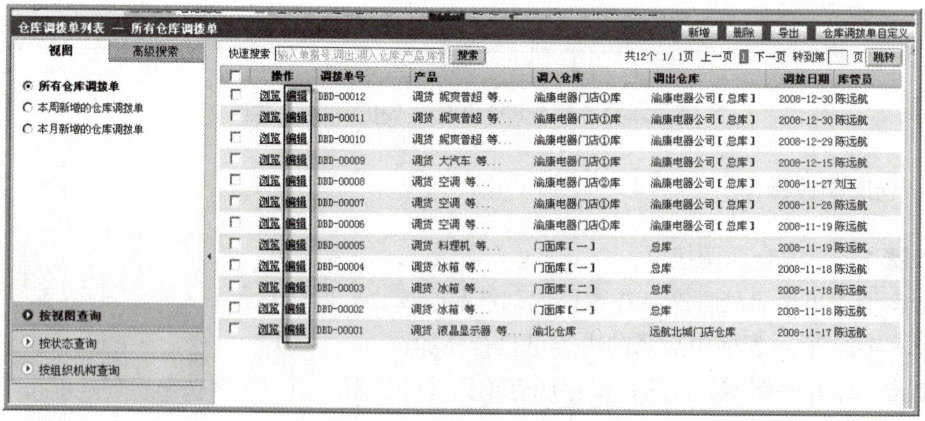

图 8-4-25 编辑仓库调拨单操作界面

方法二：在使用“查看”功能打开的单据资料卡片中，单击操作菜单区的“编辑”。

（3）删除仓库调拨单。

方法一：在列表区中要进行删除操作的单据前打钩，表示选中此单据，然后单击右上角的“删除”按钮。

方法二：在使用“查看”功能打开的单据资料卡片中，单击操作菜单区的“删除”按钮。

步骤 3：查询、搜索调拨单。

（1）查询调拨单。

使用左侧查询区域的分类功能，可以从多个维度进行查询，显示出符合要求的调拨单。

（2）搜索其他调拨单。

搜索分为高级搜索和快速搜索两种。对于快速搜索，在搜索栏中输入调拨单编号、调入仓库名称、调出仓库名称、产品名称、库管员等关键字段，可以快速找到想要的入库单；对于高级搜索，可以从调拨单编号、调入仓库名称、调出仓库名称、产品名称、库管员、日期等几个条件综合查询得到结果。

步骤 4：单个仓库调拨单的“相关报表”界面如图 8-4-26 所示。

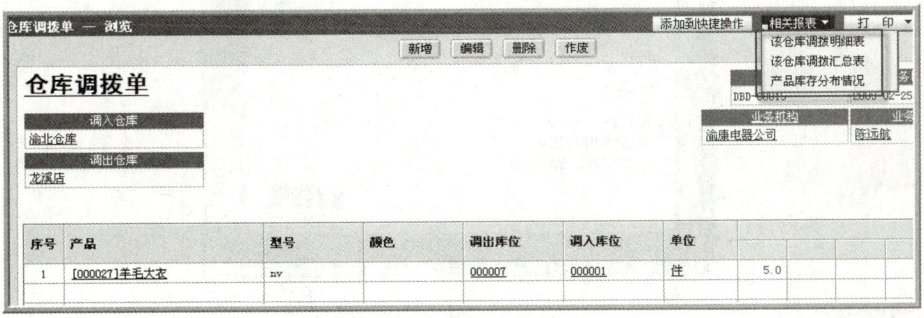

图 8-4-26　单个仓库调拨单“相关报表”界面

6. 库位调整操作

步骤 1：新建库位调整单。

库位调整是同一个仓库里面不同库位间的调整。新增库位调整单界面如图 8-4-27 所示。

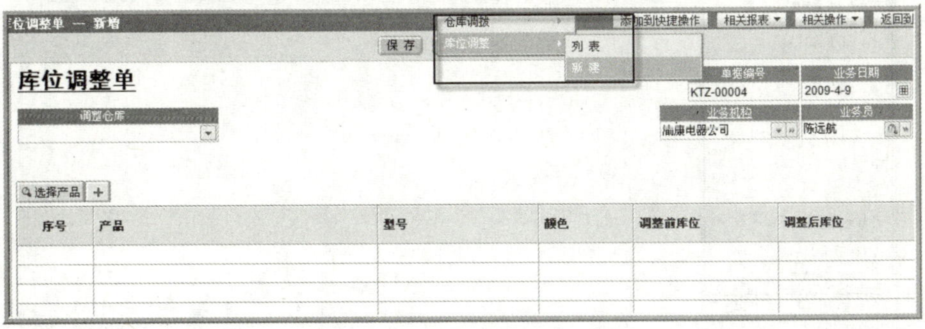

图 8-4-27　新增库位调整单界面

选择要进行库位调整的仓库，在表格的空白处根据自己的需要进行自行添加，在表格中选择要进行调整的库位，选择要调整的数量，最后单击“保存”按钮生成一张库位调整单（见图 8-4-28 和图 8-4-29）。

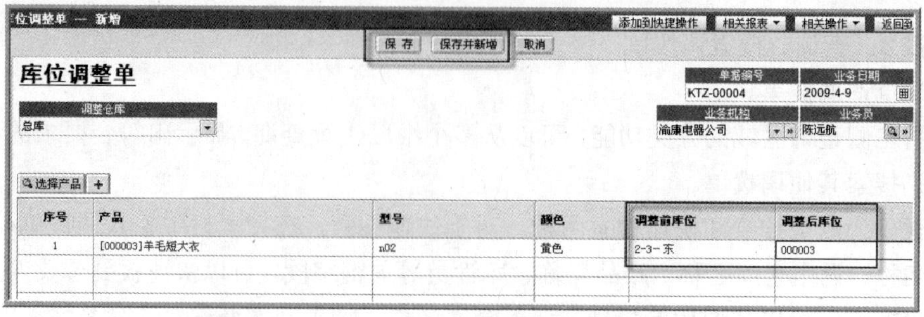

图 8-4-28 库位调整操作界面

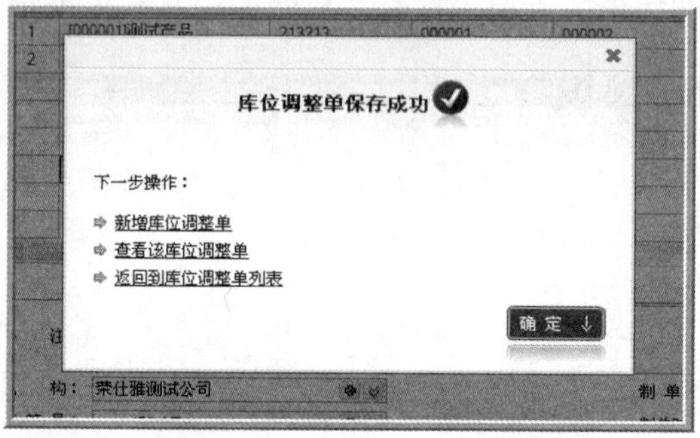

图 8-4-29 库位调整单保存结果提示

步骤 2：库位调整单的查询、编辑及删除。

在库位调整单列表中可以查看库位调整单，在左侧可以根据不同的查询条件对库位调整单进行查询（见图 8-4-30）。

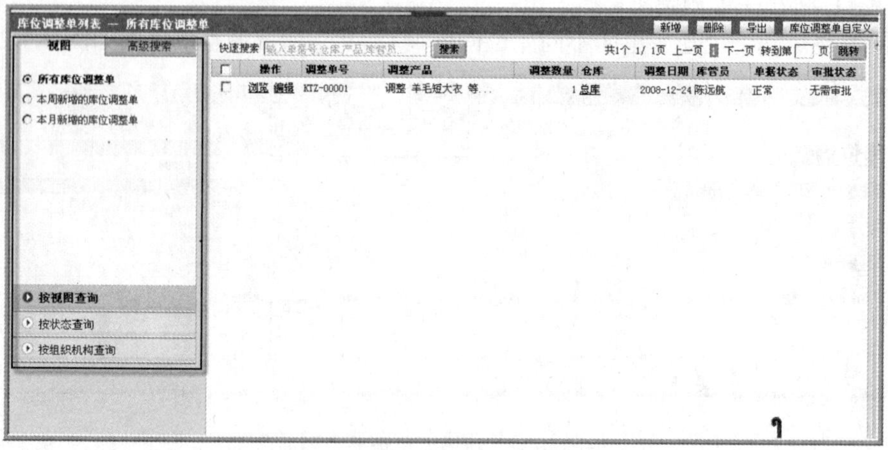

图 8-4-30 查询库位调整单

也可以通过快速搜索的方式快速查询到相关的库位调整单。

单击库位调整单列表中库位调整单右侧的“编辑”，就可以对单据进行修改（见图 8-4-31）。

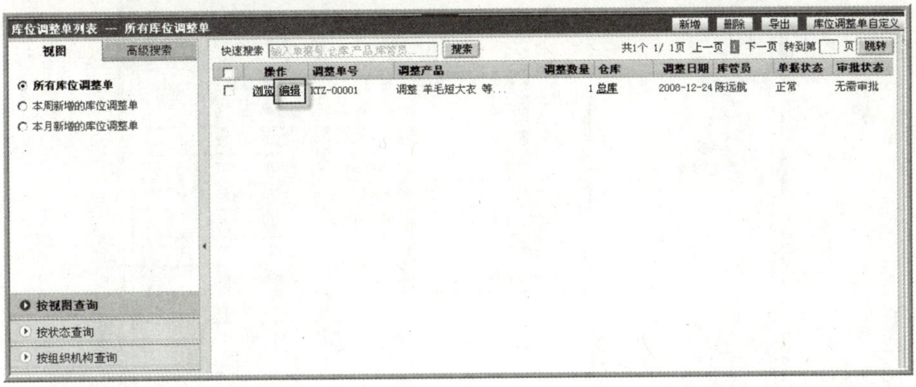

图 8-4-31　编辑库位调整单界面

在想要删除的单据前打钩，单击上面的“删除”按钮，即可对单据进行删除（见图 8-4-32）。

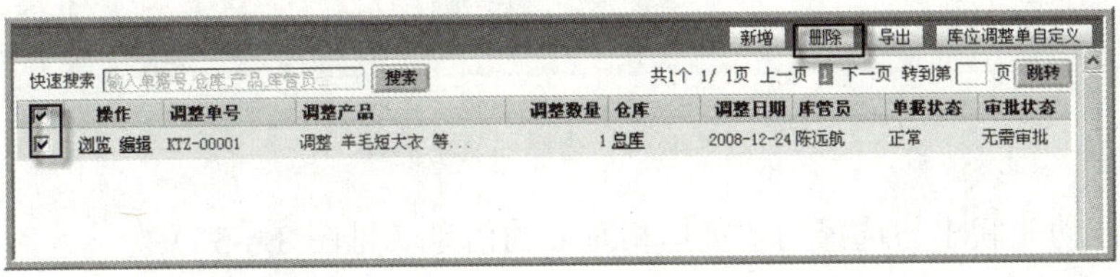

图 8-4-32　删除库位调整单操作界面

7. 配货操作

库管人员可以通过配货操作对门店或客户进行配货。

步骤 1： 根据要货单生成配货计划。

系统支持门店配货及混合配货的方式，可针对要货单生成配货计划（见图 8-4-33）。

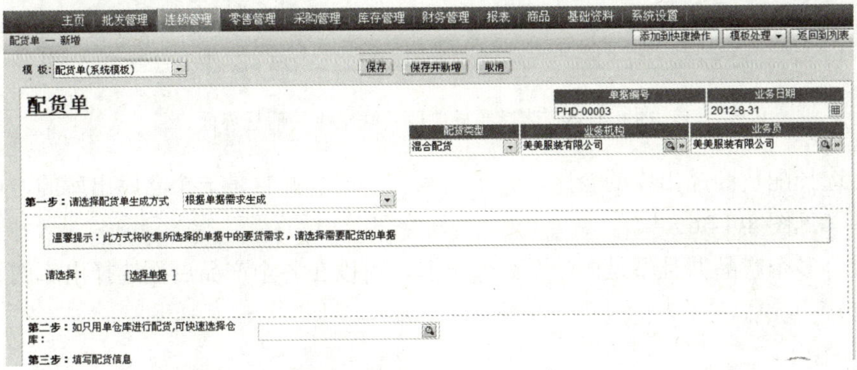

图 8-4-33　配货类型界面

选择好配货类型后单击“选择单据”按钮，选择要配货的要货单（见图 8-4-34）。

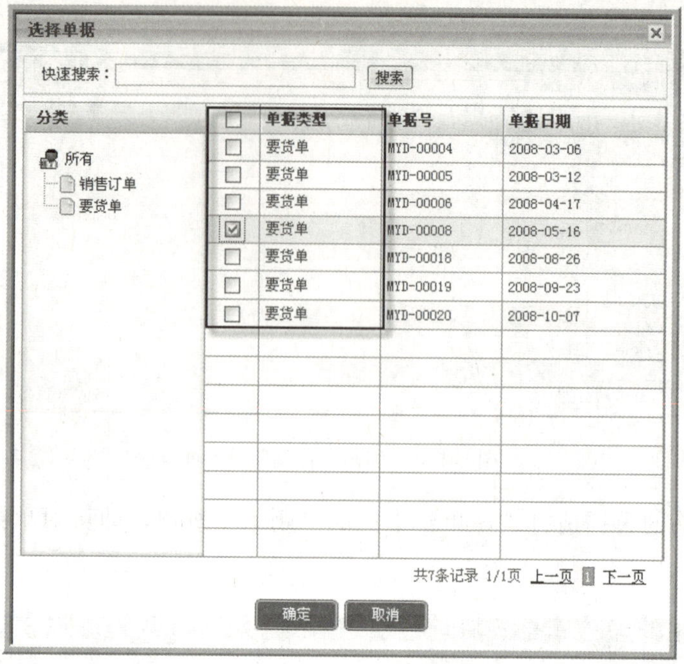

图 8-4-34 选择要货单界面

系统会自动关联出与选择的要货单相对应的信息（见图 8-4-35）。

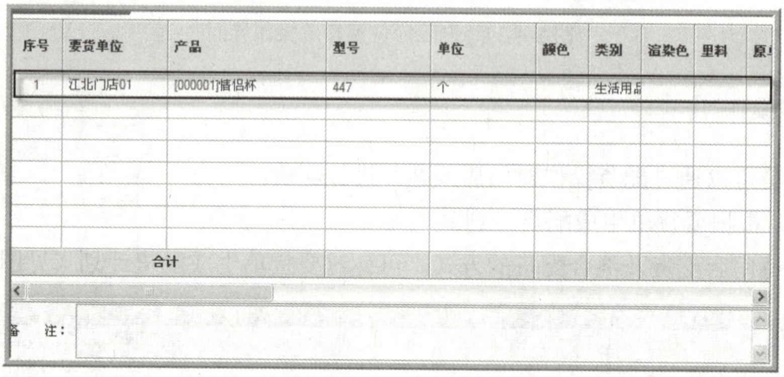

图 8-4-35 选择要货单后关联出相关信息界面

然后选择配货商品出库的仓库，如果只有一个产品并且是一个仓库出库的，可以快速选择仓库（见图 8-4-36）。

如果有多个产品并且不是同一个仓库出库，可以在各个产品后面选择出库的仓库（见图 8-4-37）。

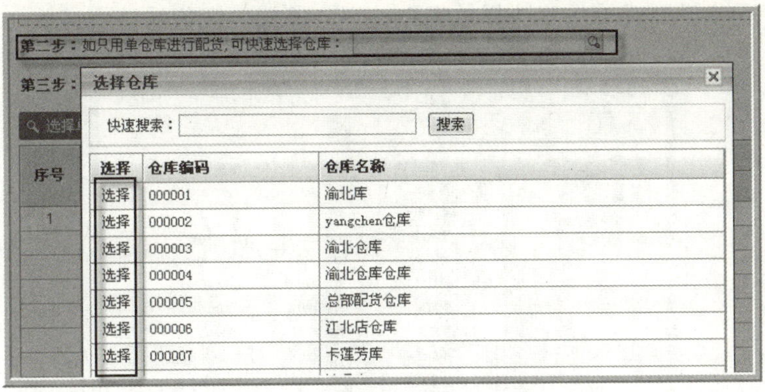

图 8-4-36　快速选择仓库界面

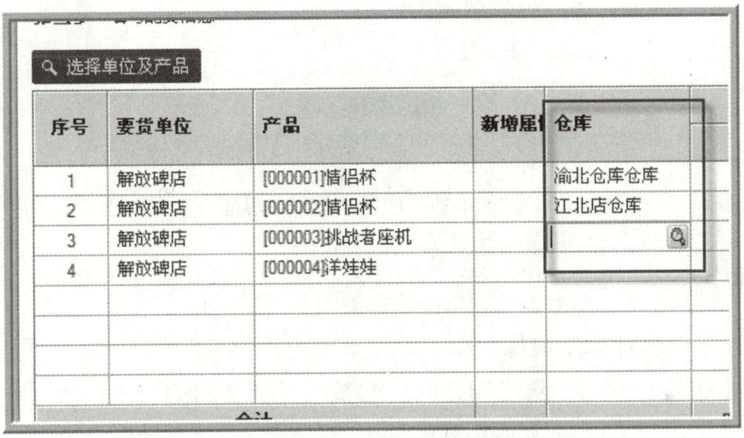

图 8-4-37　选择多个仓库出库界面

最后单击“保存”即可生成配货计划。

步骤 2：根据销售订单生成配货计划。

系统支持采用“客户配货”及“混合配货”两种方式来对销售订单进行配货（见图 8-4-38）。

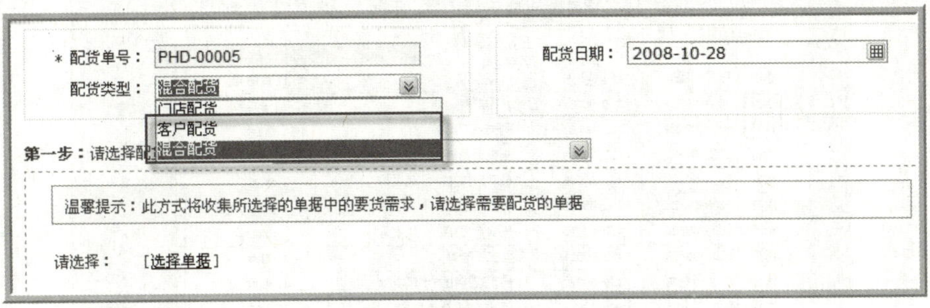

图 8-4-38　选择“客户配货”或“混合配货”界面

在选择好配货类型后单击“选择单据”按钮，选择要配货的销售订单（见图 8-4-39）。

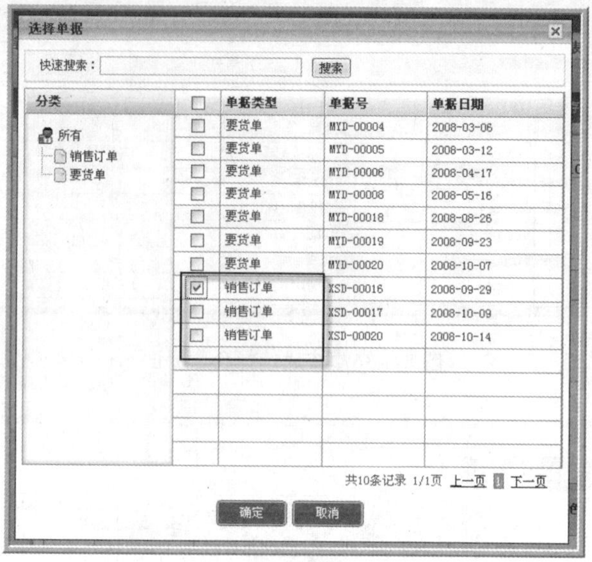

图 8-4-39 选择销售订单界面

8. 拣货操作

步骤 1：根据销售订单生成拣货单。

拣货是处于销售订单与销售出库之间、配货与发货之间的一个环节，实现同一仓库中不同库位的产品同时出库（见图 8-4-40）。

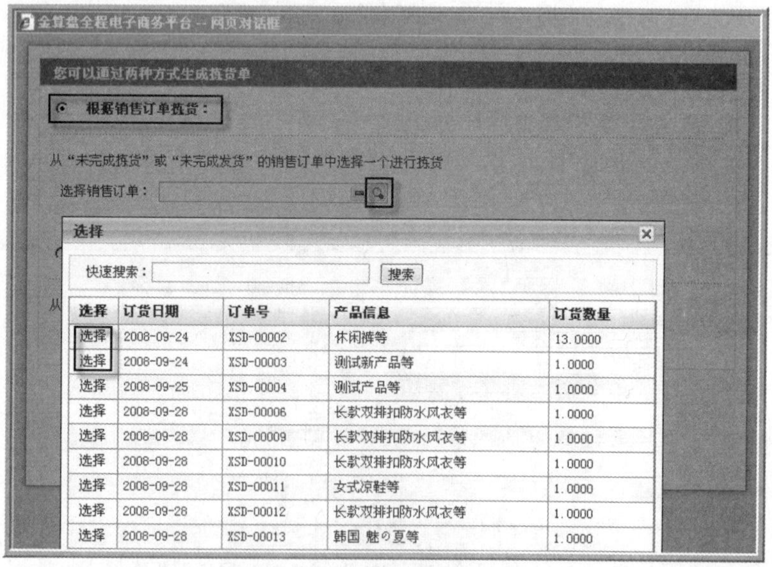

图 8-4-40 新增拣货界面

在选择了销售订单之后，单击“下一步”按钮进入下一个界面，选择仓库及要拣入的库位，进行拣货（见图 8-4-41）。

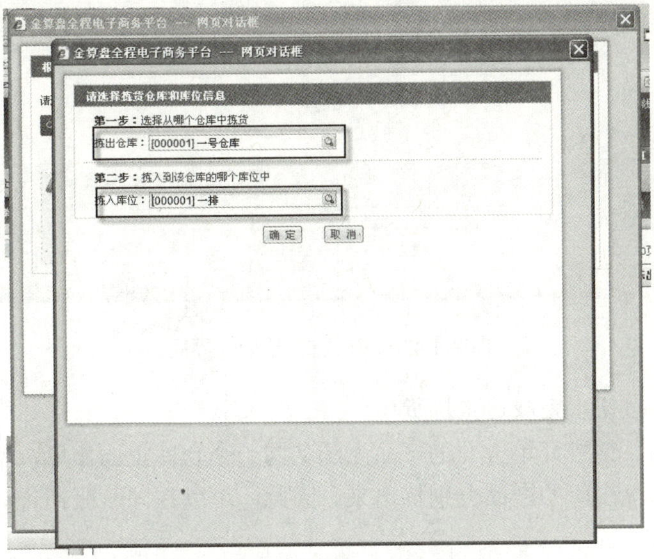

图 8-4-41　拣货操作步骤界面

单击“确定”按钮后生成拣货单，立即弹出生成拣货单完毕提示对话框，这里同时会提示对拣货单进行编辑，单击“点击编辑”按钮，进入拣货单编辑页面，对拣货数量进行选择（见图 8-4-42）。

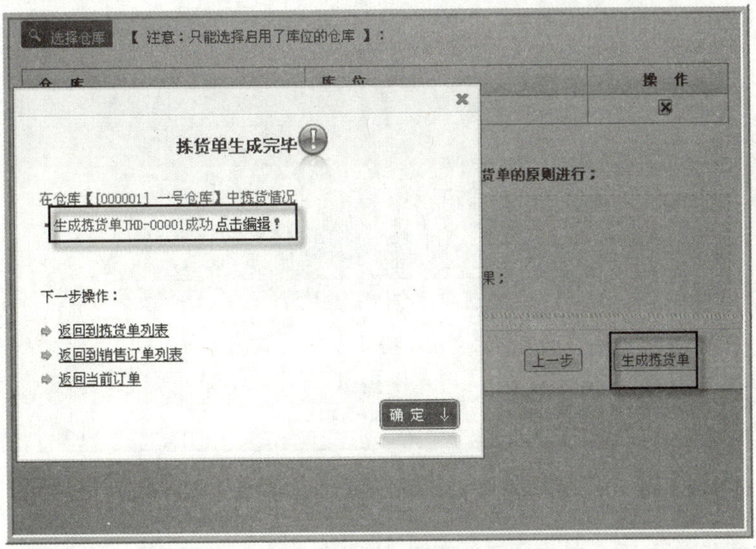

图 8-4-42　拣货单提示界面

在编辑拣货单页面里，修改要拣货的产品数量（见图 8-4-43）。

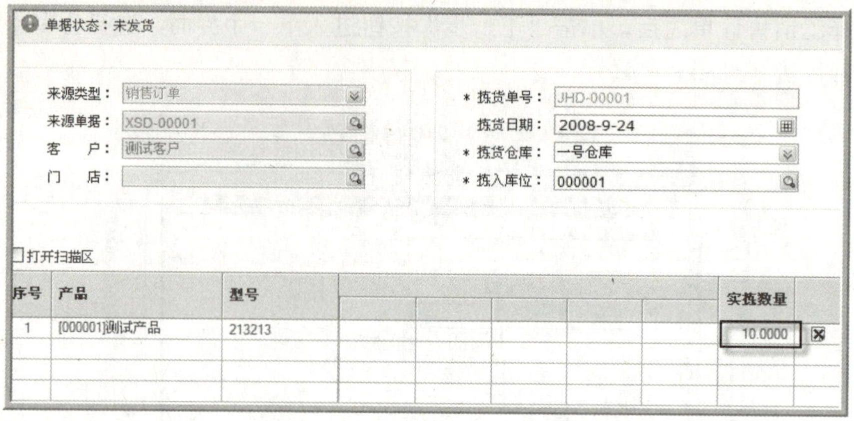

图 8-4-43 编辑拣货单操作界面

单击“保存”按钮，完成这张拣货单。

由于多数时候，销售订单上面的产品无法从同一个仓库里面出库，所以在拣货时就是将需要从不同仓库里出库的产品分别拣出来。因此，可以在同一张销售订单中进行多次拣货。

步骤 2：根据配货单拣货。

首先选择配货单（见图 8-4-44）。

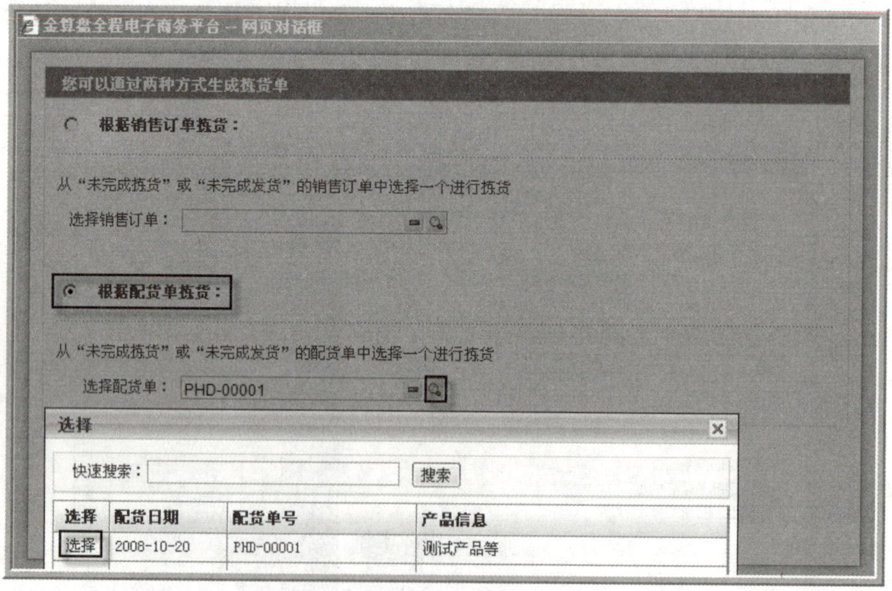

图 8-4-44 选择配货单

在选择了配货单之后，单击“下一步”按钮进入下一个界面，选择要拣入的库位，进行拣货（见图 8-4-45）。

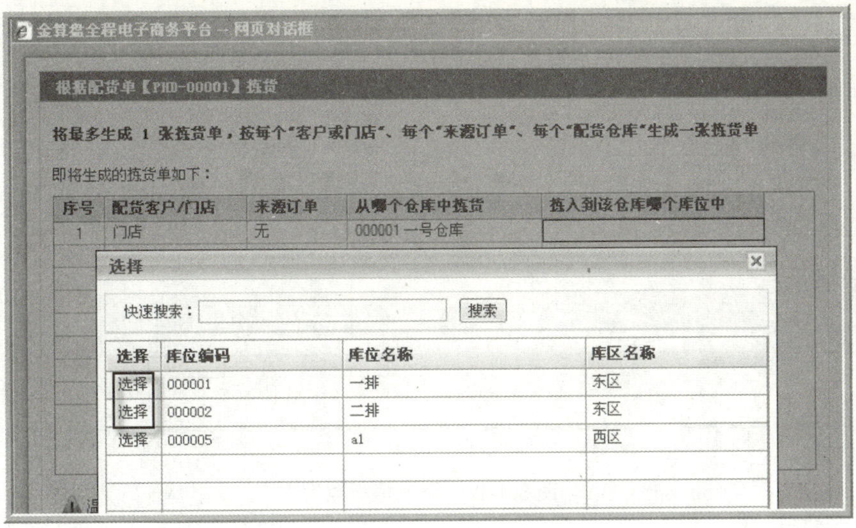

图 8-4-45 选择要拣入的库位

单击"生成拣货单"按钮，拣货单即生成完毕，这里会提示用户对拣货单进行编辑，单击"点击编辑"，进入拣货单编辑页面，对拣货数量进行选择（见图 8-4-46 和图 8-4-47）。

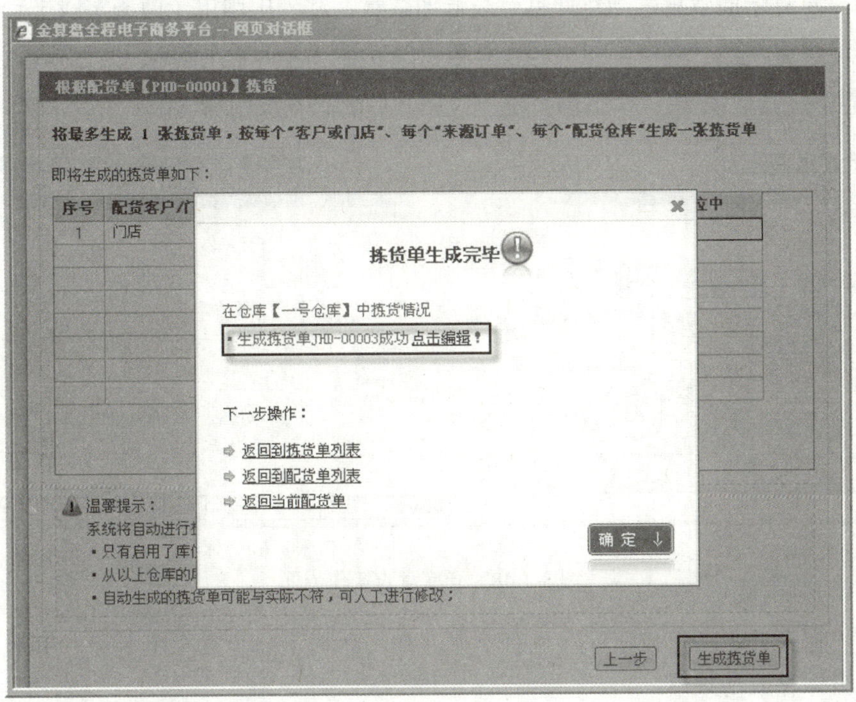

图 8-4-46 生成拣货单

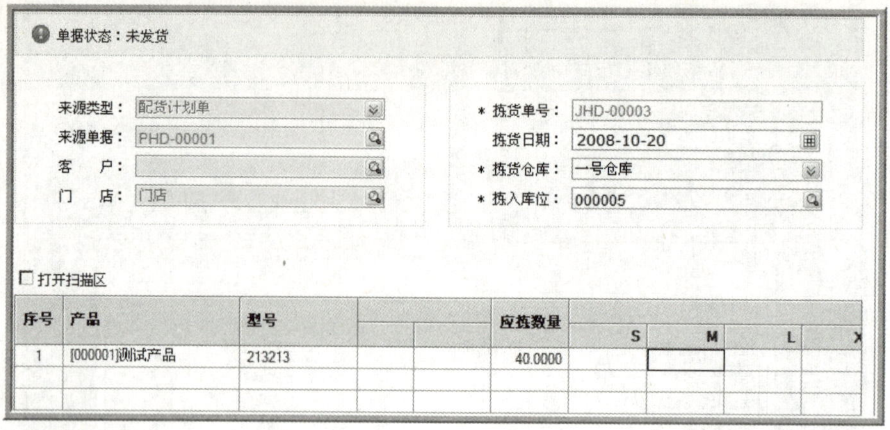

图 8-4-47　修改拣货数量

9. 仓库盘点操作

仓库盘点在一级菜单的“盘点”功能中，并根据盘点结果直接生成报损单和报溢单。

步骤 1：新建仓库盘点单。

使用“重算账面数量”操作计算产品账面数量，此外中国电子商务实践平台还能自动计算出报损报溢数据。表格中显示的内容可自行添加（见图 8-4-48）。

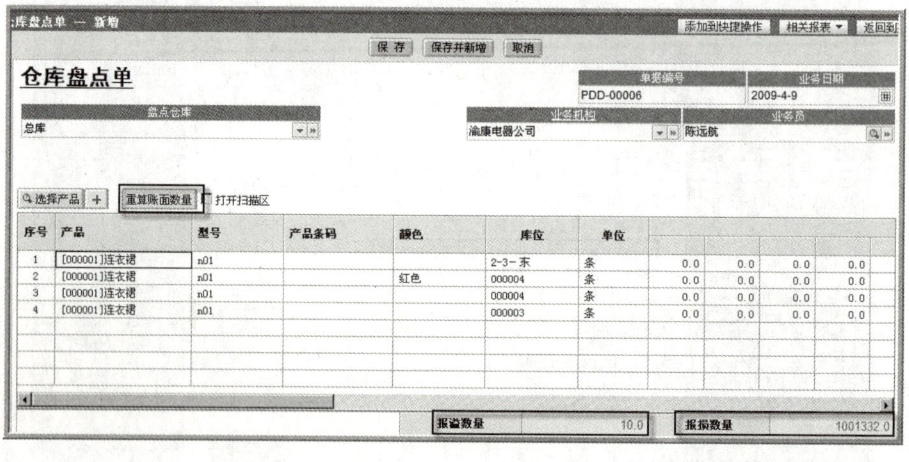

图 8-4-48　仓库盘点操作界面

单击“保存并新增”按钮保存现有单据并弹出新增下一个盘点单卡片，单击“保存”按钮后弹出保存成功菜单。

步骤 2：查看、编辑、删除。

（1）查看仓库盘点单。可以使用查看盘点单功能了解盘点单状态。在列表区中单击“浏览”按钮即可弹出单据资料卡片，如图 8-4-49 所示。查看时不能对盘点单进行编辑，若要编辑请参考编辑仓库盘点单部分。

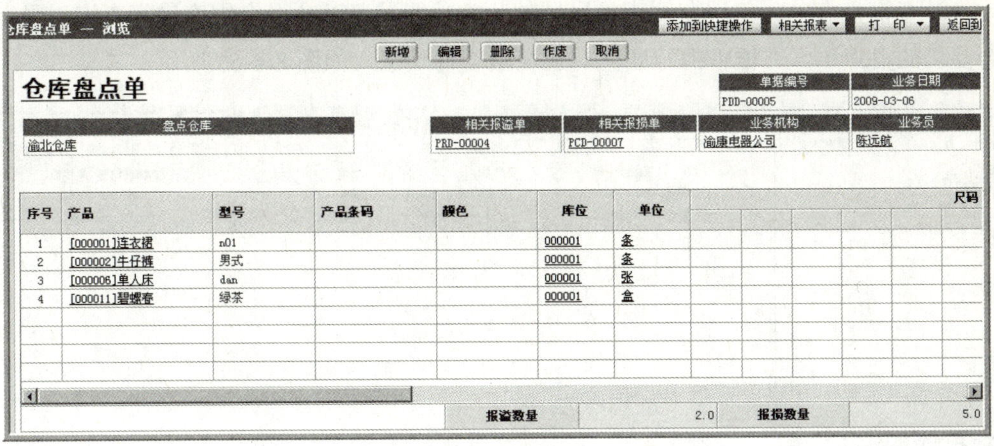

图 8-4-49 查看仓库盘点单界面

（2）编辑仓库盘点单。

方法一：在列表区中单击“编辑”，如图 8-4-50 所示。

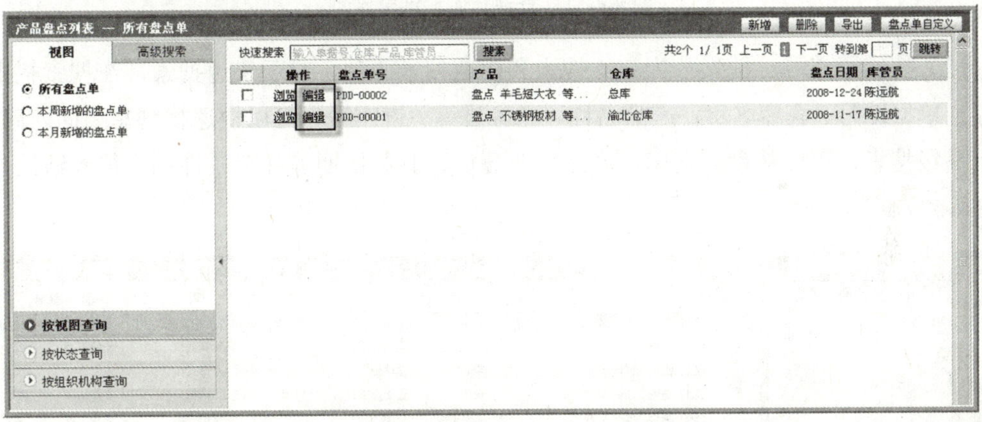

图 8-4-50 编辑仓库盘点单操作界面

方法二：在使用“浏览”功能打开的单据资料卡片中，单击操作菜单区的“编辑”按钮。

（3）删除仓库盘点单。

方法一：在列表区中要进行删除操作的单据前打钩，表示选中此单据，然后单击右上角的“删除”按钮。

方法二：在使用“查看”功能打开的单据资料卡片中，单击操作菜单区的“删除”按钮。

步骤 3：查询、搜索盘点单。

（1）查询盘点单。使用左侧查询区域的分类功能，可以从多个维度进行查询，显示出符合要求的盘点单。方框中的标题区对应显示查询状态，如图 8-4-51 所示。

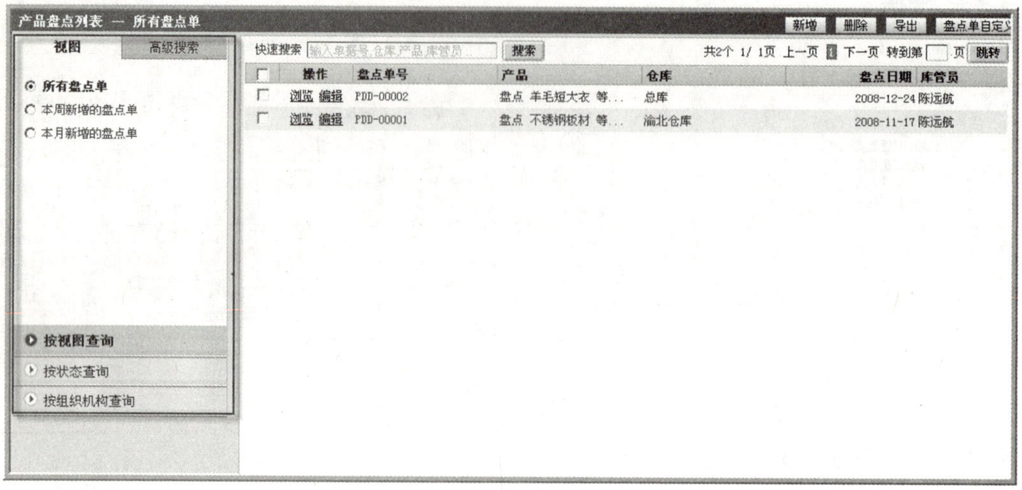

图 8-4-51　查询仓库盘点单界面

（2）搜索盘点单。搜索分为高级搜索和快速搜索两种。对于快速搜索，在搜索栏中输入盘点单据编号、仓库名称、产品名称、业务员等关键字段，可以快速找到想要的入库单；对于高级搜索，可以从盘点仓库、产品、业务员、业务日期等几个条件综合得到结果（见图 8-4-52）。

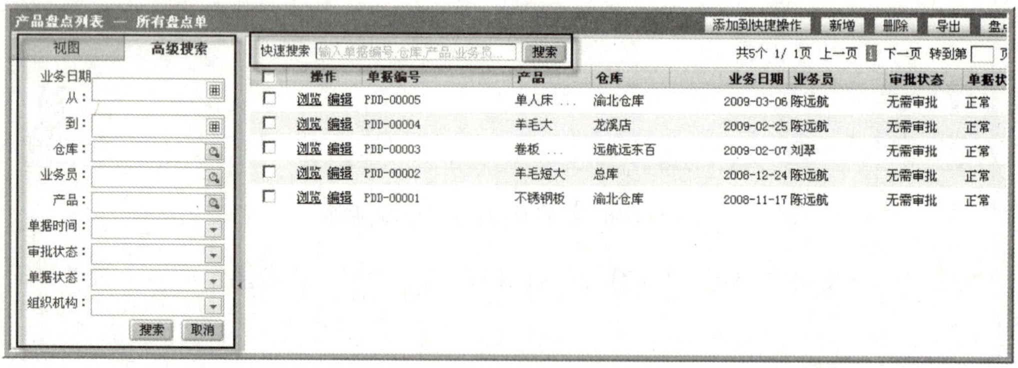

图 8-4-52　搜索仓库盘点单界面

步骤 4：单个盘点单的“相关报表”。

在“相关报表”区中，可以查看与当前盘点单相关的一些单据信息（见图 8-4-53）。

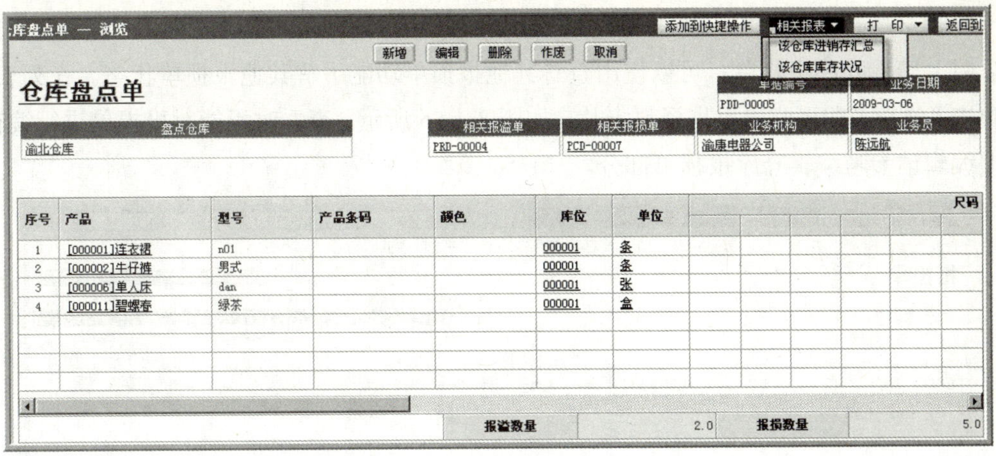

图 8-4-53　盘点单的“相关报表”界面

10. 盘点生成报损、报溢

仓库盘点在一级菜单的“盘点”功能中，报损报溢用于管理库存损溢情况。

注意：报损、报溢的功能在操作上类似。

步骤 1： 新建报损单。

只有通过盘点单生成的报损单才显示“盘点单号”栏目，且盘点单生成的报损单不能进行编辑（见图 8-4-54）。

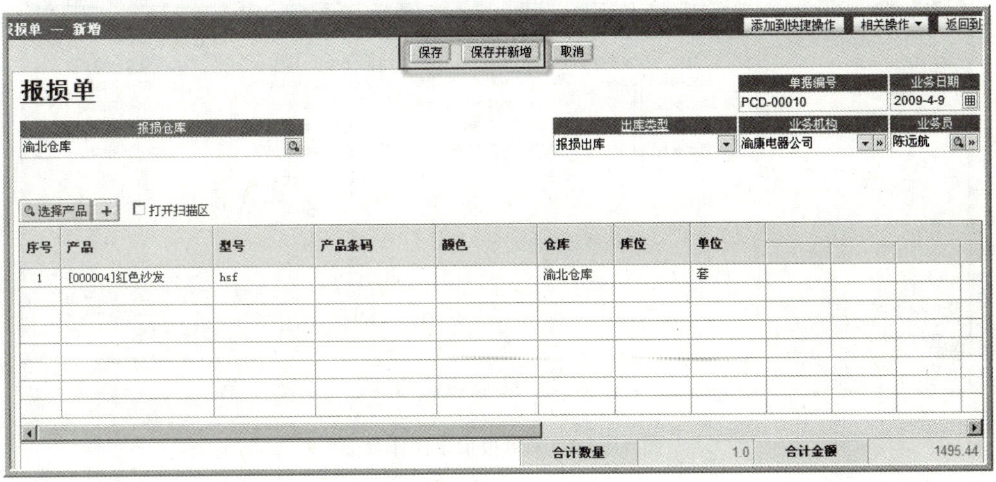

图 8-4-54　新增报损单界面

单击“保存并新增”按钮，保存现有单据并弹出新增下一个报损单卡片，单击“保存”按钮后弹出保存成功菜单。

步骤 2：查看、编辑、删除。

（1）查看仓库报损单。可以使用查看其他报损单功能了解其他报损单状态。在列表区中单击“浏览”即可弹出单据资料卡片，如图 8-4-55 所示。查看时不能对报损单进行编辑，若要编辑请参考编辑仓库报损单部分。

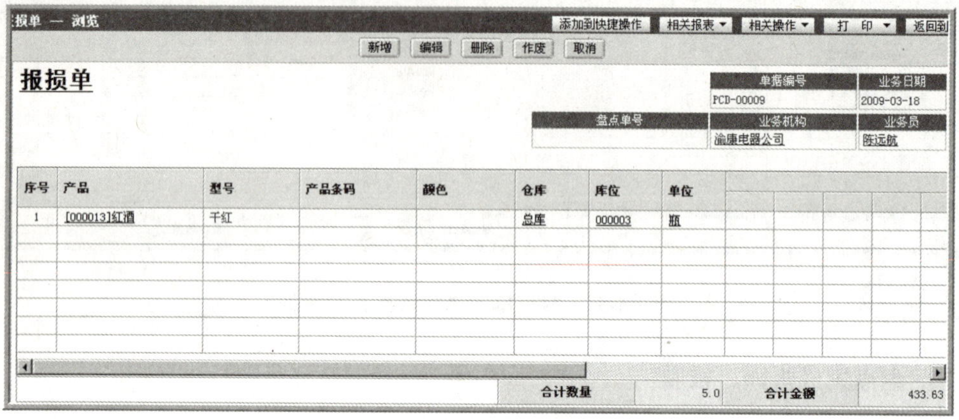

图 8-4-55　查看报损单界面

（2）编辑仓库报损单。由盘点单生成的报损报溢单不能进行“编辑”操作，手动新建的报损报溢单可以进行“编辑”操作。

方法一：在列表区中单击“编辑”，如图 8-4-56 所示。

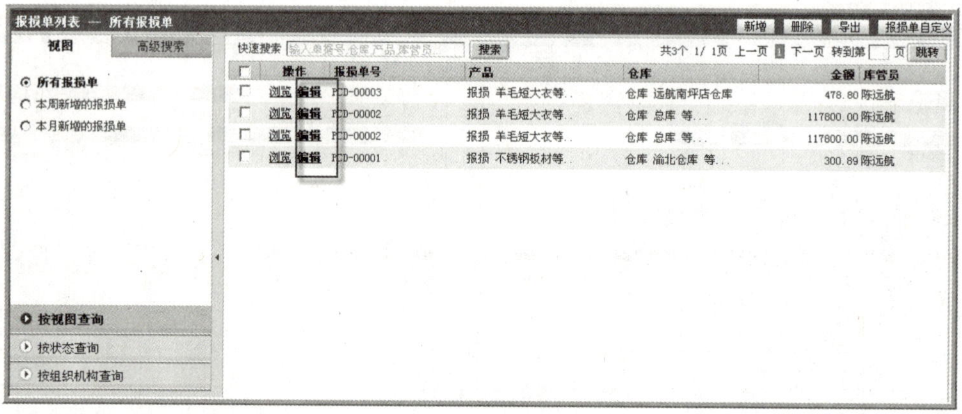

图 8-4-56　编辑报损单操作界面

方法二：在使用“浏览”功能打开单据资料卡片，单击操作菜单区的“编辑”按钮。

（3）删除仓库报损单。

方法一：在列表区中要进行删除操作的单据前打钩，表示选中此单据。然后单击右上角的“删除”按钮。

方法二：在使用“查看”功能打开的单据资料卡片中，单击操作菜单区的“删除”按钮。

步骤 3：查询、搜索报损单。

（1）查询报损单。使用左侧查询区域的分类功能，可以从多个维度进行查询，显示出符合要求的盘点单。方框中的标题区对应显示查询状态，如图 8-4-57 所示。

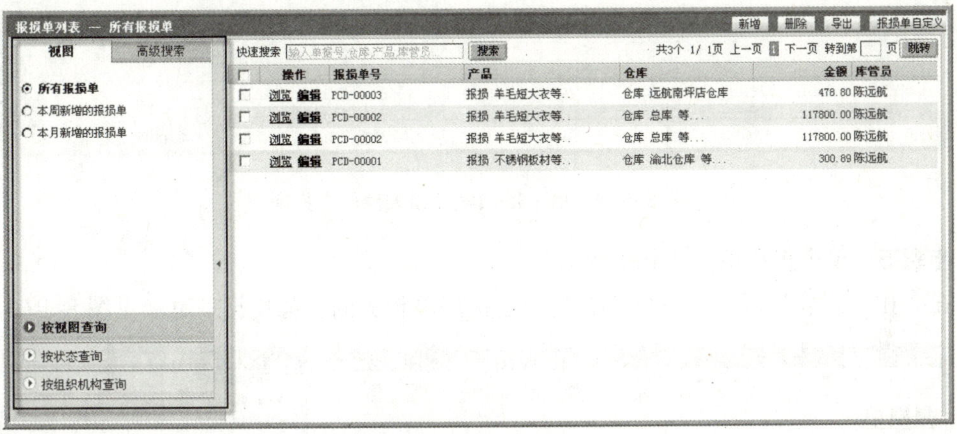

图 8-4-57　查询报损单界面

（2）搜索报损单。搜索分为高级搜索和快速搜索两种。对于快速搜索，在搜索栏中输入报损单号、仓库名称、报损类型、产品名称、库管员等关键字段，可以快速找到想要的入库单；对于高级搜索，可以从仓库、库管员、日期等几个条件综合查询得到结果（见图 8-4-58）。

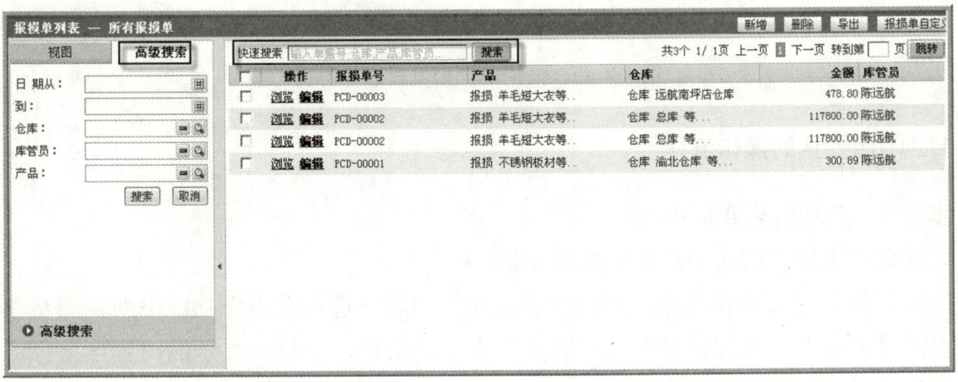

图 8-4-58　搜索报损单界面

步骤 4：单个报损单的“相关操作”。

“盘点”操作可以直接生成与当前报损单相关的盘点单，详情请查看新建盘点单部分；“报溢”操作可以新建一张报溢单（见图 8-4-59）。

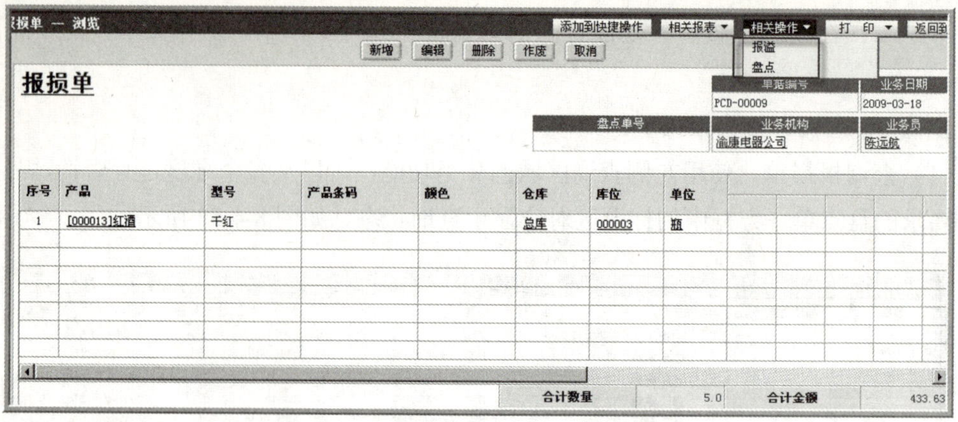

图 8-4-59　单个报损单“相关操作”界面

步骤 5：单个报损单的“相关报表”。

在“相关报表”区中，可以查看与当前报损单相关的一些单据信息（见图 8-4-60）。

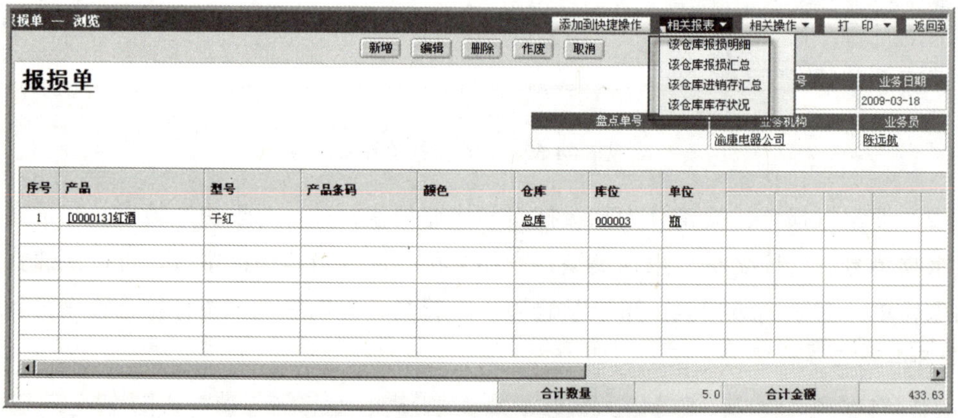

图 8-4-60　报损单“相关报表”界面

11. 门店要货的操作流程

步骤 1：新增门店要货单。

要货单用于处理门店向总部的要货申请。

门店要货单的来源有两种：可以由店员在“门店管理—要货”功能中新建要货单；也可以由配送人员在“总部配货—门店要货”中手动新建，表格中显示的内容可自行添加。门店要货单界面如图 8-4-61 所示。

“业务协同”中提供四种不同方式将消息发送给店员（见图 8-4-62）。

单击“保存并新增”按钮保存现有单据并弹出新增下一个要货单卡片。单击“保存”按钮后弹出保存成功菜单，同时将要货单以选中的业务协同方式发送通知给配送人员。

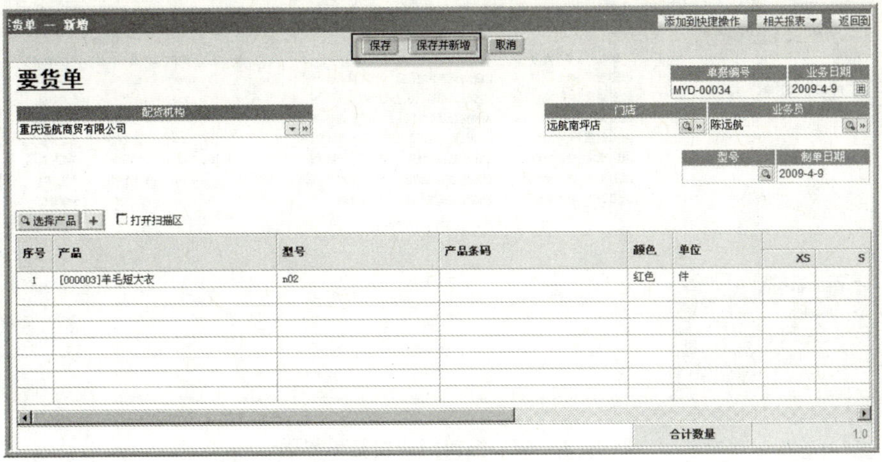

图 8-4-61　门店要货单界面

图 8-4-62　要货单业务协同示意图

步骤 2：查看、编辑、删除。

（1）查看要货单。可以使用查看要货单功能了解要货单状态和单据来源。在列表区中单击“浏览”按钮即可弹出单据资料卡片，如图 8-4-63 所示。查看时不能对要货单进行编辑，若要编辑请参考编辑要货单部分。

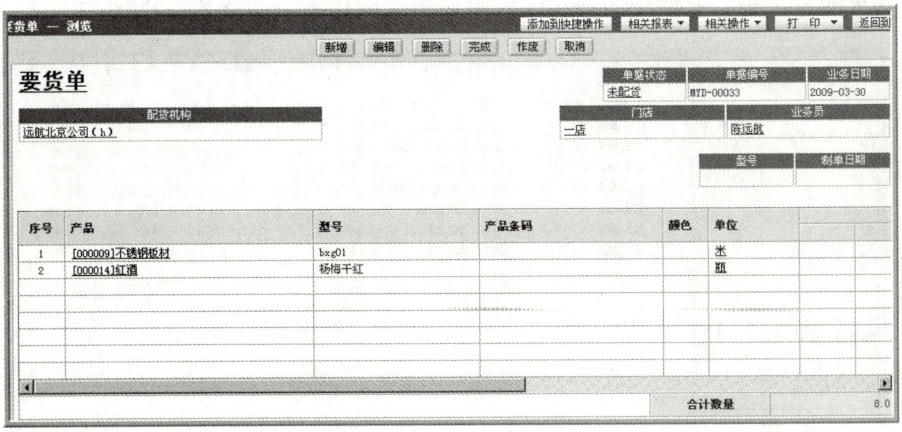

图 8-4-63　查看门店要货单界面

（2）编辑要货单。

方法一：在列表区中单击“编辑”，如图 8-4-64 所示。

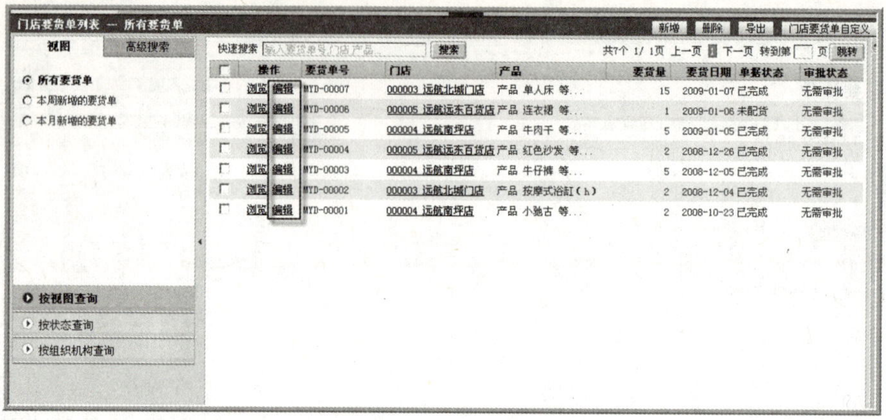

图 8-4-64　编辑门店要货单界面

方法二：在使用“查看”功能打开的单据资料卡片中，单击操作菜单区的“编辑”按钮进行编辑操作。

（3）删除要货单。

方法一：在要货列表区中要进行删除操作的单据前打钩，表示选中此单据，然后单击右上角的“删除”按钮。

方法二：在使用“查看”功能打开的单据资料卡片中，单击操作菜单区的“删除”按钮。

步骤 3：查询、搜索要货单。

（1）查询要货单。使用左侧查询区域的分类功能，可以从多个维度查询要货单，显示出符合要求的要货单。方框中的标题区对应显示查询状态，如图 8-4-65 所示。

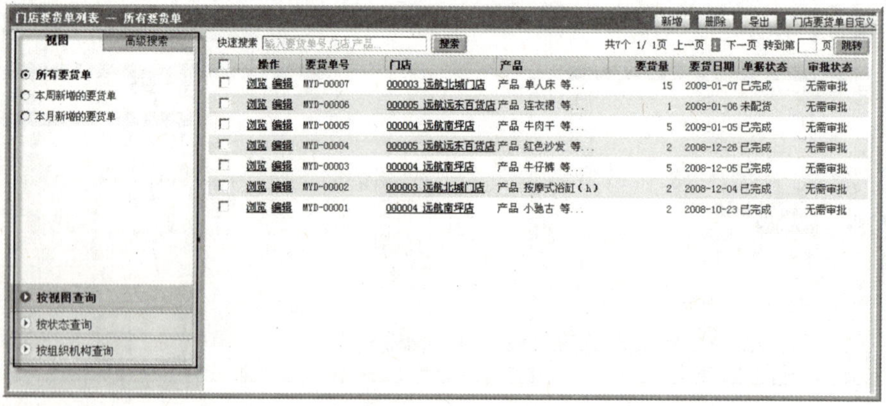

图 8-4-65　查询要货单界面

（2）搜索要货单。搜索分为高级搜索和快速搜索两种。对于快速搜索，在搜索栏中输入单据编号、门店、产品、业务员等关键字段，可以快速找到想要的要货单；对于高级搜索，可以从门店、业务日期、单据状态、产品、业务员等几个条件综合查询得到结果（见图 8-4-66）。

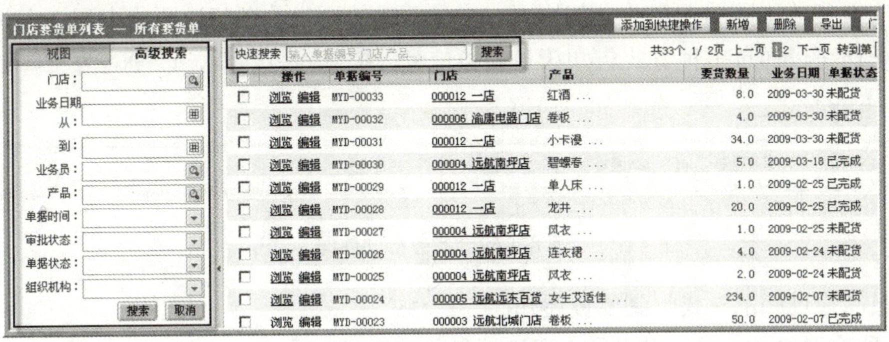

图 8-4-66　搜索门店要货单界面

步骤 4：单个要货单的“相关操作”（见图 8-4-67）。

注意：单个要货单的“相关操作”只有在浏览单据时才出现。

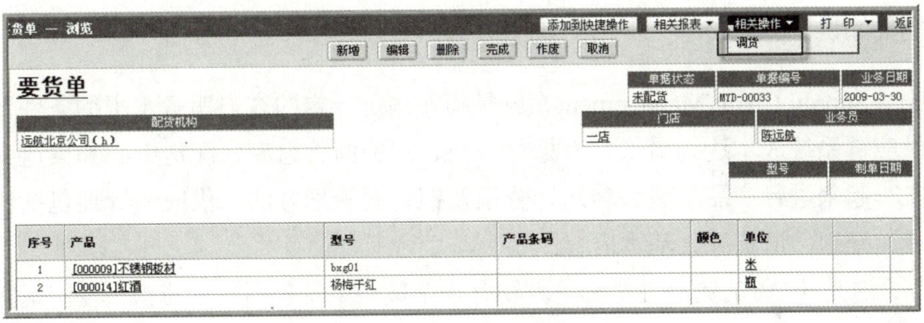

图 8-4-67　单个要货单“相关操作”界面

步骤 5：单个要货单的“相关报表”操作。

在“相关报表”区中，可以查看与当前要货单相关的一些单据信息。从“相关报表”中可以查询到该门店要货明细、该门店要货汇总、该门店进销存汇总和该门店库存余额（见图 8-4-68）。

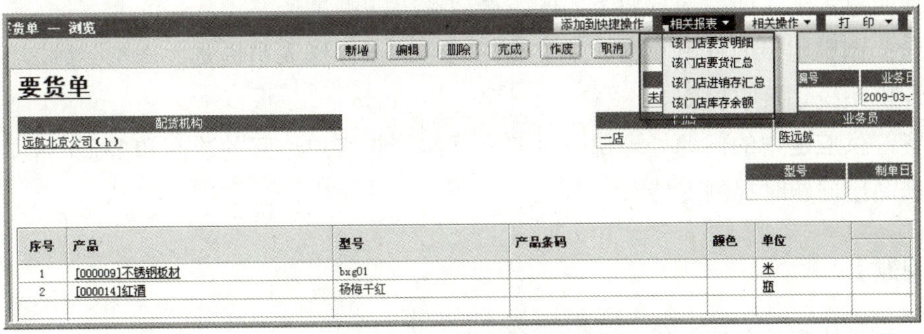

图 8-4-68　单个要货单相关报表

步骤 6：查询门店要货单协同。

门店要货单协同属于企业内部协同，店员新建的要货单在门店要货中配送人员就可以看到。配送可以通过多种方式告知店员要货信息，提示对方注意，以便对方了解要货情况（见图 8-4-69）。

图 8-4-69 业务协同界面

店员能通过如下方式收到要货通知。

☑ 留言通知——通过消息中心发送消息通知店员。

☑ BIM 通知——通过即时消息（BIM）通知店员。

☑ 邮件通知——通过邮件通知店员。

☑ 短信通知——通过手机短信通知店员。

【相关知识】

SCM（Supply Chain Management）就是指在满足一定的客户服务水平的条件下，为了使整个供应链系统成本达到最低，而把供应商、制造商、仓库、配送中心和渠道商等有效地组织在一起来进行产品制造、转运、分销及销售的管理方法。供应链管理包括计划、采购、制造、配送、退货五大基本内容。

计划：这是 SCM 的策略性部分。需要有一个策略来管理所有的资源，以满足客户对产品的需求。好的计划是建立一系列的方法来监控供应链，使它能够有效、低成本地为顾客递送高质量和高价值的产品或服务。

采购：选择能为产品和服务提供货品和服务的供应商，和供应商建立一套定价、配送和付款流程并创造方法监控和改善管理，并把对供应商提供的货品和服务的管理流程结合起来，包括提货、核实货单、转送货物到制造部门并批准对供应商的付款等。

制造：安排生产、测试、打包和准备送货所需的活动，是供应链中测量内容最多的部分，包括质量水平、产品产量和工人的生产效率等的测量。

配送：调整用户的订单收据、建立仓库网络、派递送人员提货并送货到顾客手中、建立货品计价系统、接收付款。

退货：供应链中的问题处理部分。建立网络接收客户退回的次品和多余产品，并在客户应用产品出问题时提供支持。

【习题】

（1）简单地概括仓储管理包括哪些部分？

（2）上机进行库存盘点操作（包括新增、查看、编辑、查询和添加报损单等）。

实验 8-5　物流配送

【实验目的与要求】

目的：使用电子商务平台模拟系统里的物流配送环节，从企业的视角，将企业使用中国电子商务实践平台各种服务和由此产生的内外部信息整合在一起，模拟企业物流配送操作。

要求：通过实验使学生熟悉电子商务业务管理中物流配送的操作规则和流程、企业与供应商之间如何有效地完成从配货、出货到退货等环节的操作，让学生可以通过课程的学习在未来的实践中独自判断和处理相关问题。

【实验说明】

本实验选用电子商务平台模拟系统。学生通过扮演网上交易物流配送环节的角色，完成实验的完整操作流程并将相关数据记入实验报告，在实验报告中回答实验习题，并写出自己参加本次实验的心得体会。通过本实验，学生可以了解物流配送业务的整个过程，体会各关键步骤的设计理念。

【实验内容与步骤】

1. 配货计划的操作流程

配货计划用于总部或配送中心统一向下属门店或客户进行集中配货，配货计划可以根据要货单汇总生成。

步骤 1：新增配货计划。

配货计划的来源有三种：一是在“门店要货”中选择“生成配货计划”生成；二是根据“自动补货规则”由系统智能生成；三是由用户手动新建生成（见图 8-5-1）。

配货计划表中的内容可以按照门店和产品两种途径进行添加。

步骤 2：查看、编辑、删除配货计划。

（1）查看配货计划。可以使用查看配货计划功能了解配货计划状态和单据来源。在列表区中单击“浏览”，即可弹出单据资料卡片。查看时不能对配货计划进行编辑，若要编辑请参考编辑配货计划部分。

（2）编辑配货计划。

方法一：在列表区中单击“编辑”，如图 8-5-2 所示。

方法二：在使用“浏览”功能打开的单据资料卡片中，单击操作菜单区的“编辑”按钮。

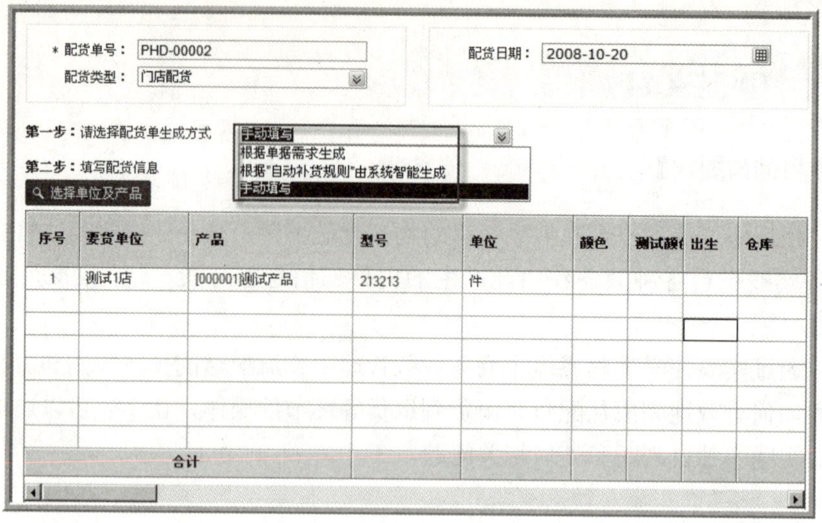

图 8-5-1　新增配货计划界面

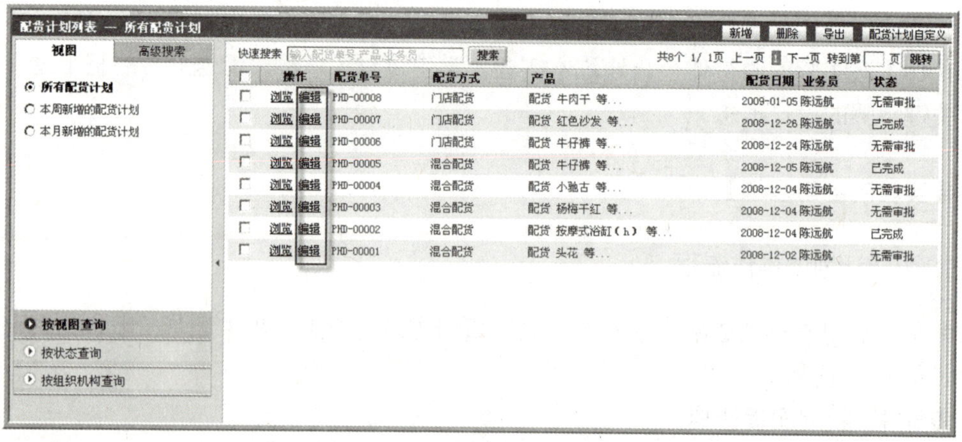

图 8-5-2　编辑配货计划界面

（3）删除配货计划。

方法一：在要货列表区中，在要进行删除操作的单据前打钩，表示选中此单据，然后单击右上角的“删除”按钮。

方法二：在使用“查看”功能打开的单据资料卡片中，单击操作菜单区的“删除”按钮。

步骤 3：查询、搜索配货计划。

（1）查询配货计划。使用左侧查询区域的分类功能，可以从多个维度进行查询，显示出符合要求的配货计划。方框中的标题区对应显示查询状态，如图 8-5-3 所示。

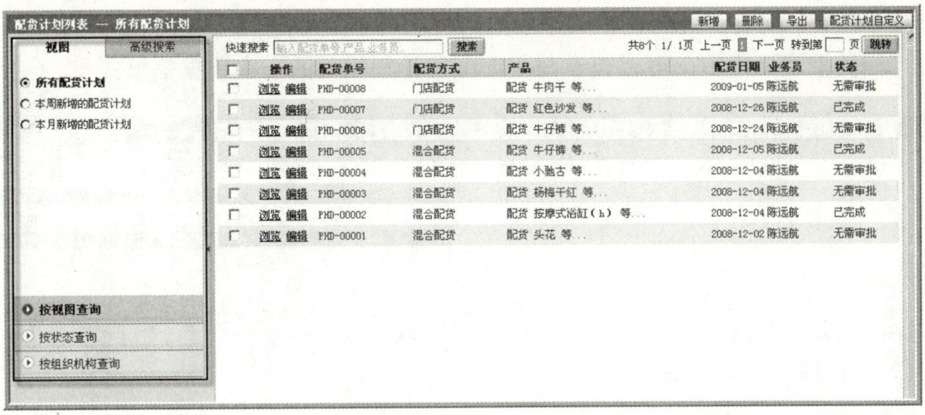

图 8-5-3　查询配货计划界面

（2）搜索配货计划（见图 8-5-4）。搜索分为高级搜索和快速搜索两种。对于快速搜索，在搜索栏中输入配货计划单据编号、门店、产品、业务员等关键字段，可以快速找到想要的配货计划单；对于高级搜索，可以从门店、业务日期、产品、业务员等几个条件综合查询得到结果。

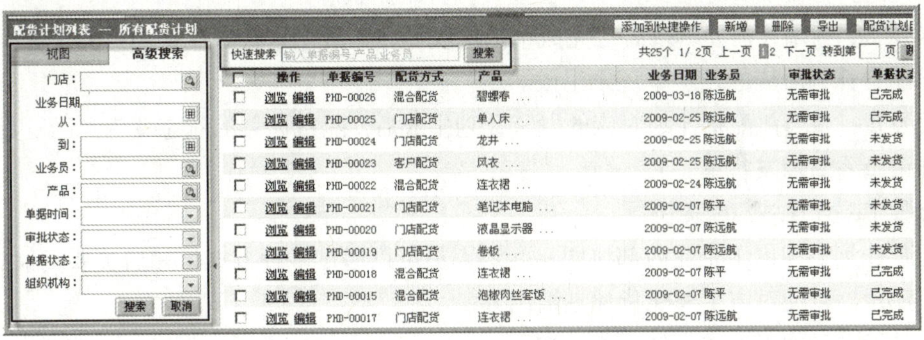

图 8-5-4　搜索配货计划界面

步骤 4： 单个配货计划的“相关操作”（见图 8-5-5）。

在配货计划卡片右侧的“相关操作”区，“发货”操作可以根据配货计划生成对应的发货单。注意：单个配货计划的“相关操作”只有在浏览单据时才出现。

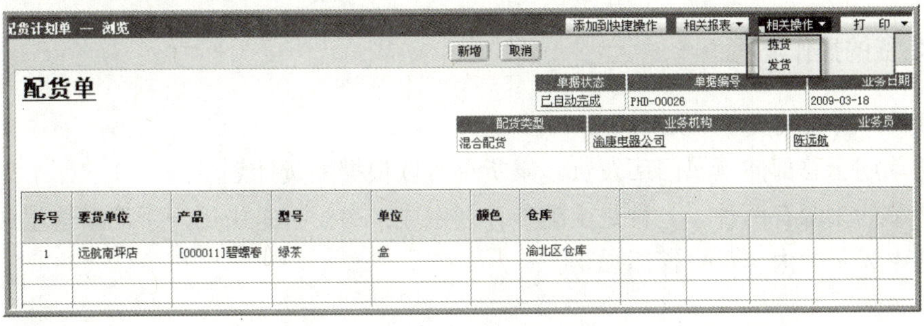

图 8-5-5　配货计划相关操作

步骤 5：单个配货计划的“相关报表”（见图 8-5-6）。

在“相关报表”区中，可以查看与当前配货计划相关的一些单据信息。

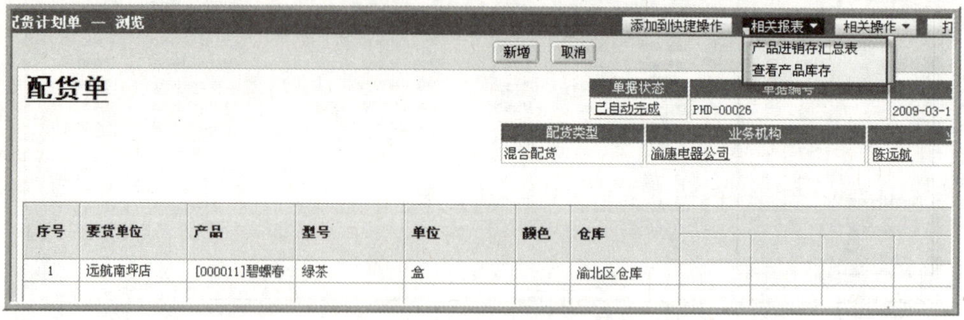

图 8-5-6　配货计划相关报表

步骤 6：查看配货计划状态。

配货计划有未审批、审批中、已审批、已驳回和已作废几种状态。审批状态可以参见采购询价单的审批状态介绍，“作废”配货计划只能手动实现并需填写作废原因。

除此之外，配货计划有未发货、已发货两种单据状态。

未发货：新增（需要审批时已完成审批流程）的配货计划状态默认为“未发货”，表明与当前配货计划对应的发货单还未生成。

已发货：与当前配货计划对应的发货计划生成后，配货计划的状态变为“已发货”。具体操作请查看新增发货单。

步骤 7：查看总部配货协同。

配货计划协同属于企业内部协同，配送人员可以通过多种方式告知店员要货信息，提示对方注意，以便对方了解配货计划情况。

店员能通过如下方式收到要货通知。

☑ 留言通知——通过消息中心发送消息通知店员。

☑ BIM 通知——通过即时消息（BIM）通知店员。

☑ 邮件通知——通过邮件通知店员。

☑ 短信通知——通过手机短信通知店员。

2. 发货的操作流程

步骤 1：新增发货单（见图 8-5-7）。

发货单用于总部向下属门店发货，发货单可以根据配货计划生成。

发货单的来源有两种：一种是由配货计划生成；另一种是由用户手动新建生成。

表格中显示的内容可自行添加。

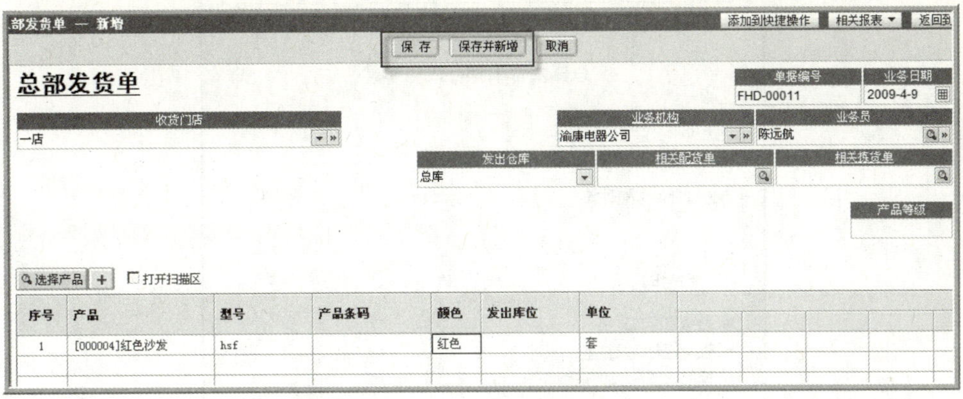

图 8-5-7 新增发货单界面

通过在配货单中单击“发货”（见图 8-5-8），弹出发货向导页面，根据向导提示进行操作，在这里可以对出库的产品进行出库的库位选择。

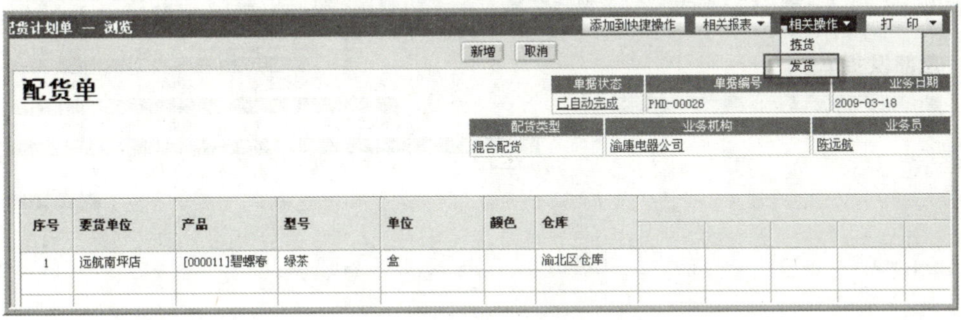

图 8-5-8 出库的库位选择界面

“业务协同”中可以选择最多四种不同方式将单据发送给配送人员（见图 8-5-9）。

图 8-5-9 业务协同界面

单击“保存并新增”按钮保存现有单据并弹出新增下一个发货单卡片。单击“保存”按钮后弹出保存成功菜单，同时将发货单以选中的业务协同方式通知给要货门店（见图 8-5-10）。

步骤 2：查看、编辑、删除发货单。

（1）查看发货单。可以使用查看发货单功能了解发货单状态和单据来源。在列表区中单击“浏览”按钮即可弹出单据资料卡片，如图 8-5-11 所示。查看时不能对发货单进行编辑，若要编辑请参考编辑发货单部分。

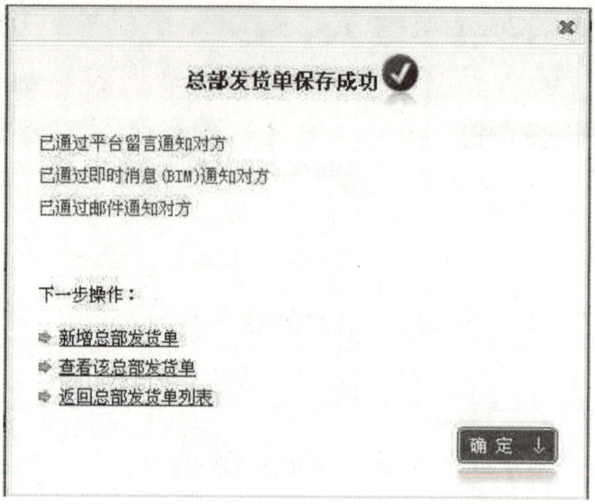

图 8-5-10　发货单保存成功界面

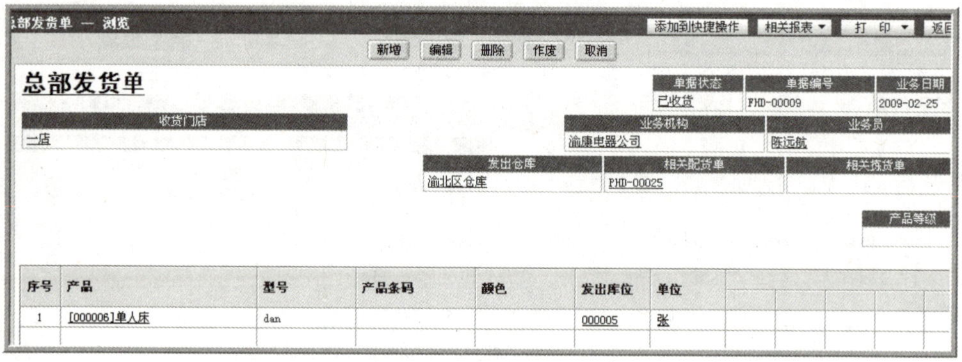

图 8-5-11　查看发货单界面

（2）编辑发货单。

方法一：在列表区中单击“编辑”，如图 8-5-12 所示。

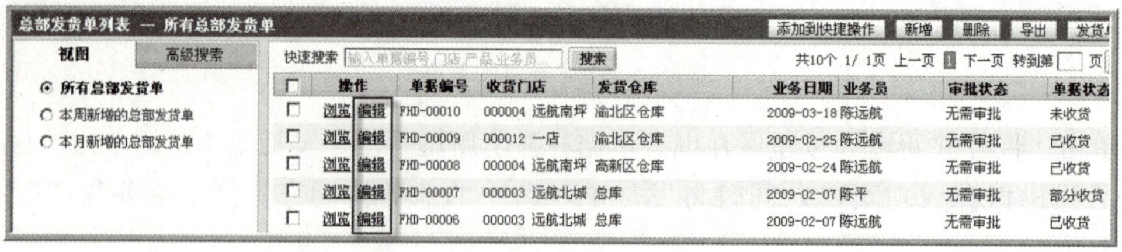

图 8-5-12　编辑发货单界面

方法二：在使用“查看”功能打开的单据资料卡片中，单击操作菜单区的“编辑”按钮。

（3）删除发货单。

方法一：在要货列表区中要进行删除操作的单据前打钩，表示选中此单据。然后单击右上角的“删除”按钮。

方法二：在使用“查看”功能打开的单据资料卡片中，单击操作菜单区的“删除”按钮。

步骤3：查询、搜索发货单。

（1）查询发货单。使用左侧查询区域的分类功能，可以从多个维度进行查询，显示出符合要求的发货单。方框中的标题区对应显示查询状态，如图8-5-13所示。

（2）搜索发货单。搜索分为高级搜索和快速搜索两种。对于快速搜索，在搜索栏中输入发货单据编号、收货门店、产品、业务员等关键字段，可以快速找到想要的发货单；对于高级搜索，可以从收货门店、业务日期、单据时间、发货仓库、业务员、产品等几个条件综合查询得到结果（见图8-5-14）。

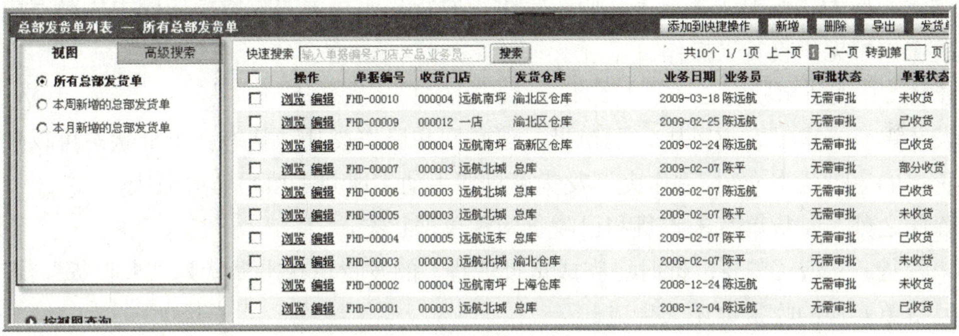

图8-5-13　查询发货单界面

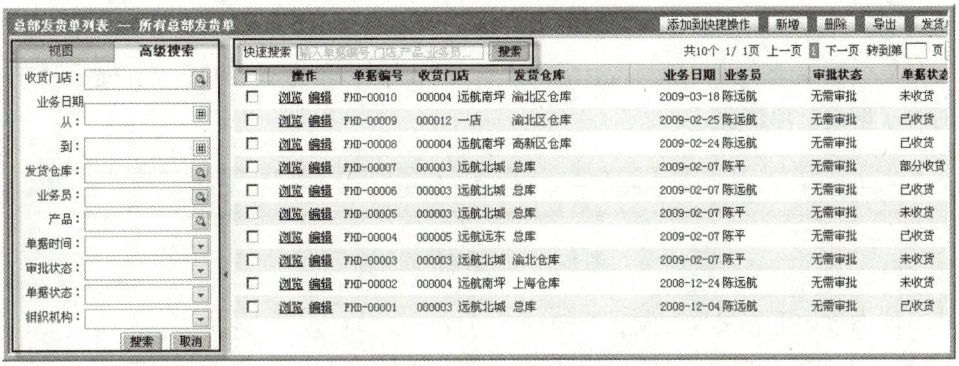

图8-5-14　搜索发货单界面

步骤4：单个发货单的“相关报表”（见图8-5-15）。

在“相关报表”区中，可以查看与当前发货单相关的一些单据信息。可以查看该门店发货明细、该门店发货汇总和该门店库存余额。

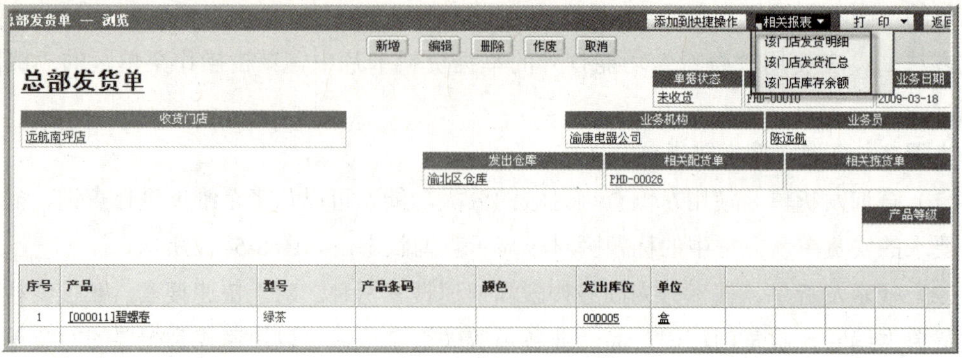

图 8-5-15 单个发货单“相关报表”

注意：作为总部配送人员，其职责是进行发货，而相关的收货操作应由店员完成，所以相关操作中无“收货”操作。

步骤 5：发货单状态。

发货单有未审批、审批中、已审批、已驳回和已作废几种状态。审批状态可以参见采购询价单的审批状态介绍，“作废”发货单只能手动实现并需填写作废原因。

除此之外，发货单有未收货和已收货两种单据状态。

未收货：新增（需要审批时已完成审批流程）的发货单状态默认为“未收货”，表明与当前发货单对应的收货单还未生成。

已收货：与当前发货单对应的收货单生成后，发货单的状态变为“已收货”。具体操作请查看新增收货单部分。

步骤 6：查看总部发货协同（见图 8-5-16）。

发货单协同属于企业内部协同，配送人员可以通过多种方式告知店员，提示对方注意，以便对方了解发货单情况。

图 8-5-16 业务协同界面

店员能通过如下方式收到发货通知。

☑ 留言通知——通过消息中心发送消息通知店员。

☑ BIM 通知——通过即时消息（BIM）通知店员。

☑ 邮件通知——通过邮件通知店员。

☑ 短信通知——通过手机短信通知店员。

3. 门店退货的操作流程

步骤 1：新增退货单。

门店退货用于处理门店向总部的退货业务。

门店退货单的来源有几种，既可以由店员角色在“门店管理—收货退货”功能中新建，又可以由“门店管理—收货”操作生成，还可以由配送人员在“总部配货—门店退货”中手动新建，如图 8-5-17 所示。

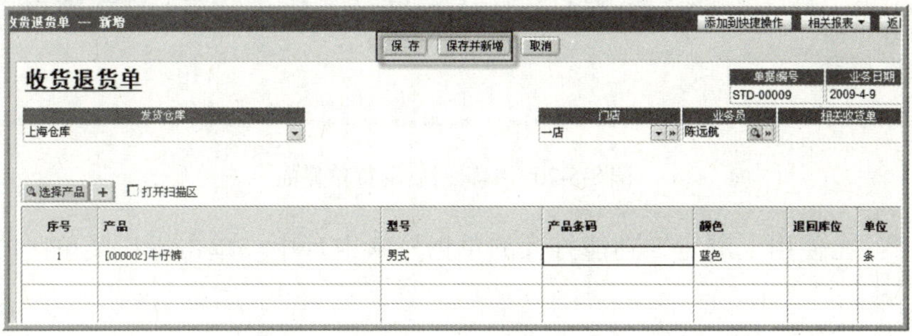

图 8-5-17　新增门店退货单界面

表格中显示的内容可自行添加。

“业务协同”中可以选择最多四种不同方式将单据发送给配送人员（见图 8-5-18）。

图 8-5-18　业务协同示意图

单击“保存”弹出保存成功菜单，同时将退货单以选中的业务协同方式发送给要货门店。

步骤 2：查看、编辑、删除退货单。

（1）查看退货单。可以使用查看退货单功能了解退货单状态和单据来源。在列表区中单击“浏览”按钮即可弹出单据资料卡片，如图 8-5-19 所示。查看时不能对退货单进行编辑，若要编辑请参考编辑退货单部分。

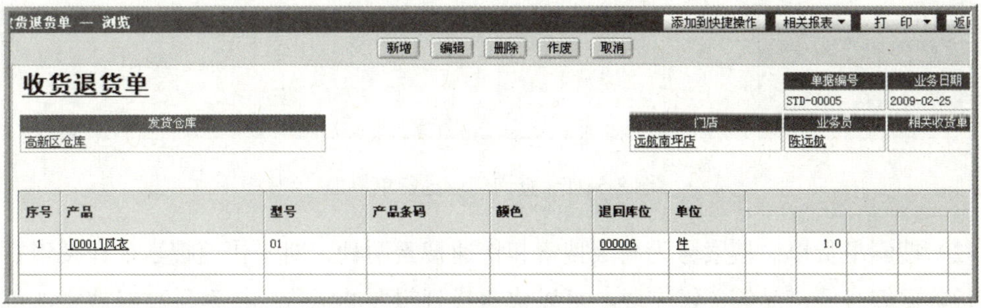

图 8-5-19　查看门店退货单界面

（2）编辑退货单。

方法一：在列表区中单击“编辑”，如图 8-5-20 所示。

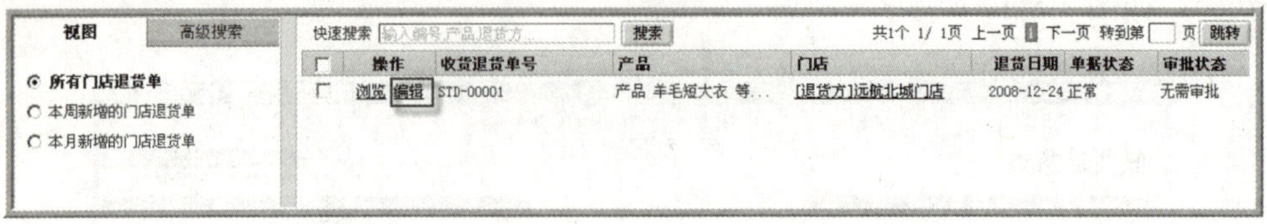

图 8-5-20 编辑门店退货单界面

方法二：在使用“浏览”功能打开的单据资料卡片中，单击操作菜单区的“编辑”按钮。

（3）删除退货单。

方法一：在要货列表区中要进行删除操作的单据前打钩，表示选中此单据，然后单击右上角的“删除”按钮。

方法二：在使用“查看”功能打开的单据资料卡片中，单击操作菜单区的“删除”按钮。

步骤 3：查询、搜索退货单。

（1）查询退货单。使用左侧查询区域的分类功能，可以从多个维度进行查询，显示出符合要求的退货单。方框中的标题区对应显示查询状态，如图 8-5-21 所示。

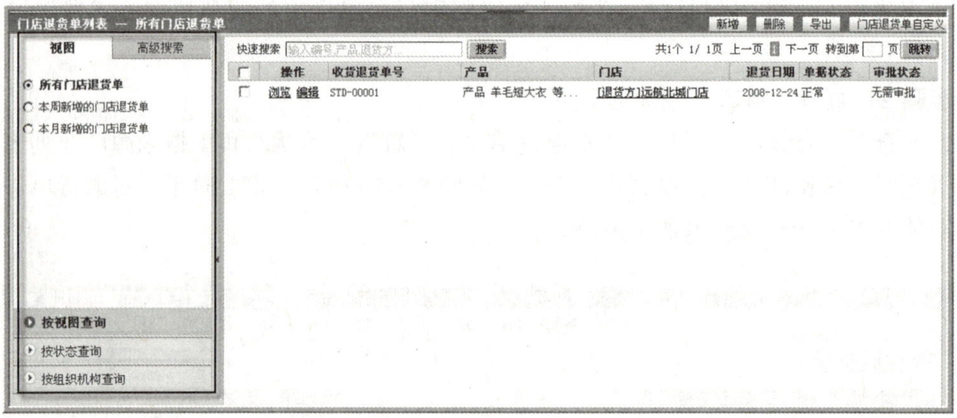

图 8-5-21 查询门店退货单界面

（2）搜索退货单。搜索分为高级搜索和快速搜索两种。对于快速搜索，在搜索栏中输入退货单据编号、产品等关键字段，可以快速找到想要的退货单；对于高级搜索，可以从门店、业务日期、业务员等几个条件综合查询得到结果（见图 8-5-22）。

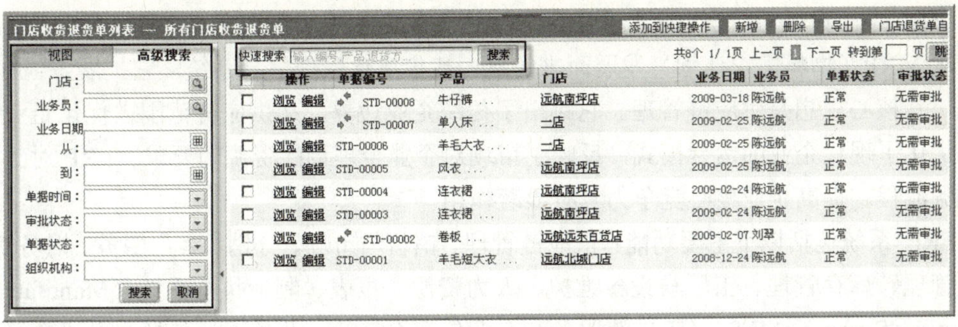

图 8-5-22 搜索退货单界面

步骤 4：单个退货单的“相关报表”。

在“相关报表”区中，可以查看与当前退货单有关的一些单据信息。可以查看该门店收货退货明细、该门店收货退货汇总、该门店进销存汇总和该门店库存余额（见图 8-5-23）。

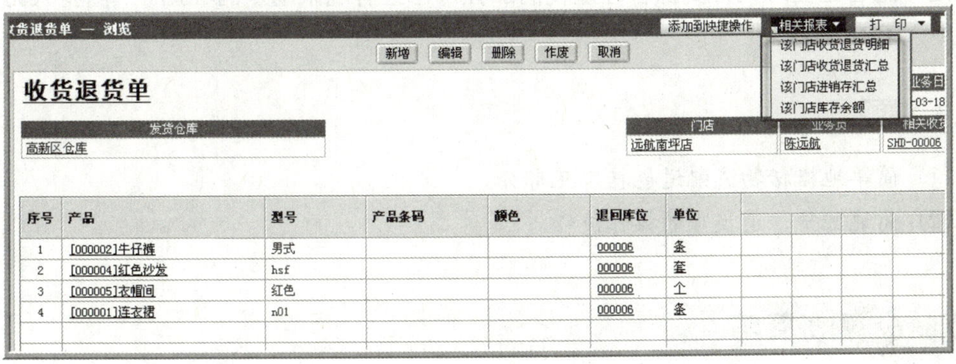

图 8-5-23 单个退货单“相关报表”界面

步骤 5：查看退货单状态。

退货单有未审批、审批中、已审批、已驳回和已作废几种状态。审批状态可以参见采购询价单的审批状态介绍，“作废”退货单只能手动实现并需填写作废原因。

门店协同属于企业内部协同，配送人员可以通过多种方式告知店员，提示对方注意，以便对方了解退货情况。

店员能通过如下方式收到退货通知：

☑ 留言通知——通过消息中心发送消息通知给店员。

☑ 邮件通知——通过邮件通知店员。

☑ 短信通知——通过手机短信通知店员。

☑ BIM 通知——通过 BIM 通知店员。

【相关知识】

ERP（Enterprise Resource Planning）是指建立在信息技术基础上，集信息技术与先进管理思想于一身，以系统化的管理思想，为企业员工及决策层提供决策手段的管理平台。它是从 MRP（物料需求计划）发展而来的新一代集成化管理信息系统，它扩展了 MRP 的功能，其核心思想是供应链管理。它跳出了传统企业边界，从供应链范围去优化企业的资源，优化了现代企业的运行模式，反映了市场对企业合理调配资源的要求。ERP 对改善企业业务流程、提高企业核心竞争力具有显著作用。

ERP 系统包括以下主要功能：供应链管理、销售与市场、分销、客户服务、财务管理、制造管理、库存管理、工厂与设备维护、人力资源、报表、制造执行系统（Manufacturing Executive System，MES）、工作流服务和企业信息系统等。此外，还包括金融投资管理、质量管理、运输管理、项目管理、法规与标准和过程控制等补充功能。

在企业中，一般的管理主要包括三方面的内容：生产控制（计划、制造）、物流管理（分销、采购、库存管理）和财务管理（会计核算、财务管理）。这三大系统本身就是集成体，它们互相之间有相应的接口，能够很好地整合在一起来对企业进行管理。另外，要特别一提的是，随着企业对人力资源管理重视的加强，已经有越来越多的 ERP 厂商将人力资源管理纳入 ERP 系统。

【习题】

（1）简单地概括物流配送包括哪几部分。

（2）简述配货、退换货的操作流程。

实验 8-6 财务管理

【实验目的与要求】

目的：通过系统实践，熟悉财务中的到期应收款、销售收款、销售退款、其他收入、到期应付款、采购付款、采购退款、其他支出等的区别，掌握不同情况下财务管理的收付款方式。

要求：通过模拟财务管理过程，跟踪控制每一笔收支业务的进度和状态，协助经营人员做出正确的决策，同时帮助公司领导实时监控财务业务的跟进情况，进而帮助管理层和广大投资者做出决策判断。

【实验说明】

本实验选用电子商务模拟系统，主要面向企业财务管理人员，完成财务管理的完整操作流程并将相关数据记入实验报告。在实验报告中回答实验习题，并写出自己参加本次实验的心得体会。通过本实验，体验企业从“到期应收款操作”到“其他收入操作”再到“指出操作执行过程”的财务管理全过程。

【实验内容与步骤】

1. 到期应收款操作

进行到期应收款操作的时间点是销售出库单的付款期限到了之后，操作步骤如下。

步骤 1： 登录电子商务模拟系统，选择财务管理的角色之后，进入财务管理平台界面。

步骤 2： 查看出库单状态，单击“财务管理”菜单栏下的“到期应收款”命令，如图 8-6-1 所示，单击出库单据编号，就会弹出出库单信息卡片。

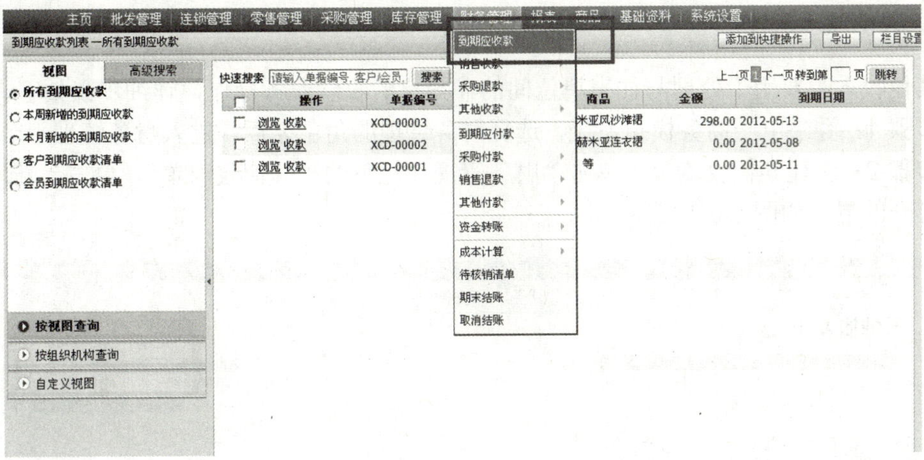

图 8-6-1　到期应收款列表

步骤 3： 出库单可生成收款单、退货单。具体操作同销售出库单相关操作部分。也可以在列表区中使用“收款”操作生成对应的收款单，如图 8-6-2 所示。

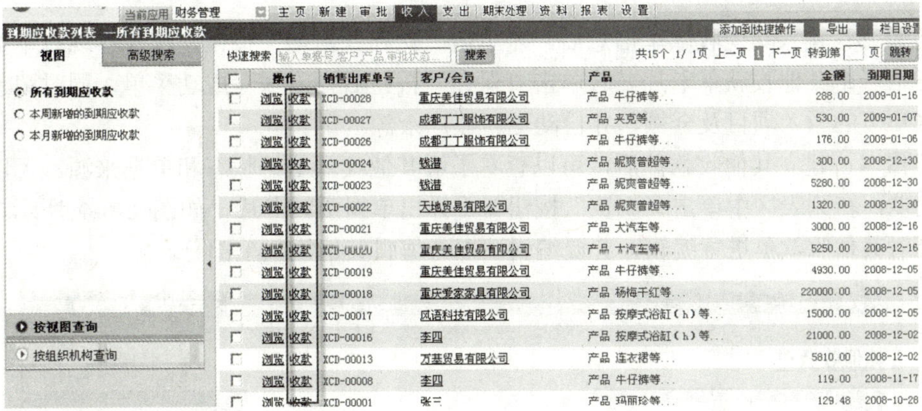

图 8-6-2　销售出库单列表

注意：

（1）此处对“到期应收款”中出库单卡片的其他具体操作与销售出库单相似，不过不能在列表区进行编辑操作。

（2）有关查询搜索功能的操作。如图 8-6-2 所示，可以使用左侧查询区域的分类功能，从多个维度进行查询，显示出符合要求的出库单。搜索出库单可以使用左侧的高级搜索功能和快速搜索功能。

（3）到期出库单状态有未审批、审批中、已审批、已驳回和已作废几种状态。“作废”出库单只能手动实现并需填写作废原因。

（4）有关销售收款及销售退款的操作，具体的内容也可以参考到期应收款操作或者参考销售收款操作。

2. 其他收入操作

其他收入主要用于处理与往来单位间的非销售的收款业务操作，详细步骤如下。

步骤 1：登录电子商务模拟系统，选择财务管理的角色之后，进入财务管理平台界面。

步骤 2：新建其他收款单。单击“财务管理”栏下的“其他收款单”，单击“新增”按钮，打开的界面如图 8-6-3 所示。

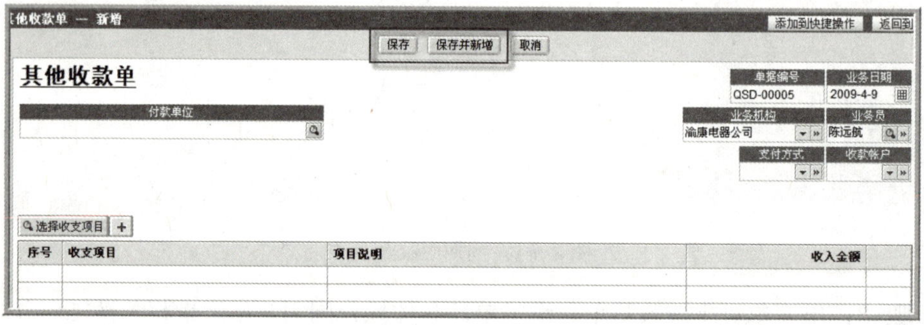

图 8-6-3　新增其他收款单界面

步骤 3：输入其他收款单信息后，若单击“保存并新增”按钮，将保存现有单据并弹出新增下一个其他收款单卡片。若单击“保存”按钮后弹出保存成功菜单，同时记录企业资金账户下的收入项目及金额，并自动更新账户余额。

步骤 4：建立其他收款单后，可以查看了解其他收款单的状态和单据来源。可以使用查看功能，在列表区中单击“浏览”按钮即可弹出单据资料卡片，如图 8-6-4 所示。查看时不能对其他收款单进行编辑，若要编辑请参考编辑其他收款单部分。

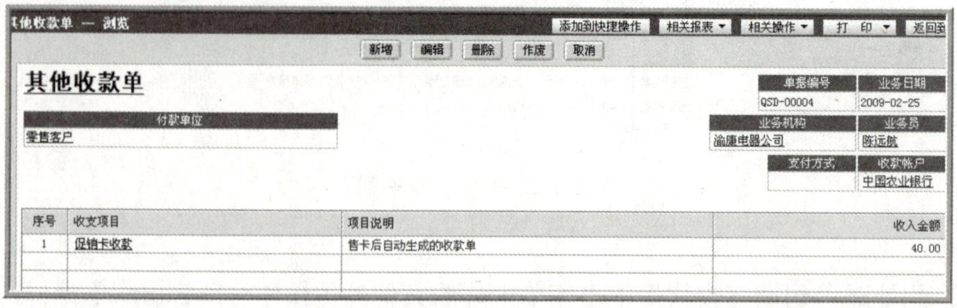

图 8-6-4　查看其他收款单界面

步骤 5：对单个其他收款单进行“相关操作”。在“相关操作”区中，可以进行当前账户的管理收支项目、销售收款、采购退款操作，如图 8-6-5 所示。

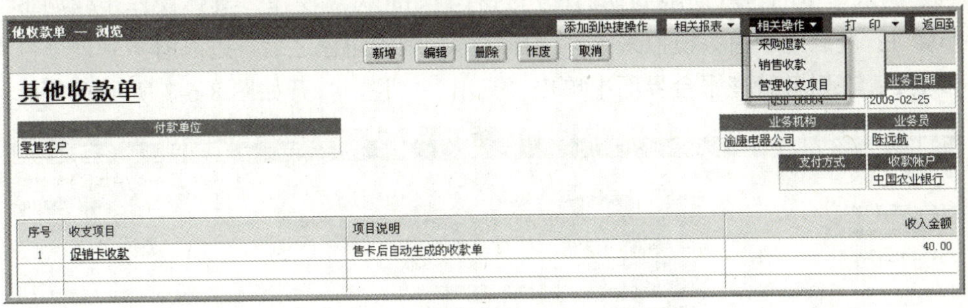

图 8-6-5 单个其他收款单相关操作

步骤 6：单个其他收款单的“相关报表”操作。在“相关报表”区中，可以查看与当前其他收款单有关的一些单据信息。可以查看该账户收款明细、该账户收款汇总和收支明细（见图 8-6-6）。

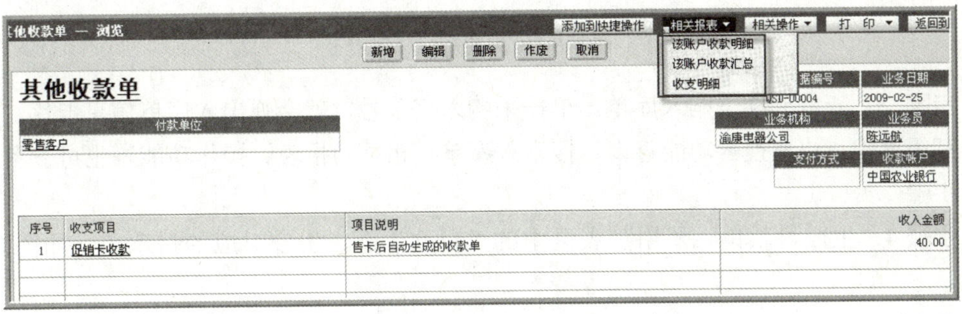

图 8-6-6 单个其他收款单相关报表

注意：

（1）编辑其他收款单可以采取两种方法：一种是在列表区中单击“编辑”；另一种是在使用“浏览”功能打开的单据资料卡片中，单击操作菜单区的“编辑”按钮。

（2）删除其他收款单也有两种方法：一种是在其他收款单列表区中要进行删除操作的单据前打钩，表示选中此单据，然后单击右上角的“删除”按钮；另 种是在使用“查看”功能打开的单据资料卡片中，单击操作菜单区的“删除”按钮。

（3）查询其他收款单。使用左侧查询区域的分类功能，可以从多个维度进行查询，显示出符合要求的其他收款单。搜索其他收款单分为高级搜索和快速搜索两种。对于快速搜索，在搜索栏中输入单号、付款单位名称、收款账户、收支项目、经手人等关键字段，可以快速找到想要的其他收款单；对于高级搜索，可以从日期、付款单位、经手人等几个条件综合查询得到结果。

3. 到期应付款操作

当采购入库单的付款期限到期后即可进行到期应付款操作，具体操作步骤如下。

步骤 1：登录电子商务模拟系统，选择财务管理的角色之后，进入财务管理平台界面。

步骤 2：在财务管理平台界面中单击“支出”一栏，打开如图 8-6-7 所示的页面。

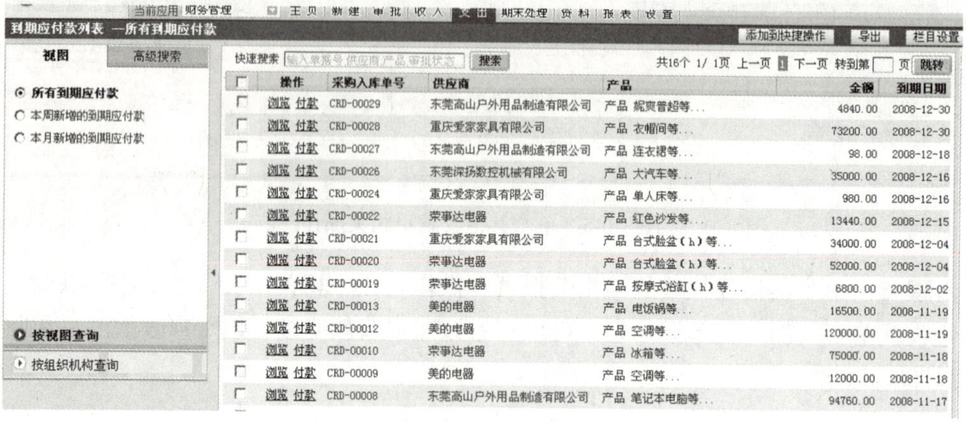

图 8-6-7　到期应付款列表

步骤 3：查看到期采购入库单。单击采购入库单号，就会弹出入库单信息卡片。也可采用高级搜索、快速搜索功能查询、搜索入库单。相关的报表、操作功能等也可参考上述实验步骤。

步骤 4：生成付款单。使用列表区中的“付款”操作生成对应的付款单，如图 8-6-8 所示。

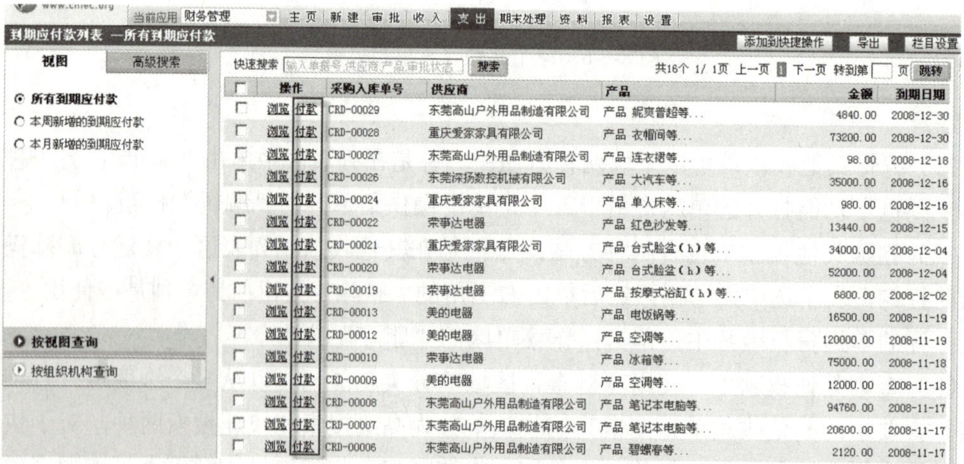

图 8-6-8　采购入库单生成付款单界面

注意：采购付款单操作、采购退款操作可以参考上述实验步骤。

4. 其他支出操作

其他支出用于处理与往来单位间的非采购付款业务，详细步骤如下。

步骤 1：登录电子商务模拟系统，选择财务管理的角色之后，进入财务管理平台界面。

步骤 2：新建其他收款单。单击“财务管理”栏下的“其他付款单”，单击“新增”按钮，表格中显示的内容可自行添加，如图 8-6-9 所示。

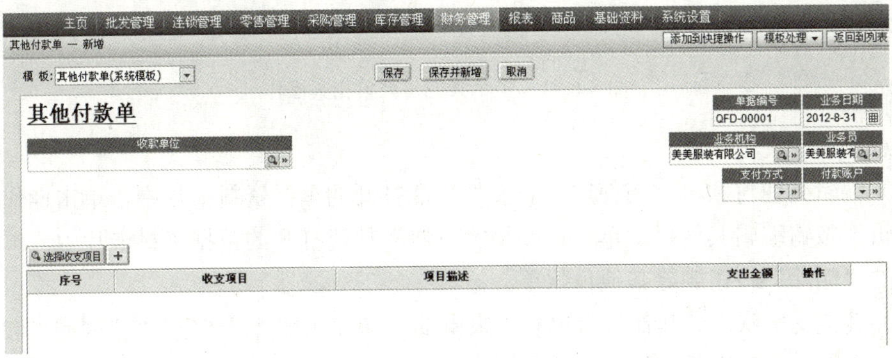

图 8-6-9　新增其他付款单界面

步骤 3：输入其他付款单信息后单击“保存并新增”按钮，将保存现有单据并弹出新增下一个其他付款单卡片。单击“保存”按钮后弹出保存成功菜单，同时记录企业资金账户下的支出项目及金额，并自动更新账户余额。

步骤 4：可以使用查看功能查看其他付款单状态和单据来源。在列表区中单击“浏览”按钮即可弹出单据资料卡片，如图 8-6-10 所示。也可使用左侧查询区域的分类功能，从多个维度进行查询，显示出符合要求的其他支出单。还可使用高级搜索和快速搜索两种方法进行其他付款单搜索。

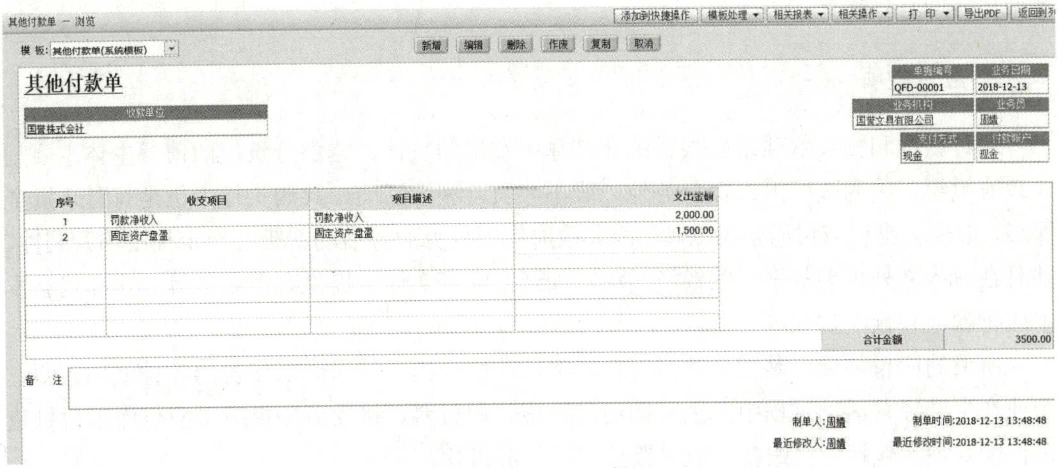

图 8-6-10　查看其他付款单界面

步骤 5：对单个其他付款单进行“相关操作”。在“相关操作”区中，可以进行当前账户的管理收支项目、采购付款、销售退款操作。在“相关报表”区中，可以查看与当前其他付款单有关的一些单据信息（见图 8-6-11）。

图 8-6-11　单个其他付款单相关操作

注意：

（1）编辑其他付款单。在使用“查看”功能打开的单据资料卡片中，单击操作菜单区的“编辑”按钮编辑其他付款单；在使用“查看”功能打开的单据资料卡片中，单击操作菜单区的“删除”按钮删除其他付款单。

（2）其他支出状态。其他付款单有“未审批”“审批中”“已审批”“已驳回”和“已作废”几种状态。审批状态可以参见采购询价单的审批状态介绍，“作废”其他支出单只能手动实现并需填写作废原因。

【相关知识】

1. 应收款项

应收款项泛指企业拥有的将来获取现款、商品或劳动的权利。它是企业在日常生产经营过程中发生的各种债权，是企业重要的流动资产。主要包括：应收账款、应收票据、预付款项、应收股利、应收利息、应收补贴款、其他应收款等。应收款项特指企业在经营过程中形成的各种债权。

2. 应付款项

应付款项和预收款项是公共组织在结算中发生的负债。这部分负债的债务主体主要是非政府组织。因为政府组织除公务外一般不涉及营利性活动，其购买行为也是有财政资金保障，很少会出现应付而未付款项。而非政府组织自身业务活动就带有一定程度的营利性，并且在业务之外也会从事一些经济活动，如开办经济实体、提供有偿服务等。这样就会发生应付款项和预收款项。

所谓的应付款项，是指公共组织在经济活动中应当支付而尚未支付的各种款项。即：企业在生产经营活动过程中，因采购商品物资、原材料、接受劳务供应，应付而未付供货单位的款项，包括应付账款、应付票据和其他应付款。

【习题】

(1) B2C 平台财务管理实验主要包括哪些详细内容?

(2) B2C 平台财务管理实验中的支出和收入两部分的相同之处和不同之处有哪些?

实验 8-7　企业财务报表生成与分析

【实验目的与要求】

目的：熟悉常见类型的报表，如财务报表、销售报表、采购报表等，通过查阅相关报表了解电子商务企业一段时间内生产、销售、仓储、运营管理等业务状况，分析电子商务企业赢利能力、运转能力。

要求：熟悉财务报表的生成与分析，从中找出电子商务企业在生产、销售、运营管理等方面可能存在的问题，进而提出解决建议，实现企业良性发展。

【实验说明】

本实验选用中国电子商务实践平台进行操作。用户登录实验平台后，进入“我的工作台”，然后进入报表工作区。中国电子商务实践平台提供各报表菜单，每个报表页面划分为报表查询条件区、报表内容区、报表操作区及相关报表区。选择不同的报表进行查看、下载、分析，然后得出相应的结论。

【实验内容与步骤】

电子商务企业报表分析主要包括财务报表分析、销售报表分析、采购报表分析等。通过分析相应报表的数据，得出企业不同业务单元的运营现状，进而帮助管理层和广大投资者做出决策判断。

1. 财务报表分析

1）收支明细账

收支明细账是统计企业日常收入及支出金额的账表。根据收支明细账制定企业资产负债表，确定企业的各项收入支出，然后计算企业的相关利润。收支明细账默认包括“日期”“单据”“往来单位”“账户”“收入金额”“支出金额”和“结存金额”等内容（见图 8-7-1）。用户可以打开“报表栏目”进行报表栏目设置，选择其他栏目至已选栏目框，单击“确认”按钮即可。系统支持报表打印和导出到 Excel 表格，用户可按照向导进行操作。

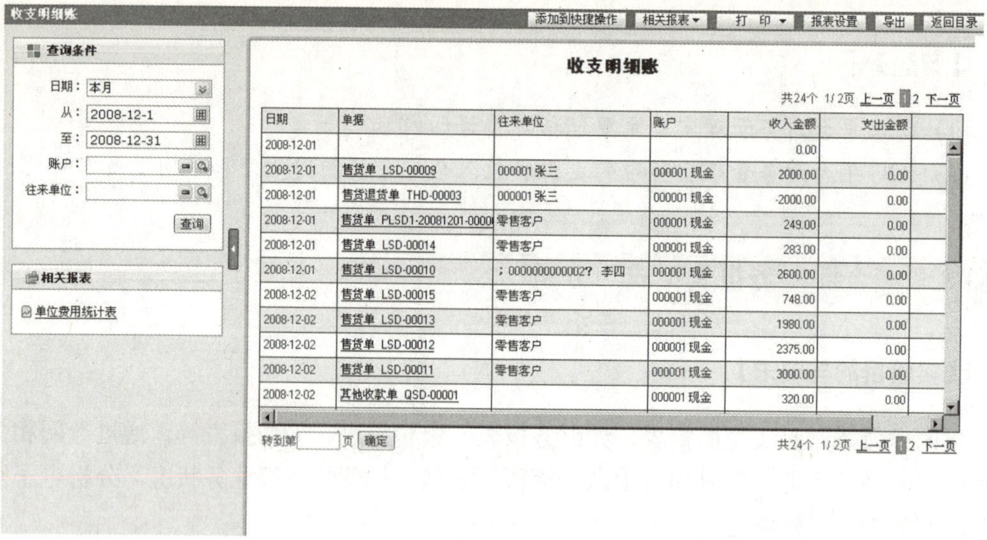

图 8-7-1　收支明细账

2）销售收款汇总表

销售收款汇总表是对销售业务中的回款金额进行统计的账表。根据销售收款汇总表，企业可以查看销售金额、已收回金额、待售金额，为企业制定相应的收账政策提供参考，确保企业早日收回账款。销售收款汇总表默认包括“客户”“销售金额”“优惠金额”“收款金额”和“回款金额”等内容（见图 8-7-2）。

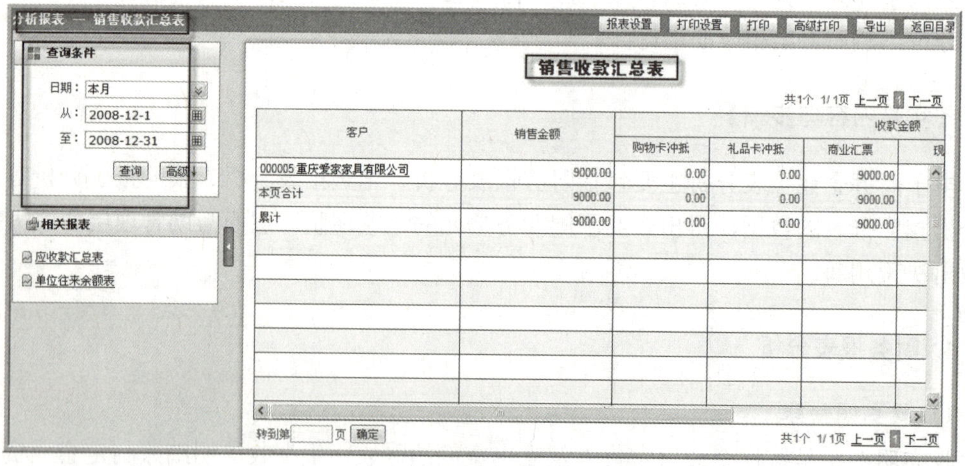

图 8-7-2　销售收款汇总表

3）采购付款汇总表

采购付款汇总表是对采购业务中的付款金额进行统计的账表。采购付款汇总表汇总企业各项采购业务的数量、金额和待付款。采购付款汇总表默认包括“供应商”“采购金额”“优惠金额”和“付款金额”等内容（见图 8-7-3）。

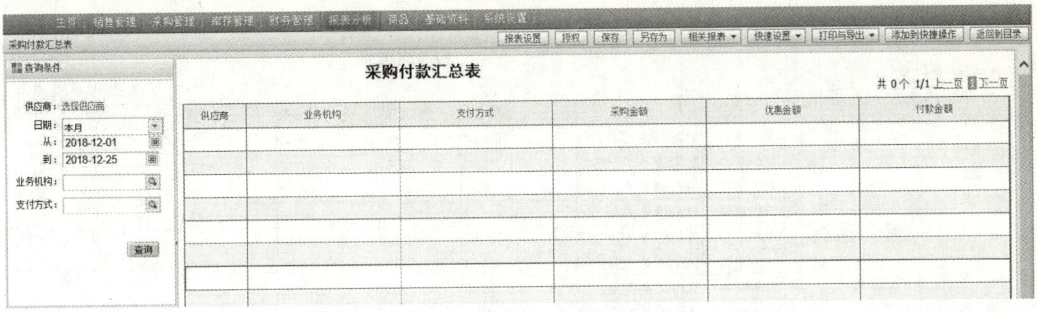

图 8-7-3　采购付款汇总表

4）应收款汇总表

应收款汇总表用于对企业所有应收款项进行金额统计。应收款汇总表默认包括“客户”“应收金额”和“代垫运费”等内容。“已收金额”里面包括“购物卡”“礼品卡”“分期付款”“现金”等项目的收款情况（见图 8-7-4）。

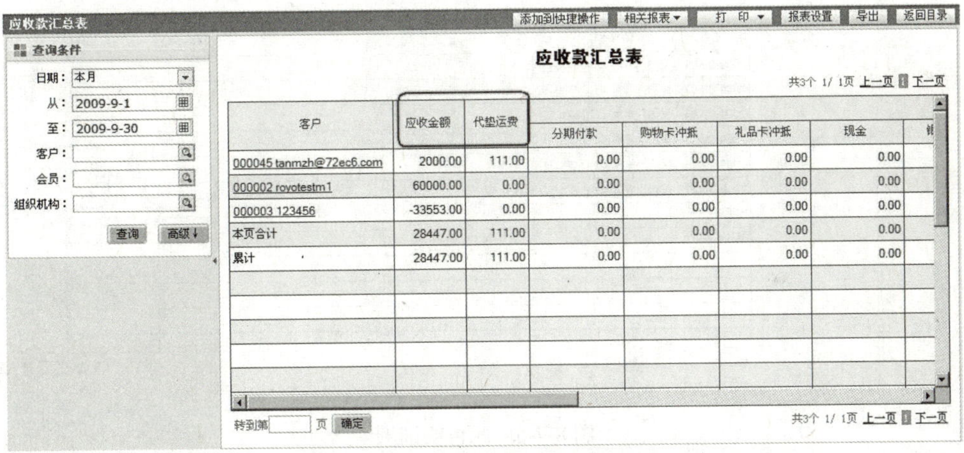

图 8-7-4　应收款汇总表

5）应收明细表

应收明细表是对企业每天发生的应收款项进行统计的账表。应收明细表默认包括“日期”“单据”“应收金额”“代垫运费”“已收金额”“备注”等内容（见图 8-7-5）。该表具体反映了各项业务的应收金额，供企业随时查询相关业务的收账情况。

6）应付明细表

应付明细表是对企业每天发生的应付款项进行统计的账表。应付明细表默认包括“日期”“单据”“应付金额”“已付金额”“备注”等内容（见图 8-7-6）。该表反映企业采购商品原材料的各项应付金额，为企业安排采购活动付款计划提供参考。

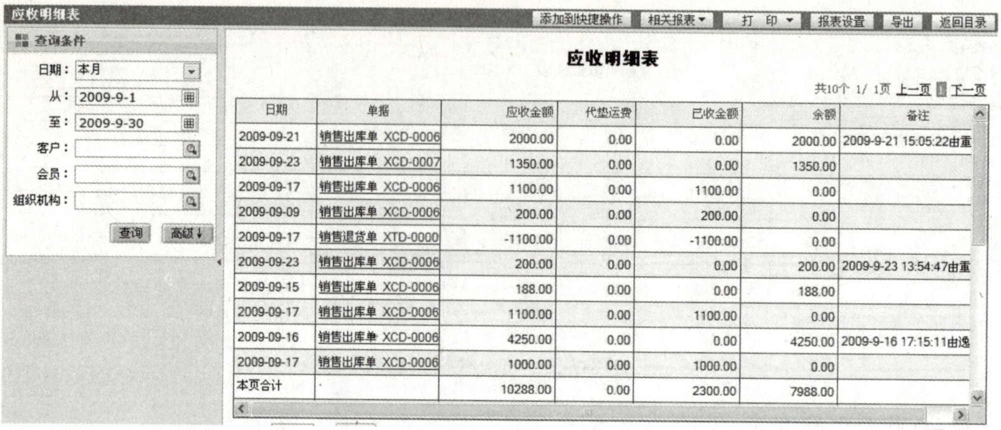

日期	单据	应收金额	代垫运费	已收金额	余额	备注
2009-09-21	销售出库单 XCD-0006	2000.00	0.00	0.00	2000.00	2009-9-21 15:05:22由重
2009-09-23	销售出库单 XCD-0007	1350.00	0.00	0.00	1350.00	
2009-09-17	销售出库单 XCD-0006	1100.00	0.00	1100.00	0.00	
2009-09-09	销售出库单 XCD-0006	200.00	0.00	200.00	0.00	
2009-09-17	销售退货单 XTD-0000	-1100.00	0.00	-1100.00	0.00	
2009-09-23	销售出库单 XCD-0006	200.00	0.00	0.00	200.00	2009-9-23 13:54:47由重
2009-09-15	销售出库单 XCD-0006	188.00	0.00	0.00	188.00	
2009-09-17	销售出库单 XCD-0006	1100.00	0.00	1100.00	0.00	
2009-09-16	销售出库单 XCD-0006	4250.00	0.00	0.00	4250.00	2009-9-16 17:15:11由逸
2009-09-17	销售出库单 XCD-0006	1000.00	0.00	1000.00	0.00	
本页合计		10288.00	0.00	2300.00	7988.00	

图 8-7-5　应收明细表

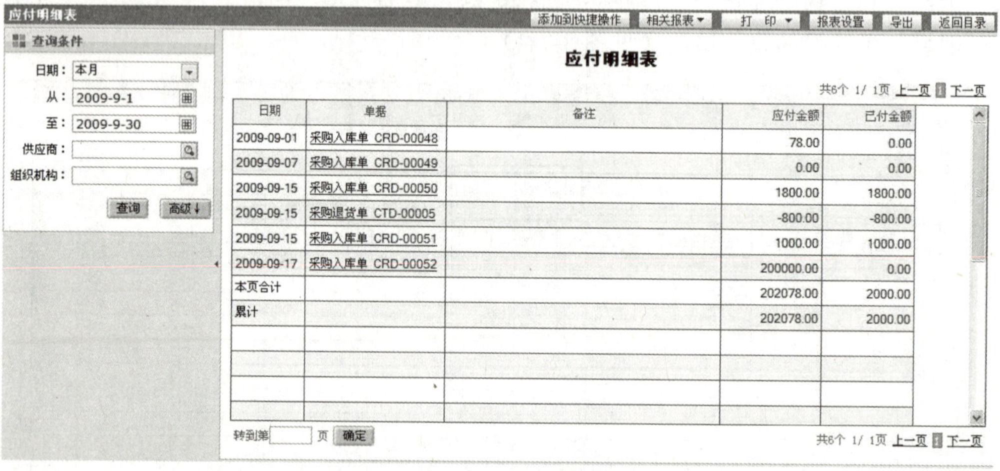

日期	单据	备注	应付金额	已付金额
2009-09-01	采购入库单 CRD-00048		78.00	0.00
2009-09-07	采购入库单 CRD-00049		0.00	0.00
2009-09-15	采购入库单 CRD-00050		1800.00	1800.00
2009-09-15	采购退货单 CTD-00005		-800.00	-800.00
2009-09-15	采购入库单 CRD-00051		1000.00	1000.00
2009-09-17	采购入库单 CRD-00052		200000.00	0.00
本页合计			202078.00	2000.00
累计			202078.00	2000.00

图 8-7-6　应付明细表

2. 销售报表分析

1）销售订货汇总表

销售订货汇总表用于查询所有销售订货的汇总记录。该表反映了企业各项销售活动的订货情况，包括订货的“产品名称”“计量单位”“型号”和“数量”等，即企业销售的各种商品（见图 8-7-7）。

2）销售出库汇总表

销售出库汇总表用于查询销售出库的汇总记录。销售出库汇总表默认包括“产品名称”“型号”“计量单位”“数量”“含税金额”等内容（见图 8-7-8）。该表可以反映企业各种商品的销售情况，包括销售营业额，为提高企业销售收入提供参考。

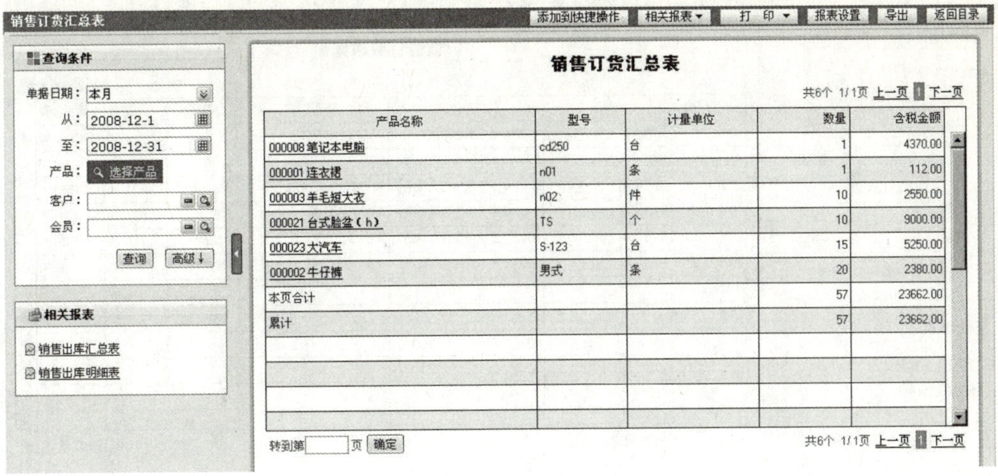

图 8-7-7　销售订货汇总表

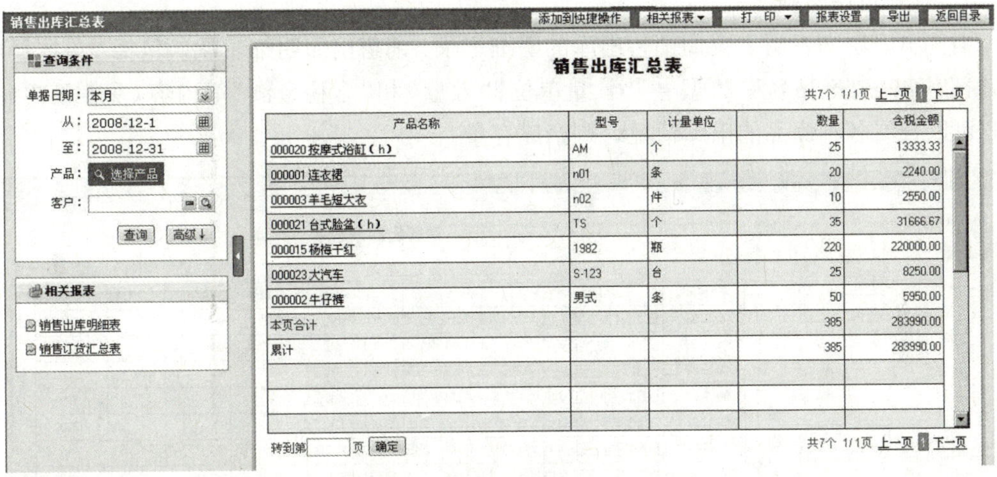

图 8-7-8　销售出库汇总表

3）销售退货汇总表

销售退货汇总表用于查询销售退货的明细记录。销售退货汇总表默认包括“单据日期”“单据”“客户”“产品名称”“数量”及“不含税金额”等内容。

4）销售订货明细表

销售订货明细表用于对日常发生的商品销售订单进行统计。销售订货明细表默认包括“单据日期”“单据”“客户”“产品名称”“型号”“数量”和“含税金额”等内容（见图 8-7-9）。该表为销售订货汇总表提供依据。

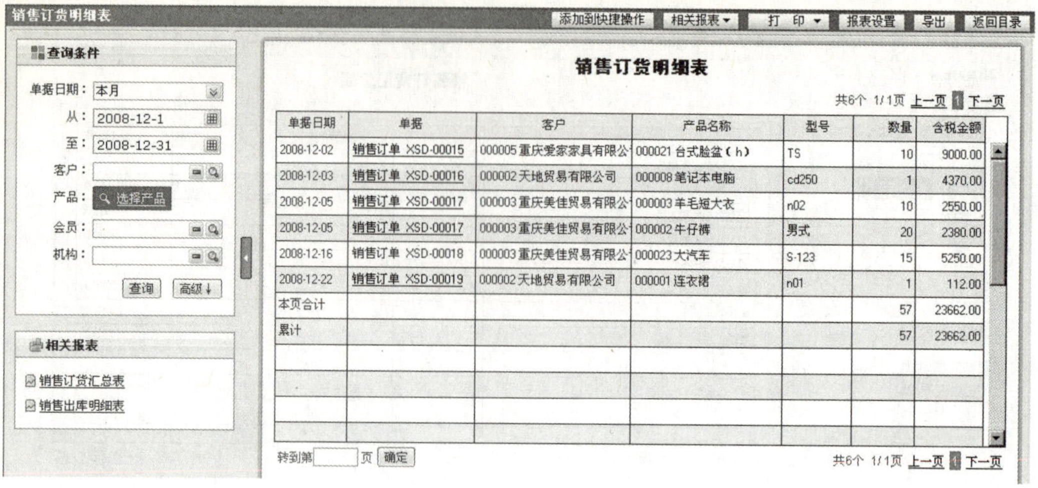

单据日期	单据	客户	产品名称	型号	数量	含税金额
2008-12-02	销售订单 XSD-00015	000005 重庆爱家家具有限公	000021 台式脸盆（h）	TS	10	9000.00
2008-12-03	销售订单 XSD-00016	000002 天地贸易有限公司	000008 笔记本电脑	cd250	1	4370.00
2008-12-05	销售订单 XSD-00017	000003 重庆美佳贸易有限公	000003 羊毛短大衣	n02	10	2550.00
2008-12-05	销售订单 XSD-00017	000003 重庆美佳贸易有限公	000002 牛仔裤	男式	20	2380.00
2008-12-16	销售订单 XSD-00018	000003 重庆美佳贸易有限公	000023 大汽车	S-123	15	5250.00
2008-12-22	销售订单 XSD-00019	000002 天地贸易有限公司	000001 连衣裙	n01	1	112.00
本页合计					57	23662.00
累计					57	23662.00

图 8-7-9　销售订货明细表

5）销售出库明细表

销售出库明细表用于查询销售出库的明细记录。销售出库明细表默认包括“单据日期”“单据”“客户”“产品名称”“型号”“计量单位”“数量”和“含税金额”等内容（见图 8-7-10）。用户可以查看各种商品的出库情况、剩余库存量。

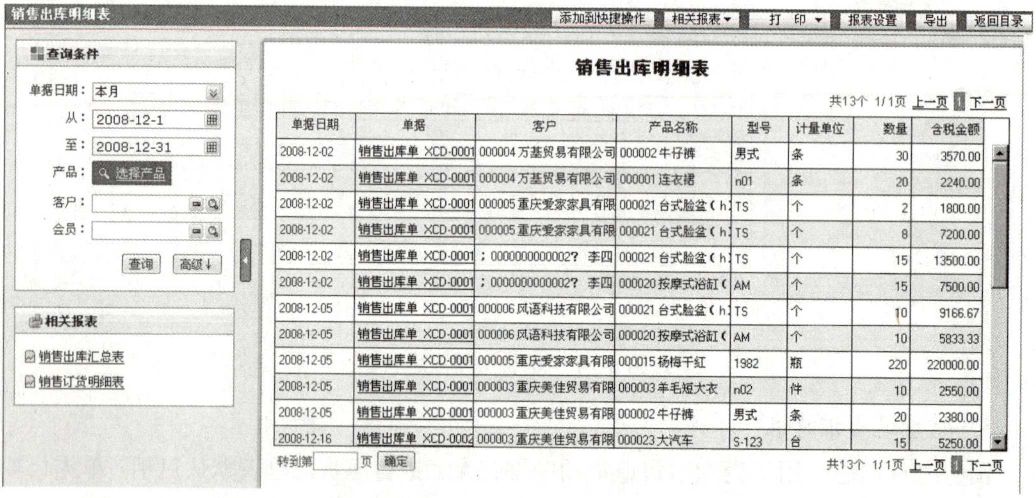

单据日期	单据	客户	产品名称	型号	计量单位	数量	含税金额
2008-12-02	销售出库单 XCD-0001	000004 万基贸易有限公司	000002 牛仔裤	男式	条	30	3570.00
2008-12-02	销售出库单 XCD-0001	000004 万基贸易有限公司	000001 连衣裙	n01	条	20	2240.00
2008-12-02	销售出库单 XCD-0001	000005 重庆爱家家具有限	000021 台式脸盆（h	TS	个	2	1800.00
2008-12-02	销售出库单 XCD-0001	000005 重庆爱家家具有限	000021 台式脸盆（h	TS	个	8	7200.00
2008-12-02	销售出库单 XCD-0001	；000000000002? 李四	000021 台式脸盆（h	TS	个	15	13500.00
2008-12-02	销售出库单 XCD-0001	；000000000002? 李四	000020 按摩式浴缸（	AM	个	15	7500.00
2008-12-05	销售出库单 XCD-0001	000006 风语科技有限公司	000021 台式脸盆（h	TS	个	10	9166.67
2008-12-05	销售出库单 XCD-0001	000006 风语科技有限公司	000020 按摩式浴缸（	AM	个	10	5833.33
2008-12-05	销售出库单 XCD-0001	000005 重庆爱家家具有限	000015 杨梅干红	1982	瓶	220	220000.00
2008-12-05	销售出库单 XCD-0001	000003 重庆美佳贸易有限	000003 羊毛短大衣	n02	件	10	2550.00
2008-12-05	销售出库单 XCD-0001	000003 重庆美佳贸易有限	000002 牛仔裤	男式	条	20	2380.00
2008-12-16	销售出库单 XCD-0002	000003 重庆美佳贸易有限	000023 大汽车	S-123	台	15	5250.00

图 8-7-10　销售出库明细表

6）销售退货明细表

销售退货明细表用于查询销售退货的明细记录。销售退货明细表默认包括“单据日期”“单据”“客户”“产品名称”“型号”“数量”及“不含税金额”等内容（见图 8-7-11）。

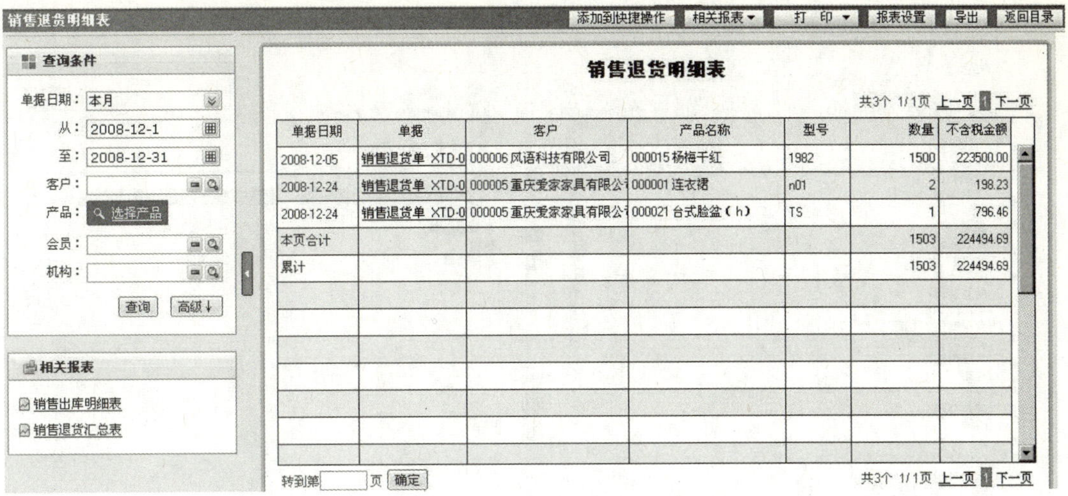

图 8-7-11 销售退货明细表

3. 采购报表分析

1）采购订货汇总表

采购订货汇总表用于查询采购订货的汇总记录。采购订货汇总表默认包括“商品”“型号”“计量单位”“数量”等内容（见图 8-7-12）。

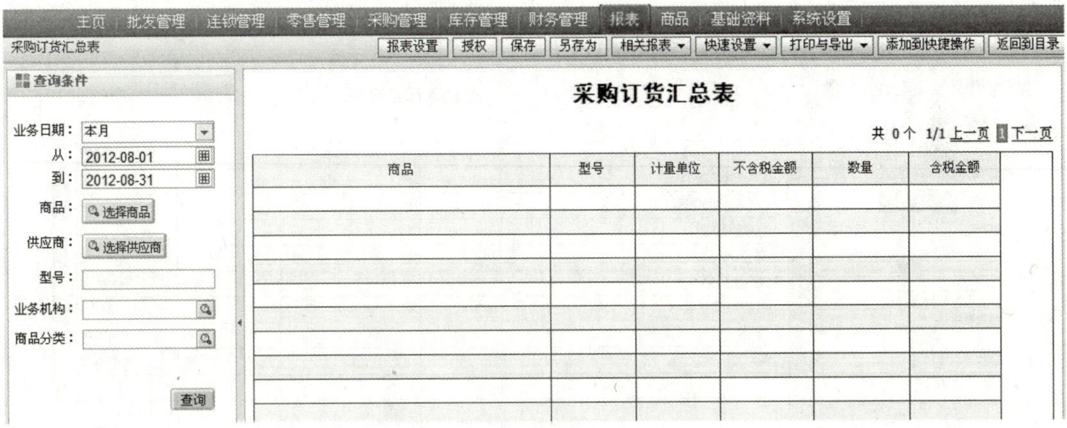

图 8-7-12 采购订货汇总表

采购订货汇总表的报表项目设置如图 8-7-13 所示。

用户在采购过程中若选择了不同尺码的该商品，在采购报表中也可以显示该商品不同尺码的数量。单击报表上方操作菜单“显示尺码”，报表栏目中会增添用户设置的商品尺码。若不需要显示尺码，单击报表上方操作菜单“隐藏尺码”即可。

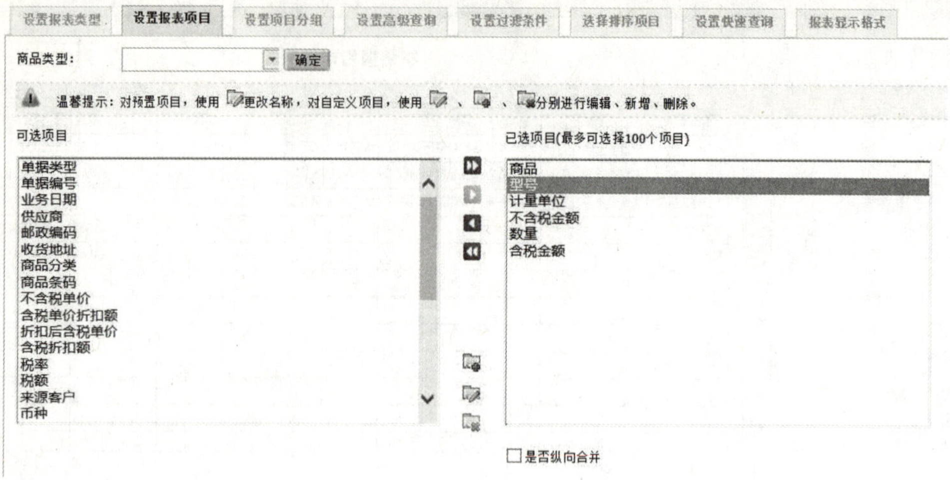

图 8-7-13　采购订货汇总表项目设置

在报表左侧提供查询及相关报表区。用户可以选择通过业务日期、商品条件和其他高级查询方式来查询，用户还可以查询和处理与该报表相关的其他报表。

2）采购入库汇总表

采购入库汇总表用于查询采购入库的汇总记录。采购入库汇总表默认包括“产品名称”“型号”“计量单位”“数量”及“含税金额”等内容（见图 8-7-14）。用户可以查看采购的各种商品。

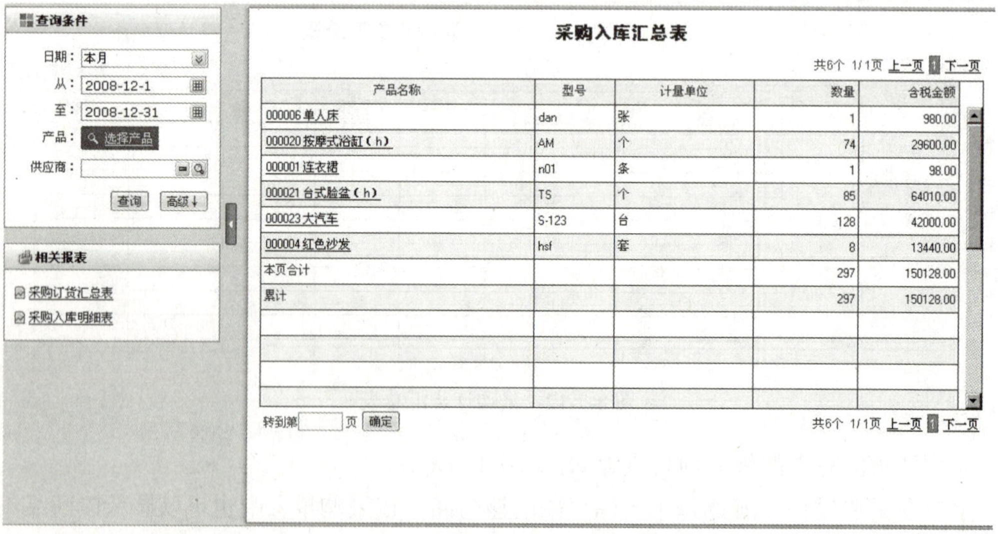

图 8-7-14　采购入库汇总表

3）采购订货明细表

采购订货明细表用于查询采购订货的明细记录。采购订货明细表默认包括“单据类型”

"单据编号""业务日期""商品""型号""计量单位""数量"和"含税金额"等内容（见图 8-7-15）。

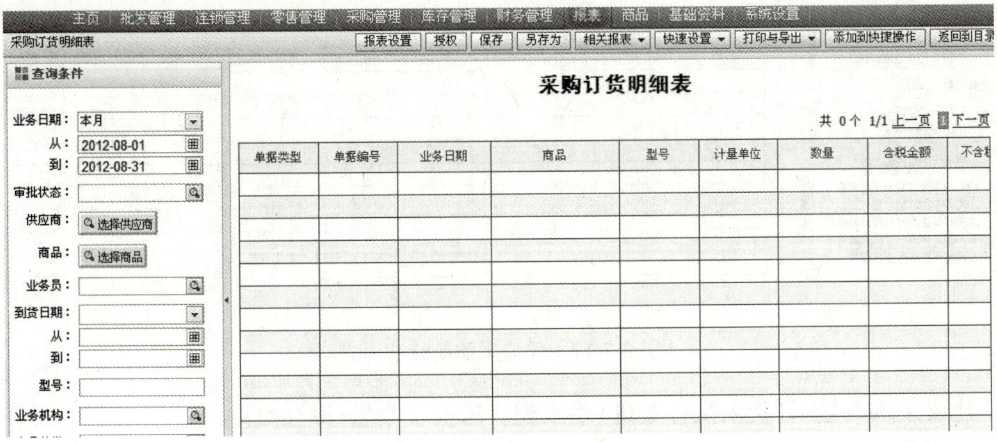

图 8-7-15　采购订货明细表

4）采购入库明细表

采购入库明细表用于查询采购入库的明细记录。采购入库明细表默认包括"单据类型""单据编号""业务日期""商品""型号""计量单位""数量"等内容（见图 8-7-16）。采购入库明细表为采购入库汇总表提供参考。

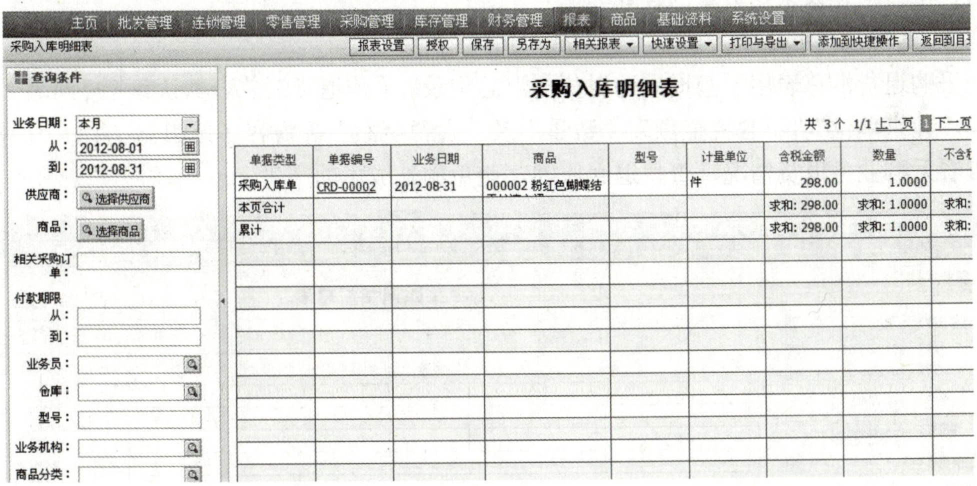

图 8-7-16　采购入库明细表

5）建议采购统计汇总表

系统会根据采购订单数量及库存余额的实际数量生成建议采购统计汇总表，建议企业对所下订单的产品进行采购的数量（见图 8-7-17）。

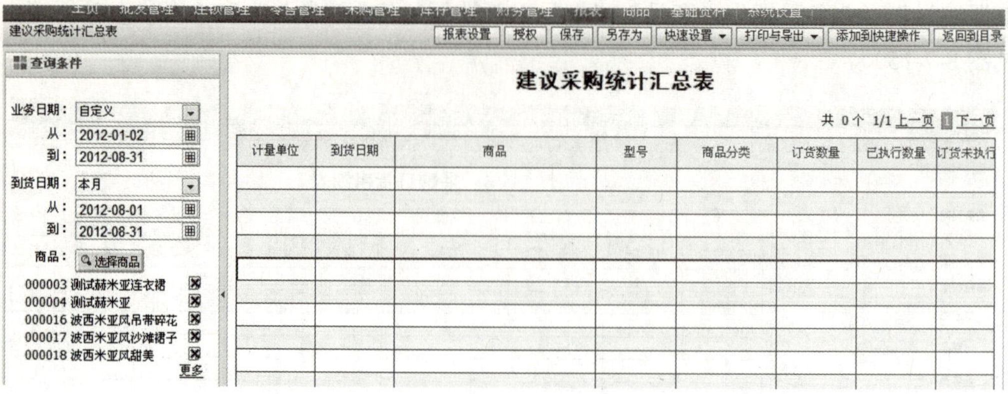

图 8-7-17 建议采购统计汇总表

建议采购数量=订货未执行数量+手工配货未执行数量-库存数量；

订货未执行数量=∑销售订单数量-（∑与销售订单关联的销售出库单数量-∑与该销售订单相关的销售退货单数量）；

手工配货未执行数量=∑手工配货单数量-（∑与其相关的销售出库单数量-∑与该配货单相关的销售退货单数量）；

库存数量=库存余额表中库存数量；

采购在途数量=采购订单数量-与采购订单关联的采购入库单数量（该栏目只作为一个项目，不参与建议采购数量的计算）。

6）采购退货汇总表

采购退货汇总表用于查询采购退货的汇总记录。采购退货汇总表默认包括“商品”“型号”“计量单位”“不含税金额”“数量”及“含税金额”等内容（见图 8-7-18）。用户可以查看采购业务退货情况，查找退回原因，避免额外成本的产生。

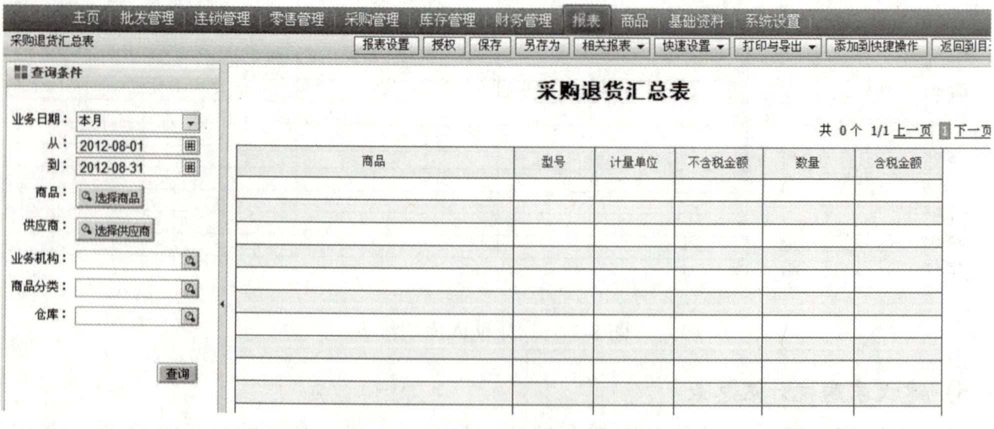

图 8-7-18 采购退货汇总表

【相关知识】

财务报表分析是以企业基本活动为对象、以财务报表为主要信息来源、以分析和综合为主要方法的系统地认识企业的过程，其目的是了解过去、评价现在和预测未来，以帮助报表使用人改善决策。

财务报表分析的对象是企业的各项基本活动。财务报表分析就是从报表中获取符合报表使用人分析目的的信息，认识企业活动的特点，评价其业绩，发现其问题。

财务报表分析的起点是阅读财务报表，终点是做出某种判断（包括评价和找出问题），中间的财务报表分析过程，由比较、分类、类比、归纳、演绎、分析和综合等认识事物的步骤和方法组成。其中分析与综合是两种最基本的逻辑思维方法。因此，财务报表分析的过程也可以说是分析与综合的统一。

财务报表分析不同于企业分析、经营分析和经济活动分析等概念。

【习题】

(1) 企业财务信息的用户都有哪些？他们需要提供的主要财务信息是什么？

(2) 分析应收账款的质量和流动性，应注意的问题有哪些？

第 9 章

供应链协同

实验 9-1 供应商管理

【实验目的与要求】

目的：通过实际系统的仿真，了解有效的供应商管理可以降低采购成本及直接人工成本等。掌握供应商管理的步骤与方法。

要求：了解供应商管理的相关操作，熟悉供应商分类、新增供应商、查询供应商、添加网上供应商、新增联系人、新增供应商地址、导入网上供应商产品等内容。

【实验说明】

供应商管理支持线上、线下供应商的共同管理，能快速添加线上供应商及供应商产品，极大地提高了用户的工作效率；同时还支持多联系人、多地址的供应商管理，促进企业与供应商之间的有效交流和沟通。

【实验内容与步骤】

1. 供应商分类与新增供应商操作

步骤 1：在“基础资料”一栏下的“供应商”中选择“新增供应商分类”项。

步骤 2：进入“供应商分类—新增”界面，填写供应商基本信息，包括“上级分类”“分类名称”“分类编号”和“备注”四部分（见图 9-1-1）。

步骤 3：信息填写完毕后，单击“保存”按钮即可。单击“保存并新增”按钮则可继续增加下一条供应商分类信息。若想查看所有供应商分类，可单击右上方“返回到列表”按钮。

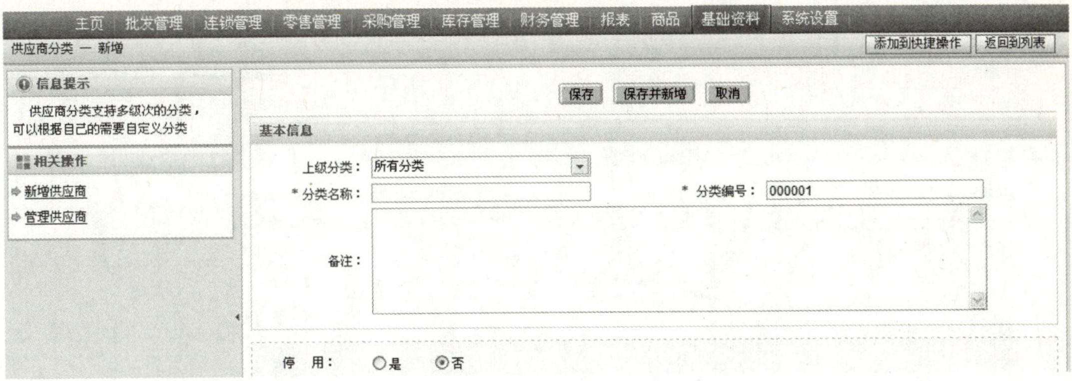

图 9-1-1 “供应商分类—新增”界面

步骤 4： 在“基础资料”下的“供应商”中选择“新增供应商”项，进入“供应商—新增”页面，填写供应商相关资料。供应商资料包括供应商基本信息、供应商控制信息、供应商联系信息及主要联系人信息（见图 9-1-2）。

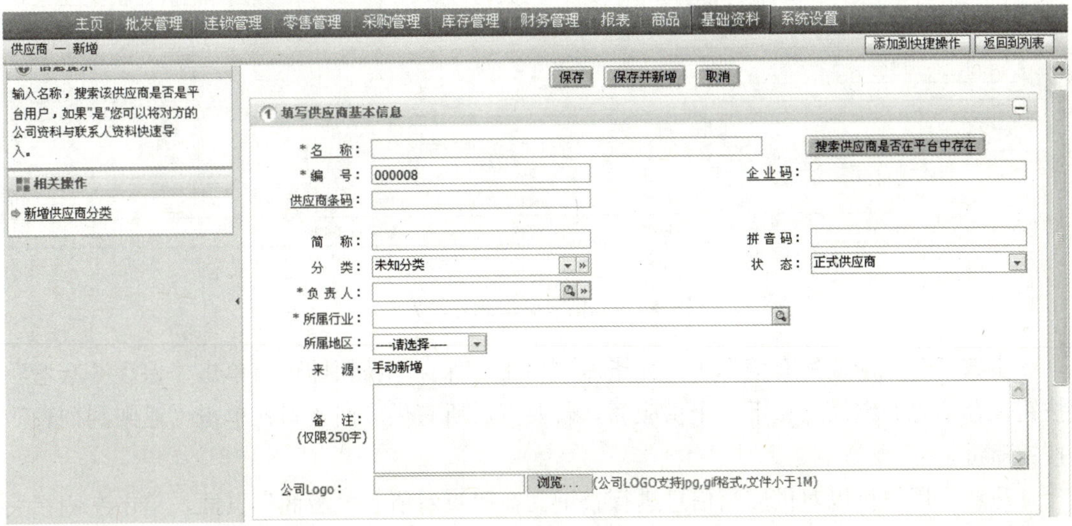

图 9-1-2 新增供应商界面

在填写供应商名称后，可以单击“搜索供应商是否在平台中存在”按钮，搜索该供应商是否为平台会员。如果是平台会员，中国电子商务实践平台会自动、快速导入该供应商的公司资料与联系人资料。

步骤 5： 填写供应商控制信息、联系信息及主要联系人信息（见图 9-1-3）。

中国电子商务实践平台对供应商的信息管理支持多个地址管理和多个联系人管理，这样方便用户及时快捷地与供应商进行沟通、联系（见图 9-1-4）。

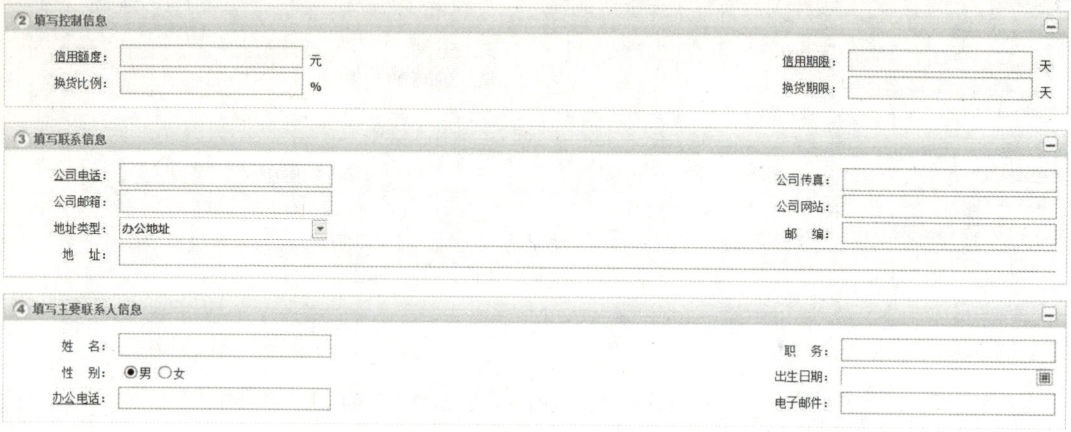

图 9-1-3 供应商信息界面

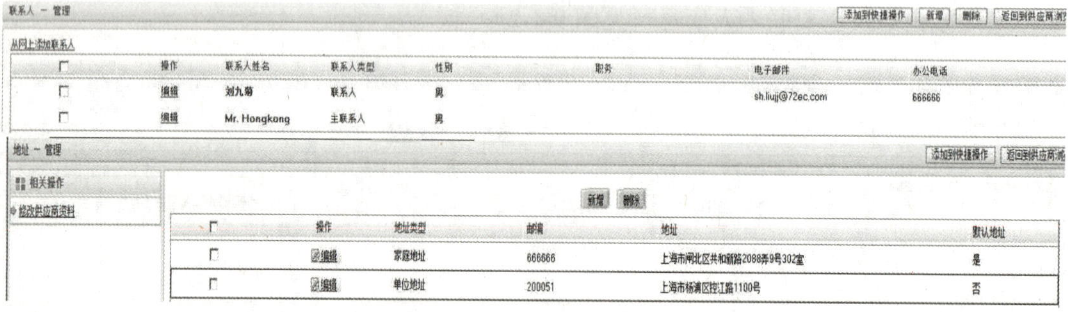

图 9-1-4 供应商信息管理界面

步骤 6：供应商所有信息填写完毕后，单击“保存”按钮即可。单击“保存并新增”按钮保存信息并继续增加下一个供应商。若要查看所有供应商资料，单击“返回到列表”按钮即可。

注意：用户可以对供应商信息进行查询。在“查看所有供应商”页面，单击左侧相关维度进行查询，用户还可以通过“相关操作”区来查询和处理与供应商相关的其他操作。

2. 添加网上供应商操作

步骤 1：选择“供应商”项，单击“添加网上供应商”按钮。

步骤 2：弹出“添加网上供应商”界面，输入网上供应商的企业码或公司名称，单击“搜索”按钮，平台会自动把搜索结果显示到图 9-1-5 所示的列表中。

步骤 3：用户可以选择合适的导入方式，单击“确定”按钮后平台会自动按照导入条件添加供应商信息到供应商列表中，如图 9-1-6 所示。

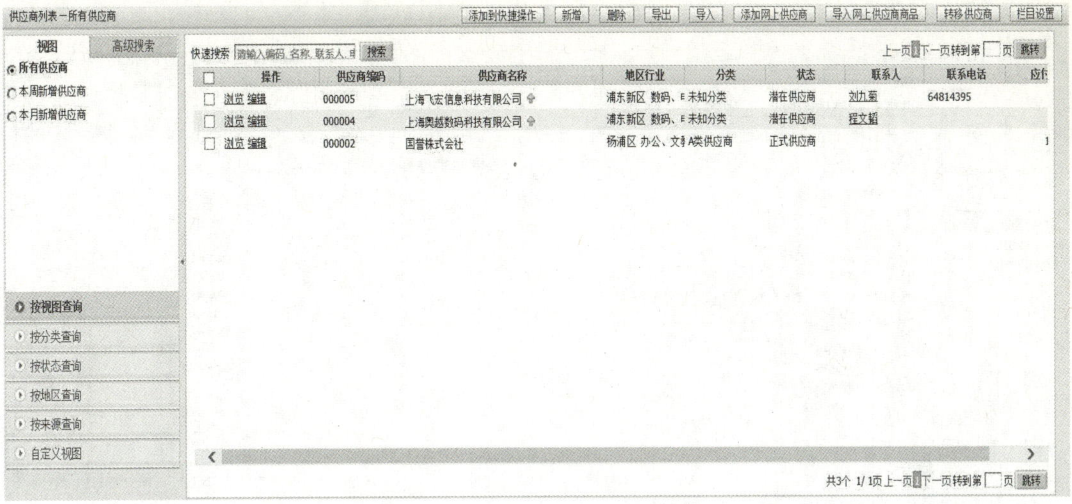

图 9-1-5　网上供应商列表界面

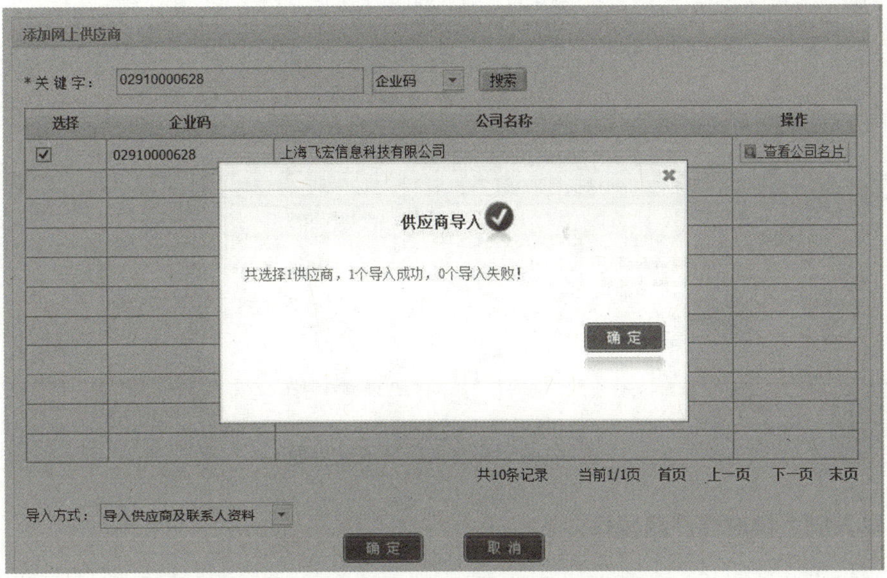

图 9-1-6　添加网上供应商界面

注意：用户在添加网上供应商时可自动将供应商的联系人一起导入。同时，用户可以单独添加网上联系人（见图 9-1-7）。

3. 新增供应商地址操作

用户在添加网上供应商时可自动将该供应商的“公司地址”一起导入，同时用户也可以单独添加供应商地址（见图 9-1-8）。

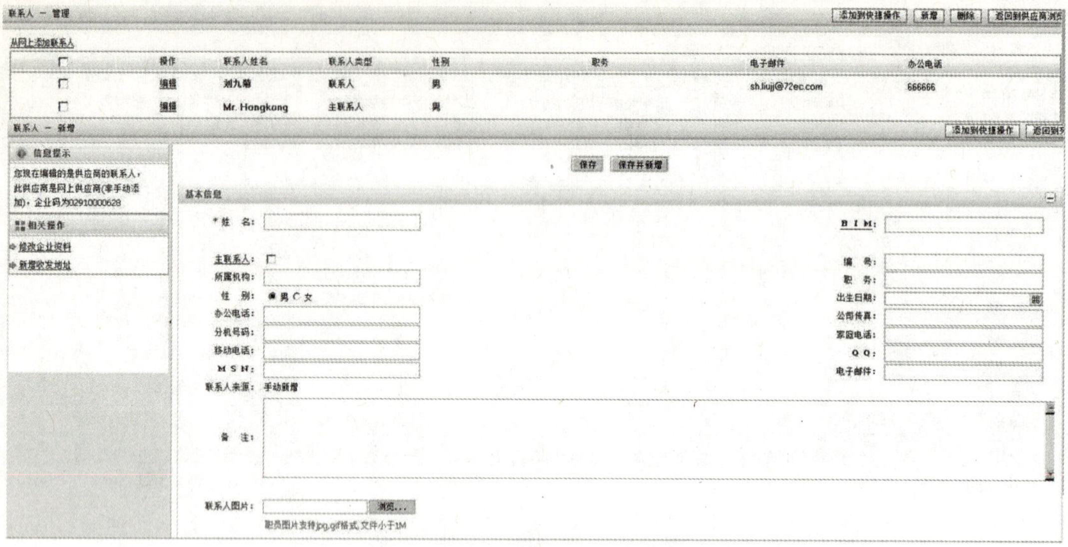

图 9-1-7 新增联系人界面

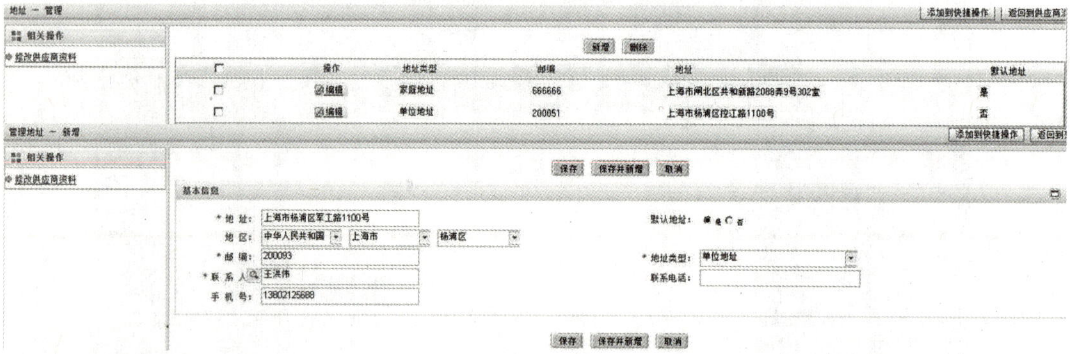

图 9-1-8 新增供应商地址界面

4. 导入网上供应商产品操作

用户如果要向添加的网上供应商进行询价或订货，必须先将该供应商发布到产品展厅中的产品导入到自己的产品库中，只有双方的产品信息同步更新了，才能进行询/报价、订货等业务协同操作。

步骤 1：选择“供应商”项，进入“供应商列表”页面，从供应商列表中选中一个来源为网上的供应商（该供应商的企业码不能为空）。

步骤 2：单击“导入网上供应商产品”按钮（见图 9-1-9）。在供应商列表中，一次只能选择一个供应商导入产品。

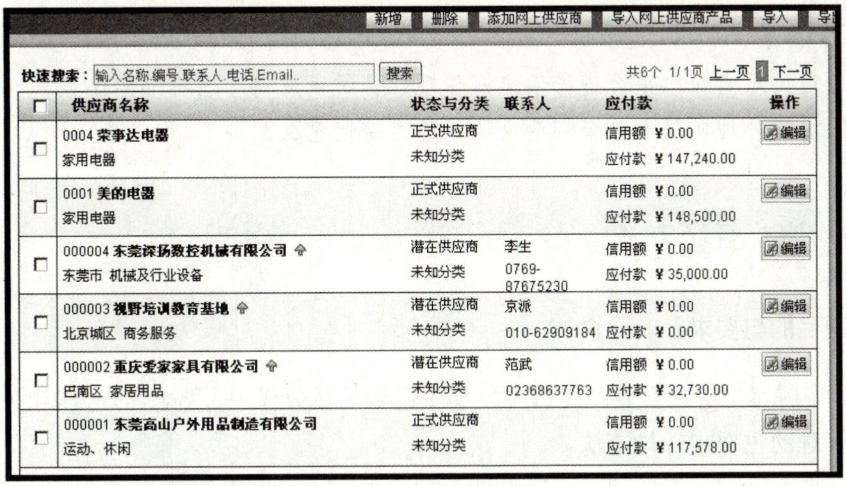

图 9-1-9　导入网上供应商产品列表界面

步骤 3：进入“导入供应商商品”页面，列表中显示出该供应商的所有产品，用户可选择要导入的产品和产品分类，单击“确定”按钮，平台会自动把产品信息添加到产品列表中（见图 9-1-10）。

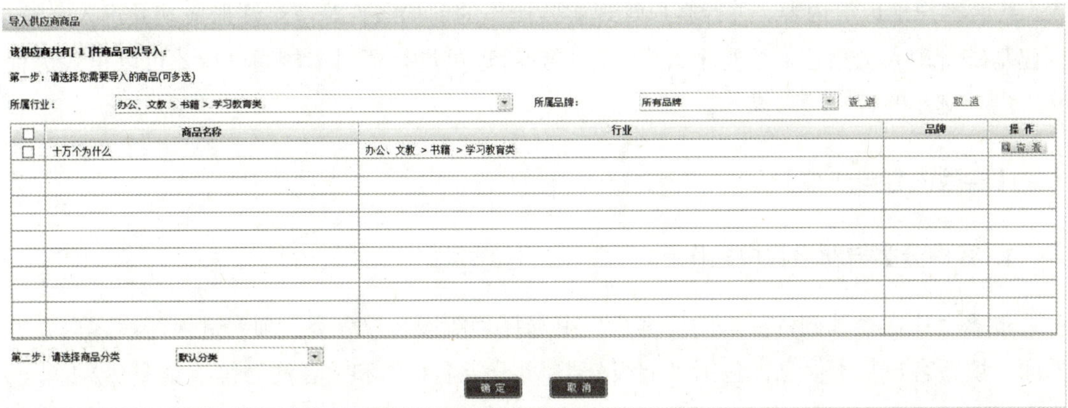

图 9-1-10　导入网上供应商产品操作界面

【相关知识】

《零售商供应商公平交易管理办法》规定：供应商是指直接向零售商提供商品及相应服务的企业及其分支机构、个体工商户，包括制造商、经销商和其他中介商。供应商也可称为“厂商”，即供应商品的个人或法人。供应商可以是农民、生产基地、制造商、代理商、批发商（限一级）、进口商等，应避免太多中间环节的供应商，如二级批发商、经销商、皮包公司或亲友所开的公司。

【习题】

(1) 通过供应商管理平台进行供应商管理比传统供应商管理有哪些优势?

(2) 供应商管理实验中包含哪些主要步骤，有何意义?

实验 9-2 客户管理

【实验目的与要求】

目的：了解客户管理在企业运营与发展中起到的重要作用，熟悉客户分类的基本思路，掌握客户管理的主要步骤与方法。

要求：熟悉客户档案的建立与有效的管理，如网上、网下客户的共同管理，熟悉快速添加网上客户，多联系人、多地址的客户管理等内容。

【实验说明】

客户管理实验的内容包括客户分类、新增客户、添加网上客户、查询客户、新增联系人、新增客户地址等内容。进行客户管理实验操作的前提条件是登录注册成功并进入系统，创建基础管理人员角色，填写个人资料。后台管理员进行资料审核通过后才可以正式进行网上电子交易的客户管理操作。

【实验内容与步骤】

1. 客户分类与新增客户操作

步骤 1：在“基础资料”的“客户”中选择“新增客户分类”项，进入新增客户分类界面，填写客户基本信息，包括“上级分类”“分类名称”和“备注”等（见图 9-2-1）。

步骤 2：基本信息填写完毕后，单击“保存”按钮即可。单击“保存并新增”按钮可保存信息并继续增加下一条客户分类信息。若要查看所有客户分类，可单击右上方的“返回到列表”按钮。

步骤 3：在“基础资料”的“客户”中选择“新增客户”项，进入新增客户信息界面，填写客户相关信息。包括“基本信息”“控制信息”“联系信息”及“联系人信息”。填写客户基本信息如图 9-2-2 所示。

“搜索客户是否在平台中存在”：在填写客户名称后，可以使用该功能，搜索该客户是否为平台会员，如果是，中国电子商务实践平台会自动、快速导入该客户的公司资料与联系人资料。

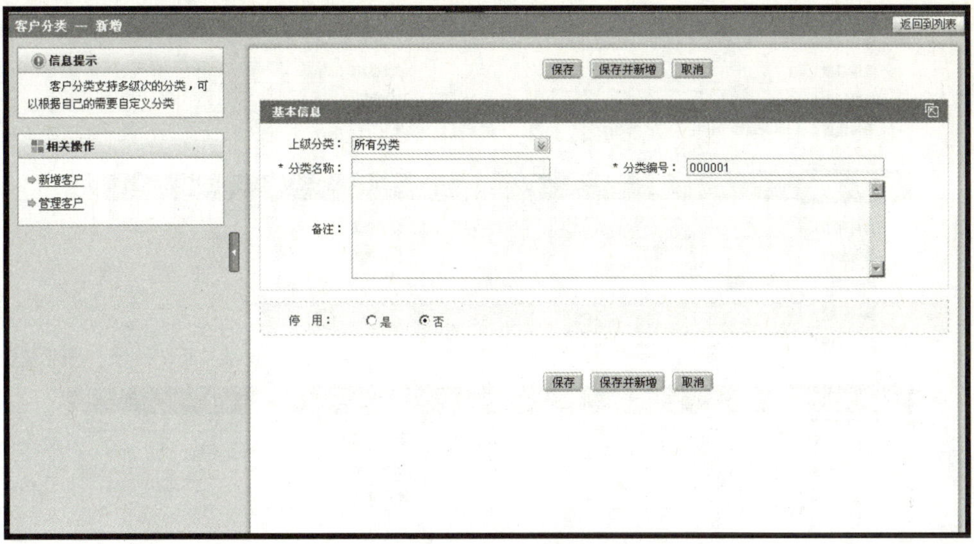

图 9-2-1　新增客户分类界面

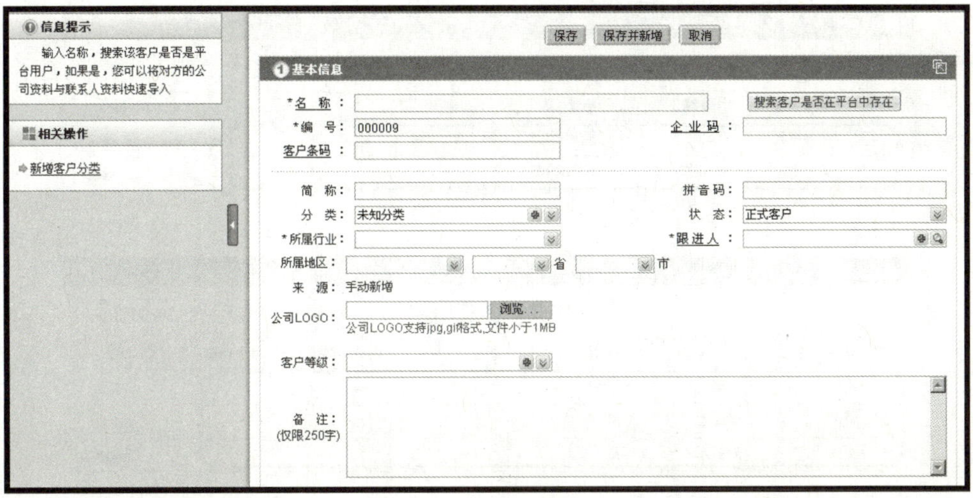

图 9-2-2　客户基本信息界面

步骤 4：填写客户控制信息、联系信息及联系人信息（见图 9-2-3）。

中国电子商务实践平台对客户的信息管理支持多个地址管理和多个联系人管理，这样方便用户及时快捷地与客户进行沟通、联系（见图 9-2-4）。

步骤 5：客户所有信息填写完毕后，单击“保存”按钮即可。单击“保存并新增”按钮可保存信息并继续增加下一个客户信息。若要查看所有客户资料，可单击“返回到列表”按钮。

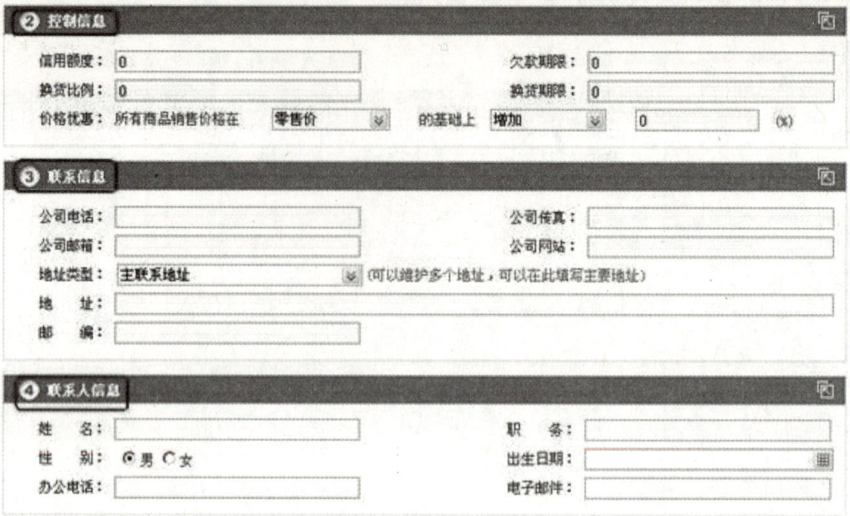

图 9-2-3　客户相关信息界面

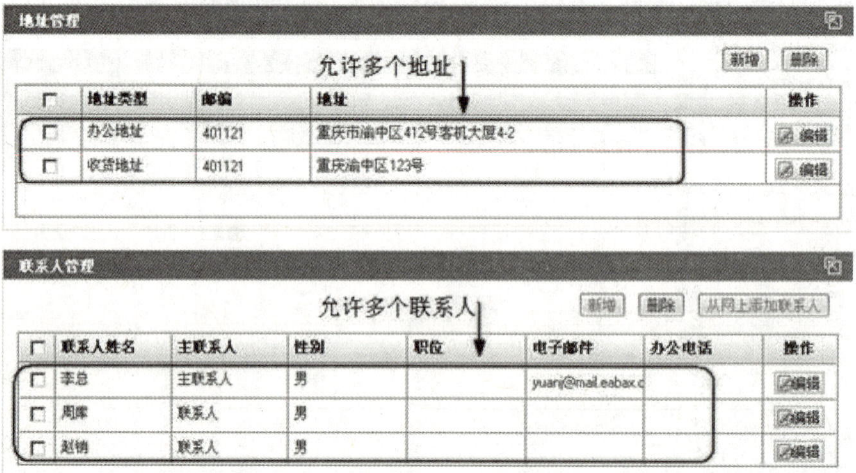

图 9-2-4　客户地址管理、联系人管理界面

2. 添加网上客户操作

步骤 1：选择“客户”项，单击“添加网上客户”菜单。

步骤 2：弹出添加网上客户界面，输入网上客户的企业码或公司名称，单击“搜索”按钮，平台会自动把搜索结果显示到列表中。

步骤 3：用户可以选择合适的导入方式，单击“确定”按钮后平台会自动按照导入条件添加客户信息到客户列表中（见图 9-2-5）。

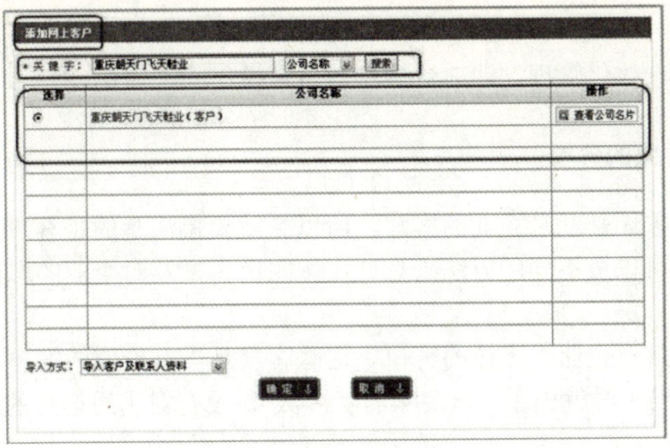

图 9-2-5　添加客户信息界面

添加的网上客户显示到客户列表中（见图 9-2-6）。

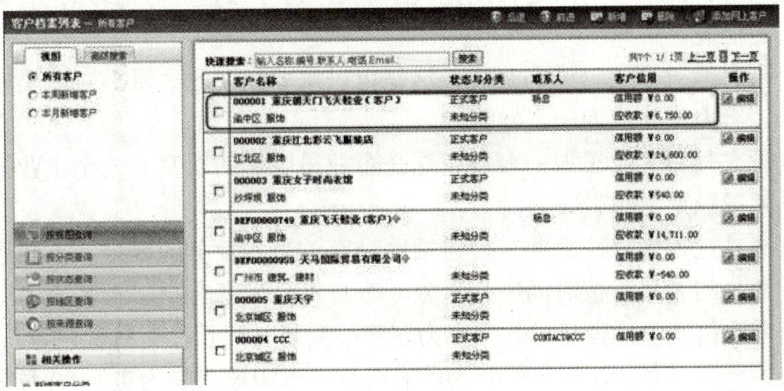

图 9-2-6　客户列表界面

注意：用户也可以对客户信息进行查询，按“视图”“来源”“状态”“分类”及“地区”等多维度进行查询。在“所有客户列表”页面，单击左侧相关维度进行查询，在右侧客户列表中将显示符合该维度查询的客户资料。用户还可以通过“相关操作”区来查询和处理与客户相关的其他操作。

3．新增联系人和新增客户地址

此两项操作可参照上述操作完成，不再赘述。

【相关知识】

1．客户管理

客户管理主要包括如下三个层面的内容。

（1）服务渠道管理，即进行市场营销综合性和互动性的服务渠道管理。

（2）关系营造，即建立在优质、高效、便捷服务基础上的真正的客户关系。

（3）对企业的一体化管理，即前台操作与后台操作的一体化。

2. 客户管理对象的分类

客户管理的对象无疑就是企业的客户，所以企业要搞清楚的是客户到底包括哪些，以及如何分类。客户可以按不同的方法来划分，按照销售量及对企业的忠诚度可以将客户分为如下四类。

（1）销售量小且对企业不忠诚的客户。这些客户是没有价值的客户，企业对待此类客户的对策就是“该出手时就出手，该淘汰的就淘汰”。没有对劣质客户的淘汰，就不能培养出一批好客户。

（2）销售量大但对企业不忠诚的客户。这些客户常常是企业最危险的敌人，他们以自己的销售额为资本和厂家讲条件、提要求，厂家不能满足他们的愿望，他们就还厂家以“颜色”——降价倾销、扰乱市场或是长期拖欠企业货款。对这些客户管理稍有疏忽，就会给企业造成很大的损失。

（3）销售量小但对企业忠诚的客户。这是可以培养的明日之星。对此类客户，企业要多扶持、培养，努力使其成为一个好客户。

（4）销售量大且对企业忠诚的客户。这是企业最宝贵的财富。一个企业拥有的这类客户越多，市场就越稳定、越有发展潜力。

另外，按交易过程来分，企业客户包括曾经有过交易业务的客户、正在进行交易的客户和即将进行交易的客户；按时间序列来分，客户可分为老客户、新客户和潜在客户；按交易数量和市场地位来分，客户可分为主力客户（交易时间长、交易量大等）、一般客户和零散客户；按客户性质来分，客户可分为政府机构（以国家采购为主）、特殊公司（如与本公司有特殊业务等）、普通公司、客户个人和交易伙伴等。

3. 客户管理的内容

客户管理的实质是通过调查分析，进行客户开发、客户服务、客户促销、客户维护并促进客户价值的提升。客户管理的内容主要包括以下几点。

1）客户调查管理

通过人口特征、生活态度、生活方式、消费历史和媒介消费等对目标客户进行分析，迅速了解客户需求，及时掌握客户信息，把握市场动态，调整、修正产品与服务的营销策略，满足不同的需求，促进产品和服务的销售。

通过调查，企业应掌握客户的有关信息，主要包括如下内容。

（1）基础资料，即客户最基本的原始资料，主要包括客户名称、地址和电话，所有者、经营管理者、法人代表及他们个人的性格、兴趣、爱好、年龄和能力等，企业创立时间、与本公司交易时间、企业组织形式、业种和资产等。

（2）客户特征，主要包括服务区域、销售能力、发展潜力、经营观念、经营方向、经营政策、企业规模和经营特点等。

（3）业务状况，主要包括销售实绩、经营管理者和业务人员的素质、与其他竞争者的关系、与本公司的业务关系和合作态度等。

（4）交易现状，主要包括客户的销售活动现状、存在的问题、保持的优势、未来的对策、企业形象、声誉、信用状况、交易条件和出现的信用问题等。

2）客户开发管理

客户开发的前提是确定目标市场，研究目标客户，从而制定客户开发市场营销策略。营销人员的首要任务是开发准客户，通过多种方法寻找准客户并对准客户进行资格鉴定，使潜在客户成为现实客户。

3）客户信息管理

客户信息管理是客户管理的重要内容和基础，包括客户信息的收集、处理和保存。运用客户信息区分准客户、新客户和老客户，区分大客户和一般客户，并实施不同的市场营销策略，进行客户关系管理。

4）客户服务管理

客户服务是一个过程，是在合适的时间、合适的场合，以合适的价格、合适的方式向合适的客户提供合适的产品和服务，使客户价值得到提升的活动过程。客户服务管理是了解与创造客户需求，以实现客户满意为目的，企业全员、全过程参与的一种经营行为和管理方式，它包括营销服务、部门服务和产品服务等几乎所有的服务内容。客户服务管理的核心理念是企业全部的经营活动都要从满足客户的需要出发，以提供满足客户需要的产品或服务为企业的义务。

5）客户促销管理

促销是营销人员将有关产品信息通过各种方式传递给客户，提供产品情报、增加消费需求、突出产品特点，促进其了解、信赖并使用产品和服务，以达到稳定市场销售、扩大市场份额、增加产品价值、发展新客户、培养强化客户忠诚度的目的。促销的实质是营销人员与客户之间进行有效的信息沟通，这种信息沟通可以通过广告、人员推销、营业推广和公共关系四种方法来实现。促销管理是通过科学的促销分析方法进行全面的策划，选择合理的促销方式和适当的时机，对这种信息沟通进行计划与控制，以使信息传播得更加准确与快捷。

【习题】

（1）客户管理实验与供应商管理实验有哪些相似点及不同之处？

（2）请思考上述客户管理操作为客户管理带来了哪些便捷之处。

实验 9-3　业务协同管理

【实验目的与要求】

目的：通过了解协同管理过程，跟踪控制协同业务的进度和状态，协助相关人员做出正确的经营决策，同时帮助公司领导实时监控整体业务的跟进情况，帮助管理层做出决策判断。

要求：熟悉采购协同、门店协同、销售协同的操作流程，提高工作效率。

【实验说明】

业务协同实验的主要意义在于为全程电子商务中的所有企业提供一个统一的供应链协同平台，帮助企业把商机获取、交易、物流、支付等供应链业务集中到一起，让所有供应商、客户、物流公司都能够在一个统一的集成平台中进行商务交流与协作，实现供应链管理全过程的多对多在线业务协同。

【实验内容与步骤】

1. 采购协同

采购协同是指企业在处理采购业务时的协同过程。采购协同能帮助企业快速、有效地完成采购询价、采购下单、采购入库、采购付款等相关采购业务（见图 9-3-1）。

采购协同的主要方式有“用平台发送单据”“留言通知”“BIM 通知”“邮件通知”和“短信通知”等。

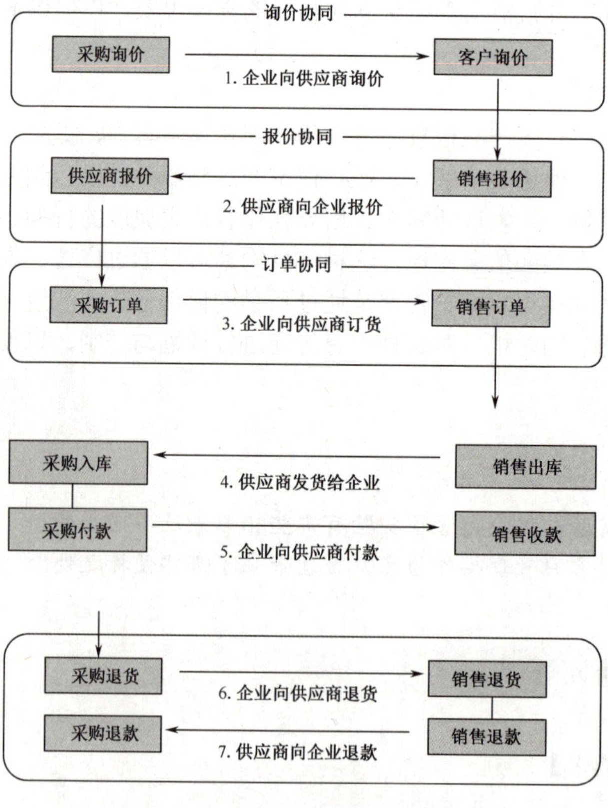

图 9-3-1 采购业务流程协同示意图

注意：图 9-3-1 中，左侧框图展示了企业采购业务的整个详细流程；右侧框图展示了供应商进行销售的详细流程。

2. 销售协同

销售协同是指企业在处理销售业务时的协同过程。销售协同帮助企业快速、有效地完成销售报价、销售下单、销售出库、销售收款等相关销售业务（见图 9-3-2）。

销售协同的主要通知方式有“用平台发送单据”“留言通知”“BIM 通知”“邮件通知”和“短信通知”等。

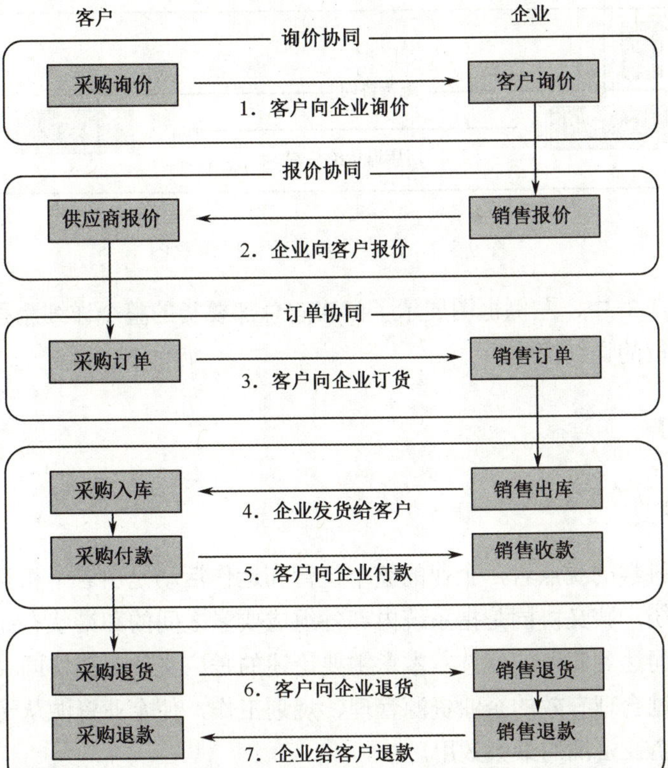

图 9-3-2　销售业务流程协同示意图

注意：图 9-3-2 中，右侧框图展示了企业销售业务的整个详细流程；左侧框图展示了客户进行采购的详细流程。

3. 门店协同

门店协同是指总部和门店、门店和门店间的业务协同，属于企业间的内部协同。门店协同帮助企业和下属门店快速、有效地完成门店要货、总部配货、发货及收货等相关业务（见图 9-3-3）。

门店协同的主要通知方式有“留言通知”“BIM 通知”“邮件通知”和“短信通知”等。

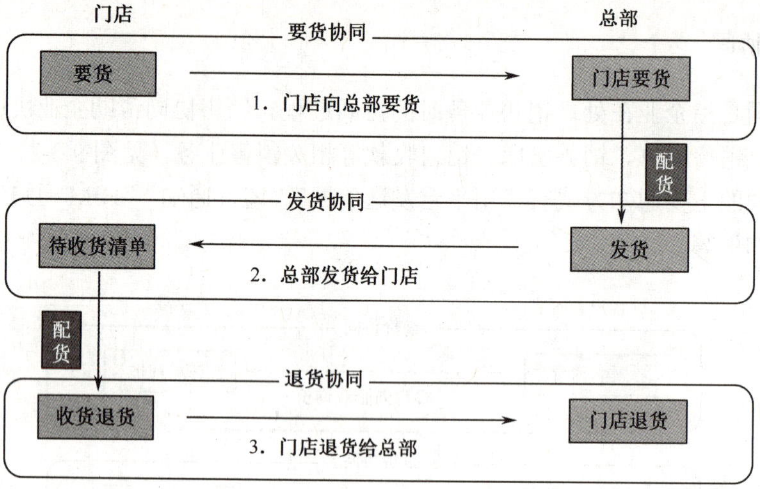

图 9-3-3 门店业务流程协同示意图

注意：图 9-3-3 中，左侧框图展示了门店向总部要货的整个详细流程；右侧框图展示了企业向门店配货的详细流程。

【相关知识】

1. 协同理论

从现代系统科学的观点看，企业的整个经营和运作活动是由若干相互联系、相互作用的局部组成的系统。狭义协同是指系统内部各组成要素之间的和谐状态；广义协同是指企业内外部资源之间达到和谐的状态。本章主要论述的是广义的资源协同。对于企业资源的协同性，就是通过合理有效的企业资源管理、规划工作，使企业资源从无序状态变为有序状态，综合发挥企业资源的最大效用。

2. 协同采购

协同采购是指企业内部各部门及与外部协同进行的采购作业方式。

协同采购包括如下两大部分。

（1）企业内部协同：企业进行高效的采购行为，需要企业内部各部门的协同合作。

（2）企业外部协同：企业和供应商在共享库存、需求等信息的基础上，企业根据供应链的供应情况实时在线地调整自己的计划和执行交付的过程。同时，供应商根据企业实时的库存、计划等信息实时调整自己的计划，可以在不牺牲服务水平的基础上降低库存。

3. 协同销售

协同销售是指公司内不同层级和部门共同协作，最大化共享客户等关键资源，实现对同一客户相关产品的配套销售，以达到销量的最大化。

当企业发展到一定阶段时，通常会面临由“各产品线/事业部独立销售”向“协同销售”转变的问题。协同销售能够帮助企业以客户为核心，最大限度利用客户资源，进而摆脱单品层面和单一部门层面的竞争，通过形成一体化的客户销售解决方案和新型客户关系来形成竞争壁垒，阻挡竞争对手。

【习题】

(1) 分析采购业务流程协同示意图与销售业务流程协同示意图，比较二者的异同。

(2) 请详述门店协同的主要步骤。

第四模块

跨境电子商务实验

第 10 章

跨境电商建站与运营

跨境电子商务行业从起步伊始发展至今，主要有两种运营方式：一种是在亚马逊、eBay、全球速卖通、Wish 等第三方平台进行销售；另一种则是自身构建独立站点运营。这两种模式均为跨境电商创建了不同的发展方向。

建独立站点的运营模式有以下三个优势：①无平台规则限制；②客户资源属于自己；③无比价竞争。但是也有三个劣势：①入门较难；②成本相对较高；③见效较慢。借助平台的运营方式，优劣势恰恰相反。

实验 10-1　第三方跨境电商建站

【实验目的与要求】

目的：通过跨境电商平台店铺的设计与搭建，学习与网站设计与搭建的相关计算机技术，进行计算机网络后台系统开发设计、网站架构管理。进行跨境电商平台店铺界面设计，学习网页设计优化，同时尝试设计个性化页面，提高网页设计操作技能。此外，通过设计与搭建整个过程，管理跨境电商平台店铺设计搭建系统运行情况。

要求：熟悉跨境电商网站的各个功能模块，如商品管理、交易管理、店铺管理和促销推广等。

【实验说明】

通过此实验让学生了解跨境电商平台店铺搭建过程，本实验选取如下案例。

案例描述：现在跨境电商发展迅猛，小茫想在跨境贸易电子商务出口平台上开一家网店，主营母婴玩具类产品，店铺名称为“小宝宝”，店铺类型为专营店，公司名称为“小茫特色母婴发展有限公司”，联系电话为 1862108****，客服 QQ 为 93321***，客服旺旺为 laomangle，SEO 关键字为“母婴”“玩具”。店铺装修的基础为默认 banner，店铺信息、默认导航、默认幻灯都显示为“on”状态，采用居中布局，主题采用蓝色。

店铺标志和店铺条幅设计如下。

【实验内容与步骤】

1. 注册

步骤 1：进入主页，单击菜单“店铺管理”，单击“店铺设置”（见图 10-1-1）。

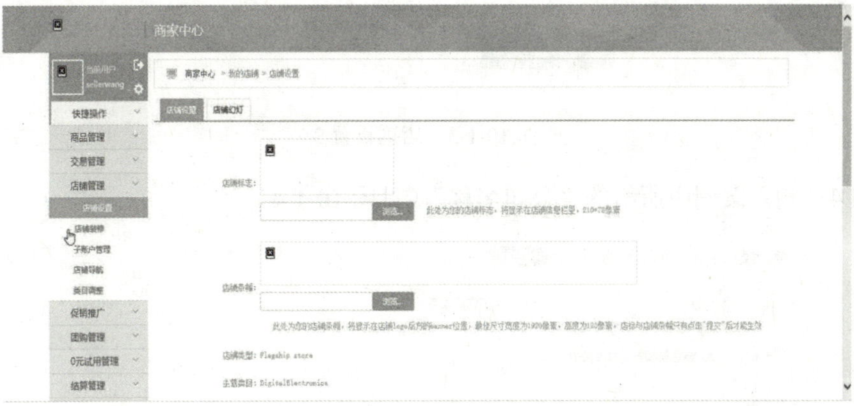

图 10-1-1 店铺设置 1

步骤 2：选择案例中所给的图片，完成“店铺标志”和“店铺条幅”的设置（见图 10-1-2）。

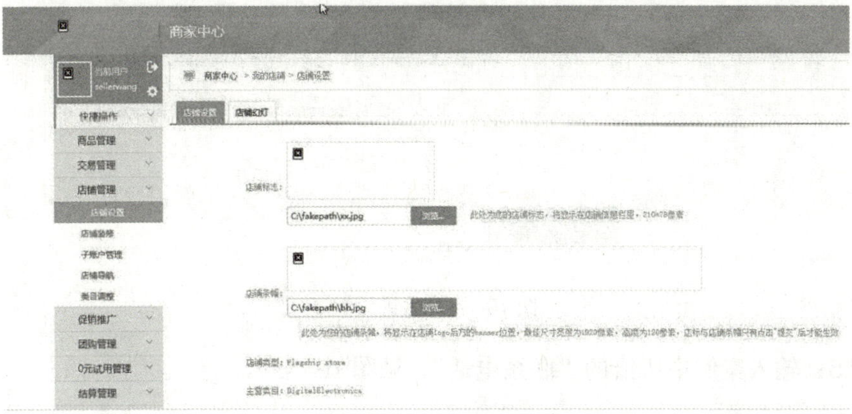

图 10-1-2 店铺设置 2

步骤 3：输入案例中所给的“店铺名称”（见图 10-1-3）。

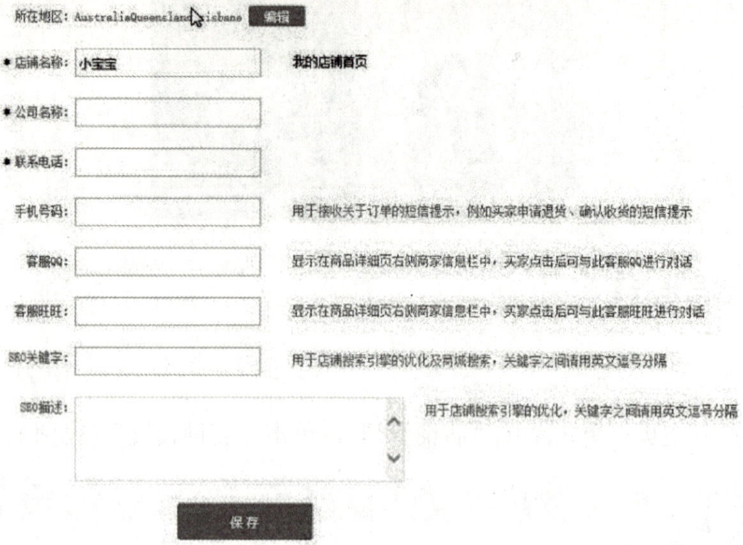

图 10-1-3 店铺设置 3

步骤 4：输入案例中所给的“公司名称”（见图 10-1-4）。

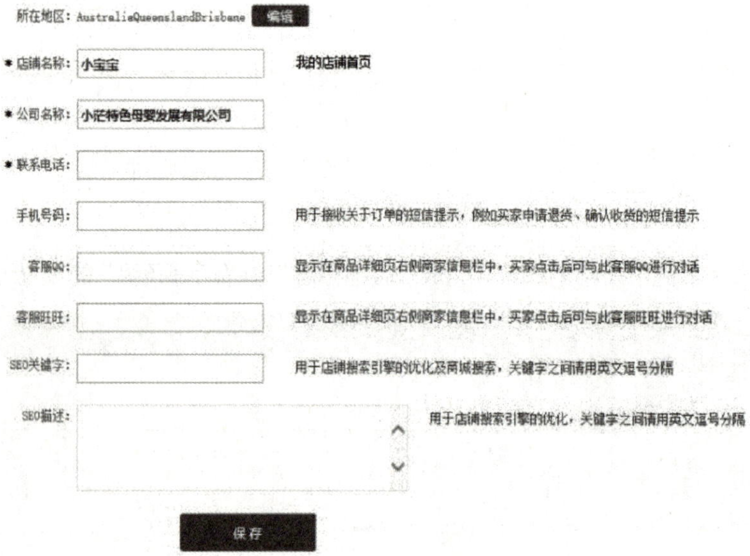

图 10-1-4 店铺设置 4

步骤 5：输入案例中所给的“联系电话”（见图 10-1-5）。

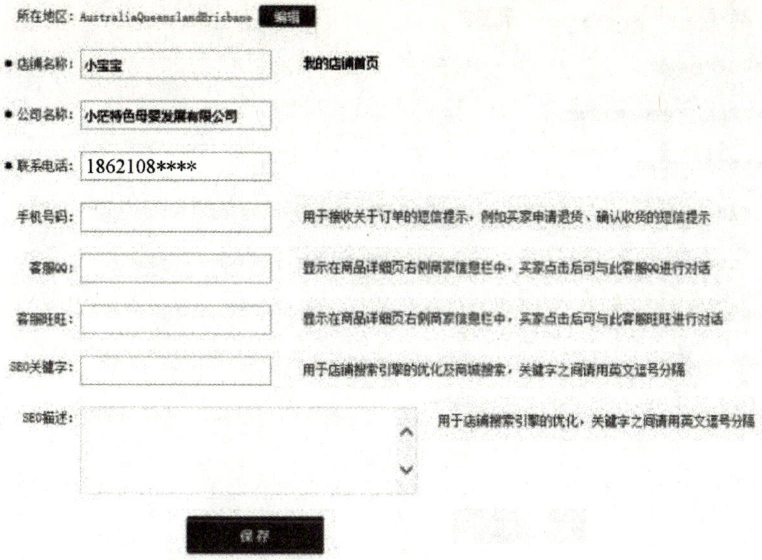

图 10-1-5　店铺设置 5

步骤 6：输入案例中所给的“客服 QQ”（见图 10-1-6）。

图 10-1-6　店铺设置 6

步骤 7：输入案例中所给的“客服旺旺”（见图 10-1-7）。

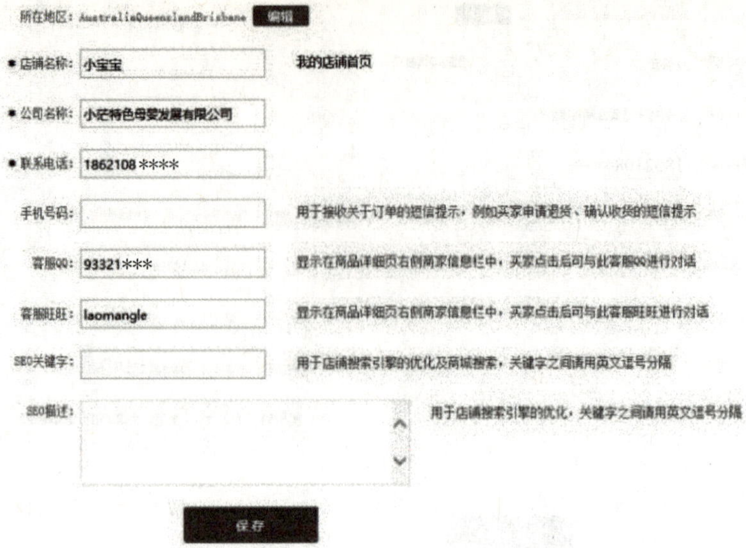

图 10-1-7　店铺设置 7

步骤 8：输入案例中所给的“SEO 关键字”（见图 10-1-8）。

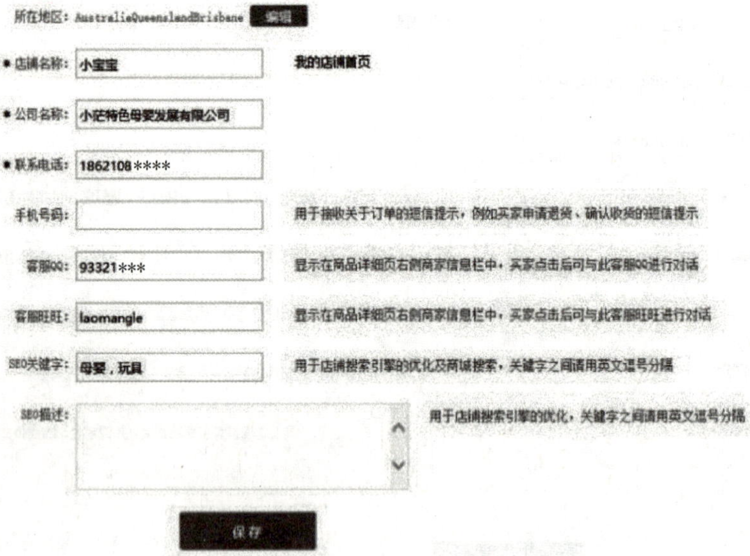

图 10-1-8　店铺设置 8

步骤 9：上述各项都设置完毕后，单击“保存”按钮（见图 10-1-9）。

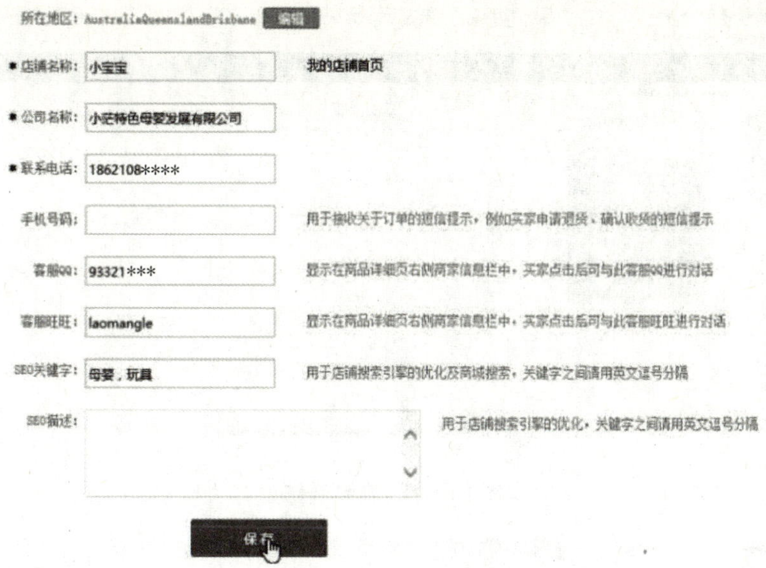

图 10-1-9　店铺设置 9

2. 店铺装修

步骤 1：进入主页，单击菜单“店铺管理”，单击“店铺装修”（见图 10-1-10）。

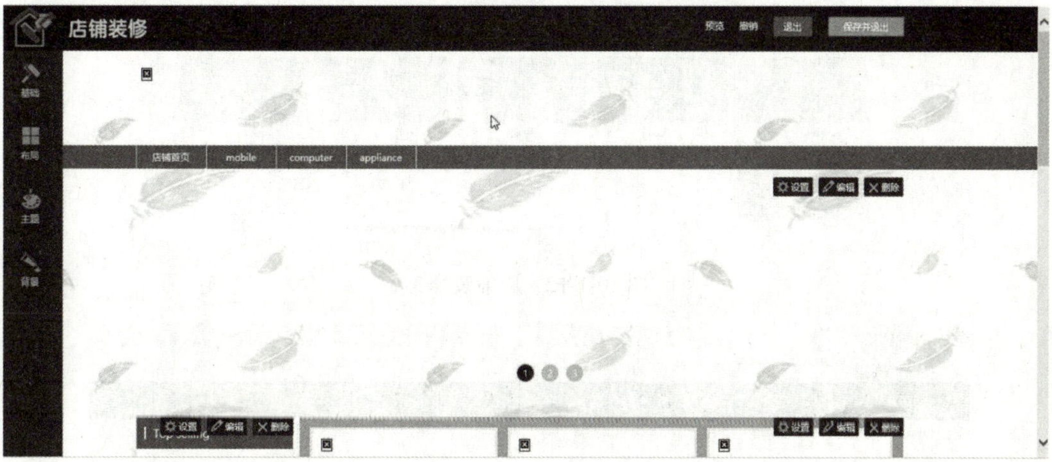

图 10-1-10　店铺装修 1

步骤 2：装修店铺首先要进行首页管理，选择合适的首页布局和尺寸（见图 10-1-11 和图 10-1-12）。

步骤 3：橱窗管理需要填写标题、橱窗标识及橱窗内容（见图 10-1-13）。

步骤 4：专题管理需要填写店铺的标题、横幅及排序（见图 10-1-14）。

步骤 5：频道管理需要填写频道标题、频道导航样式及排序（见图 10-1-15）。

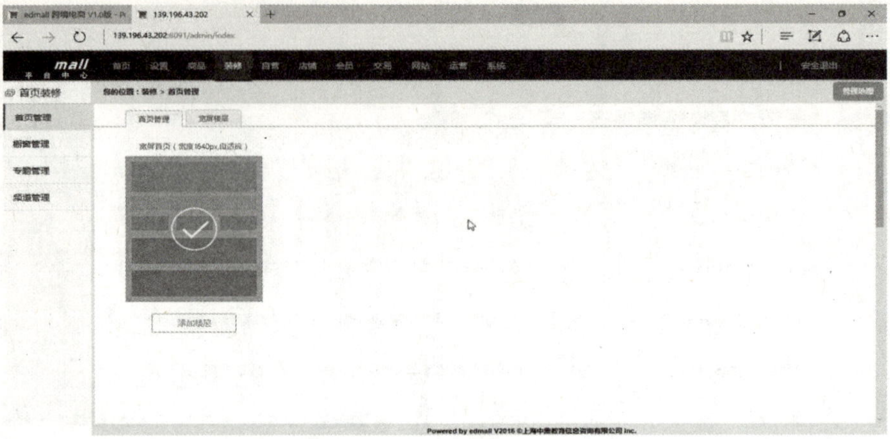

图 10-1-11　店铺装修 2

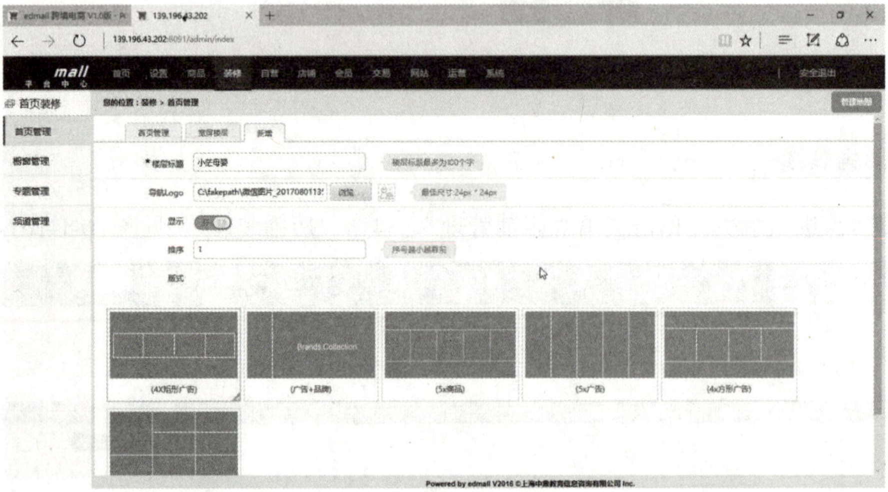

图 10-1-12　店铺装修 3

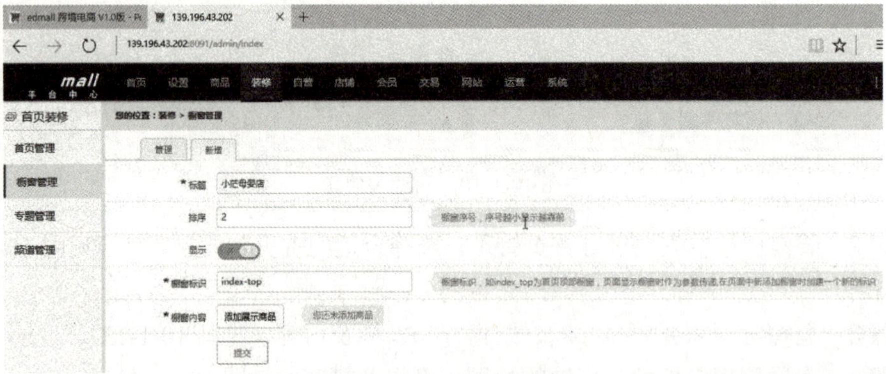

图 10-1-13　店铺装修 4

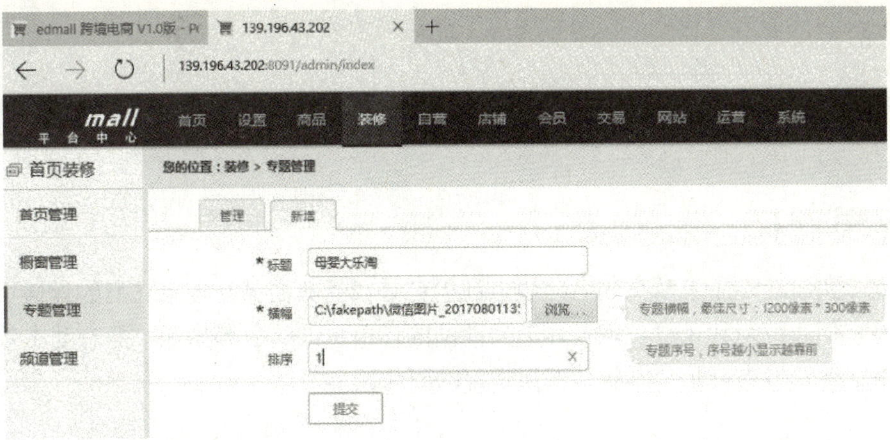

图 10-1-14　店铺装修 5

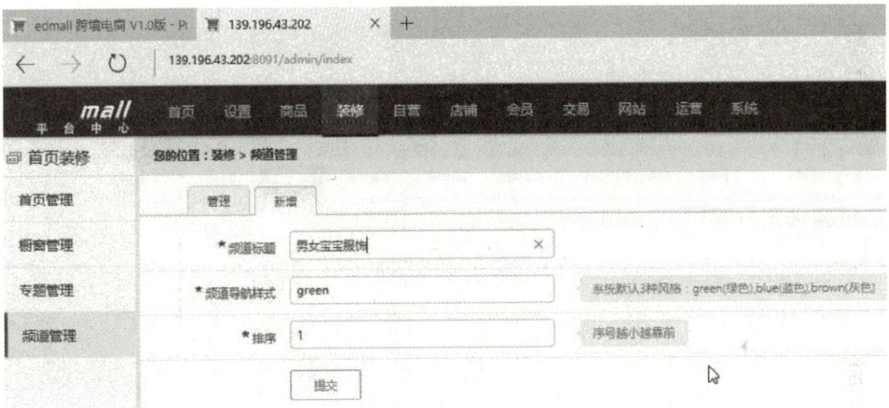

图 10-1-15　店铺装修 6

【习题】

(1) 跨境电商建站的主要流程有哪些？其中哪些步骤比较重要？

(2) 思考跨境电商建站的注意事项，并思考为什么需要注意这些内容。

实验 10-2　第三方跨境电商网站运营

跨境电商运营是跨境电商企业最核心的事务，主要包括上架商品、处理订单、管理会员和营销推广四大子实验。

【实验目的与要求】

目的：通过对第三方跨境电商网站的运营管理，使学生从企业与客户的双重视角考虑客户需求，设计商品的详情页面、色彩搭配、静态动态效果等，同时熟悉订单与库存的相关操作。

要求：熟悉跨境电商网站商品更新、关键字设置、促销信息的发布、库存管理、退换货管理等。

【实验说明】

通过此实验让学生了解在知名跨境电商平台寻找经典商品，搜集它们的详情页图片，总结整理它们的特点和风格，能设计上架商品的详情页面、色彩搭配、静态动态效果等，能够在指定的跨境电商平台的店铺上架指定的商品。

【实验内容与步骤】

步骤 1：在“商品发布”界面选择商品种类（见图 10-2-1）。

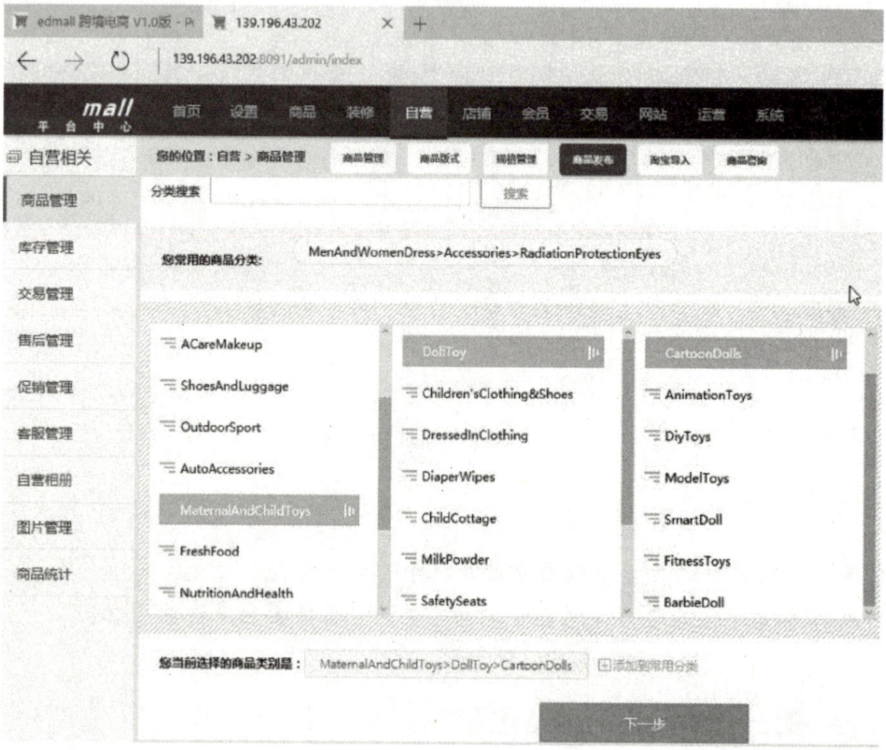

图 10-2-1　“商品发布”界面

步骤 2：在“基本信息”界面需要填写商品类型、是否支持货到付款、是否支持专用发票、店铺价格及商品货号（见图 10-2-2）。

图 10-2-2　“基本信息”界面

步骤 3：上传需要发布的商品图片（见图 10-2-3）。

图 10-2-3　上传商品图片界面

步骤 4：在“库存信息”中需要填写库存配置、商品库存及是否更新库存（见图 10-2-4）。

图 10-2-4 “库存信息”界面

步骤 5：在“其他信息”中需要填写商品品牌、商品重量、物流运费、SEO 关键字及 SEO 描述（见图 10-2-5）。

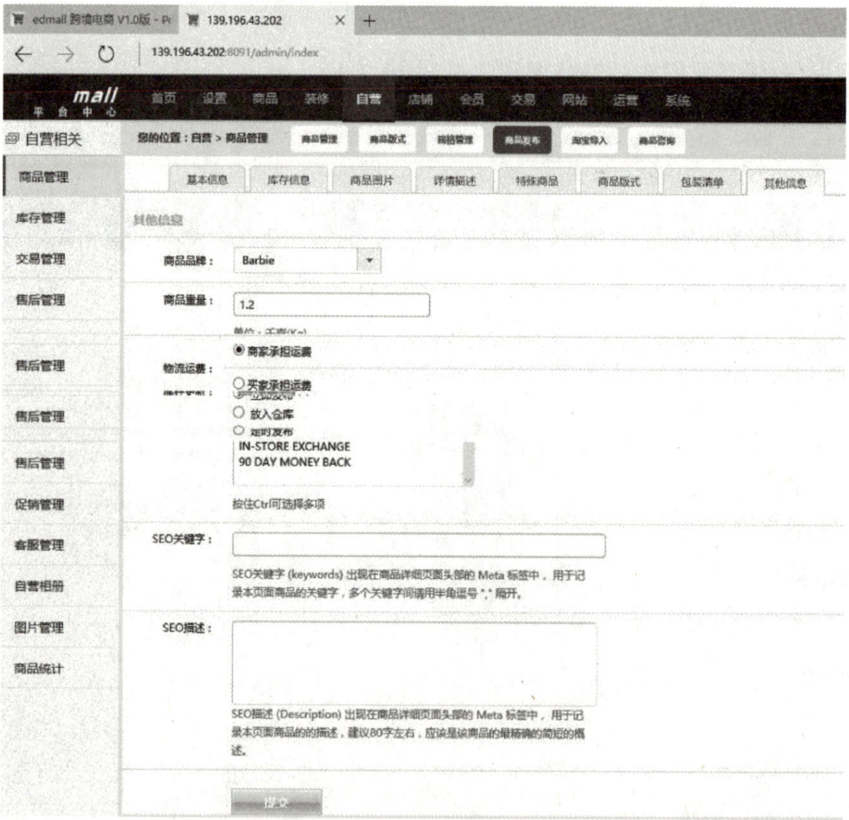

图 10-2-5 “其他信息”界面

步骤 6："包装清单"中需要填写清单详情和售后保障（见图 10-2-6）。

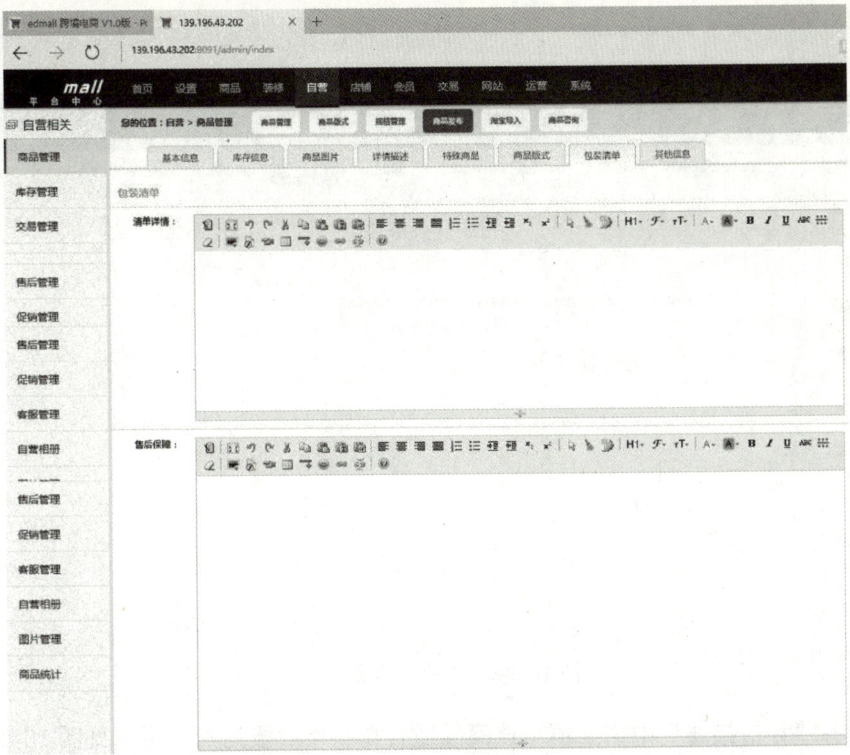

图 10-2-6 "包装清单"界面

步骤 7："商品版式"中需要选择顶部版式和底部版式（见图 10-2-7）。

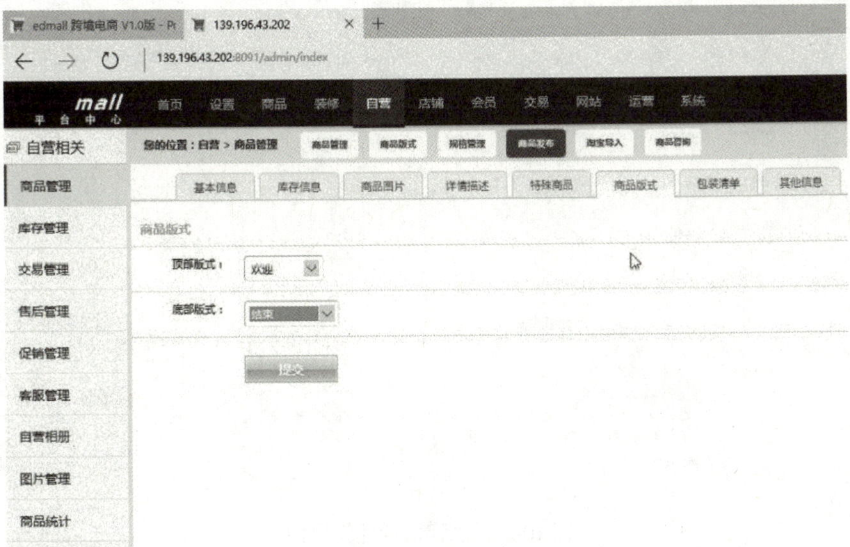

图 10-2-7 "商品版式"界面

步骤 8："特殊商品"中需要勾选是否为特殊商品（见图 10-2-8）。

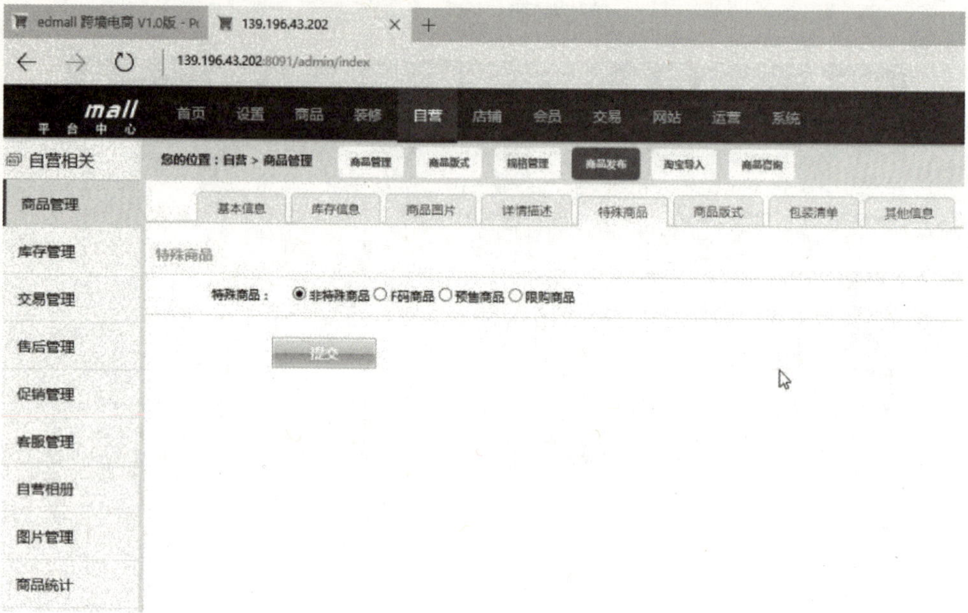

图 10-2-8 "特殊商品"界面

步骤 9："详情描述"中需要填写该商品适合哪些年龄段的人使用（见图 10-2-9）。

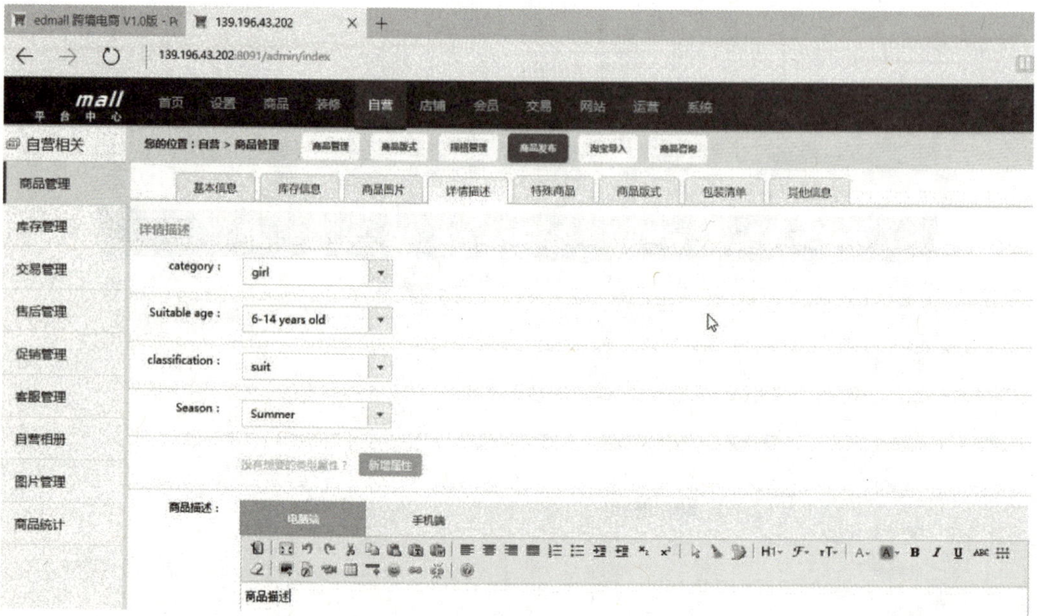

图 10-2-9 "详情描述"界面

步骤 10：查看订单中显示出订单详情（见图 10-2-10）。

图 10-2-10　“订单详情”界面

步骤 11：核对完毕顾客的订单，需要把订单打印出来（见图 10-2-11）。

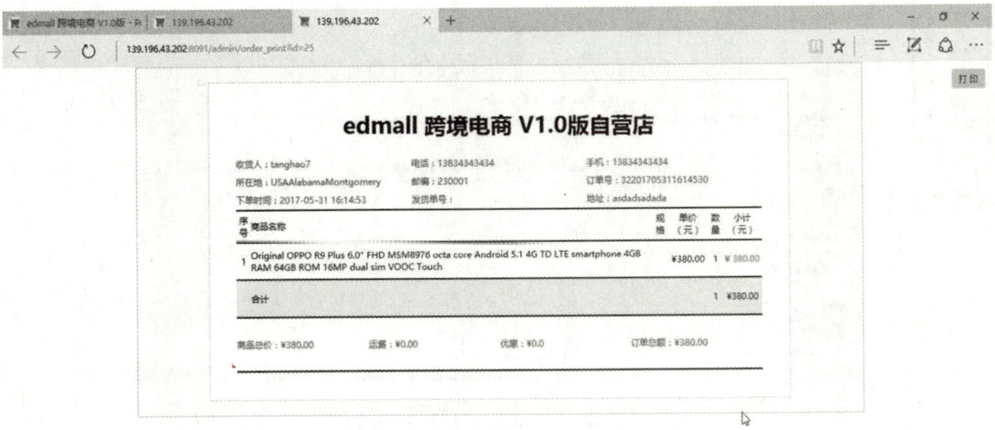

图 10-2-11　打印订单界面

步骤 12：订单打印完后，填写物流编号，单击“提交”按钮确认发货（见图 10-2-12）。

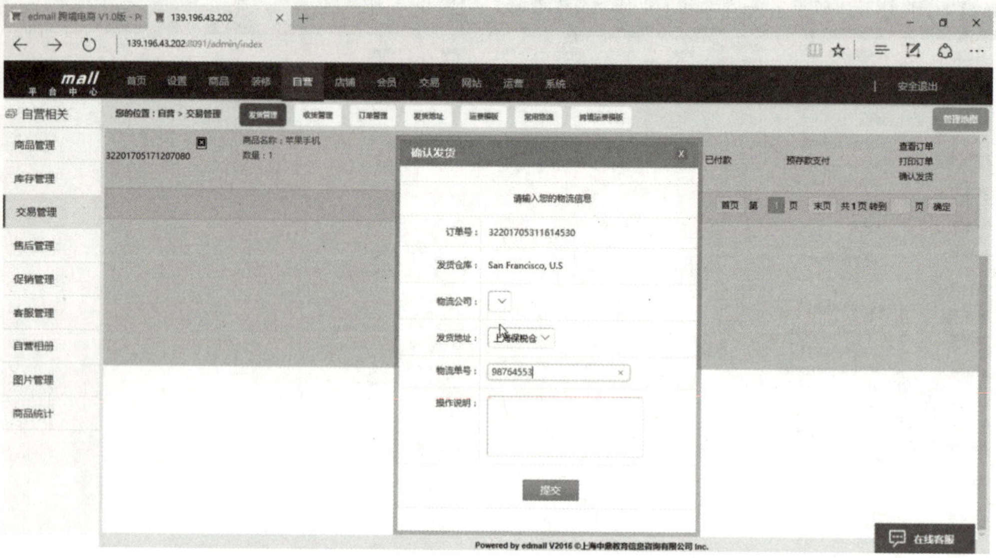

图 10-2-12 “确认发货”界面

步骤 13：进入跨境电商后台，单击“会员”进入会员管理模块，进入“会员相关”，熟悉该跨境电商平台会员相关内容，包含会员管理、会员等级、会员通知、积分管理、积分明细、预存款管理和预存款明细（见图 10-2-13）。

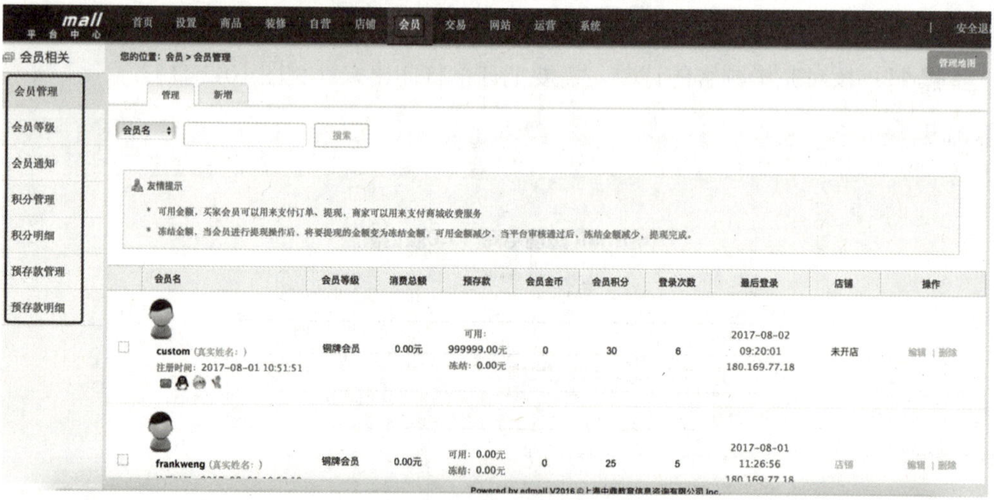

图 10-2-13 “会员相关”界面

步骤 14：单击“会员管理”，在会员管理模块下可以看到平台注册会员的信息，包括：会员名、会员等级、消费总额、预存款、会员金币、会员积分、登录次数、最后登录、店铺、操作（见图 10-2-14）。

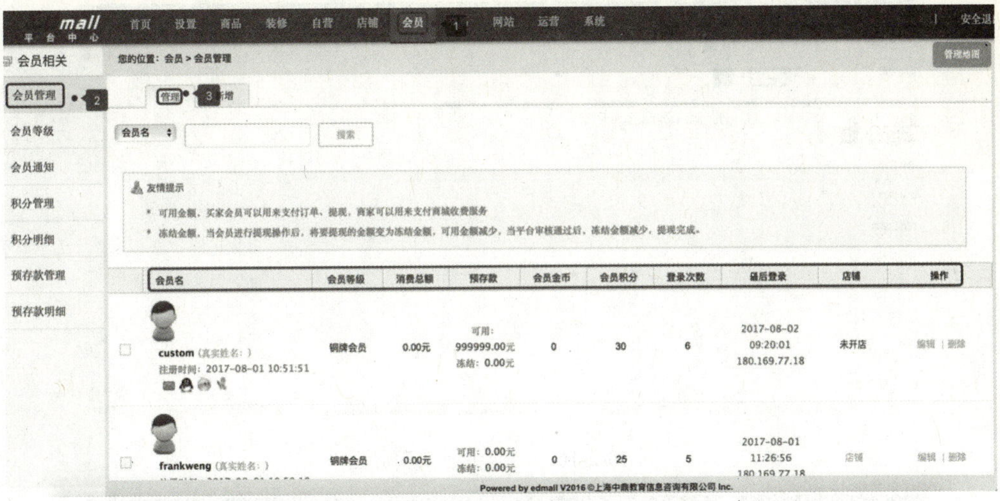

图 10-2-14　“会员管理”界面

步骤 15：单击“会员等级”，在会员等级模块下可以看到不同的会员等级名称，以及不同等级会员的总消费额范围（见图 10-2-15）。

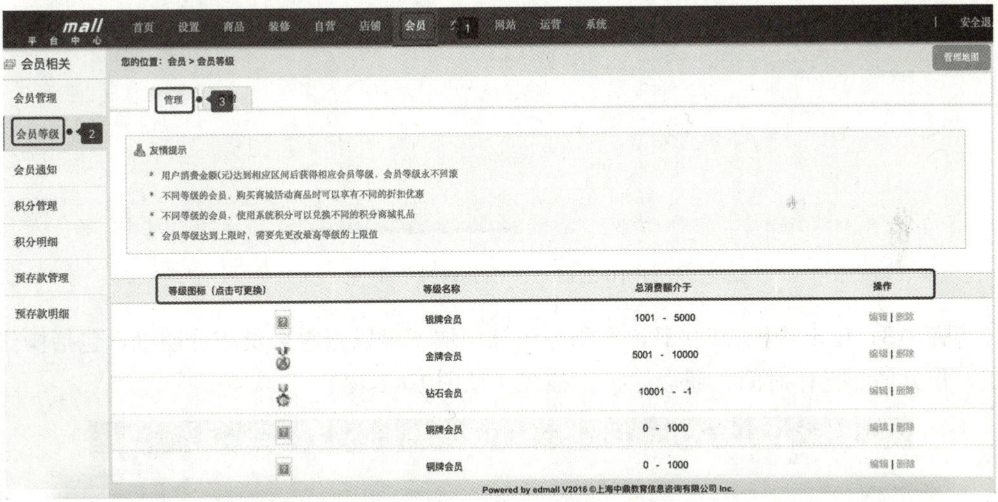

图 10-2-15　“会员等级”界面

步骤 16：单击“会员通知”，在会员通知模块下可以给特定对象发送通知，其发送对象包括：所有会员、指定会员、所有店铺用户、指定店铺类型、所有店铺、指定店铺（见图 10-2-16）。

步骤 17：单击“积分管理”，在积分管理模块下可以对会员积分进行操作。积分系统对应任务系统（签到、评价、绑定第三方账号等），是网站引导用户参与的手段，完成任务获得积分奖励，积分可以兑换商品、抽奖或订单支付（见图 10-2-17）。

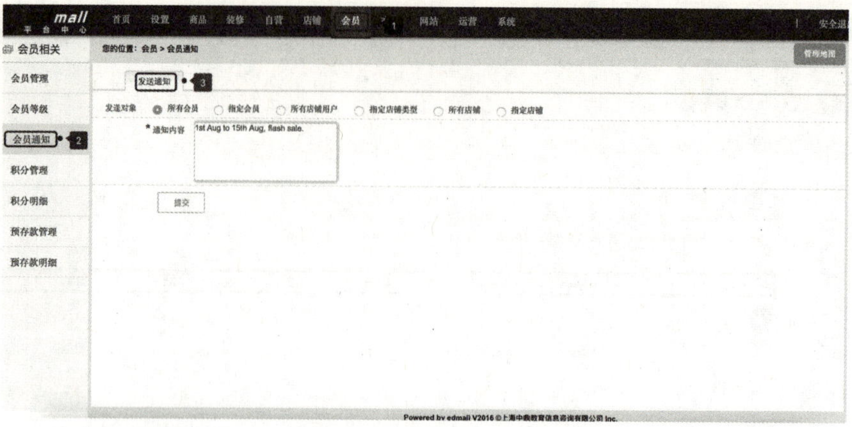

图 10-2-16 “会员通知”界面

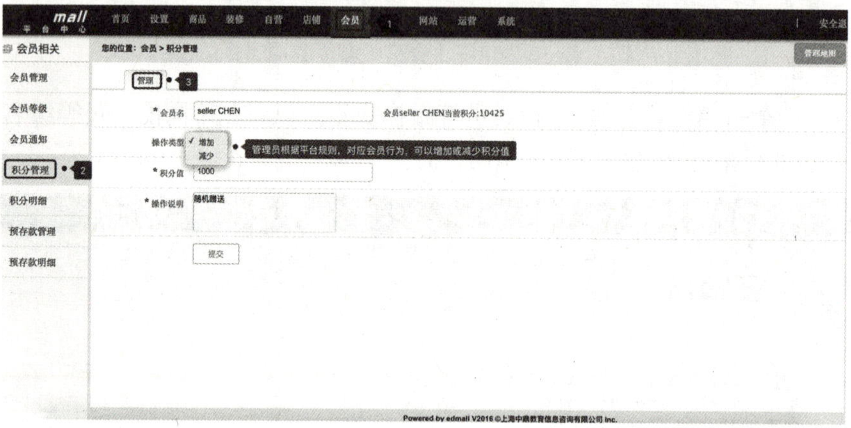

图 10-2-17 “积分管理”界面

步骤 18：单击“积分明细”，在积分明细模块下可以查看会员积分明细，包括操作管理员、积分值、操作时间、获取途径、描述（见图 10-2-18）。

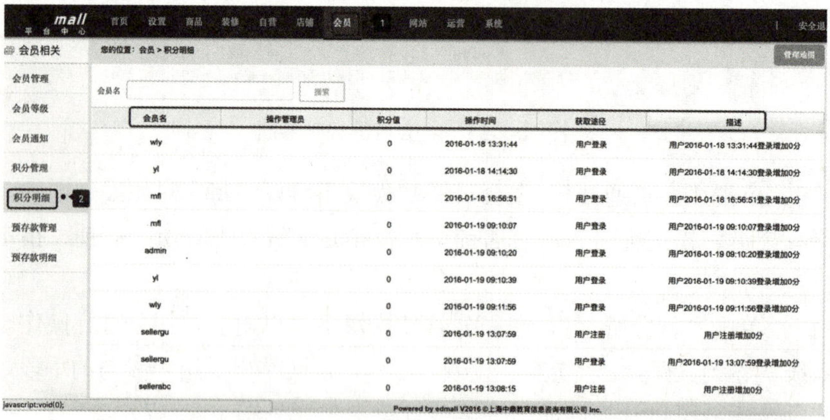

图 10-2-18 “积分明细”界面

【习题】

(1) 货物上架的主要流程有哪些。其中哪些步骤比较重要?
(2) 思考货物上架的注意事项，思考为什么需要注意这些内容。
(3) 订单处理的主要流程有哪些，其中哪些步骤比较重要?
(4) 思考订单处理的注意事项，思考为什么需要注意这些内容。
(5) 会员管理的主要流程有哪些?
(6) 思考会员管理中的积分规则应该如何制定。

实验 10-3　第三方跨境电商网站促销管理

【实验目的与要求】

目的：实践促销管理设置，熟悉跨境电商网站促销、优惠信息设置的基本步骤、推送管理方法，在指定的跨境电商平台编辑、修改促销信息，更新维护数据库。

要求：

（1）熟悉跨境电商网站促销、优惠信息设置的基本步骤、推送管理方法。

（2）理解不同跨境电商平台对营销推广的法律规定和基本要求。把握促销信息、优惠券使用规则和解释方案。

【实验说明】

通过实验让学生了解在指定的跨境电商平台以管理员、卖家的身份来发布促销信息。能给出优惠券的发布与使用方案，能够在指定的跨境电商平台编辑、修改促销信息，更新维护数据库。

【实验内容与步骤】

步骤 1：进入跨境电商平台后台，单击“促销管理”进入自营模块（见图 10-3-1），进入营销活动界面，认识七种营销活动。

步骤 2：登录跨境电商平台后台，进入“促销管理”，单击“组合销售”后，便可以开始创建活动，单击“添加组合”“组合套装”或“组合配件”（见图 10-3-2）。

步骤 3：进入创建页面，选择主体商品，每个组合只有一个主体商品，单击“设置”按钮（见图 10-3-3）。

步骤 4：主体商品设置好之后，需要设置组合时间，活动开始时间为美国太平洋时间（见图 10-3-4）。

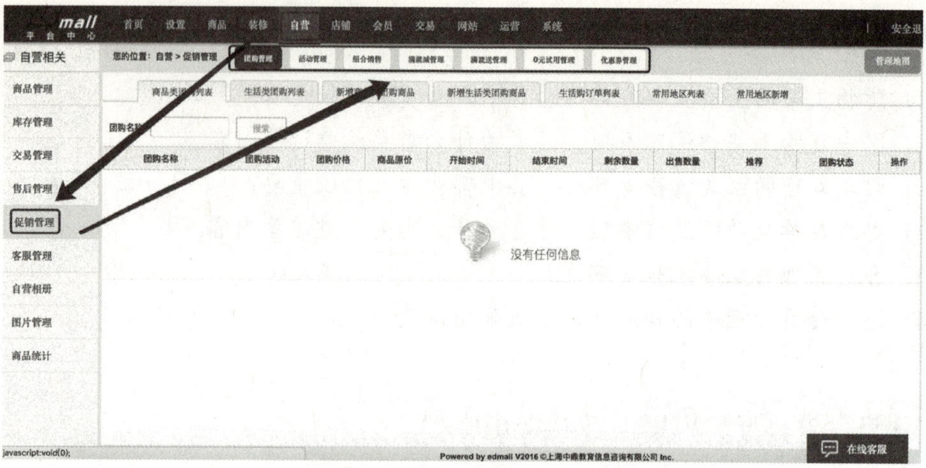

图 10-3-1 促销管理界面

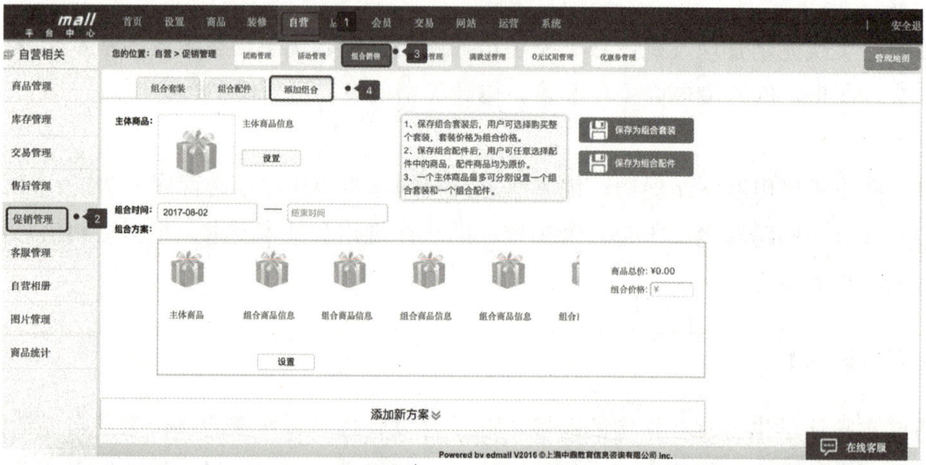

图 10-3-2 组合销售界面

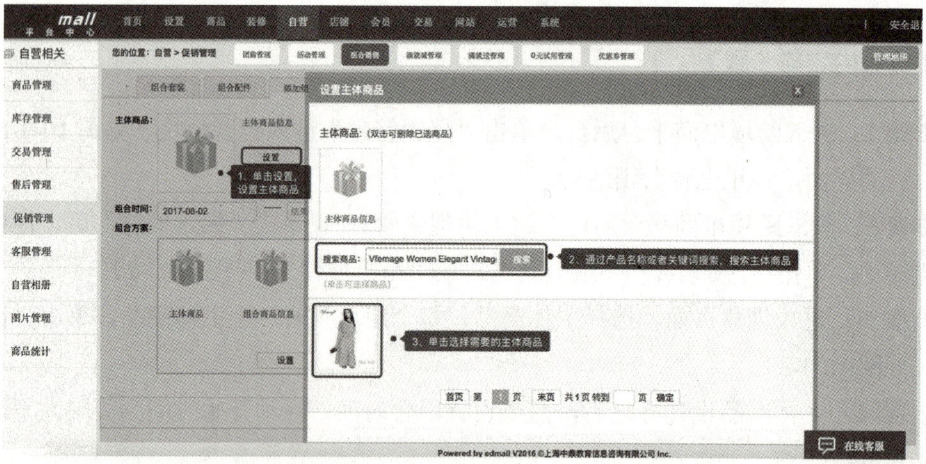

图 10-3-3 设置主体商品

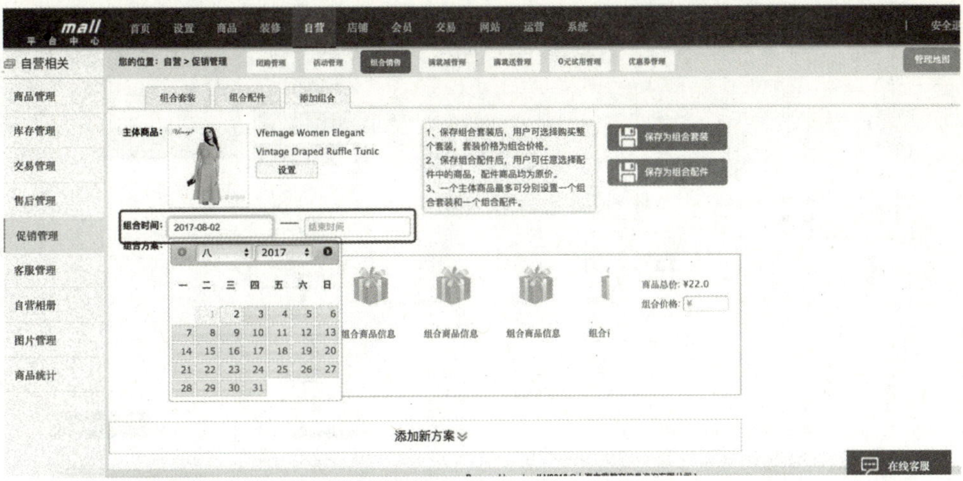

图 10-3-4 设置组合时间

步骤 5：设置组合方案，单击“设置”按钮，进行组合商品信息添加，最多只能选择 10 个组合商品（见图 10-3-5）。

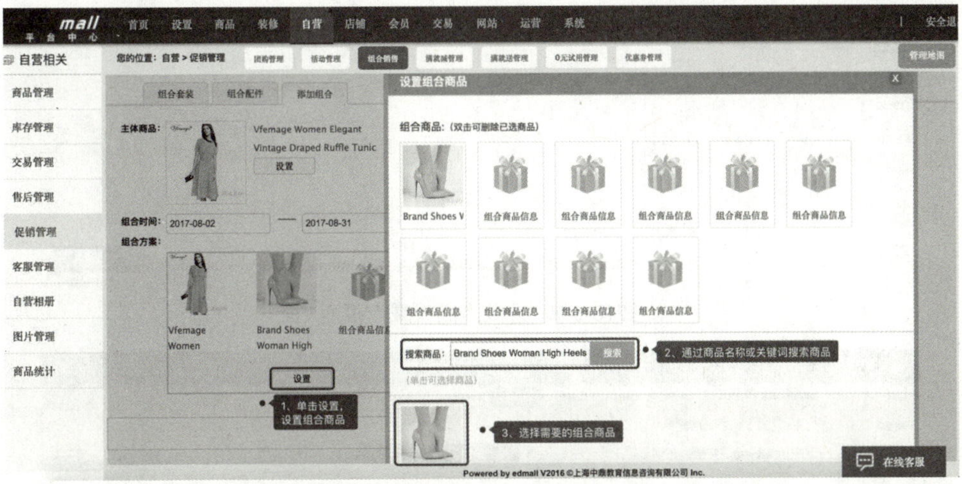

图 10-3-5 设置组合方案

步骤 6：组合方案添加完成之后，需设置组合价格，组合价格可设置优惠价格，较之于单品，往往更能吸引买家。需要注意的是，在跨境电商平台中，一个主体商品最多可分别设置一个组合套装和一个组合配件（见图 10-3-6）。

步骤 7：登录商城自营后台，单击进入“促销管理”，选择“满就减管理”，用户便可以开始创建活动（见图 10-3-7）。

步骤 8：填写活动基本信息及促销规则（见图 10-3-8）。

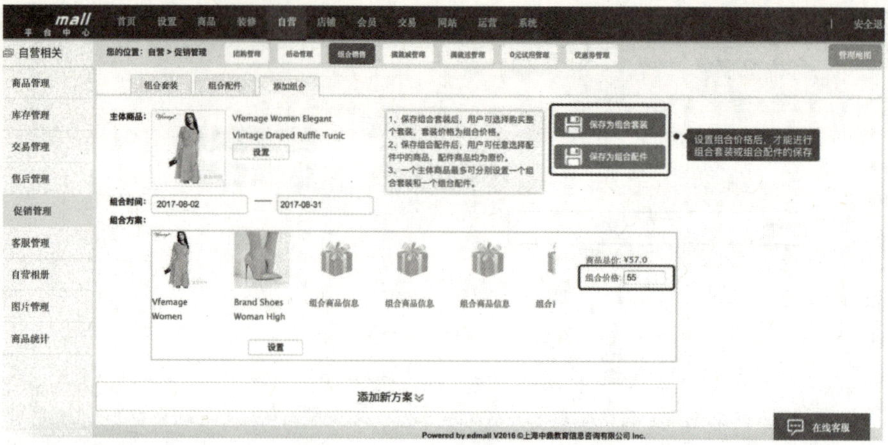

图 10-3-6 保存组合销售

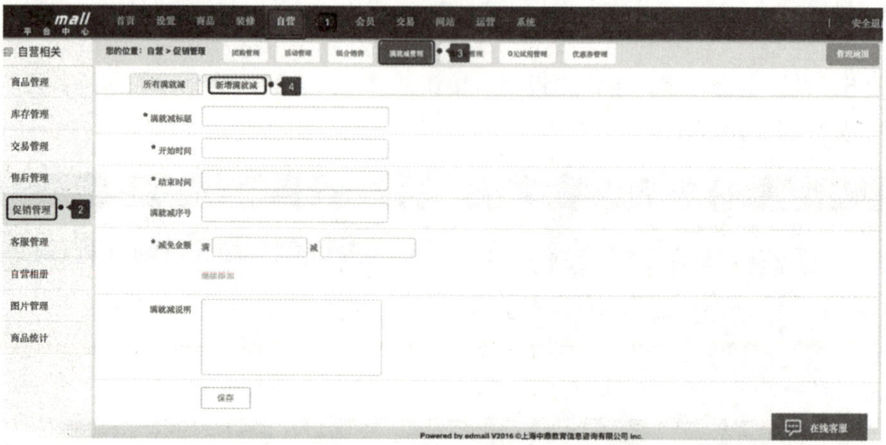

图 10-3-7 进入“满就减”页面

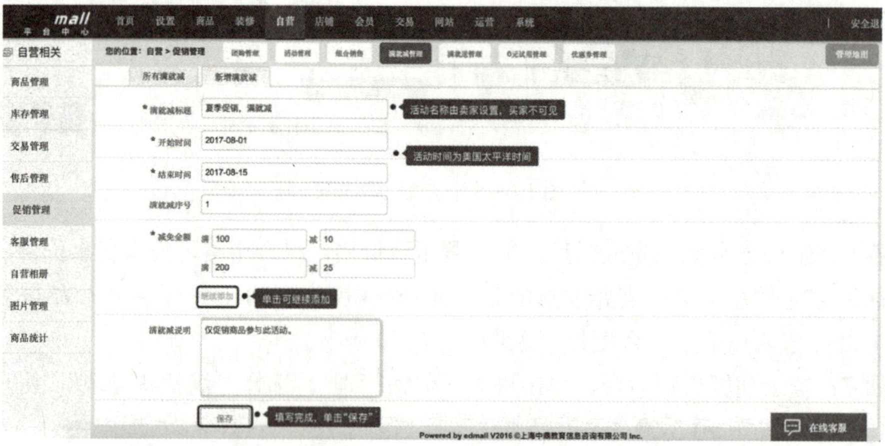

图 10-3-8 填写促销规则

步骤 9：保存“满就减”活动基本信息及促销规则后，可以在“满就减”管理界面看到审核状态，并且可选择参与活动的商品（见图 10-3-9）。

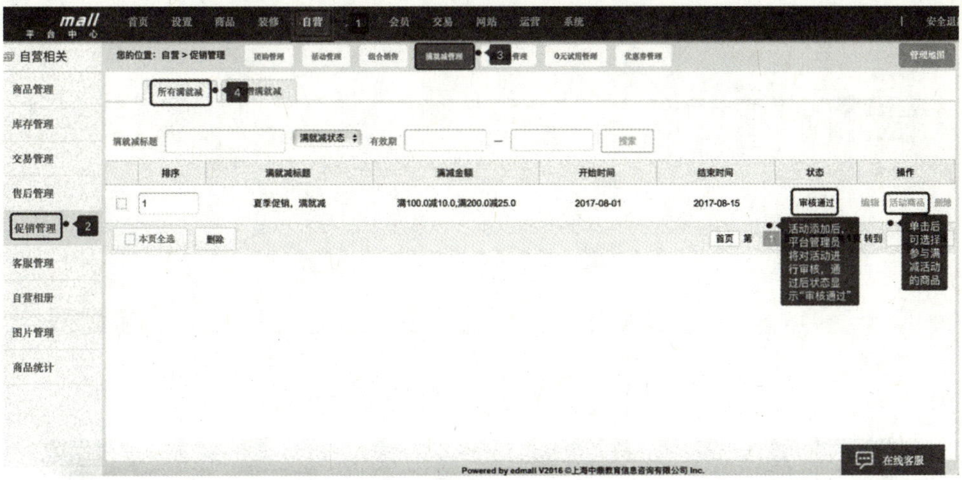

图 10-3-9 查看“满就减”活动状态

步骤 10：选择参加“满就减”活动商品。特别注意：一件商品只能同时参加一个“满就减”促销活动；如果想让已参加其他活动的商品参加本活动，请先在其他活动列表中移除该商品（见图 10-3-10）。

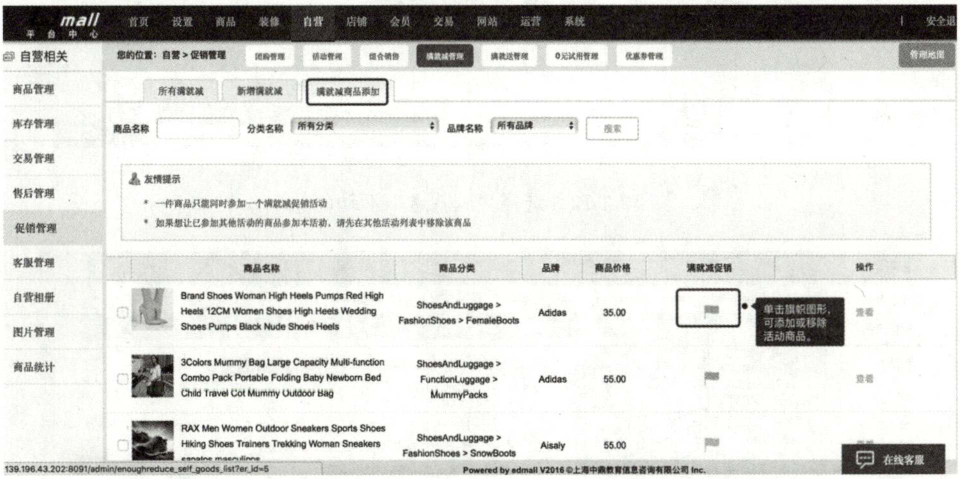

图 10-3-10 选择“满就减”活动商品

步骤 11：登录商城自营后台，单击进入“促销管理”，选择“满就送管理”，用户便可以开始创建活动（见图 10-3-11）。

步骤 12：选择“满就送”活动商品（见图 10-3-12）。

步骤 13：选择“满就送”活动赠品（见图 10-3-13）。

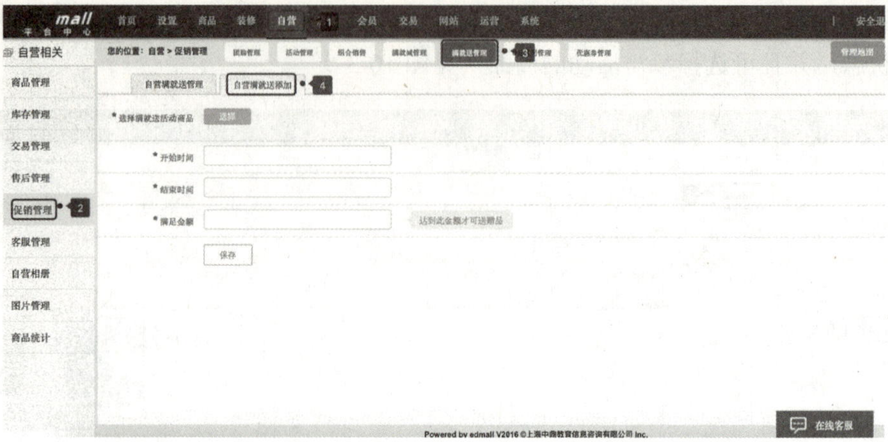

图 10-3-11 登录创建“满就送”活动界面

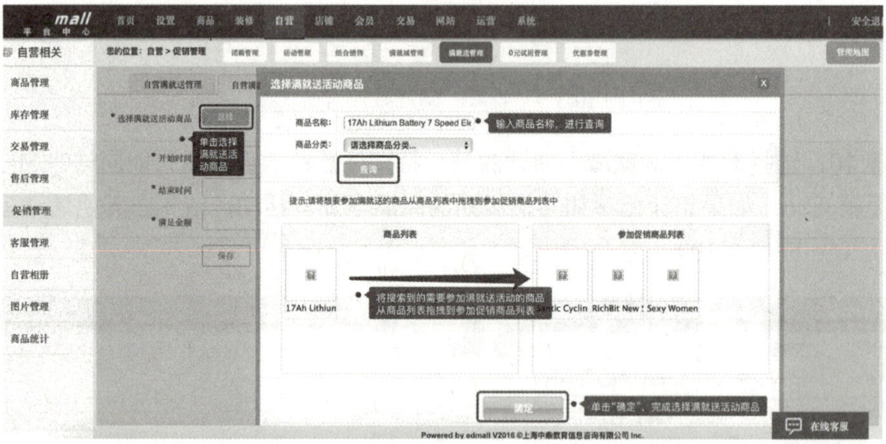

图 10-3-12 选择“满就送”活动商品

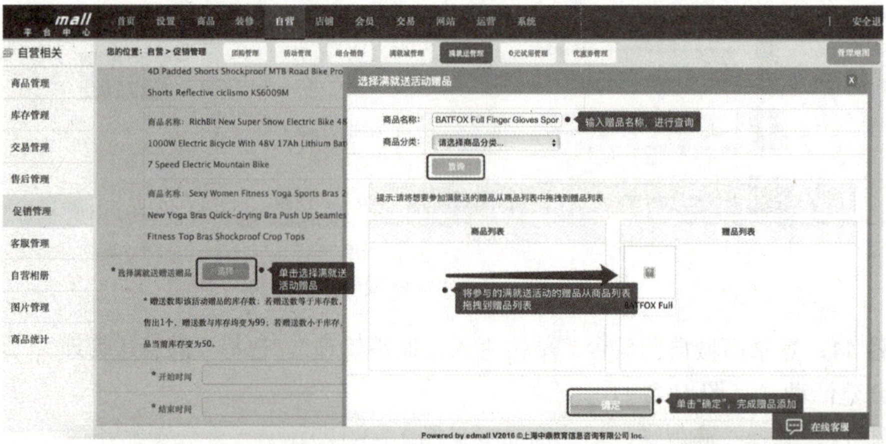

图 10-3-13 选择“满就送”活动赠品

步骤 14： 完成“满就送”活动创建（见图 10-3-14）。

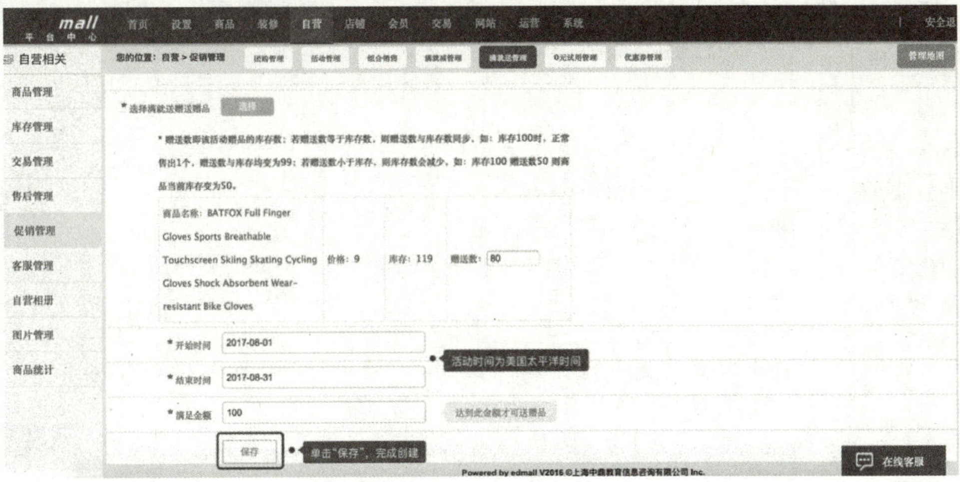

图 10-3-14　完成“满就送”活动创建

步骤 15： 查看“满就送”管理状态。可以在“满就送”管理项目下查询活动的状态、活动详情及提前停止活动（见图 10-3-15）。

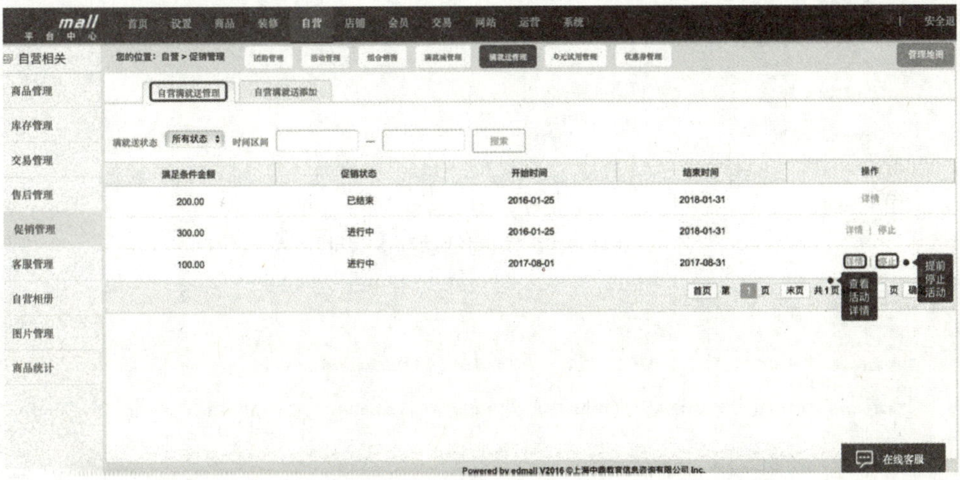

图 10-3-15　查看“满就送”管理状态

步骤 16： 登录商城自营后台，单击进入“促销管理”，选择“优惠券管理”，用户便可以开始创建活动（见图 10-3-16）。

步骤 17： 填写活动基本信息。活动开始时间和结束时间表示卖家可以领取优惠券的时间（见图 10-3-17）。

步骤 18： 填写优惠券领取和使用规则。限制使用条件的优惠券，限制条件需要结合自身的客单价来设置，条件设置比客单价略高即可（见图 10-3-18）。

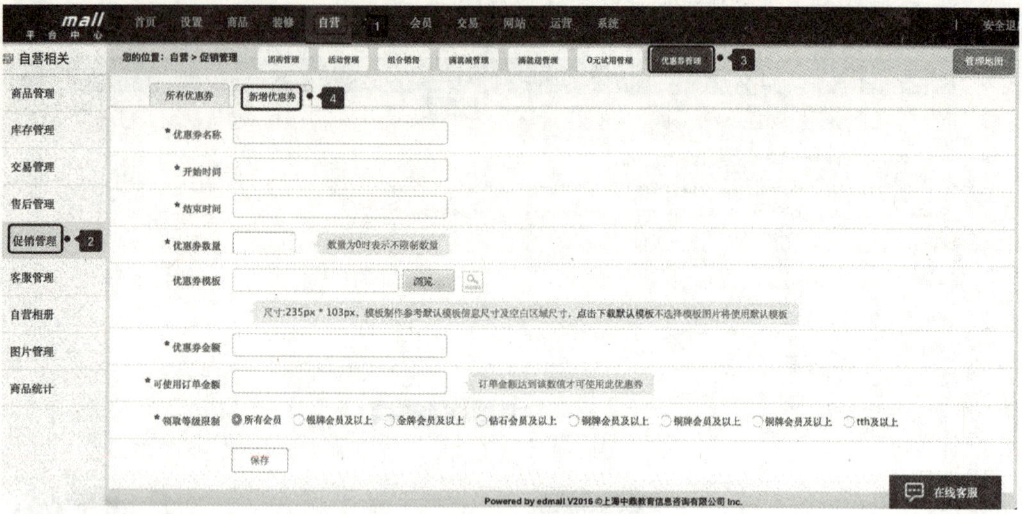

图 10-3-16　创建优惠券活动界面

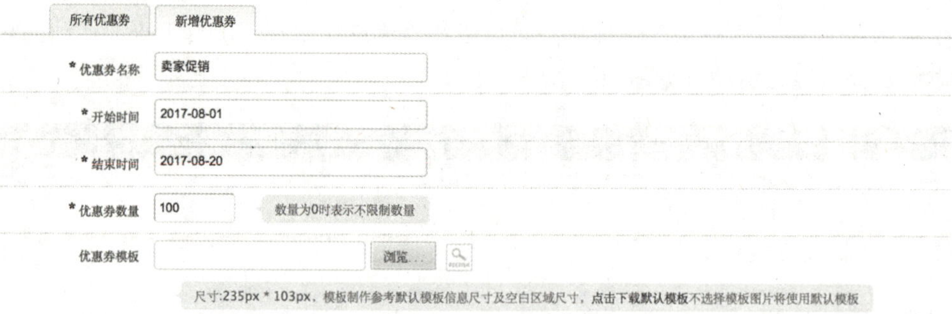

图 10-3-17　填写活动基本信息

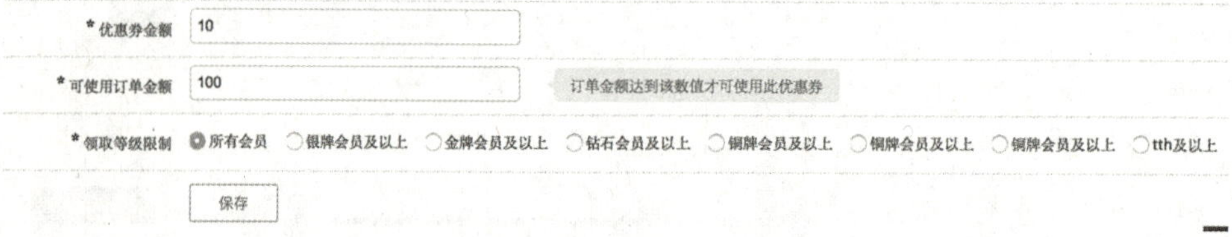

图 10-3-18　填写优惠券领取和使用规则

步骤 19：进入“自营”项目下的“促销管理”，单击“活动管理”。仔细阅读互动描述和活动其他信息，选择感兴趣的活动，单击“参加活动”进行活动创建（见图 10-3-19）。

步骤 20：活动商品申请。只有符合活动条件的商品才能通过审核（见图 10-3-20）。

步骤 21：查看活动商品审核结果（见图 10-3-21）。

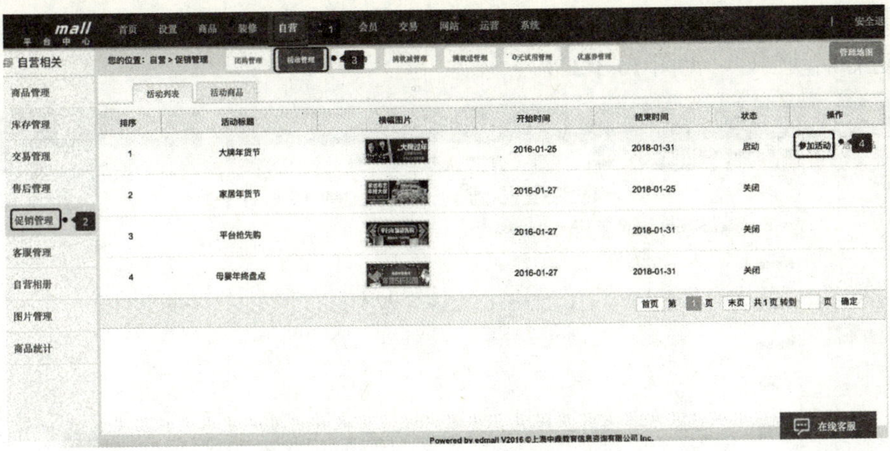

图 10-3-19　报名参加平台活动

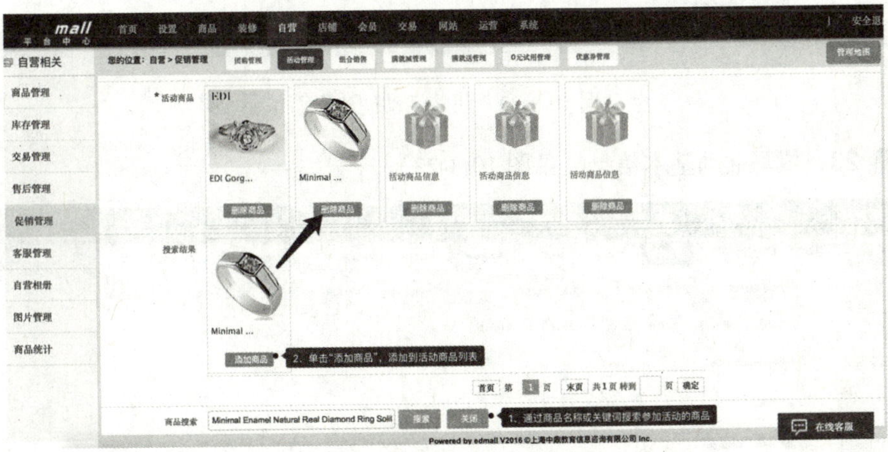

图 10-3-20　添加活动商品

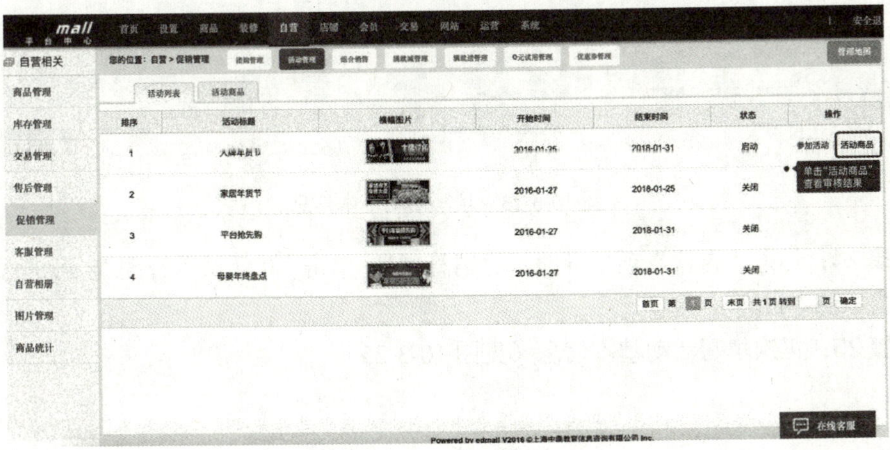

图 10-3-21　查看活动商品审核结果

步骤 22：进入“自营”项目下的“促销管理”，单击“团购管理”，选择感兴趣的团购活动，进行活动创建（见图 10-3-22）。

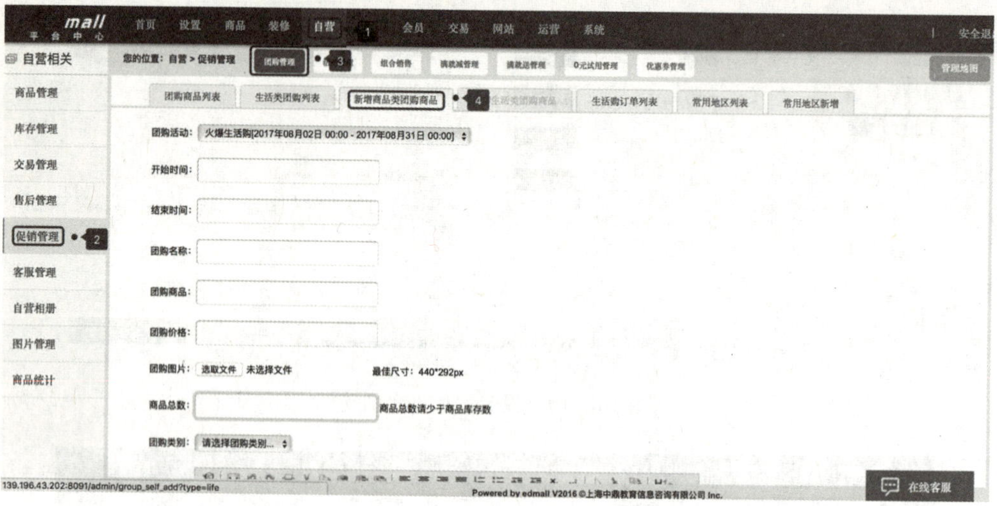

图 10-3-22　团购活动创建界面

步骤 23：填写活动基本信息（见图 10-3-23）。

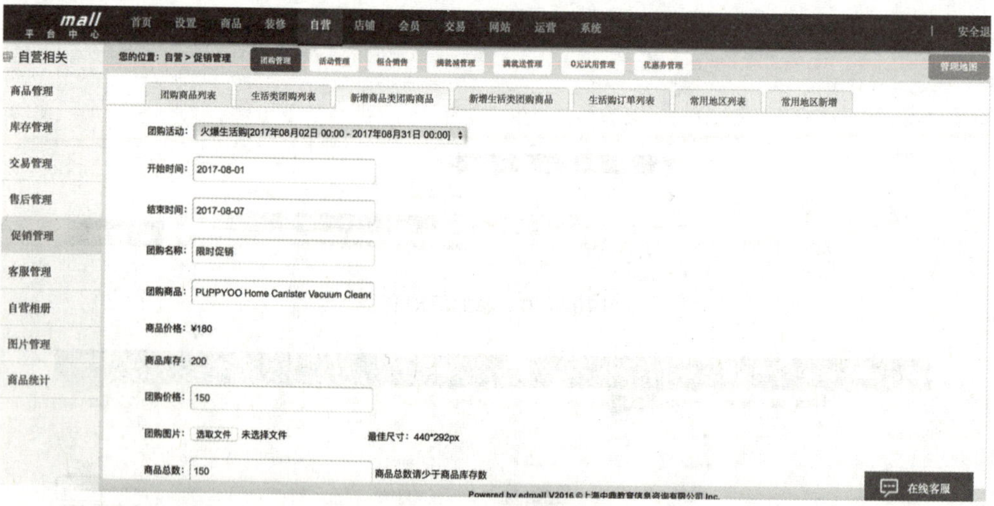

图 10-3-23　填写活动基本信息

步骤 24：进入“自营”项目下的“促销管理”，单击“0 元试用管理”，可进行活动创建（见图 10-3-24）。

步骤 25：再次填写活动基本信息（见图 10-3-25）。

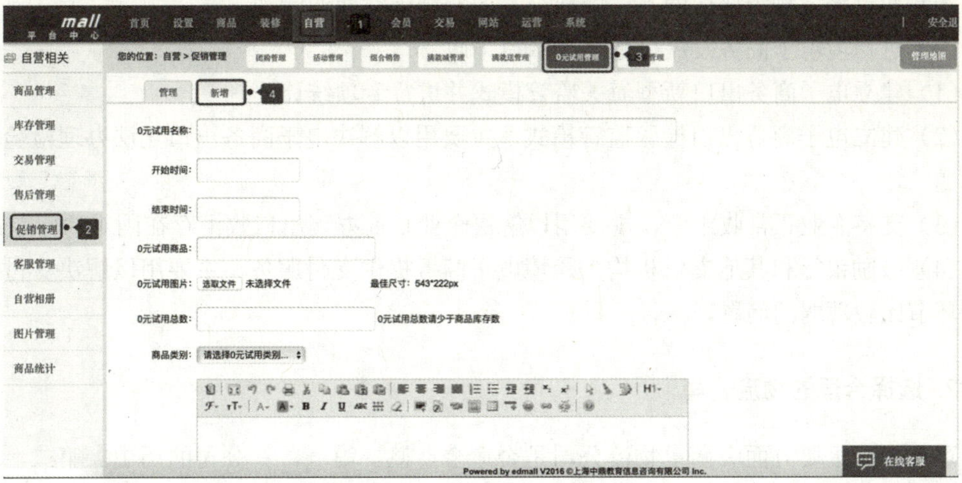

图 10-3-24　活动创建页面

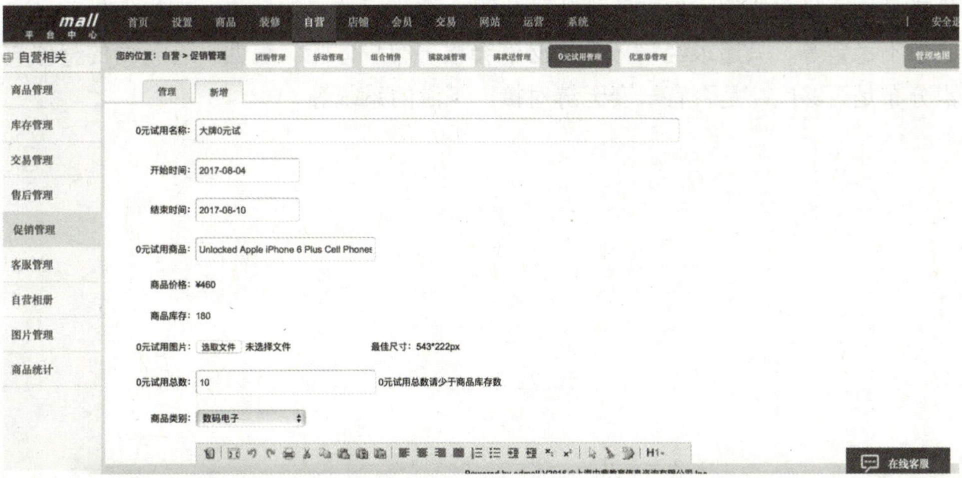

图 10-3-25　填写活动基本信息

【习题】

（1）营销推广的主要流程有哪些，其中哪些步骤比较重要？

（2）思考营销推广的注意事项，并思考为什么需要注意这些内容。

【相关知识】

1. 促进跨境电商发展的政策建议

跨境电子商务是指分属不同关境的交易主体，通过电子商务平台达成交易、进行支付结算，并通过跨境物流送达商品、完成交易的一种国际商业活动。

为促进跨境电子商务发展，建议采取以下政策。

（1）建立电子商务出口新型海关监管模式并进行专项统计；

（2）建立电子商务出口检验监管模式，主要用以解决电子商务出口无法办理检验检疫的问题；

（3）支持企业正常收结汇，主要用以解决企业目前办理出口收汇存在困难的问题；

（4）鼓励银行和其他支付机构为跨境电子商务提供支付服务，主要用以解决支付服务配套环节比较薄弱的问题。

2. 选择合适的物流公司

可从四个主要方面去衡量物流公司是否适合自己。第一，看公司的历史。第二，看公司的服务渠道是否全面。不同的货物需要选择不同的物流方式，如考虑重量限制。在一个物流公司发货越多，能够享受的服务也越多。第三，看价格。物流费用会侵蚀卖家的利润，所以价格是卖家最关心的。但一味地压低价格，会带来严重的后果，如操作异常、丢包、派送时效不稳定等。只追求经济效益，必然会损害客户体验。第四，看公司的整体实力，如网点分布是否够广，是否有一套无缝对接上下游的系统等。

第 11 章

跨境电商供应链管理

国家与国家之间的贸易往来，进为购入，出为外销。进出口贸易是进口和出口的综合，进出口贸易是在一定的历史条件下产生和发展起来的。形成进出口贸易的两个基本条件：一是社会生产力的发展导致可供交换的剩余产品的出现；二是国家的形成。社会生产力的发展产生出用于交换的剩余商品，这些剩余商品在国与国之间交换，就产生了国际间的进出口贸易。

进出口贸易实务是指与外国当事人通过缔结契约进行买卖商品，包括劳务、技术等的一系列具体业务。它体现了国家间的商品买卖及与商品买卖有关的劳务进出口、国家间货币结算与支付等方面的业务和法律的关系。

实验 11-1　国际贸易进口实务模拟仿真

【实验目的与要求】

目的：通过本实验，了解在单一窗口平台上进行报关的过程，了解报关单填制的过程，掌握如何在单一窗口平台上进行进口报关。将理论知识与实践相结合，锻炼学生的实际操作能力。让学生从整体上了解进口货物实务模拟操作流程，进行企业日常进口报关的操作实践。

要求：通过实验，体验企业从“进口业务准备工作”到“对外磋商阶段”再到“签订合同”“履行合同”“进口商品报检报关”的进口实务操作全过程。

【实验说明】

模拟进口实务操作过程，跟踪控制每一笔进口业务的进度和状态，协助经营人员做出正确的公司决策，同时帮助公司领导实时监控进口业务的跟进情况，进而帮助管理层和广大投资者做出决策判断。

1. 案例背景

上海英顺贸易发展有限公司（经营单位代码 3121214052）于 2016 年 11 月 1 日进口一批货物，并于次日持入境货物通关单（证件代码及编号 A：440300201016448）、自动进口许可证（代码及编号 O：315284223156）及有关单证，自理向上海浦东海关（关区代码 2210）报关。商品编码为 8441.1000。法定计量单位为“台”，保险费率为 0.3%，集装箱自重为 4 080 千克。

2. 单据资料

LOUIS HEALTH MANAGEMENT LTD

INVOICE

No.SH09-10-012　　　　Date: SEP.29,2016

INVOICE of

For account and risk of Messrs: SHANGHAI YINGSHUN TRADE DEVELOPMENT CO.,LTD.

19/F NO.1280 CHANG MING ROAD,SHANGHAI P.R.CHINA

Shipped by　LOUIS HEALTH MANAGEMENT LTD.　PER　CHELLY 409

Sailing on or about　SEP.30, 2016　　From BOSTON U.S.A to SHANGHAI CHINA

L/C No.　360LC010050223　　Contract No. SHYS12-16FD028

Marks & Nos.	Description of Goods	Quantity	Unit Price	Amount
VADI BOSTON U.S.A C/No.1~10	VIDD CUTTING MACHINES (VI-400) COUNTRY OF ORIGIN:GERMANY	80PCS	CFR SHANGHAI USD 6,500.00	USD 52,000.00
		80PCS		USD 52,000.00
	SAY TOTAL U.S.DOLLARS FIFTY TWO THOUSAND ONLY			

LOUIS HEALTH MANAGEMENT LTD

LOUIS HEALTH MANAGEMENT LTD

PACKING LIST

No.SH09-10-012 Date: SEP.29,2016

PACKING LIST of B/L No:SH0102456

For account and risk of Messrs: SHANGHAI YINGSHUN TRADE DEVELOPMENT CO.,LTD.

19/F NO.1280 CHANG MING ROAD,SHANGHAI P.R.CHINA

Shipped by LOUIS HEALTH MANAGEMENT LTD. PER CHELLY 409

Sailing on or about SEP.30, 2016 From BOSTON U.S.A to SHANGHAI CHINA

Marks & Nos.	Description of Goods	Quantity	Net Weight	Gross Weight
		@ 80 PCS	@ 144.00KGS	@ 156.00KGS
VADI	VIDD CUTTING MACHINES (VI-400)	80PCS	1440.00KGS	1560.00KGS
BOSTON U.S.A C/No.1~10	TOTAL:10 CASES			
		80PCS		USD 52,000.00
	SAY TOTAL TEN(10)CASES ONLY TWO 40' CONTAINERS CONTAINER No:ABTU2314123 ABTU2328421			

LOUIS HEALTH MANAGEMENT LTD

中华人民共和国海关进口货物报关单（最新版）

收发货人 18 位统一社会信用代码	进口口岸 2210	进口日期	申报日期
上海英顺贸易发展有限公司	浦东海关	20161101	20161102

消费使用单位 18 位统一社会信用代码	运输方式	运输工具名称	提运单号
上海英顺贸易发展有限公司	水路运输	CHELLY 409	SH0102456

申报单位 18 位统一社会信用代码	监管方式 0110	征免性质 101	备案号
上海英顺贸易发展有限公司 上海英顺贸易发展有限公司	一般贸易	一般征税	

贸易国（地区） 502	启运国（地区）502	装货港	境内目的地 31212
美国	美国	波士顿	上海浦东新区

许可证号	成交方式	运费	保费	杂费
	CFR		0.3	

合同协议号	件数	包装种类	毛重（公斤）	净重（公斤）
SHYS12-16FD028	10	木箱	1560	1440

续表

<table>
<tr><td colspan="3">集装箱号
ABTU2314123/40/4080</td><td colspan="6">随附单证
A：440300201016448</td></tr>
<tr><td colspan="9">标记唛码及备注
VADI
BOSTON
U.S.A　ABTU2328421
No.1~10　O：315284223156</td></tr>
<tr><td>项号</td><td>商品编号</td><td>商品名称、规格型号</td><td>数量及单位</td><td>原产国（地区）</td><td>单价</td><td>总价</td><td>币制</td><td>征免</td></tr>
<tr><td>1</td><td>84411000</td><td>切纸机</td><td>80</td><td>德国</td><td>6500</td><td>52000</td><td>美元</td><td>照章征税</td></tr>
<tr><td colspan="9">用途：切纸用；是否零售包装：否；品牌：VIDD；型号：VI-400</td></tr>
<tr><td>2</td><td></td><td></td><td></td><td></td><td></td><td></td><td></td><td></td></tr>
<tr><td>3</td><td></td><td></td><td></td><td></td><td></td><td></td><td></td><td></td></tr>
<tr><td>4.</td><td></td><td></td><td></td><td></td><td></td><td></td><td></td><td></td></tr>
<tr><td>5.</td><td></td><td></td><td></td><td></td><td></td><td></td><td></td><td></td></tr>
<tr><td>6.</td><td></td><td></td><td></td><td></td><td></td><td></td><td></td><td></td></tr>
<tr><td>7.</td><td></td><td></td><td></td><td></td><td></td><td></td><td></td><td></td></tr>
<tr><td>8.</td><td></td><td></td><td></td><td></td><td></td><td></td><td></td><td></td></tr>
<tr><td colspan="9">特殊关系确认：　价格影响确认：　支付特许权使用费确认：</td></tr>
<tr><td colspan="2">录入员　录入单位</td><td colspan="4">兹申明对以上内容承担如实申报、依法纳税之法律责任</td><td colspan="3">海关批注及签章</td></tr>
<tr><td colspan="9">报关人员　申报单位（签章）
上海英顺贸易发展有限公司</td></tr>
</table>

预录入编号：　海关编号：xxxx20161101xxxxxx

【实验内容与步骤】

1. 进口业务准备工作

步骤 1：进口商品有关证明的申领。

进口商品是否属于需配额或进口许可证的商品，若是，必须先领配额、进口许可证、自动进口许可证或自动进口登记，并在领到有关证明和筹妥进口所需外汇后才可办理进口手续。

步骤 2：签订代理进口协议。

如果进口企业无进出口经营权，应在取得有关进口证明后委托外贸公司办理进口手续。

有进出口经营权的企业也可委托外贸公司进口。

步骤 3：选择交易对象。

选择交易对象时，首先要注意其资信情况、经营能力和经营作风。必须经常了解和掌握客户情况。通常的做法是建立客户卡片，详细记录其资信情况、经营范围、经营能力和作风、成交情况、履约情况、对索赔的态度等，并定期分析研究，做出鉴定，供选择交易对象时使用。

步骤 4：制定进口商品经营方案。

进口业务操作流程示意图如图 11-1-1 所示。

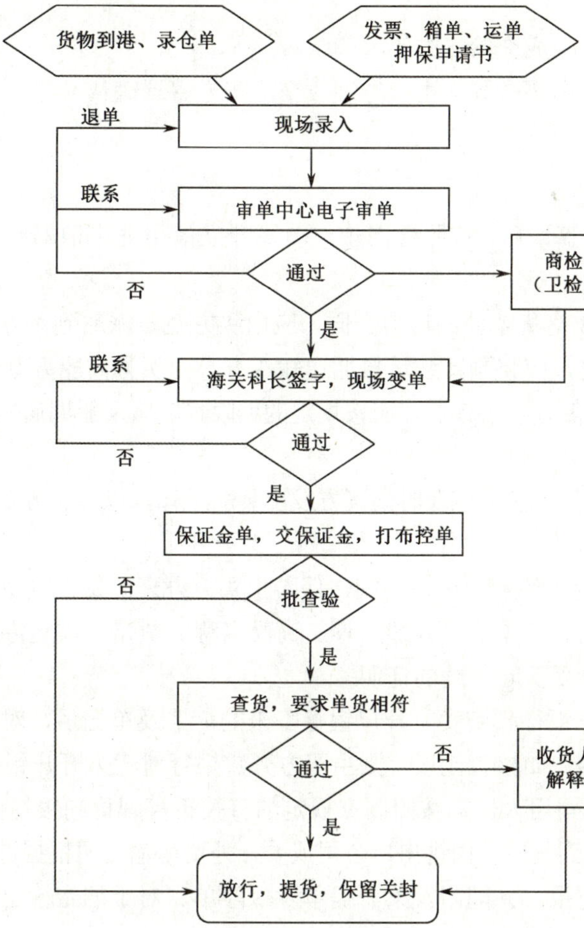

图 11-1-1　进口业务操作流程示意图

2. 对外磋商

步骤 1：询盘。即邀请对方提出报价及相应的运输、保险等条款（附卖方报价单）。

步骤 2：发盘。即由发盘人提出报价单。

步骤 3：还盘。即受盘人不同意发盘人在发盘中提出的条件，并对此提出修改意见。

步骤 4：接受。即受盘人接到对方的发盘或还盘后，同意对方提出的条件，愿意与对方达成交易，并及时承诺。

3. 签订合同

交易成立后，由当事人一方根据交易内容及条件制成书面文件寄交对方，由对方签署确认。

这类文件包括：

（1）订单（由买方制成交给卖方签署确认）；

（2）销售确认书、销售合同（由卖方制成交给买方签署确认）。

4. 履行合同

步骤 1：进口合同签订后，按照合同规定填写开立信用证申请书向银行办理开证手续（附信用证）。

步骤 2：履行 FOB 交货条件的进口合同，应由买方负责派船到对方口岸接运货物，卖方在交货前一定时期内，应将预计装运日期通知买方，由买方向船方办理租船订仓手续。

步骤 3：在办妥租船订仓手续后，应按规定的期限将船名及船期通知卖方，以便其备货装船。

步骤 4：货物装船后，卖方应及时向买方发出装船通知，以便买方及时办理保险和接货等工作。

步骤 5：FOB 交货条件下的进口合同，保险由买方办理。每批进口货物，在收到国外装船通知后，应将船名、提单号、开船日期、商品名称、数量、装运港、目的港等内容通知保险公司，作为已办妥保险手续的证明。

步骤 6：买方开户银行收到卖方开户银行寄来的汇票及单据后，对照信用证的规定，核对单据的份数和内容，如核查无误，则由买方开户银行对卖方开户银行付款。

步骤 7：进出口公司用人民币按照国家规定的有关折算牌价向银行买汇赎单。

步骤 8：进口货物到货后，由进出口公司或委托外贸运输公司根据进口单据填具“进口货物报关单”向海关申报，并随附发票、提单及保险单。对于法定检验的进口商品，还需随附商品的检验证书，经检验合格方可放行。

步骤 9：进口货物运抵港口卸货时，由港务局进行卸货核对，如发现短缺，应及时填制“短卸报告”交由船方签署确认，并根据短缺情况向船方提出保留索赔权的书面声明（同时，保险公司和商检局也将做出相应的处理）。

步骤 10：此后，如果订货或用货单位在卸货港所在地，则就近转交货物；如果订货或用货单位不在卸货地区，则委托货运代理将货物转运至用货单位。

步骤 11： 如果进口商品的品质、数量、包装等不符合合同规定，则根据造成损失原因的不同，及时分别向卖方、轮船公司、保险公司索赔。

5. 进口商品报检报关流程

步骤 1： 客户提供到货通知书、正本提单或电放保函及换单费、THC 费等。

步骤 2： 准备进口报关所需单证如下。

（1）必备单证：清单、发票、合同（一式一份）、报关、报检委托书各一份。

（2）从欧盟、美国、韩国、日本进口货物，如是木制包装箱的，需提供热处理证书或植物检疫证书，如是非木制的，提供无木制包装证明。

（3）税则所规定的各项证件（如进口许可证、机电证、重要工业品证书）。

（4）有减免税手册的，提供减免税证明手册。

步骤 3： 进口申报后如果海关审价需要，客户还要提供相关价格证明，如信用证、保单、原厂发票、招标书等海关所要求的文件。

步骤 4： 海关打印税单后，客户需在 15 个工作日缴纳税费。如超过期限，海关按日计征滞纳金。

步骤 5： 报关查验放行后，客户需及时缴纳报关、报检代垫代办费。

货物到港后 14 日内必须向海关申报。如果超过期限，海关按日计征滞报金（按货物价值万分之五计）。超过 3 个月，海关将作为无主货物进行变卖。

6. 进口报关单填写操作

步骤 1： 在浏览器地址栏里输入 http://meihuaedu.cn:8094/app/，进入国际贸易单一窗口实验平台主页。

步骤 2： 输入账号密码后进入系统。选择上方“单一窗口”功能页面，单击“货物申报”板块的“报关申报”（见图 11-1-2）。

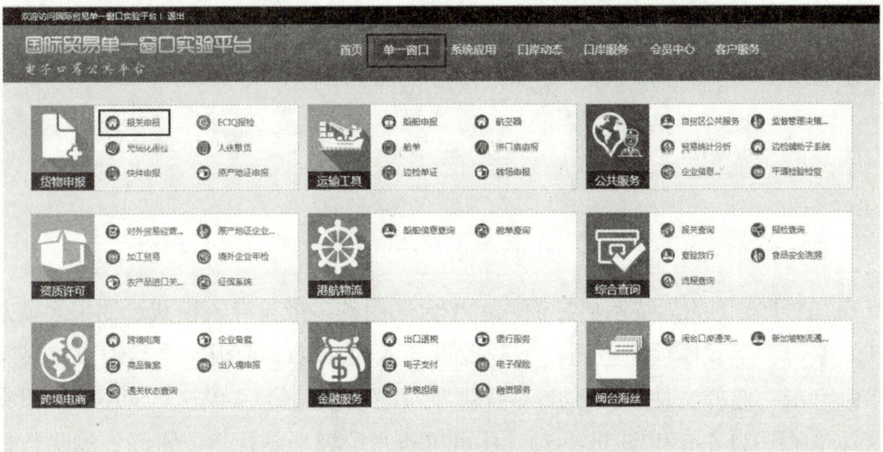

图 11-1-2　单击“报关申报”

步骤 3：因为需要填制的是进口报关单，所以在左侧单击“进口报关”，单击“新增”按钮进行报关单填制（见图 11-1-3）。

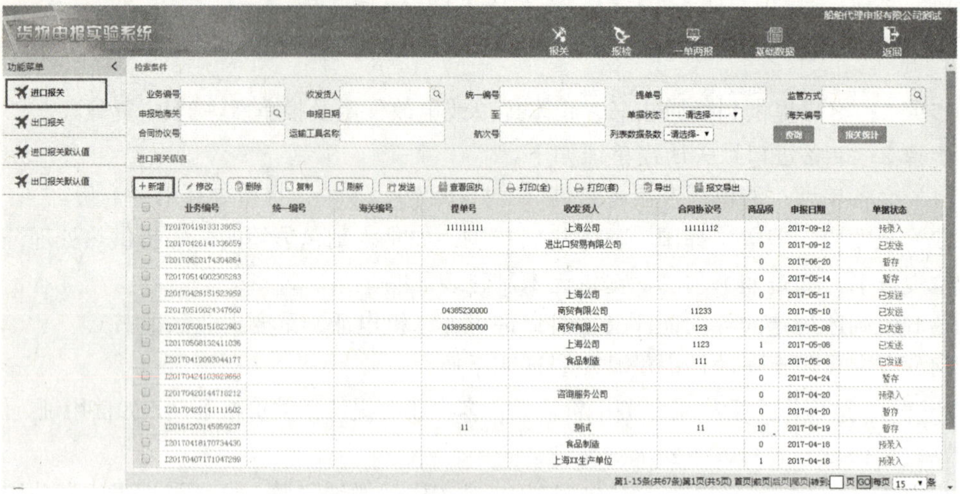

图 11-1-3 单击“新增”按钮

步骤 4：进入进口报关单填制页面，根据实验任务案例要求填写报关单。填写完毕后单击上方的“保存”按钮完成填写。在填写中可以单击“暂存”按钮暂时保存单据，防止数据遗失。填写完后也可单击“新增”按钮连续输入单据（见图 11-1-4 和图 11-1-5）。

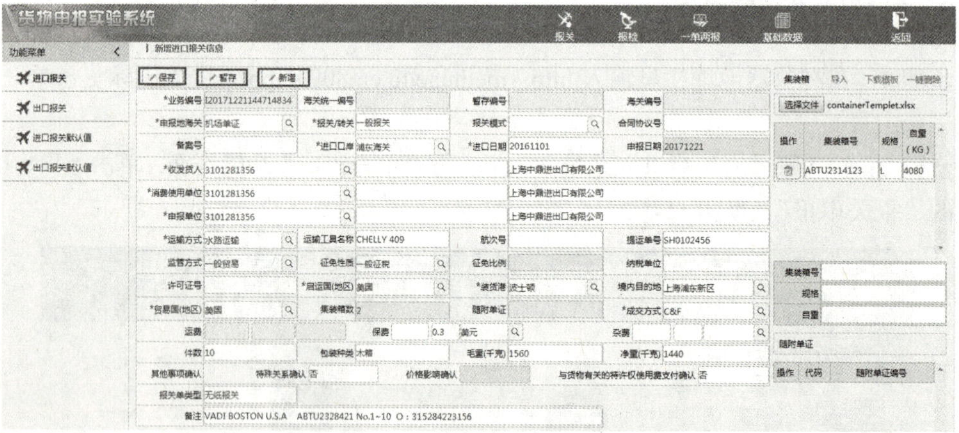

图 11-1-4 填写报关单主要信息

步骤 5：关于右侧的集装箱信息输入，平台采用的是批量导入模式。如果之前从未使用过，可以先单击“下载模板”按钮，下载批量导入的 Excel 模板，之后输入集装箱数据并保存。然后单击“选择文件”按钮选中需要导入的模板，最后单击“导入”按钮完成集装箱数据导入（见图 11-1-6 和图 11-1-7）。还可单击“垃圾桶图标”按钮逐条删除数据或单击“一键删除”按钮将数据全部删除。

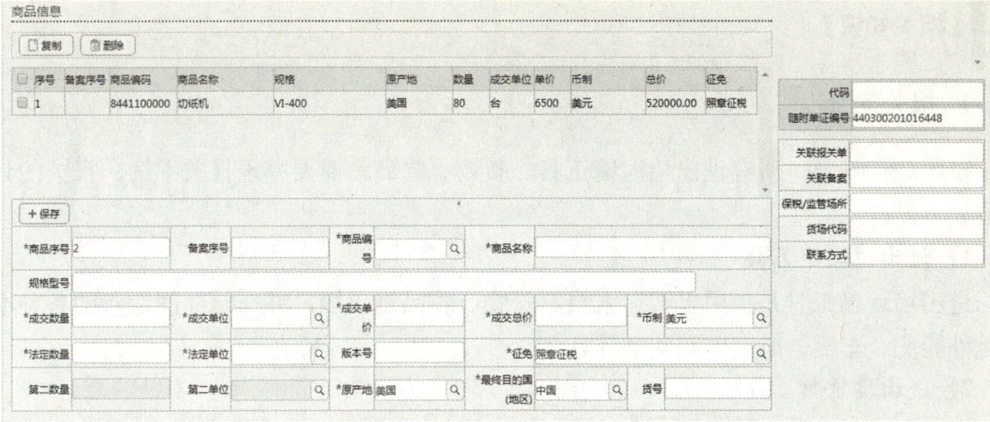

图 11-1-5　填写商品信息

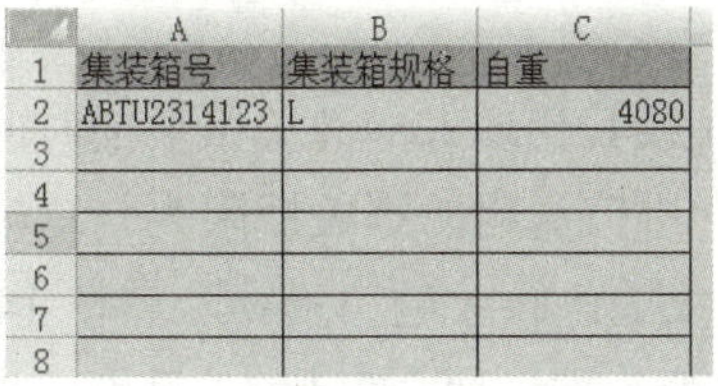

图 11-1-6　填写集装箱模板数据

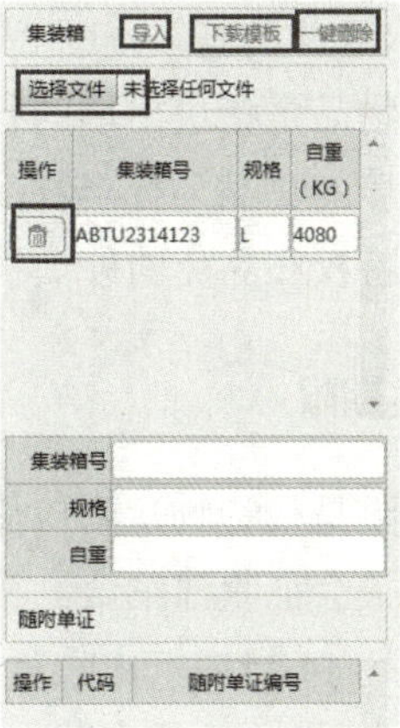

图 11-1-7　导入集装箱数据模板

步骤 6：成功生成报关单后可以在主界面找到这条数据，并可对其进行修改、删除、复制、发送、查看回执、打印、导出等操作，还可在上方输入查询条件后查询信息（见图 11-1-8）。

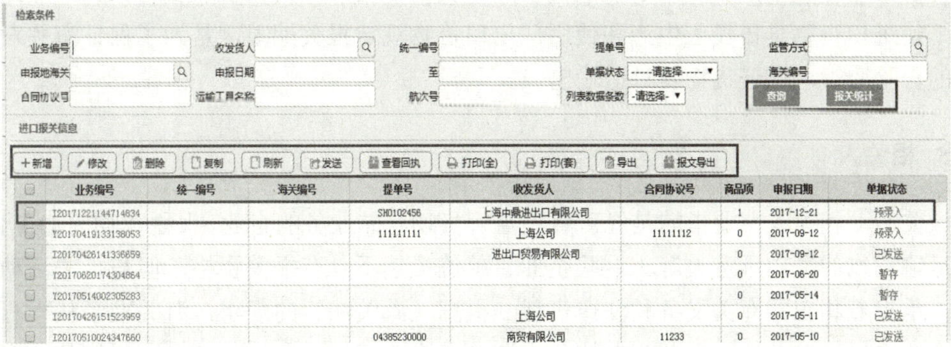

图 11-1-8　进口报关单填写完毕

【相关知识】

1. 报关范围

按照法律规定，所有进出境运输工具、货物、物品都需要办理报关手续。报关的具体范围如下。

1）进出境运输工具

进出境运输工具是指用以载运人员、货物、物品进出境，并在国际间运营的各种境内或境外船舶、车辆、航空器和驮畜等。

2）进出境货物

进出境货物是指一般进出口货物、保税货物、暂准进出境货物、特定减免税货物，以及过境、转运和通用及其他进出境货物。

3）进出境物品

进出境物品是指进出境的行李物品、邮递物品和其他物品。以进出境人员携带、托运等方式进出境的物品为行李物品；以邮递方式进出境的物品为邮递物品；其他物品主要包括享有外交特权和豁免的外国机构或人员的公务用品和自用物品等。

2. 报关期限

报关期限是指货物运到口岸后，法律规定收货人或其代理人向海关报关的时间限制，超过期限海关会征收滞纳金。根据《海关法》规定，进口货物的报关期限为自运输工具申报进境之日起 14 日内，由收货人或其代理人向海关报关；转关进口货物除需在 14 日内向进境地海关申报外，还需在载运进口货物的运输工具抵达指运地之日起 14 日内向指运地海关报关；超过这个期限报关的，由海关征收滞报金。

出口货物应在货物装入运输工具的 24 小时之前，向海关报关。也就是说，应先报关，后装货。在报关 24 小时之后才能将货物装入运输工具。进口货物规定报关期限和征收滞报金是为了运用行政手段和经济手段，促使进口货物收货人或其代理人及时报关，加速口岸疏运，使进口货物早日投入生产和使用。出口货物规定报关期限，是为了保证海关对出口货物的查验监管，保证货物及时运输出口。

3. 相关人

报关活动相关人主要指的是经营海关监管货物仓储业务的企业、保税货物的加工企业、转关运输货物的境内承运人等。这些企业、单位虽然不具有报关资格，但与报关活动密切相关，承担着相应的海关义务和法律责任。根据《海关法》的规定，海关准予从事有关业务的企业违反《海关法》有关规定的，由海关责令改正，可以给予警告、暂停其从事有关业务，甚至撤销注册；报关活动相关人在从事与报关相关的活动中违反《海关法》和有关法律、法规的，要承担相应的行政、刑事法律责任。

4. 报关单位

报关单位是指在海关注册登记或经海关批准，向海关办理进出口货物报关纳税等海关事务的境内法人或其他组织。我国《海关法》规定："进出口货物收发货人、报关企业办理报关手续，必须依法经海关注册登记。报关人员必须依法取得报关资格。未依法经海关注册登记的企业和未依法取得报关从业资格的人员，不得从事报关业务。"以法律的形式明确了对向海关办理进出口货物报关纳税手续的企业实行注册登记管理制度。因此，完成海关报关注册登记手续，取得报关资格是报关单位的主要特征之一，也就是说，只有当有关的法人或组织取得了海关赋予的报关权后，才能成为报关单位，方能从事有关的报关活动。另外，作为报关单位还必须是"境内法人或组织"，能独立承担相应的经济和法律责任，这是报关单位的另一个特征。

5. 注意事项

进口单证（装箱单、发票、贸易合同）等所有单证一定与实际货物一致。装箱单、发票、贸易合同等单证上的货物品名一定要一样并且和实际货物的品名一致。装箱单上的货物重量和方数要和提单上的一致，并且要和实际货物一致。合同上要有合同号，发票上要有发票号。木质包装的需要在木质包装上进行 IPPC 标示。从韩国和日本进口货物，还要有非木质包装证明。凡进口下列九类商品必须提前 5 天预申报：汽车零件、化工产品、高科技产品、机械设备、药品、多项食品、多项建材、钢材、摩托车零配件。凡进口旧印刷机械，进口年限不能超过 10 年，超过 10 年国家不允许进口。凡进口发电机组，工作实效不能超过 15000 小时，年限不能超过 8 年。旧医疗器械，国家不允许进口。

【习题】

(1) 进口报关的主要流程有哪些，其中哪些步骤比较重要?

(2) 简述进口报关的注意事项，并思考为什么需要注意这些内容。

实验 11-2　国际贸易出口实务模拟仿真

【实验目的与要求】

目的：通过此实验了解在单一窗口平台上进行报关的过程。对每一笔出口业务的进度进行跟踪控制，帮助公司经营者实时监控公司的出口状况，为企业决策提供支持信息。

要求：熟悉进出口贸易业务基本流程，掌握报关的相关操作。

【实验说明】

通过本实验，体验企业从"出口业务准备工作"到"对外磋商阶段"再到"签订合同"

“履行合同”“出口商品报检报关”的出口实务操作全过程。

1. 案例背景

上海中鼎进出口有限公司（经营单位代码3101281356）以一般贸易的方式向泰国某贸易公司出口一批设备，商品的申报名称为“电梯用控制柜 ELEVATOR CONTROL CABINET”，成交方式为CIF。货物由上海力天控制厂生产，地点是上海浦东新区（31222）。经业务员查询，该货物的HS编码为8537109010；第一法定计量单位为“个”，第二法定计量单位为“千克”。货物于2017年6月29日通过编号为046453281的预录入报关单向吴淞海关(2202)申报出口。结汇方式为电汇，合同协议号为ST097649，预录入编号为046453281，海关编号为220220150525268109。

另外，运输单据显示承运船舶的船名和航次为：SITC BANKOK/001S，货物装集装箱，箱号为TCKU9009102。船公司预配提单号为SHACB521668106。

以上海华发国际货运有限公司的名义填制此票货物的报关单（填制要求：与海关H2000系统上打印出来的报关单一致）。

2. 补充资料

运费30美元，货物的运输保险费为4美元。

件数为2木箱，毛重（千克）300，净重（千克）240。

代码资料：水路运输2；一般贸易0110；一般征税101；泰国136；曼谷1497；美元502。

报关单位：上海华发国际货运有限公司。

本批货为拼箱货，集装箱箱型为20英尺箱，箱重2280千克。

3. 单据资料

商 业 发 票

COMMERCIAL INVOICE

<table>
<tr><td rowspan="2">1.出口商 EXPORTER
SHANGHAI SHENHUA IMP.&EXP.CO.,LTD.
180 RENMIN ROAD SHANGHAI 200003，CHINA
TEL:0086-021-63524756
FAX: 0086-021-63524757</td><td colspan="2">4.发票日期和发票号 INVOICE DATE AND NO.
20170625　　15001036</td></tr>
<tr><td>5.合同号 CONTRACT NO.
ST097649</td><td>6.信用证号 L/C NO.</td></tr>
<tr><td rowspan="2">2.进口商 IMPORTER
E-BANKOK CO.,LTD.
111/87 SIKUN DONMUANG BANGKOK 10210 BANGKOK BKK
10210 THAILAND
TEL:66-2-928-3244
FAX: 66-2-565-9269</td><td colspan="2">7.原产地国 COUNTRY/REGION OF ORIGIN
CHINA</td></tr>
<tr><td colspan="2">8.贸易方式 TRADE MODE
ORDINARY TRADE</td></tr>
</table>

3.运输事项 TRANSPORT DETAILS FROM SHANGHAI CHINA TO BANGKOK THAILAND	9.交货和付款条款 TERMS OF DELIVERY AND PAYMENT CIF BANGKOK T/T

10.运输标志和集装箱号 SHIPMENT MARKS;CONTAINER NO.	11.包装类型及件数；商品编码；商品描述 NUMBER AND KIND OF PACKAGES; COMMODITY NO.;COMMODITY DESCRIPTION	12.数量 QUANTITY	13.单价 UNIT PRICE	14.金额 AMOUNT
EBCL	ELEVATOR CONTROL CABINET USD4000.00 15001036 BANGKOK C/NO.1-2	2PCS	USD2000.00	

15.总值（用数字和文字表示）TOTAL AMOUNT (IN FIGURE AND WORD) TOTAL: USD4000.00 TOTAL AMOUNT: SAY U.S. DOLLARS FOUR THOUSAND ONLY

	16.出口商签章 EXPORTER STAMP AND SIGNATURE SHANGHAI SHENHUA IMP. & EXP. CO., LTD. 潘瑜奇

中华人民共和国海关出口货物报关单

预录入编号：046453281　　　　海关编号：220220150525268109

收发货人 上海中鼎进出口有限公司 3101281356	出口口岸 吴淞海关 2202	出口日期 20170630	申报日期 20170629
生产销售单位 上海中鼎进出口有限公司 3101281356	运输方式 水路运输 2	运输工具名称 SITC BANKOK/001S	提运单号 SHACB521668106
申报单位 上海华发货运代理有限公司 310XXXXXXXXXXXXXXX	监管方式 一般贸易 0110	征免性质 一般征税 101	备案号

贸易国（地区）	运抵国（地区）	指运港	境内货源地
泰国 136	泰国 136	曼谷 1497	上海浦东新区 31222

许可证号	成交方式 CIF	运费 502/30/3	保费 502/4/3	杂费
合同协议号 ST097649	件数 2	包装种类 木箱	毛重（千克） 300	净重（千克） 240

<table>
<tr><td>集装箱号
TCKU9009102/20/2280</td><td colspan="2">随附单证</td></tr>
<tr><td colspan="3">标记唛码及备注</td></tr>
<tr><td colspan="3">项号　商品编号　商品名称、规格型号　数量及单位　最终目的国（地区）　单价　总价　币制
征免</td></tr>
<tr><td colspan="3">01　8537109001　电梯控制柜　2 个　泰国　2000　4000.00　USD
照章征税
ELEVATOR CONTROL CABINET　240 千克　（136）　美元
2 个　用途：</td></tr>
<tr><td colspan="3"></td></tr>
<tr><td colspan="3"></td></tr>
<tr><td colspan="3"></td></tr>
<tr><td colspan="3">特殊关系确认：否　价格影响确认：否
支付特许权使用费确认：否</td></tr>
<tr><td>录入员　录入单位

报关人员</td><td>兹申明对以上内容承担如实申报、依法纳税
之法律责任

申报单位（签章）
上海华发货运代理有限公司</td><td>海关批注及签章</td></tr>
</table>

【实验要求】

通过模拟出口实务操作过程，跟踪控制每一笔出口业务的进度和状态，协助经营人员做出正确的公司决策，同时帮助公司领导实时监控出口业务的跟进情况，进而帮助管理层和广大投资者做出决策判断。

【实验内容与步骤】

出口货物流程主要包括报价、订货、付款方式、备货、包装、通关手续、装船、运输保险、提单和结汇等。

步骤 1：报价。

在国际贸易中一般以产品的询价、报价为贸易的开始。出口产品的报价主要包括：产品的质量等级、产品的规格型号、产品是否有特殊包装要求、所购产品量的多少、交货期的要求、产品的运输方式、产品的材质等内容。

比较常用的报价有 FOB（船上交货）、CFR（成本加运费）、CIF（成本、保险费加运费）等形式。

步骤 2：订货（签约）。

贸易双方就报价达成一致意向后，买方企业正式订货并就相关事项与卖方企业进行协商，双方协商认可后，需要签订《购货合同》。在签订《购货合同》过程中，主要对商品名称、规格型号、数量、价格、包装、产地、装运期、付款条件、结算方式、索赔、仲裁等内容进行商谈，并将商谈后达成的协议写入《购货合同》。这标志着出口业务的正式开始。通常情况下，签订的《购货合同》一式两份，由双方盖本公司公章生效，双方各保存一份。

步骤 3：付款方式。

比较常用的国际付款方式有三种，即信用证付款方式、TT 付款方式和直接付款方式。

（1）信用证付款方式。信用证分为光票信用证和跟单信用证两类。跟单信用证是指附有指定单据的信用证，不附任何单据的信用证称为光票信用证。简单地说，信用证是保证出口商收回货款的保证文件。注意，出口货物的装运期限应在信用证的有效期限内，信用证交单期限必须不迟于信用证的有效日期。

国际贸易中多采用信用证付款方式，信用证的开证日期应当明确、清楚、完整。中国银行、中国建设银行、中国农业银行、中国工商银行等都能对外开立信用证。

（2）TT 付款方式是以外汇现金方式结算，由客户将款项汇至公司指定的外汇银行账号内，可以要求货到后一定期限内汇款。

（3）直接付款方式。是指买卖双方直接交货付款。

步骤 4：备货。

备货在整个贸易流程中具有举足轻重的地位，必须按照合同逐一落实。备货的主要核对内容如下。

（1）货物品质、规格：应按合同的要求核实。

（2）货物数量：保证满足合同或信用证对数量的要求。

（3）备货时间：应根据信用证规定，结合船期安排，以利于船货衔接。

步骤 5：包装。

可以根据货物的不同来选择包装形式（如纸箱、木箱、编织袋等）。不同的包装形式其包装要求也有所不同。

（1）一般出口包装标准：根据贸易出口通用标准进行包装。

（2）特殊出口包装标准：根据客户的特殊要求进行出口货物包装。

（3）货物的包装和唛头（运输标志）：应进行认真检查核实，使之符合信用证的规定。

步骤 6：通关手续。

通关手续极为烦琐又极其重要，如不能顺利通关则无法完成交易。

（1）属法定检验的出口商品须办出口商品检验证书。

目前我国进出口商品检验工作主要有如下四个环节。

①接受报验：报验是指对外贸易关系人向商检机构报请检验。

②抽样：商检机构接受报验之后，及时派员赴货物堆存地点进行现场检验、鉴定。

③检验：商检机构接受报验之后，认真研究申报的检验项目，确定检验内容，并仔细审核合同（信用证）对品质、规格、包装的规定，弄清检验依据，确定检验标准和方法（检验方法有抽样检验、仪器分析检验、物理检验、感官检验和微生物检验等）。

④签发证书：在出口方面，凡列入“种类表”内的出口商品，经商检机构检验合格后，

签发放行单（或在“出口货物报关单”上加盖放行章，以代替放行单）。

（2）必须由专业持有报关证人员，持箱单、发票、报关委托书、出口结汇核销单、出口货物合同副本、商检证书等文本去海关办理通关手续。

①箱单是由出口商提供的出口产品装箱明细。

②发票是由出口商提供的出口产品证明。

③报关委托书是没有报关能力的单位或个人委托报关代理行来报关的证明书。

④出口结汇核销单由出口单位到外汇局申领，指有出口能力的单位取得出口退税的一种单据。

⑤商检证书是经过出入境检验检疫部门或其指定的检验机构检验合格后而得到的，是各种进出口商品检验证书、鉴定证书和其他证明书的统称，是对外贸易有关各方履行契约义务、处理索赔争议和仲裁、诉讼举证等具有法律依据的有效证件，同时也是海关验放、征收关税和优惠减免关税的必要证明。

步骤 7：装船。

在货物装船过程中，可以根据货物的多少来决定装船方式，并根据《购货合同》所定的险种来进行投保。

步骤 8：运输保险。

通常双方在签订《购货合同》中已事先约定运输保险的相关事项。常见的保险有海洋货物运输保险、陆空邮货运输保险等。其中，海洋运输货物保险条款所承保的险别分为基本险别和附加险别两类：基本险别有平安险（Free from Paricular Average-F.P.A）、水渍险（With Average or With Particular Average-W.A or W.P.A）和一切险（All Risk-A.R.）三种。

步骤 9：提单。

提单是出口商办理完出口通关手续、海关放行后，由外运公司签出、供进口商提货、结汇所用的单据。

提单根据信用证所提要求份数签发，一般是三份。出口商留两份，办理退税等业务，一份寄给进口商用来办理提货等手续。

进行海运货物时，进口商必须持正本提单、箱单、发票来提取货物。（必须由出口商将正本提单、箱单、发票寄给进口商。）

若是空运货物，则可直接用提单、箱单、发票的传真件提取货物。

步骤 10：结汇。

出口货物装船之后，进出口公司即应按照信用证的规定，正确缮制箱单、发票、提单、出口产地证明、出口结汇等单据。在信用证规定的交单有效期内，递交银行办理议付结汇手续。

除采用信用证结汇外，其他付款的汇款方式一般有电汇（T/T）、票汇（D/D）、信汇(M/T)等。由于电子化的高速发展，现在汇款主要使用电汇方式。（在中国，企业出口享有出口退税优惠政策。）

注意：出口报关单填写操作如下。

（1）在浏览器地址栏里输入 http://meihuaedu.cn:8094/app/，进入国际贸易单一窗口实验平台主页。

（2）输入账号和密码后进入系统。选择“单一窗口”功能页面，单击“货物申报”板块的“报关申报”（见图 11-2-1）。

图 11-2-1　单击“报关申报”

（3）因为需要填制的是出口报关单，所以在页面左侧单击“出口报关”，单击“新增”按钮进行报关单填制（见图 11-2-2）。

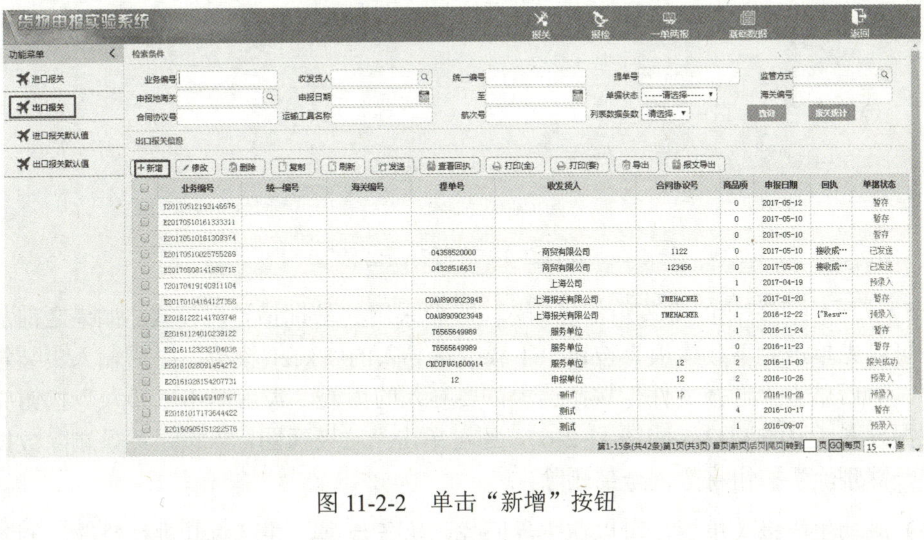

图 11-2-2　单击“新增”按钮

（4）进入出口报关单填制页面，根据实验任务案例要求填写报关单。填写完毕后单击“保存”按钮完成填写。在填写中可以单击“暂存”按钮暂时保存单据，防止数据遗失。填写完后也可单击“新增”按钮连续输入单据（见图 11-2-3 和图 11-2-4）。

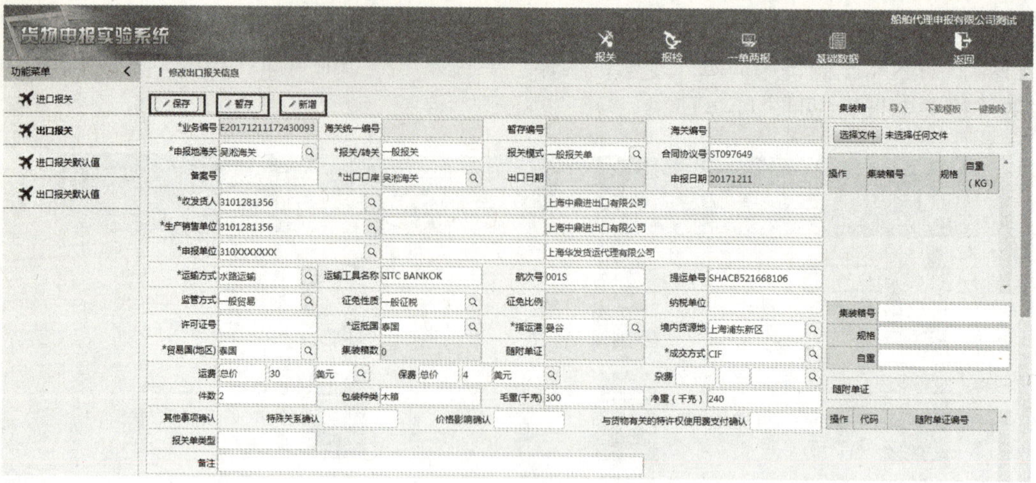

图 11-2-3　填写报关单主要信息

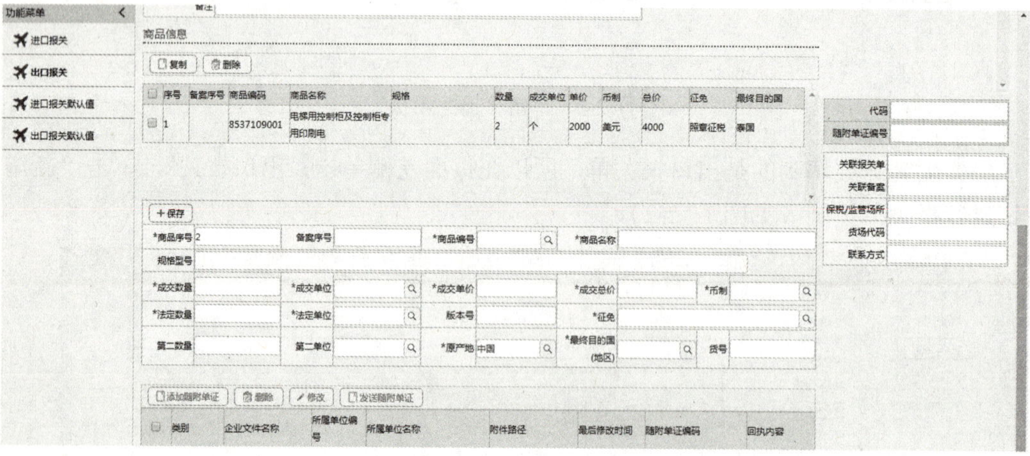

图 11-2-4　填写商品信息

（5）关于页面右侧的集装箱信息输入，平台采用的是批量导入模式。如果之前从未使用过，可以先单击“下载模板”按钮，下载批量导入的 Excel 模板，之后输入集装箱数据并保存。然后单击“选择文件”按钮选中需要导入的模板，最后单击“导入”按钮完成集装箱数据导入（见图 11-2-5 和图 11-2-6），还可单击“垃圾桶图标”按钮逐条删除数据或者单击“一键删除”按钮将数据全部删除。

（6）成功生成报关单后，可以在主界面找到这条数据，并可对其进行修改、删除、复制、发送、查看回执、打印和导出等操作，并可在查询界面输入查询条件后查询信息（见图 11-2-7）。

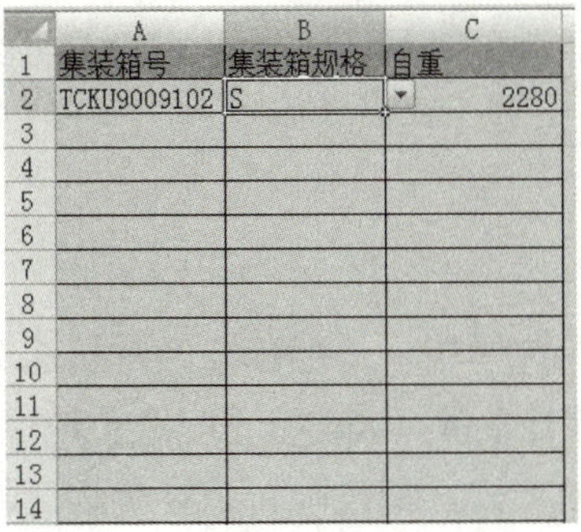

图 11-2-5　填写集装箱模板数据

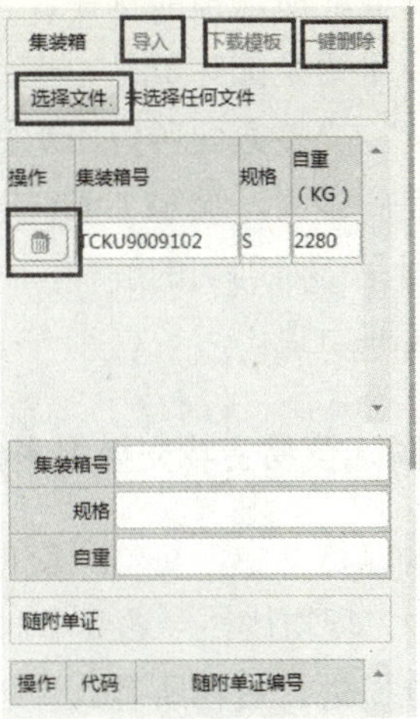

图 11-2-6　导入集装箱数据模板

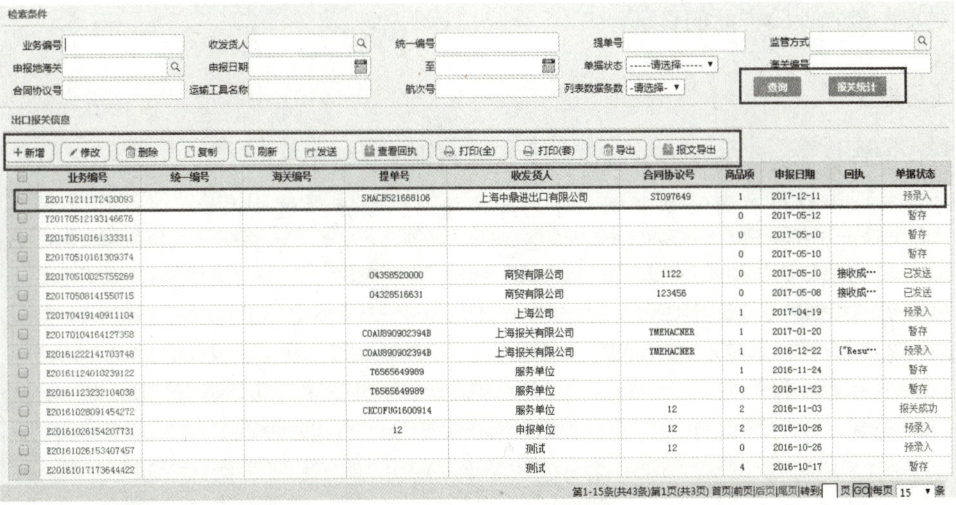

图 11-2-7　出口报关单填写完毕

【相关知识】

1. 国际贸易术语

国际贸易术语又称价格术语、贸易术语。在国际贸易中，买卖双方所承担的义务会影响商品的价格。在长期的国际贸易实践中，逐渐把某些和价格密切相关的贸易条件与价格直接联系在一起，形成了若干种报价模式。每一种模式都规定了买卖双方在某些贸易条件中所承担的义务。

贸易术语所表示的贸易条件主要分两个方面：首先，说明商品的价格构成，是否包括成本以外的主要从属费用，即运费和保险；其次，确定交货条件，即说明买卖双方在交接货物方面彼此所承担的责任、费用和风险的划分。

贸易术语是国际贸易中表示价格的必不可少的内容。开报价中使用贸易术语，明确了双方在货物交接方面各自应承担的责任、费用和风险，说明了商品的价格构成。从而简化了交易磋商手续，缩短了成交时间。由于规定贸易术语的国际惯例对买卖双方应该承担的义务做了完整而确切的解释，因而避免了由对合同条款的理解不一致导致的在履约中可能产生的某些争议。

2. 国际贸易货物交换中责任方面的问题

在国际贸易中，每笔成交的货物，从卖方交至买方手中，一般都要经过长途运输。在此过程中，货物往往会遇到各种各样的自然灾害或意外事故，这就会不可避免地造成损失。对于这些损失，货物所有人可以通过货物运输保险的形式，把风险转嫁给货物保险人。货物保险在国际贸易中起着不可估量的积极作用。国际贸易货物运输保险有各种险别，在货物运输中，买卖双方要根据具体的运输方式选择适合的保险险别，保险约定条款都会明确交易双方在货物保险方面的责任。

【习题】

(1) 出口报关的主要流程有哪些，其中哪些步骤比较重要?

(2) 简述出口报关的注意事项，并思考为什么需要注意这些内容。

反侵权盗版声明

举报电话：（010）88254396；（010）88258888

传　　真：（010）88254397

E-mail：　dbqq@phei.com.cn

通信地址：北京市万寿路 173 信箱

　　　　　电子工业出版社总编办公室

邮　　编：100036